파이썬 프로그래밍 길라잡이

장혜진 지음

도서출판 홍릉

저자소개

장혜진 상명대학교 소프트웨어학과 교수

1987년 ~ 1989년: 한국전자통신연구원 재직

1994년: 서울대학교 계산통계학과 졸업 (컴퓨터 과학 박사)

1994년 ~ 현재: 상명대학교 소프트웨어학과 교수

관심 분야: 인공 지능, 에이전트 프로그래밍, 사물 인터넷 프로그래밍

프로그래밍 분야 저서:

- 자바 튜토리얼 (홍릉과학출판사)
- 예제 활용 자바 튜토리얼 (홍릉과학출판사)
- Python 튜토리얼 (홍릉과학출판사)

파이썬 프로그래밍 길라잡이

초판1쇄 발행: 2022년 2월 25일
초판2쇄 발행: 2022년 5월 12일

저 자: 장혜진
발행인: 송 준
발행처: 도서출판 홍릉
주 소: 01093 서울시 강북구 인수봉로 50길 10
등 록: 1976년 10월 21일 제5-66호

전 화: 02-999-2274~5
팩 스: 02-905-6729
e-mail: hongpub@hongpub.co.kr
http://www.hongpub.co.kr
ISBN: 979-11-5600-956-6(93000)

정 가: 29,000원

저자 서문

Python의 인기는 급 상승중이다. 특히 최근 몇 년 사이에 Python은 빅 데이터 분야나 딥 러닝 분야의 주력 프로그래밍 언어로 자리 매김을 하고 있으며 Python의 사용자 수는 더욱 빠르게 증가하고 있다. Python은 이미 Java, C/C++ 언어와 함께 가장 많은 개발자들이 사용하고 있는 언어가 되어 있다.

Python의 첫 번째 매력은 개발자에게 높은 생산성을 제공한다는 것이다. Python은 개발자의 생각을 쉽고 빠르게 코드로 바꿀 수 있게 한다. C 언어로 100줄 정도의 코드라면 Python 언어론 10줄 이내로 쉽게 표현할 수 있는 경우가 많을 것이다.

Python의 두 번째 매력은 배우기 쉽고 직관적인 언어라는 것이다. 저자는 컴퓨터 관련 비전공자가 프로그래밍 언어를 하나 배우고 싶다고 하면 하면 주저하지 않고 Python을 가장 먼저 추천할 것이다.

Python의 세 번째 매력은 열린 체계라는 것이다. Python은 기본적으로 모든 코드들이 원시코드의 형태로 공개된다. 인터넷에는 여러분이 필요로 할 수 있는 수많은 고품질 Python 원시 코드들이 존재한다.

이 책의 첫 번째 파트는 Python 언어를 처음 접하는 사람들을 위해 따라하기 형식으로 되어 있다. 두 번째 파트는 제어문, 함수, 모듈, 객체 지향, 예외 처리 등의 언어의 기초를 다지는 내용을 다룬다. 그리고 마지막 파트는 PyGame 패키지를 사용하는 간단한 슈팅 게임 프로젝트를 통해 독자 스 스로 그동안 배운 내용들을 응용하여 완성된 게임을 제작하는 경험을 해볼 수 있도록 안내하고 있다.

이 책에 관련된 코드, PPT 등의 자료를 다음 사이트에서 내려 받을 수 있다.
https://github.com/hjchang1

이 책이 출판되도록 해주신 도서출판 홍릉 사장님 및 도움을 주신 모든 분들께 감사드린다.

2022년 2월 방배동에서

차례

PART I

따라하기

A copycat is the mother of creation.

CHAPTER 01

Python 소개 및 설치

CHAPTER 02

자료형과 연산자

CHAPTER 03 입출력

차례

PART

II 기초 다지기

Train your Python programming muscles.

CHAPTER

05 할당문과 제어문

차례

CHAPTER 06

함수

CHAPTER 07

모듈과 패키지

CHAPTER 08

객체 지향 프로그래밍 I

차례

CHAPTER 10
예외의 처리

차례

PART III

프로젝트

知之者 不如 好之者 好之者 不如 樂之者

CHAPTER 11

PyGame 프로젝트 - Air Fighting

부록

따라하기

A copycat is the mother of creation.

CHAPTER 01

Python 소개 및 설치

HTTP://www.python.org

이 장에서는 Python의 역사와 특징들 그리고 Python을 설치하고 사용하는 방법들을 간단히 살펴본다.

1.1 Python의 역사

Python은 네덜란드 출신 개발자 Guido van Rossum이 창시한 프로그래밍 언어이다. 그는 암스테르담 대학교에서 컴퓨터 과학과 수학을 전공했다. 그는 2005년부터 7년 정도 Google 사에서 Python 관련 프로젝트를 이끌기도 했다. 다음은 Python 로고이다.

Guido van Rossum이 Python을 만들게 된 동기는 다음과 같이 알려져 있다: 1980년대 말에 그는 네덜란드 암스테르담에 있는 CWI(Centrum Wiskunde & Informatica) 연구 센터에서 분산 운영 체계를 구축하는 프로젝트를 수행하고 있었다. 그는 CWI에서 개발한 언어인 ABC 언어를 이용하여 코딩을 하고 있었는데, ABC 언어에 대한 많은 사용 경험을 통해 ABC 언어의 장점들은 살리고 단점들은 없앤 그런 새로운 언어를 만들기로 결심하였다고 한다.

Guido van Rossum은 1989년부터 본격적으로 Python을 개발하기 시작하였고, 1991년 2월 Python 언어의 첫 버전(버전 0.9.0)을 공개하였다. Python 0.9.0은 Python의 핵심 특징들인 예외 처리, 함수, 리스트, 딕셔너리, 문자열, 객체 지향적 특징들, 그리고 모듈 등을 이미 지원하고 있었다. 이후의 Python 언어의 발전 과정은 다음과 같다.

- Python 1.0은 1994년 1월에 발표되었다. Python 1.0은 함수적 언어의 특징인 `lambda` 함수, `map()`, `filter()` 그리고 `reduce()` 함수를 새롭게 지원하였다.
- 2000년 10월 Python 2.0이 발표되었다. Python 2.0은 완전한 이삭 수거기(garbage collector)와 리스트 함축 기능의 제공을 특징으로 한다. Python 2.0에서 일반 문자열과 별개의 유니코드 문자열을 이용한 부분적인 유니코드의 지원이 시작되었다. Python 2.0이 발표된 뒤로부터 Python은 널리 쓰이기 시작하였다.
- Python 2의 문제점들에 대한 많은 논의들을 바탕으로 2008년에 Python 3.0이 발표되었다. Python 3은 Python 2의 문제점들과 군더더기를 없애기 위하여 Python 2와의 하

위 호환성을 일부 포기하였다. Python 3.0부터 일반 문자열의 표현 및 인코딩에 유니코드와 UTF-8을 지원하게 되면서 Python은 보다 완전하게 유니코드를 지원하게 되었다.

Python 3.0이 발표되었을 때 Python 3이 Python 2에 대한 완전한 하위 호환성을 갖지 않는다는 사실은 많은 Python 개발자들의 심기를 불편하게 하였다. 하지만 Python을 보다 멋진 언어로 만들기 위한 불가피한 선택으로 보아야 할 것 같다.

2020년 현재 Python 3은 Python 2를 성공적으로 대치한 상태라 할 수 있다. 이제 Python 3 대신 Python 2를 써야만 하는 경우가 거의 없다. 특히 Python 새내기의 경우에는 당연히 Python 3만을 배우고 사용해도 문제가 없다. 대부분의 중요 Python 응용 프로그램들과 라이브러리들이 이미 버전 3에 맞추어 개정되어 있다.

1.2 왜 Python을 배워야 하나

Python은 인기가 높은 프로그래밍 언어이다. Python 언어의 특징들을 요약해 보면 다음과 같다.

- Python은 간결하고 배우기 쉬운 범용 프로그래밍 언어이다.
- Python은 기본적으로 절차적인 언어이지만 객체 지향 언어의 특징과 함수적 언어의 특징도 갖는다.
- Python은 자료 구조의 표현이 매우 간결하고 쉽다. Python은 언어 차원에서 리스트, 튜플, 딕셔너리 등의 자료 구조를 직접 지원한다.
- Python은 높은 생산성을 제공한다. Python은 개발자의 생각을 쉽고 빠르게 코드로 바꿀 수 있게 한다. C 언어로 100줄 정도의 코드라면 Python 언어론 10줄 이내로 쉽게 표현할 수 있는 경우가 많을 것이다.
- Python으로 작성된 코드는 C나 C++로 작성된 동일한 내용의 코드에 비해 속도가 크게 느리지 않다.
- C/C++ 언어로 작성된 함수를 Python 언어에 추가하는 것이 어렵지 않다.
- CPython의 경우 원시 코드를 바이트코드로 컴파일하여 수행한다. CPython이란 python.org 사이트에서 배포하고 있는 Python을 의미한다.
- Python은 오픈 소스 소프트웨어이다.
- 고품질의 Python 표준 라이브러리와 외부 라이브러리들이 풍부하게 존재한다. **표준 라이브러리**란 Python 언어를 설치하면 기본으로 설치되는 라이브러리들을 의미한다. **외부 라이브러리**란 pip 명령 등으로 별도로 설치한 후에 사용할 수 있는 라이브러리들을 의미

한다. PyPI(Python Package Index) 사이트 등에 방문해보면 다량의 고품질 외부 라이브러리들을 볼 수 있다.

Python은 과학 분야, 특히 기계 학습과 데이터 과학 분야에 널리 쓰이고 있다. 수치 계산을 위한 NumPy[1]와 그래프를 편리하게 그리기 위한 Matplotlib[2]와 같은 탁월한 Python 라이브러리들이 있으며, Caffe나 TensorFlow[3]와 같은 딥 러닝(deep learning) 분야의 프레임워크들에서도 Python이 활발하게 사용되고 있다. 탁월한 영상 처리 프레임워크인 OpenCV[4]도 Python 버전을 지원하고 있다.

참고 | **Python의 종류**

Python은 구현 언어와 구현 방식에 따라 CPython, Jython, IronPython, PyPy 등의 종류들이 존재한다. Python이란 표현은 대개의 경우 python.org 사이트에서 배포하고 있는 CPython을 의미한다. CPython은 C 언어로 구현되었다. Jython[5]은 이름에서 짐작할 수 있듯이 Java 언어로 구현한 Python이다. Java 가상 머신 상에서 사용할 수 있으며, Java 언어의 그래픽 라이브러리인 Swing이나 AWT 등을 사용할 수 있다. IronPython은 .NET과 Mono[6]용으로 개발된 Python으로 C#으로 구현되었다. PyPy[7]는 Python으로 구현한 Python이다. PyPy는 CPython 보다 더 빠른 수행 속도를 제공한다고 한다. 임베디드 분야를 위한 Python인 MicroPython[8]도 있다.

1) https://numpy.org/
2) https://matplotlib.org/
3) https://www.tensorflow.org/
4) https://opencv.org/
5) https://www.jython.org/
6) https://www.mono-project.com/
7) https://www.pypy.org/
8) https://micropython.org/

1.3 Python 설치하기

Python 언어의 공식 배포 사이트인 python.org에서 Python을 내려 받고 설치하는 방법을 알아보자.

1.3.1 내려 받기

사이트 https://www.python.org/에 방문하면 다음과 같은 화면을 볼 수 있다.

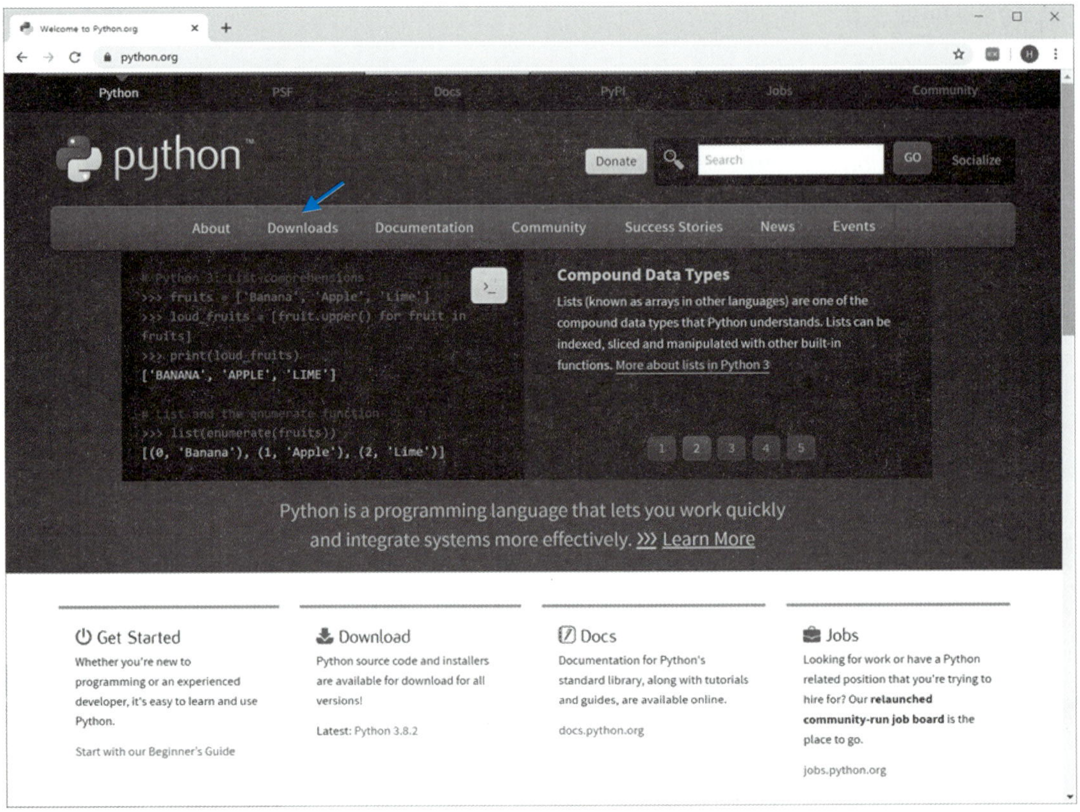

위 화면의 Downloads > Windows 메뉴에서 Python 버전과 32/64 비트를 선택하여 설치 파일을 내려 받는다. Windows 64 비트 버전의 경우에는 파일 이름에 amd64라는 문자열이 들어간다. 예를 들어 Windows 64 비트 Python 3.8.2의 설치 파일의 이름은 python-3.8.2-amd64.exe와 같을 것이다.

1.3.2 처음 설치

내려받은 python-3.8.2-amd64.exe 파일을 수행한다. 여기서는 Python을 처음 설치하는 경우만 살펴본다.

1 해당 버전의 Python을 처음 설치하는 경우라면 다음과 같은 Install Python 창이 나타날 것이다. 해당 버전이 이미 설치되어 있다면 Modify Setup 창이 나타날 것이다. Python은 여러 버전들을 같이 설치해두고 사용할 수도 있다.

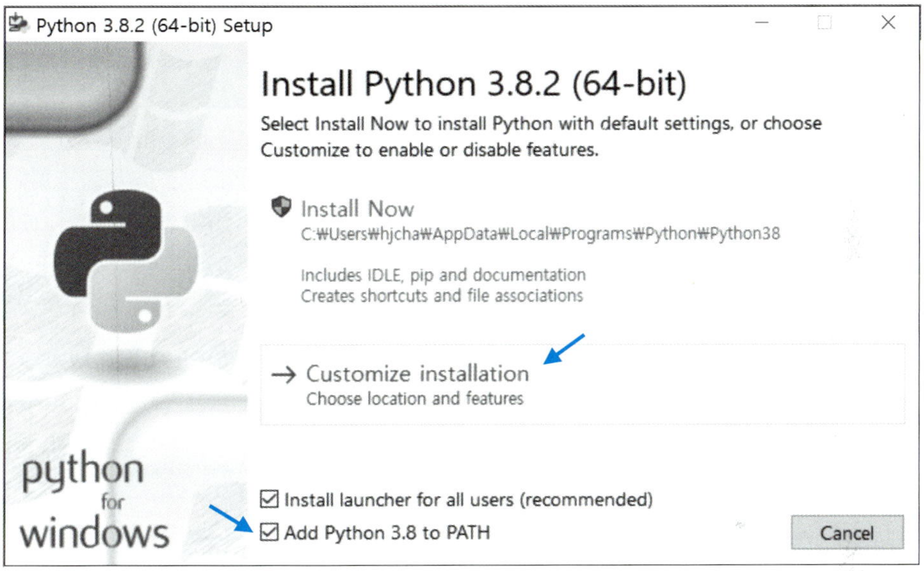

Python을 처음 설치하는 과정은 어렵지 않다. Python 설치 프로그램이 제시하는 과정을 따라 가면 된다. 하지만 다음과 같은 사항들을 먼저 고려하는 것이 좋다.

- **Python 인터프리터를 어느 폴더에서나 수행할 수 있도록 할 것인가?**

  위 Install Python 창에서 Add Python 3.8 to PATH를 체크하면 Python 인터프리터 및 관련 명령들을 어느 폴더에서나 수행할 수 있게 된다. 체크해두는 것이 나중에 편하다.

- **Python 설치 디렉터리를 어디로 정할 것인가?**

  위 Install Python 창에서 Install Now를 바로 선택하면 Python 설치 프로그램이 제시하는 C:\Users\hjcha\AppData\Local\Programs\Python\Python38과 같은 깊숙한 위치의 기본 폴더에 Python이 설치된다. Python이 깊숙한 위치의 폴더에 설치되면 개발자 입장에서 불편할 수도 있다. Python 설치 폴더를 다른 곳으로 지정하려면 Customize installation을 선택한다.

2 위 Install Python 창에서 Add Python 3.8 to PATH 체크 박스를 체크하고, Customize installation을 선택하면 다음과 같은 Optional Features 창이 나타난다.

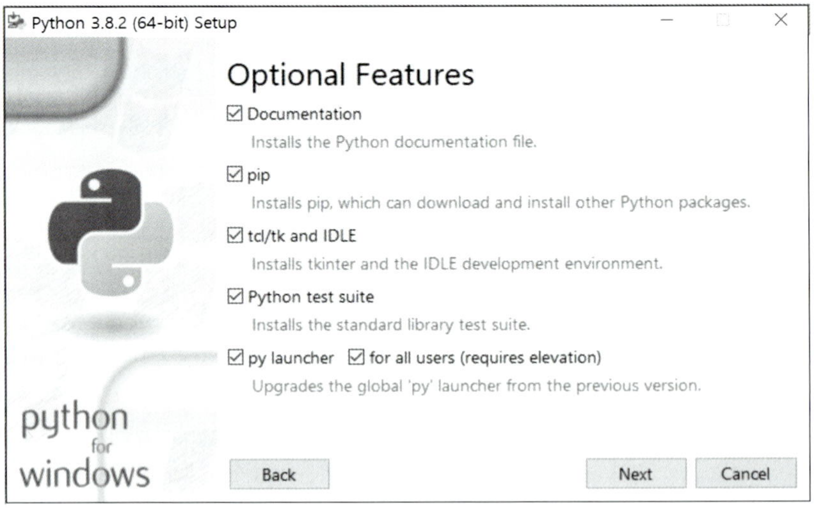

3 Optional Features 창의 Next 버튼을 누르면 다음과 같은 Advanced Options 창이 나타난다. 창에서 Install for all users 체크 박스를 체크하면 Python 설치 폴더가 C:\Program Files\Python38 식으로 짧게 바뀐다.

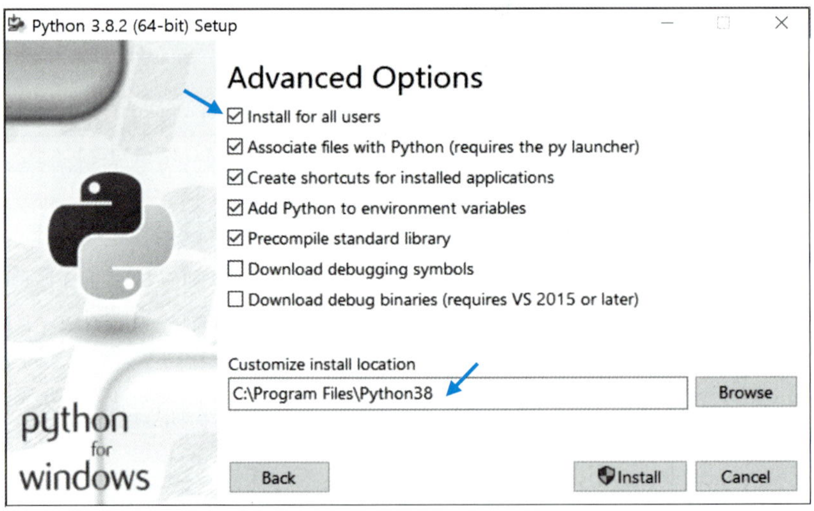

혹시 Python이 설치될 폴더를 바꾸고 싶으면 위 화면에서 폴더를 지정해주어도 된다. 이제 Install 버튼을 누르면 설치가 시작된다.

> 참고 | Python 홈 디렉터리
>
> **Python 홈 디렉터리**란 Python 인터프리터가 설치된 디렉터리를 의미한다. 예를 들어, 위 화면처럼 설치 디렉터리를 지정하였다면 C:\Program Files\Python38 디렉터리가 Python 홈 디렉터리가 된다.

4 Python이 성공적으로 설치되고 나면, Windows의 시작 버튼 > Python 3.8 메뉴에 다음과 같은 서브 메뉴들이 보일 것이다.

- Python 3.8
- IDLE (Python 3.8 64-bit)
- Python 3.8 Manuals (64-bit)
- Python 3.8 Module Docs (64-bit)

1.3.3 설치 확인

Python이 잘 설치되었는가를 확인하자. 명령 프롬프트 창이나 Windows PowerShell을 띄운다. 명령 프롬프트 창은 cmd.exe 프로그램을 수행하면 나타난다. cmd.exe 파일의 위치를 모른다면 Windows 검색 창에서 명령 프롬프트 또는 cmd.exe 키워드로 찾을 수 있다. 명령 프롬프트 창이 나타나면 다음과 같은 명령을 수행한다.

```
python --version
```

명령 프롬프트 창에서 위 명령을 수행하였을 때 다음 그림과 같이 방금 설치한 Python 버전이 출력된다면 설치가 잘 된 것이다.

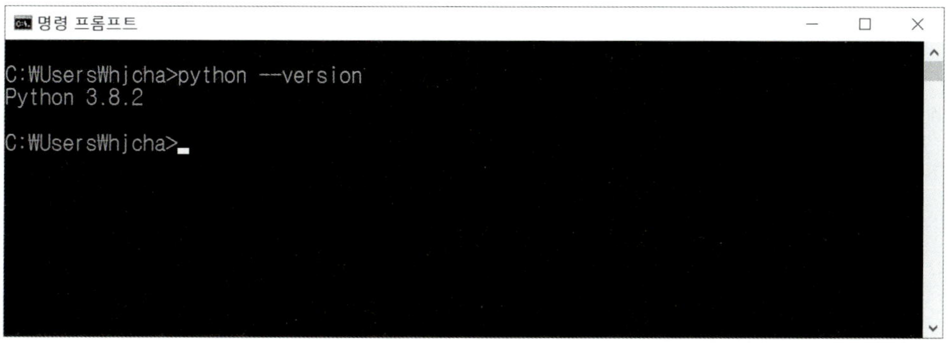

1.3.4 환경 변수 PYTHONPATH의 설정

마지막으로 환경 변수 PYTHONPATH를 설정한다. 이후 Python을 공부하면서 작성하게 될 Python 프로그램들을 모아둘 디렉터리들을 정하고 그 디렉터리들을 PYTHONPATH에 등록해 두면 편리하다. PYTHONPATH에 등록된 디렉터리들은 Python 인터프리터가 Python 프로그램들을 찾을 때 기본으로 검색하는 디렉터리들의 일부가 된다.

환경 변수 PYTHONPATH를 설정하려면 제어판에서 시스템 프로그램을 수행하고 고급 시스템 설정을 선택하여 시스템 속성 창이 나오면 환경 변수(N)... 버튼을 눌러 PYTHONPATH 환경 변수가 없으면 새로 만들고 값을 편집하면 된다. 다음 그림은 환경 변수 PYTHONPATH의 값을 D:\prj\python3로 설정한 것을 보여준다.

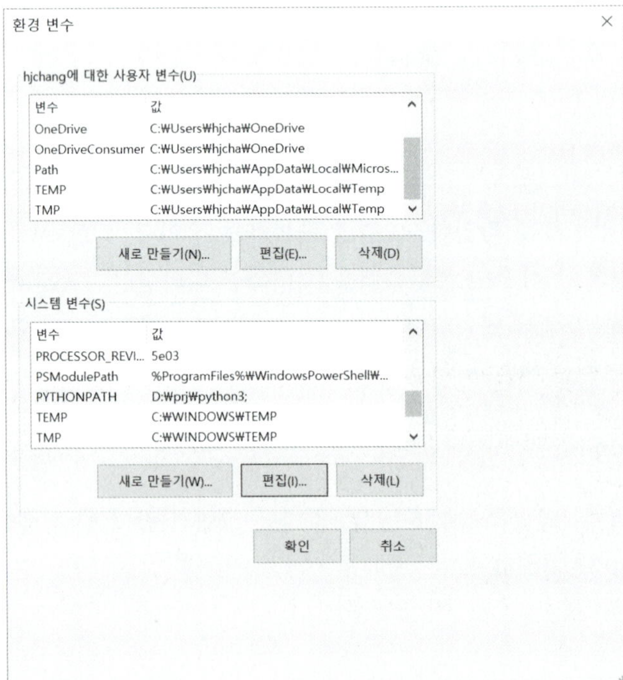

환경 변수 설정의 효과가 모든 사용자들에게 있도록 하려면 "시스템 변수(S)" 쪽에 PYTHONPATH를 설정한다. 환경 변수 PYTHONPATH를 설정한 후에 Python 인터프리터를 다시 시작해야 Python 인터프리터가 환경 변수 PYTHONPATH의 설정 값들을 읽어간다.

1.4 Python 사용 모드 – 대화형 모드와 스크립트 모드

개발자는 대화형 모드 또는 스크립트(script) 모드로 Python을 사용할 수 있다. 각 모드에 대하여 살펴보자.

1.4.1 대화형 모드

대화형 모드란 Python 인터프리터가 출력하는 프롬프트 >>> 다음에 사용자가 직접 Python 문장을 입력하고 바로 수행하여 결과를 보는 모드를 의미한다. 간단한 Python 문장이나 짧은 프로그램을 직접 수행하고 결과를 확인해 보려면 대화형 모드가 편하다. 대화형 모드를 사용하려면 보통 명령 프롬프트 창에서 Python 인터프리터 python.exe를 수행하거나 Python IDLE의 Python Shell을 사용한다. 대화형 모드는 REPL(Read–Eval–Print–Loop) 모드라고 불리기도 한다.

(1) 명령 프롬프트 창에서 Python 인터프리터 직접 호출

명령 프롬프트 창에서 Python 인터프리터 python.exe를 수행하면 다음과 같은 화면이 나타난다.

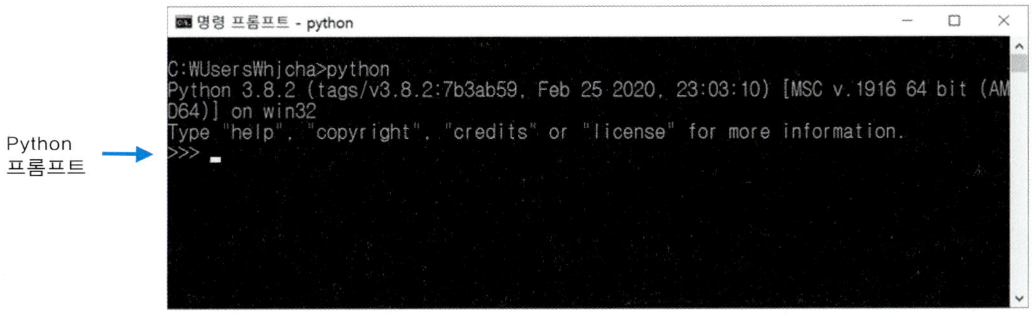

Python 인터프리터가 프롬프트 >>>와 커서를 보인다는 것은 Python 인터프리터가 사용자의 입력을 받을 준비가 되었다는 표시이다. 사용자가 프롬프트 >>> 다음에 Python 문장을 입력하고 엔터키를 치면 Python 인터프리터는 사용자가 입력한 문장을 읽어서 수행하고 그 결과를 바로 출력한다.

다음 화면을 보자. Python 프롬프트에 사용자가 5+3을 입력하고 엔터키를 치면 Python 인터프리터가 사용자가 입력한 문장 5+3을 읽어 들여 평가한 후 결과 값 8을 출력한 뒤에 다시 프롬프트 >>>를 출력하고 다시 사용자의 입력을 기다리는 것을 확인할 수 있다. 사용자가 `print('Hello Python!')` 이라는 새로운 문장을 입력하고 엔터키를 치면, Python 인터프리터는 `print('Hello Python!')` 문장을 읽어 들여 수행하여 Hello Python!를 화면에 출력하고 다시 프롬프트 >>>를 출력하고 사용자의 입력을 기다린다.

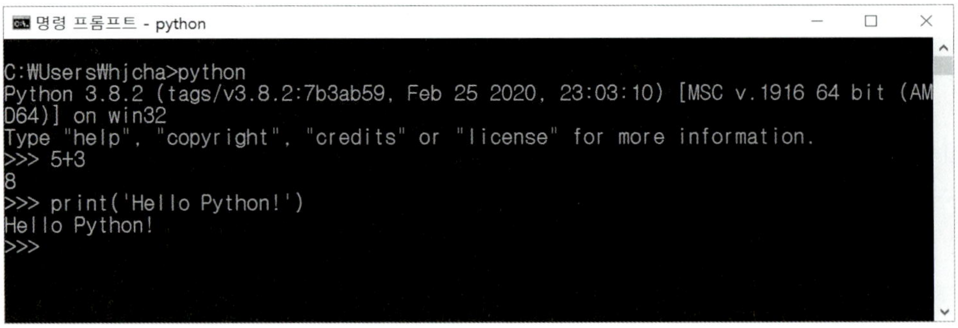

(2) Python IDLE의 Python Shell 사용

Python IDLE는 GUI(Graphical User Interface) 버전의 Python 환경을 제공한다. Python IDLE(Integrated Development and Learning Environment)를 수행하면 다음과 같은 창이 나타난다.

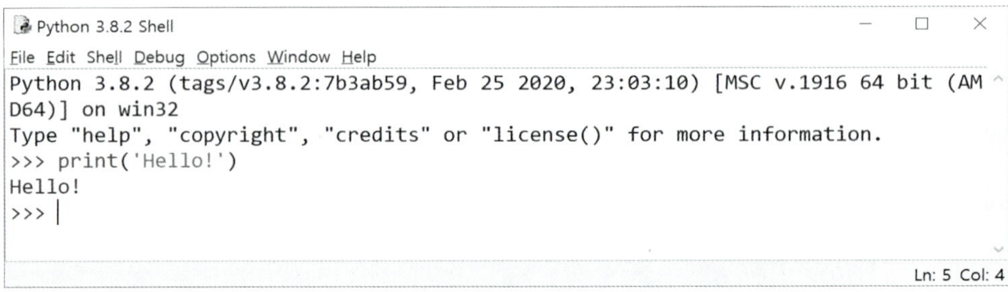

Python 프롬프트 >>>에 `print('hello!')` 라고 입력하고 엔터키를 치면 hello!가 화면에 출력되는 것을 볼 수 있다. 텍스트 모드의 사용자 인터페이스를 제공하고 있는 python.exe 보다 다양한 기능의 메뉴를 제공하는 Python IDLE를 사용하는 것이 편리한 경우가 많다.

1.4.2 스크립트 모드

대화형 모드는 간단한 Python 문장들을 바로 수행하고 결과를 확인하는 데는 편리하지만 Python 문장들을 파일에 저장하였다가 다시 사용할 수 없다. **스크립트 모드**(script mode)란 Python 문장들을 파일에 저장하고 그 파일을 Python 인터프리터의 입력으로 사용하여 수행하는 모드를 의미한다. Python 문장들이 들어있는 파일은 확장자 .py를 사용한다. Python 인터프리터는 입력받은 .py 파일에 들어있는 Python 문장들을 수행한다. 스크립트 모드로 Python을 사용해 보자.

(1) 명령 프롬프트 창을 사용할 때

명령 프롬프트 창을 연다. 그리고 notepad 등의 편집기로 다음과 같은 간단한 내용의 파일을 편집하고 test.py라는 이름의 파일로 저장한다. 다른 이름으로 저장해도 된다. 다만 test.py 파일을 비롯한 모든 Python 파일들을 환경 변수 PYTHONPATH에 지정된 디렉터리에 저장하는 습관을 들이면 좋다.

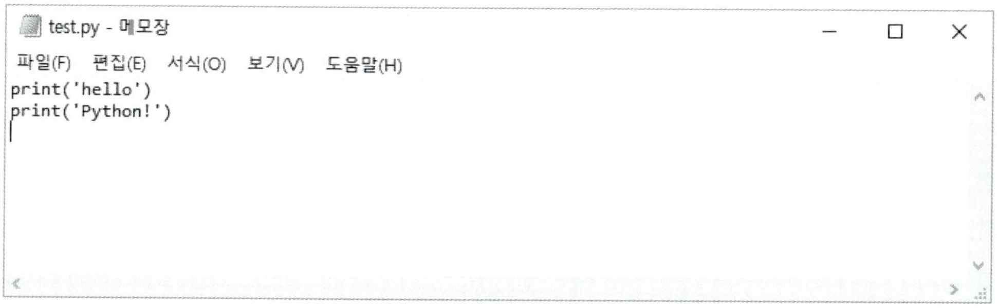

주의 |

notepad로 test.py 파일을 저장할 때 파일 형식은 "모든 파일"로 지정되어야 한다. 파일 형식을 "모든 파일"로 지정하지 않으면 test.py 파일이 아니라 test.py.txt 파일로 저장될 수 있다. 사실 notepad는 코드 전용 편집기가 아니다. 개발자들은 notepad 보다는 VSCode나 PyCharm 같은 코드 전용 편집기들을 사용한다.

명령 프롬프트 창에서 다음과 같이 test.py 파일을 수행한다. 명령 프롬프트 창에 hello와 Python!이 출력되는 것을 볼 수 있다. test.py 파일이 저장된 폴더는 사용자마다 다를 수 있다.

C:₩prj₩python3>python test.py

(2) Python IDLE를 사용할 때

Python 스크립트를 작성하고 수행하기 위하여 notepad 같은 텍스트 편집기와 Python 인터프리터 python.exe를 사용해도 되지만, IDLE를 사용하는 것이 더 편하다.

IDLE를 수행한 후 File > New File 메뉴를 선택하여 IDLE가 제공하는 Python 전용 편집기를 열어 다음과 같은 Python 문장들을 편집한다.

편집한 내용을 IDLE의 File > Save 또는 Save As... 메뉴를 선택하여 .py 파일로 저장한다. 예를 들어 test.py와 같은 이름으로 저장한다. 이 때 저장 위치는 제 1.3.4절에서 기술한 환경 변수 PYTHONPATH에 설정된 폴더들 중의 하나로 하는 것이 바람직하다.

이제 위 IDLE의 편집기 창에서 Run > Run Module F5 메뉴를 선택하면 스크립트 모드로 저장한 .py 파일을 수행할 수 있다. 다음은 test.py 파일의 수행 결과가 나타난 Python Shell 창을 보여준다.

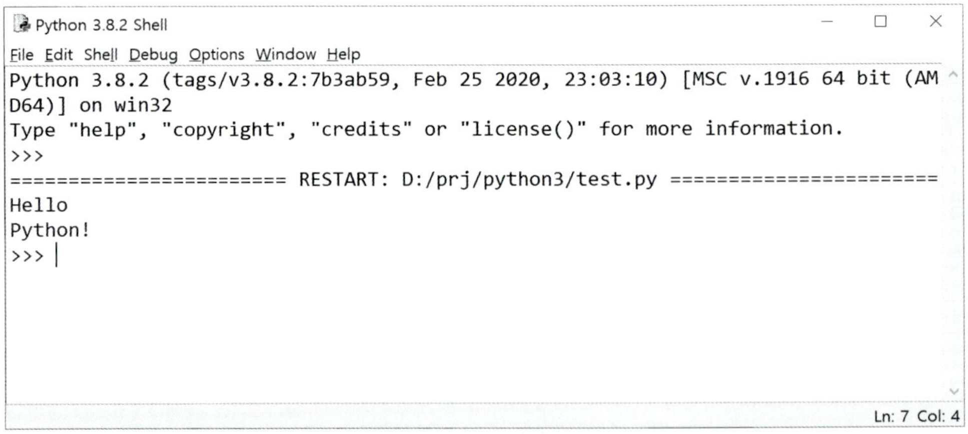

스크립트 모드에서 작성된 Python 문장들은 파일에 저장되어 있으므로 필요시 수정이나 재사용이 가능하다.

연습문제

01 노트북이나 PC에 Python을 설치하라. 이후 작성할 Python 원시 코드들을 저장하고 관리할 디렉터리(예를 들어, C:\prj\python3)를 정하고 그 디렉터리를 PYTHONPATH 환경 변수에 등록하라.

02 명령 프롬프트 창이나 PowerShell 창에서 Python 인터프리터를 시작시키고 다음 문장들을 프롬프트 >>> 다음에 입력하여 수행해 보라. 수행 화면을 캡처하라.

```
>>> print('hello python!')
>>> 5 + 3
```

03 Python Shell의 File > New File 메뉴를 선택하여 IDLE 편집 창을 열고 다음 코드를 입력하고 PYTHONPATH 환경 변수에 설정한 디렉터리에 hello.py란 이름으로 저장한 후, Run > Run Module 메뉴를 이용하여 수행해 보라. 수행 화면을 캡처하라.

```
print('hello world!')
print(3 + 5)
```

04 Python REPL 모드와 스크립트 모드에 대하여 비교 설명하라.

05 PyPI(Python Package Index) 사이트 https://pypi.org에 방문하여 현재 몇 개의 Python 프로젝트들이 등록되어 있는지 확인하라.

CHAPTER 02

자료형과 연산자

HTTP://www.python.org

Python은 숫자, 문자열과 같은 기초적인 자료형들 뿐 아니라 리스트, 튜플, 집합, 딕셔너리, 그리고 바이트열 등의 풍부한 자료형들을 언어 차원에서 제공한다. 이 절에서는 Python의 중요 자료형들의 특징들, 연산자들, 그리고 메소드들을 간단히 살펴본다.

2.1 숫자

Python 언어는 정수, 실수, 복소수 숫자를 지원한다. 정수의 경우 10진수 뿐 아니라 2진수, 8진수, 16진수 같은 다양한 진법 표현들을 지원한다.

2.1.1 정수와 연산자들

(1) 연산자들

Python은 정수에 대하여 사칙 연산자들 +, -, *, /, 제곱 연산자 **, 나머지 연산자 %, 그리고 몫 연산자 //을 지원한다.

```
>>> a = 7
>>> b = 5
>>> a + b # 덧셈
12
>>> a - b # 뺄셈
-2
>>> a * b  # 곱셈
35
>>> a / b  # 나눗셈. Python 2의 경우 정수들의 나눗셈은 정수이다.
1.4
>>> a ** b # a의 b 제곱
16807
>>> a % b # 나머지 연산
2
>>> a // b # 몫 연산
1
>>>
```

Python은 무한 자릿수 정수(arbitrary precision integer)도 지원한다. 무한 자릿수 정수는 자릿수에 제약이 없다. 무한 자릿수 정수는 과학 기술 분야 등에서 유용하다.

```
>>> 2 ** 1024 #Python은 무한 자릿수 정수를 지원한다.
179769313486231590772930519078902473361797697894230657273430081157732675805500
963132708477322407536021120113879871393357658789768814416622492847430639474124
377767893424865485276302219601246094119453082952085005768838150682342462881473
913110540827237163350510684586298239947245938479716304835356329624224137216
>>>
```

(2) 8진수 정수

Python은 8진수 정수를 지원한다. 8진수 정수는 0o 또는 0O로 시작한다.

```
>>> a = 0o177
>>> a
127
>>>
```

(3) 16진수 정수

Python은 16진수 정수를 지원한다. 16진수 정수는 0x 또는 0X로 시작한다.

```
>>> a = 0x10
>>> a
16
>>> b = 0xABC
>>> b
2748
>>>
```

(4) 2진수 정수

2진수 정수는 0b 또는 0B로 시작하는 1 또는 0의 나열이다. Python에서 음의 2진수는 2진수 정수 앞에 - 기호를 붙여 표현한다.

```
>>> 0b100
4
>>> 0B1000000000000000000000000000000
1073741824
>>> -0b100
-4
>>>
```

내장 함수 bin(x)을 사용하면 다양한 진법 표현의 정수 x를 *2진수 문자열*로 바꿀 수 있다.

```
>>> bin(10) # 문자열 반환
'0b1010'
>>> bin(-10)
'-0b1010'
>>> -0b1010
-10
>>> bin(1024*1024*1024)
'0b1000000000000000000000000000000'
>>> bin(0xff) # 16진수 ff
'0b11111111'
>>> bin(0o77) # 8진수 77
'0b111111'
>>>
```

2진수, 8진수, 16진수 등의 숫자들은 산술 수식에서 함께 사용될 수 있다. 다음 예제는 8진수, 16진수, 2진수, 그리고 10진수 숫자들의 합을 계산한다.

```
>>> 0o77 + 0xff + 0b100000 + 100
450
>>>
```

Python에서 정수는 int 객체로 표현된다. int 객체의 생성자 int(x)를 이용하여 실수, 문자열 등으로부터 그에 대응하는 정수를 생성할 수 있다.

```
>>> int(3.14)
3
>>> int('3')
3
>>>
```

2.1.2 실수와 연산자들

Python에서 실수는 소숫점을 사용하는 형태 또는 지수를 사용하는 형태로 표현된다. Python은 정수 뿐 아니라 실수에 대해서도 사칙 연산자들 +, -, *, /, 제곱 연산자 **, 나머지연산자 %, 그리고 몫 연산자 //를 지원한다. 그리고 실수 객체의 생성자 float(x)를 이용하면 정수, 문자열 등으로부터 그에 대응하는 실수를 생성할 수 있다.

```
>>> a = 1.2 # 소숫점 표현
>>> b = -3.45
>>> c = 3.45e6 # 지수 표현. 3.45 * 10 ** 6
>>> c
3450000.0
>>> float('12.3')
12.3
>>> float(12)
12.0
>>>
```

양의 무한대와 음의 무한대는 각각 `float('inf')`와 `float('-inf')`로 표현된다. `float('NaN')`은 숫자가 아닌 값(Not a Number)을 표현한다.

```
>>> float('inf')
inf
>>> float('inf') + 1.0
inf
>>> float('-inf')
-inf
>>> float('-inf') - 1.0
-inf
>>> float('NaN')
nan
>>> float('NaN') + 1.0
nan
>>>
```

2.1.3 복소수와 연산자들

복소수는 허수부에 `j`를 붙여 표현한다. 복소수의 생성자인 `complex()`를 이용하여 복소수를 생성할 수도 있다. 복소수 객체의 `real` 속성과 `imag` 속성은 각각 실수부와 허수부를 담고 있다.

```
>>> a = 1+2j
>>> b = 3-4j
>>> a + b
(4-2j)
>>> a.real  # 실수부
1.0
```

```
>>> a.imag  # 허수부
2.0
>>> complex(1, 2) # 생성자 사용
(1+2j)
>>> abs(b) # 복소수 x + yj의 절댓값은 x*x + y*y의 제곱근
5.0
>>>
```

내장 함수 abs()는 인자로 복소수가 사용되는 경우 복소수의 절댓값을 반환한다. 복소수 x+yj의 절댓값은 x*x + y*y의 제곱근으로 정의된다. 복소수의 허수부를 표현할 때 1j 대신 j로 표현할 수 없다. 복소수를 표현할 때 가독성을 고려하여 2+3j 형태보다 괄호가 있는 (2+3j)의 형태를 사용하는 것이 바람직하다.

2.2 문자열

다음 표는 Python이 문자열을 표현하는 4가지 방법을 보여준다. Python은 작은따옴표로 둘러싸는 문자열 표현 방법을 기본으로 사용한다.

'This'	작은따옴표로 문자열 둘러싸기. 문자열 내부에 큰따옴표가 나올 수 있다.
"This"	큰따옴표로 문자열 둘러싸기. 문자열 내부에 작은따옴표가 나올 수 있다.
'''This'''	작은따옴표 3개를 연속으로 써서 문자열 둘러싸기. 여러 줄의 문자열의 표현이 가능하다.
"""This"""	큰따옴표 3개를 연속으로 써서 문자열 둘러싸기. 여러 줄의 문자열의 표현이 가능하다.

다음 코드는 Python 문자열들의 실제 표현 방법들을 보여준다. 작은따옴표 3개 또는 큰따옴표 3개로 시작되는 문자열은 직접적인 여러 줄 입력이 가능하다.

```
>>> s1 = "Python's favorite food is perl"
>>> s1
"Python's favorite food is perl"
>>> s2 = '"Python is very easy." he says.'
>>> s2
'"Python is very easy." he says.'
>>> s3 = '''
This
is a book.'''
>>> s3
'\nThis \nis a book'
>>>
```

2.2.1 문자열의 연산자들

Python은 문자열에 대한 풍부한 연산자들을 제공한다. 문자열의 연산자에는 +, *, [], [::], 그리고 % 등이 있다.

(1) 문자열 결합 연산자 +

문자열 결합(concatenation) 연산자 +는 피연산자 문자열들을 결합한 내용을 담은 문자열을 생성한다.

```
>>> head = 'Python'
>>> tail = ' is fun!'
>>> head + tail
'Python is fun!'
>>>
```

(2) 문자열 곱하기 연산자 *

문자열 곱하기 연산자 *는 피연산자 문자열을 여러 번 결합한 문자열을 생성한다.

```
>>> a = 'Python'
>>> a * 2
'PythonPython'
>>>
```

(3) 문자열 색인 연산자 [ ]

문자열 색인 연산자는 문자열에서 색인(index)에 해당하는 위치의 문자를 찾아 반환한다. Python에서 문자열의 색인은 0부터 시작된다. 문자열 'Life'의 첫 번째 글자 'L'의 색인은 0이다.

index	0	1	2	3	4	5	6	7	8	9	10	11	12	13	14	15	16	17	18	19	20	21	22	23	24	25	26	27	28	29	30	31	32	33	34	35	36	37	38	39	40	41	42	43
	L	i	f	e		i	s		t	o	o		s	h	o	r	t	.		Y	o	u		n	e	e	d		t	o		l	e	a	r	n		P	y	t	h	o	n	.

```
>>> a = 'Life is too short. You need to learn Python.'
>>> a[3]
'e'
>>> a[0]
'L'
>>> a[-1] # 뒤에서 첫 번째
'.'
>>>
```

(4) 문자열의 슬라이싱 연산자 [**start**:**end**:**step**]

문자열 색인 연산자는 문자열내의 하나의 글자를 반환하지만, 슬라이싱(slicing) 연산자는 부분 문자열을 반환한다. 슬라이싱 연산자 [*start*:*end*:*step*]에서 *start*와 *end*는 슬라이싱의 시작과 끝을 지정하는 색인이고, *step*은 슬라이싱을 하는 간격과 방향을 지정하는 값이다. 슬라이싱 연산자는 [*start*:*end*]의 형태로 사용되기도 한다. [*start*:*end*]는 [*start*:*end*:1]과 같다.

```
>>> a = 'Life is too short. You need to learn Python.'
>>> a[0:4:1] # 색인 0에서 4 직전까지 1 간격으로 슬라이싱
'Life'
>>> a[0:4] # a[0:4:1] 또는 a[0:4:]과 동일
'Life'
>>> a[5:7:1] # 색인 5~6
'is'
>>> a[5::] # 색인 5에서 끝까지 1 간격으로
'is too short. You need to learn Python.'
>>> a[:17:] # 처음부터 색인 16까지 1 간격으로
'Life is too short'
>>> a[:8:] + a[8::]
'Life is too short. You need to learn Python.'
>>> a[::2] # 슬라이싱의 간격이 2
'Lf stosot o edt er yhn'
>>> a[::-1] # 문자열 뒤집기
'.nohtyP nrael ot deen uoY .trohs oot si efiL'
>>> len(a)
44
>>>
```

슬라이싱 연산자의 *start* 색인이 생략되면 0이 생략된 것으로 취급되고, *end* 색인이 생략되면 문자열의 길이가 생략된 것으로 취급되고, *step* 값이 생략되면 1이 생략된 것으로 취급된다. 따라서 `a[:8:]`은 `a[0:8:1]`과 같고, 문자열 `a`의 길이가 44라면 `a[::]`은 `a[0:44:1]`과 같다.

(5) 문자열 모듈로 연산자 %

연산자 %의 왼쪽 피연산자가 문자열인 경우에 연산자 %를 문자열 모듈로 연산자라고 한다. 문자열 모듈로 연산자는 출력 문자열의 내용을 세부적으로 조정하는 데 사용된다. 문자열 모듈로 연산자 %에 대한 자세한 내용은 제 3.2.1절에서 다루어진다.

```
>>> 'I eat %d apples.' % 3
'I eat 3 apples.'
>>> 'I eat %s apples.' % 'five'
'I eat five apples.'
>>> 'I ate %d apples, and I was sick for %s days' % (3, 'five')
'I ate 3 apples, and I was sick for five days'
>>>
```

2.2.2 문자열의 메소드

Python에서 문자열은 str 객체로 표현된다. Python에서 객체의 메소드의 호출의 형태는 다음과 같다. 객체와 메소드에 대한 자세한 논의는 제 8장과 9장에 나온다.

객체. 메소드(인자들)

다음 [표 2-1]에 나오는 문자열의 메소드들에 대한 예제들은 a = 'Python is strong'이라는 문장이 이미 수행되었다고 가정하고 있다. 표에 나오는 **투명 문자**(whitespace character)란 표현은 공백 문자 ' ', 탭 '\t', 줄 바꿈 문자 '\n'과 같이 문자열의 출력의 제어를 위해 사용되지만 보이지 않는 문자를 의미한다.

[표 2-1] 문자열 객체의 메소드들

메소드	설명	예제

count(*str*)	문자열에서 인자로 주어진 *str*의 빈도를 센다.	>>> a = 'Python is strong'
		>>> a.count('o')
		2
		>>>

find(*str*)	인자로 주어진 문자열 *str*이 처음 나타나는 색인을 반환한다. 인자로 주어진 문자열이 존재하지 않으면 -1을 반환한다.	>>> a = 'Python is strong'
		>>> a.find('on')
		4
		>>> a.find('TH')
		-1
		>>>

format(**args*, ***kwargs*)	문자열 객체의 format() 메소드에 대한 자세한 내용은 제 3.2.2절에서 다룬다.	>>> 'apples {0}.'.format(3) 'apples 3.' >>>

index(*str*)	find(*str*) 함수와 같다. 단 인자로 주어진 문자열 *str*이 존재하지 않으면 오류를 낸다.	>>> a.index('on')
		4
		>>> a.index('TH')
		ValueError: substring not found
		>>>

x.join(*str*)	인자로 주어진 문자열 *str*의 각 문자 사이에 문자열 x를 삽입한다.	>>> ','.join('this') 't,h,i,s' >>>
upper()	문자열에 대한 대문자 문자열을 반환한다.	>>> 'PYthon'.upper() 'PYTHON' >>>
lower()	문자열에 대한 소문자 문자열을 반환한다.	>>> 'PYthon'.lower() 'python' >>>

lstrip()	문자열의 왼쪽에 나타나는 투명 문자들을 지운 문자열을 반환한다.	>>> x = '\t hi '
		>>> x.lstrip()
		'hi '
		>>>

rstrip()	문자열의 오른쪽에 나타나는 투명 문자들을 지운 문자열을 반환한다.	>>> y = '\thi \t'
		>>> y.rstrip()
		'\thi'
		>>>

strip()	문자열의 오른쪽과 왼쪽에 나타나는 투명 문자들을 지운 문자열을 반환한다.	>>> x.strip() 'hi' >>>

replace(*str1*, *str2*)	문자열에 나타나는 *str1*을 *str2*로 바꾼 문자열을 반환한다.	>>> a = 'Python is strong'
		>>> a.replace('Py', 'Java')
		'Javathon is strong'
		>>> a
		'Python is strong'
		>>>

split(*separator*)	*separator*를 기준으로 문자열을 나눈 결과를 리스트로 반환한다.	>>> a.split(' ') ['Python', 'is', 'strong'] >>>

2.2.3 수정 불가 객체인 문자열

Python 문자열은 수정 불가 객체이다. **수정 불가 객체**(immutable object)란 그 내용을 수정할 수 없는 객체를 의미한다. Python 문자열의 내용을 수정하려고 하면 오류가 난다. 다음 예제에서 'Pithon'의 한 글자를 고쳐서 'Python'으로 만들려고 하면 TypeError가 발생하는 것을 볼 수 있다. 'Python'이란 문자열이 필요하다면 'Pithon'과 같은 기존 문자열을 수정하는 것이 아니라 별개의 새로운 문자열 'Python'을 만들어야 한다.

```
>>> a = 'Pithon'
>>> a[1] = 'y'
Traceback (most recent call last):
  File "<pyshell#33>", line 1, in <module>
    a[1] = 'y'
TypeError: 'str' object does not support item assignment
>>> a[:1] + 'y' + a[2:]
'Python'
>>>
```

위 코드에서 수식 a[:1] + 'y' + a[2:]의 문자열 결합 연산자 +는 주어진 문자열들로부터 새로운 문자열을 생성한다.

2.3 리스트

리스트(list)는 Python이 지원하는 가장 대표적인 자료 구조이다. Python이 개발자들에게 인기 있는 제일 큰 이유는 리스트, 튜플(tuple), 딕셔너리(dictionary), 집합(set)과 같은 자료 구조를 언어 차원에서 직접 표현할 수 있다는 것일 것이다.

리스트는 쉼표로 구분된 원소들을 대괄호로 감싸서 표현한다. 다음 코드는 여러 가지 리스트들을 보여준다. 리스트는 다른 리스트를 원소로 갖는 중첩 리스트일 수 있다.

```
>>> a = [] # 빈 리스트
>>> b = [1, 2, 3] # 정수 3개를 원소로 갖는 리스트
>>> c = ['life', 'is', 'too', 'short'] # 문자열 4개를 원소로 갖는 리스트
>>> d = [1, 2, 'Life', 'is'] # 정수 2개와 문자열 2개를 원소로 갖는 리스트
>>> e = [1, 2, ['life', 'is']] # 정수들과 문자열들의 리스트를 원소로 갖는 리스트
>>> f = [a, b, c, d, e] # 리스트 a, b, c, d, e를 원소들로 갖는 리스트
>>> f
[[], [1, 2, 3], ['life', 'is', 'too', 'short'], [1, 2, 'Life', 'is'], [1, 2, ['life', 'is']]]
>>>
```

2.3.1 리스트 관련 연산자들

리스트는 [], [::], +, *, in 등의 연산자들을 지원한다.

(1) 리스트의 색인 연산자 [ ]

리스트 역시 문자열처럼 색인(index)을 적용할 수 있다. 리스트의 원소들의 색인도 0에서 시작한다. 색인 -*i*는 뒤에서 *i* 번째 원소를 표현하는 색인이다.

```
>>> a = [1, 2, [3, 4]]
>>> a[0]
1
>>> a[2]
[3, 4]
>>> a[0] + a[1]
3
>>> a[-1]
[3, 4]
>> a[2][0]
3
>>>
```

(2) 리스트의 슬라이싱 연산자 [*start*:*end*:*step*]

리스트 역시 문자열처럼 슬라이싱을 적용할 수 있다. 리스트 슬라이싱 연산자의 *start*, *end*, *step*의 의미는 문자열의 슬라이싱 연산자에서의 의미와 유사하다. 슬라이싱 연산자의 색인 *start*가 생략되면 0이 생략된 것으로 취급되고, 색인 *end*가 생략되면 리스트의 길이가 생략된 것으로 취급되고, *step* 값이 생략되면 1이 생략된 것으로 취급된다.

```
>>> a = [1, 2, 3, 4, 5, 6, 7]
>>> a[0:5:1]
[1, 2, 3, 4, 5]
>>> a[:5:] # a[0:5:1]과 같음
[1, 2, 3, 4, 5]
>>> a[2:len(a):1]
[3, 4, 5, 6, 7]
>>> a[2::] # a[2:7:1]과 같음
[3, 4, 5, 6, 7]
>>> a[::] # a[0:len(a):1]과 같음
[1, 2, 3, 4, 5, 6, 7]
```

```
>>> a[::2] # 슬라이싱 간격이 2
[1, 3, 5, 7]
>>>
```

(3) 리스트 관련 연산자 +, *, in

연산자 +는 인자로 주어진 두 개의 리스트들을 합친 새로운 리스트를 반환한다. 연산자 *는 리스트를 여러 번 반복해서 합친 리스트를 반환한다. 연산자 in은 리스트의 원소 여부를 판정한다.

```
>>> a = [1, 2, 3]
>>> b = ['a', 'b']
>>> a + b
[1, 2, 3, 'a', 'b']
>>> b * 1
['a', 'b']
>>> b * 3
['a', 'b', 'a', 'b', 'a', 'b']
>>> b * 0
[]
>>> 5 in [1, 2, 5]
True
>>> 3 in [1, 2, 5]
False
>>>
```

2.3.2 리스트 관련 메소드들

Python에서 리스트는 list 객체로 표현된다. 다음 [표 2-2]는 list 객체의 중요 메소드들이다.

[표 2-2] 리스트 객체의 메소드들

메소드	설명	예제

append(*e*)	리스트의 뒤에 원소 *e*를 추가한다.	>>> a = [1, 2, 3, 4, 5]
		>>> a.append(6)
		>>> a
		[1, 2, 3, 4, 5, 6]
		>>>

sort()	리스트의 원소들을 오름차순으로 정렬한다.	>>> b = [1, 3, 2]
		>>> b.sort()
		>>> b
		[1, 2, 3]
		>>>

reverse()	리스트를 역순으로 뒤집는다.	>>> a = [1, 2, 3, 4, 5]
		>>> a.reverse()
		>>> a
		[5, 4, 3, 2, 1]
		>>>

index(*e*)	인자로 주어진 원소 *e*가 처음 나타나는 위치의 색인 값을 반환한다.	>>> a = [1, 2, 4, 4, 5]
		>>> a.index(4)
		2
		>>>

insert(*i*, *e*)	리스트의 *i*번째 위치에 원소 *e*를 삽입한다.	>>> a = ['a', 'c', 'd']
		>>> a.insert(1, 'b')
		>>> a
		['a', 'b', 'c', 'd']
		>>>

remove(e)	리스트에서 첫 번째 나타나는 원소 *e*를 삭제한다.	>>> a = [1, 2, 3, 2]
		>>> a.remove(2)
		>>> a
		[1, 3, 2]
		>>>

pop()	리스트의 마지막 원소를 반환한다. 그 원소는 리스트에서 삭제된다.	>>> a = [1, 2, 3]
		>>> a.pop()
		3
		>>> a
		[1, 2]
		>>>

pop(*i*)	리스트의 *i*번째 원소를 반환한다. 그 원소는 리스트에서 삭제된다.	>>> a = ['a', 'b', 'c']
		>>> a.pop(1)
		'b'
		>>> a
		['a', 'c']
		>>>

count(*e*)	리스트에 포함된 원소 *e*의 개수를 반환한다.	>>> a = [1, 2, 3, 1]
		>>> a.count(1)
		2
		>>>

extend(*e*)	리스트에 리스트 *e*를 연결한다. *e*는 리스트, 튜플, 문자열 같은 반복 가능 객체이어야만 한다.	>>> a = [1, 2, 3]
		>>> a.extend([4, 5])
		>>> a
		[1, 2, 3, 4, 5]
		>>>

2.3.3 수정 가능 객체인 리스트

제 2.2절에서 기술된 Python 문자열은 수정 불가 객체이지만 리스트는 수정 가능 객체이다. **수정 가능 객체**(mutable object)란 표현 그대로 객체의 내용을 수정할 수 있는 객체를 의미한다. 바로 앞 2.3.2절에서 소개된 리스트 관련 메소드들뿐 아니라 다음 코드에서처럼 색인과 del 키워드를 사용하여, 리스트의 기존 원소를 삭제하거나 다른 원소로 수정할 수 있다.

```
>>> a = [1, 2, 3, 4]
>>> a[1] = 5 # 색인 1인 원소 수정
>>> a
[1, 5, 3, 4]
>>> del a[1] # 키워드 del 로 a의 색인 1인 원소 삭제
>>> a
[1, 3, 4]
>>> a[1:3] = [] # 색인 1에서 색인 3 전까지의 서브 리스트를 []로 수정
>>> a
[1]
>>>
```

2.4 튜플

튜플은 리스트와 마찬가지로 다양한 원소들을 순서대로 담을 수 있으며 리스트와 유사한 연산자들과 메소드들을 지원하지만, 리스트와 달리 수정 불가 객체이다. 즉, 튜플(tuple)은 **리스트의 수정 불가 버전**이라고 할 수 있다. 튜플의 원소를 삭제하거나 추가하거나 수정하려는 시도는 오류를 낸다.

```
>>> t = (1, 2, '3') # 튜플
>>> t[1] = 0
Traceback (most recent call last):
  File "<pyshell#13>", line 1, in <module>
    t[1] = 0
TypeError: 'tuple' object does not support item assignment
>>>
```

2.4.1 튜플의 형태

튜플은 리스트와 달리 소괄호 ( )로 원소들을 둘러싼다. 다음 코드에서 t1, t2, t3, t4, t5는 모두 튜플이다.

```
t1 = ()
t2 = (27,)
t3 = (1, 2, 3)
t4 = (1, (2, 3), 4)
t5 = ('a', ('b', 'c'), 3)
```

튜플을 표현할 때 주의할 점은 튜플의 표현에 사용되는 소괄호 ()가 수식을 표현하는 데에도 사용된다는 것이다. 따라서 원소의 개수가 1개인 튜플을 (27)과 같이 표현한다면 수식 (27)과 구분할 수 없으므로 원소의 개수가 1개인 튜플은 콤마를 이용하여 (27,)와 같이 표현해야 한다.

```
>>> x = (3)
>>> x
3
>>> len(x)
Traceback (most recent call last):
  File "<pyshell#22>", line 1, in <module>
    len(x)
TypeError: object of type 'int' has no len()
>>> y = (3,) # 원소가 1개인 튜플의 표현
>>> y
(3,)
>>> len(y)
1
>>>
```

2.4.2 튜플의 색인과 슬라이싱

튜플 역시 리스트처럼 색인을 적용할 수 있다. 원소의 색인은 0에서 시작한다. 색인 -i는 뒤에서 i번째 원소에 대한 색인이다.

```
>>> t = (1, 2, '3', 4, '5')
>>> t[0]
1
>>> t[2]
'3'
>>> t[-1]
'5'
>>>
```

튜플 역시 문자열이나 리스트처럼 슬라이싱 연산자를 적용할 수 있다. 튜플 슬라이싱 연산자 [*start*:*end*:*step*]의 *start*, *end*, *step*의 의미는 문자열이나 리스트의 슬라이싱 연산자에서의 의미와 유사하다.

```
>>> t = (1, 2, '3', 4, '5')
>>> t[0:len(t):1] # t과 같음
(1, 2, '3', 4, '5')
>>> t[1:] # t[1:len(t):1]와 같음
(2, '3', 4, '5')
>>> t[:1]
(1,) # 표현에 주의
>>> t[::-1] # 튜플 뒤집기
('5', 4, '3', 2, 1)
>>> t[0:3] + t[3:] # t와 같음
(1, 2, '3', 4, '5')
>>>
```

위 코드에서 `t[:1]`의 반환 값은 원소의 개수가 1인 튜플이므로 `(1)`가 아니라 `(1,)`로 표현되고 있다.

2.4.3 튜플 관련 연산자들: +, *, in

연산자 +는 두 튜플을 합친다. 연산자 *는 튜플을 여러 번 합친다. 연산자 in은 튜플의 원소 여부의 판정에 사용된다.

```
>>> t1 = (1, 2, 3)
>>> t2 = (4, 5)
>>> t1 + t2 # 두 튜플을 합침
(1, 2, 3, 4, 5)
>>> t1 * 3 # t1을 3번 합침
(1, 2, 3, 1, 2, 3, 1, 2, 3)
>>> 2 * t2 # t2를 2번 합침
(4, 5, 4, 5)
>>> 5 in (1, 2, 5)
True
>>>
```

2.4.4 튜플 관련 메소드들

Python에서 튜플은 tuple 객체로 표현된다. 다음은 튜플 객체에 관련된 메소드들이다.

[표 2-3] 튜플 객체의 메소드들

메소드	설명	예제

index(*e*)	인자로 주어진 원소 *e*가 처음 나타나는 위치의 색인 값을 반환한다.	>>> a = ('a', 'b', 'c', 'a')
		>>> a.index('a')
		0
		>>>

count(*e*)	튜플에 포함된 원소 *e*의 개수를 반환한다.	>>> a = ('a', 'b', 'c', 'a')
		>>> a.count('a')
		2
		>>>

2.5 집합

집합(set)은 Python 2.3부터 지원되기 시작한 자료형이다. 집합의 원소들은 서로 달라야 한다. 집합은 원소들의 순서가 중요하지 않은 자료형이다.

```
>>> s1 = {1, 2, 3}
>>> s1
{1, 2, 3}
>>> s2 = {1, 2, 2, 3} # 중복된 원소들을 담아봄
>>> s2
{1, 2, 3}
>>> {1, 2, 3} == {3, 2, 1} # 원소들의 순서를 바꾸어도 같은 집합이다.
True
>>>
```

주의 |

집합은 원소들의 순서가 중요하지 않기 때문에 색인을 지원하지 않는다. 집합의 원소를 색인으로 접근하려면 집합을 리스트나 튜플로 변환한 후 접근한다. 집합, 리스트, 튜플, 딕셔너리, 그리고 문자열 간의 상호 변환 방법은 제 2.7절에서 설명된다.

2.5.1 교집합, 합집합, 차집합

Python 집합 자료형은 교집합, 합집합, 차집합 연산을 지원한다. 다음과 같은 두 개의 집합을 사용하여 확인해 보자.

```
s1 = {1, 2, 3, 4, 5, 6}
s2 = {4, 5, 6, 7, 8, 9}
```

교집합은 연산자 &를 사용하거나 집합 객체의 `intersection()` 메소드를 사용하여 구할 수 있다.

```
>>> s1 & s2
{4, 5, 6}
>>> s1.intersection(s2)
{4, 5, 6}
>>> s2.intersection(s1)
{4, 5, 6}
>>>
```

합집합은 연산자 | 또는 집합 객체의 union() 메소드를 사용하여 구할 수 있다.

```
>>> s1 | s2
{1, 2, 3, 4, 5, 6, 7, 8, 9}
>>> s1.union(s2)
{1, 2, 3, 4, 5, 6, 7, 8, 9}
>>> s2.union(s1)
{1, 2, 3, 4, 5, 6, 7, 8, 9}
>>>
```

차집합은 연산자 - 또는 집합 객체의 difference() 메소드를 이용해서 구할 수 있다.

```
>>> s1 - s2
{1, 2, 3}
>>> s2 - s1
{8, 9, 7}
>>> s1.difference(s2)
{1, 2, 3}
>>> s2.difference(s1)
{8, 9, 7}
>>>
```

2.5.2 집합 원소의 추가와 삭제

집합은 수정 가능 객체(mutable object)이다. 집합 원소를 추가할 때는 add() 메소드를 사용한다. 집합의 원소를 삭제하려면 remove() 메소드를 사용한다.

```
>>> s1 = {1, 2, 3, 4, 5, 6}
>>> s1.add(10) # 새로운 원소의 추가
>>> s1
{1, 2, 3, 4, 5, 6, 10}
>>> s1.add(4) # 이미 존재하는 원소의 추가
>>> s1
{1, 2, 3, 4, 5, 6, 10}
>>> s1.remove(10)
>>> s1
{1, 2, 3, 4, 5, 6}
>>> s1.remove(9) # 존재하지 않는 원소의 제거는 오류가 난다.
Traceback (most recent call last):
```

```
  File "<pyshell#38>", line 1, in <module>
    s1.remove(9)
KeyError: 9
>>>
```

2.6 딕셔너리(dictionary)

딕셔너리는 사전과 유사한 자료 구조를 표현한다. 사전이 단어와 그 단어에 대한 설명의 쌍들을 담고 있는 것처럼 딕셔너리는 키(key)와 값(value)의 쌍들을 원소들로 갖는다. 딕셔너리 자료형은 해쉬(hash)라고 불리기도 한다. 집합과 마찬가지로 딕셔너리에서도 원소들의 순서는 중요하지 않다.

key : *value*

딕셔너리 자료형은 :로 결합된 키와 값의 쌍들을 중괄호 { }로 둘러싼 형태를 갖는다.

```
dic1 = { } # 빈 딕셔너리
dic2 = {'name': 'kim', 'age': 23, 'phone': '0103334444'} # 3개의 원소
dic3 = {1: 'first', 2: [5,6,7] } # 2개의 원소를 가진 딕셔너리
```

2.6.1 딕셔너리 키의 사용

딕셔너리는 리스트, 튜플, 집합과 달리 키(key)를 사용하여 원소들에 접근한다는 특징을 갖는다.

(1) 키워드 in

딕셔너리에서 키에 대응하는 원소가 존재하는지 확인하려면 키워드 in을 사용한다.

```
>>> dic = {'name': 'kim', 'age': 23}
>>> 'name' in dic
True
>>> 'id' in dic
False
>>>
```

(2) 키에 대응하는 값 찾기

딕셔너리에서 *키*에 대응하는 값을 찾으려면 *딕셔너리이름[키]* 형태의 수식을 사용한다. 만일 딕셔너리에 키에 대응하는 원소가 존재하지 않는다면 KeyError 예외가 발생된다.

```
>>> dic = {'name': 'kim', 'age': 23}
>>> dic['name'] # 딕셔너리이름[키]
'kim'
>>> dic['id'] # 존재하지 않는 키
Traceback (most recent call last):
  File "<pyshell#26>", line 1, in <module>
    dic['id']
KeyError: 'id'
>>>
```

(3) 딕셔너리 원소의 삽입, 수정, 삭제

딕셔너리는 원소의 수정이 가능한 수정 가능 객체(mutable object)이다. 딕셔너리에 새로운 원소를 삽입하거나 기존 원소를 수정하거나 삭제하는 것이 가능하다.

```
>>> dic4 = {1: 'A', 'age': 23}
>>> dic4
{1: 'A', 'age': 23}
>>> dic4['name'] = 'kim' # 원소 삽입
>>> dic4
{1: 'A', 'age': 23, 'name': 'kim'}
>>> dic4[1] = 'B' # 원소 수정
>>> doc4
{1: 'B', 'age': 23, 'name': 'kim'}
>>> del dic4['age'] # 원소 삭제
>>> dic4
{1: 'B', 'name': 'kim'}
>>>
```

딕셔너리 원소의 삭제에는 키워드 del을 사용한다. 키워드 del을 사용하는 문장의 형태는 다음과 같다.

del *딕셔너리이름[키]*

2.6.2 딕셔너리에 대한 주의 사항

딕셔너리의 원소들은 모두 서로 다른 키(key)를 가져야 한다. 동일한 키를 갖는 원소들이 여러 개 존재하는 딕셔너리를 만들면 그들 중 가장 나중에 입력된 원소만 존재하게 된다.

```
>>> dic5 = {1: 'a', 2: 'b', 1: 'A'}
>>> dic5
{1: 'A', 2: 'b'}
>>>
```

딕셔너리의 키로는 수정 불가 객체를 사용해야 한다. 예를 들어, 튜플은 수정 불가 객체이므로 딕셔너리 원소의 키로 사용할 수 있지만 리스트는 수정 가능 객체이므로 딕셔너리의 키로 사용할 수 없다.

```
>>> dic6 = {1: 'a', (1, 2): 3} # 튜플을 딕셔너리의 원소의 키로 사용
>>> dic6
{1: 'a', (1, 2): 3}
>>> dic7 = {1: 'a', [1, 2]: 3} # 리스트를 딕셔너리의 원소의 키로 사용하면 오류
Traceback (most recent call last):
  File "<pyshell#58>", line 1, in <module>
    dic7 = {1: 'a', [1, 2]: 3}
TypeError: unhashable type: 'list'
>>>
```

2.6.3 딕셔너리 관련 함수들과 메소드들

다음 [표 2-4]는 딕셔너리 객체를 인자로 사용하는 내장 함수 `len()`과 문자열 생성자 `str()`에 대한 것이다.

[표 2-4] 딕셔너리 객체에 관련된 함수들

함수	설명	예제

len(*dict*)	인자로 주어진 딕셔너리 *dict*의 원소들의 개수를 반환한다.	>>> dict1 = {'Name': 'Suzi', 'Age': 28}
		>>> len(dict1)
		2
		>>>

str(*dict*)	인자로 주어진 딕셔너리 *dict*의 문자열 표현을 반환한다.	>>> dict1 = {'Name': 'Suzi', 'Age': 28}
		>>> str(dict1)
		"{'Name': 'Suzi', 'Age': 28}"
		>>>

Python에서 딕셔너리는 **dict** 객체로 표현된다. 다음 [표 2-5]는 딕셔너리 객체의 중요 메소드들이다.

[표 2-5] 딕셔너리 객체의 메소드들

메소드	설명	예제

clear()	딕셔너리 객체의 모든 원소들을 삭제한다.	>>> dict1 = {'Name': 'Suzi', 'Age': 28}
		>>> dict1.clear()
		>>> dict1
		{}
		>>>

copy()	딕셔너리 객체의 얕은 복사본을 반환한다.	>>> dict1 = {'Name': 'Suzi', 'Age': 28}
		>>> dict2 = dict1.copy()
		>>> dict2
		{'Name': 'Suzi', 'Age': 28}
		>>>

dict.fromkeys(*seq*[,*value*]))	키들의 목록 *seq*와 *value*로부터 딕셔너리 객체를 생성한다.	>>> seq = ('name', 'age', 'sex')
		>>> dict3 = dict.fromkeys(seq, 5)
		>>> dict3
		{'name': 5, 'age': 5, 'sex': 5}
		>>>

keys()	딕셔너리 객체의 모든 키들을 담은 dict_keys 객체를 반환한다.	>>> dict1 = {'Name': 'Suzi', 'Age': 28}
		>>> dict1.keys()
		dict_keys(['Name', 'Age'])
		>>>

values()	딕셔너리 객체의 모든 값들을 담은 dict_values 객체를 반환한다.	>>> dict1 = {'Name': 'Suzi', 'Age': 28}
		>>> dict1.values()
		dict_values(['Suzi', 28])
		>>>

2.7 리스트, 튜플, 집합, 딕셔너리, 문자열 간의 변환

리스트, 튜플, 집합, 딕셔너리, 문자열 간의 상호 변환을 위해 생성자들 list(), tuple(), set(), dict(), 그리고 str()을 사용할 수 있다.

> 참고 |
>
> list(), tuple(), set(), dict() 그리고 str()은 각각 리스트, 튜플, 집합, 딕셔너리, 그리고 문자열 객체의 생성자(constructor)이다. 객체의 생성자에 대한 자세한 기술은 제 8장에 나온다.

2.7.1 list()

리스트 객체의 생성자인 list()를 이용하면 리스트, 튜플, 집합, 딕셔너리 그리고 문자열로부터 리스트를 생성할 수 있다. list()는 딕셔너리를 인자로 주면 딕셔너리의 키들의 리스트를 반환한다. 다음 예제 코드를 보자.

```
>>> t1 = [1, 2]
>>> t2 = (1, 2, 3)
>>> t3 = {1, 2, 3, 4}
>>> t4 = {'name': 'kim', 'age': 22}
>>> t5 = 'abc'
>>> list(t1)
[1, 2]
>>> list(t2)
[1, 2, 3]
>>> list(t3)
[1, 2, 3, 4]
>>> list(t4)
['name', 'age'] # 딕셔너리의 키들의 리스트
>>> list(t5)
['a', 'b', 'c']
>>>
```

2.7.2 tuple()

튜플 객체의 생성자인 tuple()을 이용하면 리스트, 튜플, 집합, 딕셔너리 그리고 문자열로부터 튜플을 생성할 수 있다. tuple()의 인자가 딕셔너리인 경우에는 딕셔너리의 키들의 튜플이

생성된다. 다음 예제 코드를 보자.

```
>>> t1 = [1, 2]
>>> t2 = (1, 2, 3)
>>> t3 = {1, 2, 3, 4}
>>> t4 = {'name': 'kim', 'age': 22}
>>> t5 = 'abc'
>>> tuple(t1)
(1, 2)
>>> tuple(t2)
(1, 2, 3)
>>> tuple(t3)
(1, 2, 3, 4)
>>> tuple(t4)
('name', 'age') # 딕셔너리의 키들의 튜플
>>> tuple(t5)
('a', 'b', 'c')
>>>
```

2.7.3 set()

집합 객체의 생성자인 set()을 이용하면 리스트, 튜플, 집합, 딕셔너리 그리고 문자열로부터 집합을 생성할 수 있다. set()의 인자가 딕셔너리인 경우에는 딕셔너리의 키들의 집합이 생성된다. 다음 예제 코드를 보자.

```
>>> t1 = [1, 2]
>>> t2 = (1, 2, 2, 3)
>>> t3 = {1, 2, 3, 4}
>>> t4 = {'name': 'kim', 'age': 22}
>>> t5 = 'abca'
>>> set(t1)
{1, 2}
>>> set(t2)
{1, 2, 3}
>>> set(t3)
{1, 2, 3, 4}
>>> set(t4)
{'name', 'age'}
>>> set(t5)
{'a', 'b', 'c'} # 중복 허용되지 않음. 원소들의 순서는 중요하지 않음
>>>
```

2.7.4 dict()

딕셔너리 객체의 생성자인 dict()의 인자로 키와 값의 쌍들을 표현하는 튜플들의 리스트를 사용하여 딕셔너리를 생성할 수 있다. 또한 키워드 인자들을 이용하여 딕셔너리를 생성할 수도 있다. 키워드 인자에 대한 자세한 기술은 제 6.3.2절에 나온다.

```
>>> t = dict([('two', 2), ('one', 1), ('three', 3)]) # 리스트 인자들
>>> t
{'two': 2, 'one': 1, 'three': 3}
>>> score = dict(math=80, physics=90, programming='pass') # 키워드 인자들
>>> score
{'math': 80, 'physics': 90, 'programming': 'pass'}
>>>
```

2.7.5 str()

문자열 객체의 생성자인 str()을 이용하면 리스트, 튜플, 집합, 딕셔너리 그리고 문자열로부터 그에 대응하는 문자열을 생성할 수 있다. 다음 예제 코드를 보자.

```
>>> t1 = [1, 2]
>>> t2 = (1, 2, 3)
>>> t3 = {1, 2, 3, 4}
>>> t4 = 'abc'
>>> str(t1)
'[1, 2]'
>>> str(t2)
'(1, 2, 3)'
>>> str(t3)
'{1, 2, 3, 4}'
>>> str(t4)
'abc'
>>>
```

2.8 참과 거짓의 표현

Python 키워드 True와 False는 각각 참과 거짓을 표현한다.

```
>>> True
True
>>> False
False
>>>
```

참과 거짓을 반환하는 연산자에는 논리 연산자, 비교 연산자, 포함 연산자가 있다.

(1) 논리 연산자

다음은 논리 연산자들을 설명하는 표이다.

[표 2-6] 논리 연산자들

논리 연산자	설명	예제

and	논리곱	>>> x = True
		>>> y = False
		>>> x and y
		False
		>>> x or y
		True
		>>> not x
		False
		>>>

or	논리합	
not	부정	

논리 연산자들은 다음과 같은 내장 객체들을 논리적으로 거짓으로 취급한다.

- False
- None
- 숫자 0에 해당하는 값들:
  0, 0.0, 0j, decimal.Decimal(0), 그리고 fractions.Fraction(0, 1)
- '', (), [], {}, set(), 그리고 range(0)

```
>>> not 0
True
>>> not 0.0
True
>>> not ''
True
>>> not ()
True
>>> not range(0)
True
>>> 0 and 2
0
>>> 0 or 2
2
>>> import decimal # import 문은 제 7장에서 기술된다.
>>> decimal.Decimal(0) == True
False
>>> import fractions
>>> fractions.Fraction(0, 1)
Fraction(0, 1)
>>> not fractions.Fraction(0, 1)
True
>>>
```

다음은 if-else 문에서 0, 0.0, {}가 논리적으로 거짓으로 취급되며, 1이 논리적으로 참으로 취급되는 것을 보여주는 코드이다.

```
# true_false_0_1.py
if 0: print('0 is True')
else: print('0 is False') # 0 is False

if 0.0: print('0.0 is True')
else: print('0.0 is False') # 0.0 is False

if 1: print('1 is True')
else: print('1 is False') # 1 is True

if {}: print('{} is True')
else: print('{} is False') # {} is False
```

위 코드의 수행 결과는 다음과 같다.

```
0 is False
0.0 is False
1 is True
{} is False
```

(2) 비교 연산자

다음 [표 2-7]은 비교 연산자들이다.

[표 2-7] 비교 연산자들

비교 연산자	설명	예제

<	작다	>>> x = 5
		>>> (x > 4)
		True
		>>> x < 4
		False
		>>> x >= 5
		True
		>>>

<=	작거나 같다	
>	크다	
>=	크거나 같다	

==	같다	>>> x = 5
		>>> x == 5
		True
		>>> (x != 5)
		False
		>>>

!=	같지 않다.	

비교 연산자 ==에게 숫자 0에 해당하는 값들 0, 0.0, 0j, decimal.Decimal(0), 그리고 fractions.Fraction(0, 1)은 거짓으로 취급된다. 비교 연산자 ==에게 숫자 1에 해당하는 값들 1, 1.0은 참으로 취급된다.

```
>>> 0 == True
False
>>> 1 == True
True
>>> 0.0 == True
False
>>> 1.0 == True
True
>>>
```

비교 연산자 ==에게 0이나 1에 해당하지 않는 다른 숫자들은 참이나 거짓의 의미를 갖지 않는다. 비교 연산자 ==에게 그들은 그냥 숫자로 취급된다.

```
>>> 0.1 == False # 0.1은 참이나 거짓이 아니다. 그냥 숫자다.
False
>>> 0.1 == True # 0.1은 참이나 거짓이 아니다. 그냥 숫자다.
False
>>> 11 == False # 11은 참이나 거짓이 아니다. 그냥 숫자다.
False
>>> 11 == True
False
>>>
```

(3) 포함 연산자 in

포함 연산자 in은 원소 여부를 판정한다.

함수명	설명	예제

in	리스트, 튜플, 또는 집합의 원소이면 True	>>> x = [1, 2, 3]
		>>> 2 **in** x
		True
		>>> 4 **not in** x
		True
		>>>

(4) 동일 객체 여부 판정 연산자 is

연산자 is는 두 객체의 동일 객체 여부를 판정한다.

함수명	설명	예제

is	두 객체가 동일 객체라면 True를 반환하고 아니면 False 반환	>>> x = 'This is a book.'
		>>> y = x
		>>> x **is** y
		True
		>>>

2.9 바이트들의 열 - bytes 객체와 bytearray 객체

문자열 객체 즉 str 객체는 '유니코드 체계에 정의된 글자(character)들의 열'을 표현한다. 반면에 bytes 객체와 bytearray 객체는 '바이트들의 열'을 표현한다. 바이트는 이진수 00000000 ~ 11111111 사이의 모든 값을 표현할 수 있으므로 bytes 객체나 bytearray 객체는 임의의 이진 데이터를 표현할 수 있다.

bytes 객체와 bytearray 객체는 둘 다 바이트들의 열을 표현하지만 bytes 객체는 수정 불가 객체(immutable object)이고 bytearray 객체는 수정 가능 객체(mutable object)라는 차이가 있다. bytearray 객체는 bytes 객체의 수정 가능 버전이라고 할 수 있다.

2.9.1 bytes 객체

bytes 객체를 생성하는 가장 간단한 방법은 **바이트 리터럴**(byte literal)이다. 바이트 리터럴은 앞에 바이트를 나타내는 b가 붙으며 내부의 바이트들 각각을 이스케이프 시퀀스 \x*hh*의 형태로 표현한다. 여기서 *hh*는 16진수 표현이다. 이스케이프 시퀀스(escape sequence)에 대한 자세한 내용은 제 4.6절에 나온다.

```
>>> b'\xff' # 16진수 값 ff에 해당하는 바이트를 담은 바이트 리터럴
b'\xff'
>>> x = b'\x97\x98\x99' # 16진수 값 97, 98, 99에 해당하는 바이트들을 담은 바이트 리터럴
>>> x
b'\x97\x98\x99'
>>> x[0]
151
>>> b'a' # ASCII 글자 'a'의 코드 포인트에 해당하는 바이트를 담은 바이트 리터럴
b'a'
>>>
```

예외적으로 ASCII 글자에 해당하는 바이트 리터럴은 내부의 바이트를 이스케이프 시퀀스 \x*hh* 형태 대신 바로 ASCII 글자로 표현하는 것이 가능하다. 예를 들어, b'a'는 b'\x61'과 동일한 바이트 리터럴을 표현한다. ASCII 글자 a의 코드 포인트가 16진수 61이기 때문이다.

```
>>> b'\x61' # 일반적 바이트 리터럴 표현 형태
b'a'
>>> b'a' # ASCII 알파벳에만 해당하는 바이트 리터럴 표현 형태
b'a'
>>> b'\x61\x62\x63'
b'abc'
>>> b'abc'
b'abc'
>>> b'한'
SyntaxError: bytes can only contain ASCII literal characters.
>>>
```

생성자 bytes()를 사용하여 bytes 객체를 생성할 수도 있다. 생성자 bytes()로 bytes 객체를 만들려면 0개 이상의 바이트 값들을 담은 리스트 또는 바이트 문자열을 인자로 사용하여 생성자 bytes()를 호출하면 된다. 만일 인자로 정수를 사용하면 바이트 \x00이 그 정수 길이만큼 채워진 bytes 문자열이 생성된다. 다음 예제를 보자.

```
>>> bytes([97])
b'a'
>>> bytes([97, 98, 99])
b'abc'
>>>  bytes(b'abc')
b'abc'
>>> bytes(10)
b'\x00\x00\x00\x00\x00\x00\x00\x00\x00\x00'
>>>
```

bytes 클래스의 클래스 메소드 fromhex()를 이용하여 16진수 문자열로부터 bytes 객체를 생성할 수도 있다. 그리고 bytes 객체의 인스턴스 메소드 hex()를 이용하여 bytes 객체를 16진수 문자열로 다시 변환할 수 있다.

```
>>> bytes.fromhex('ff') # b'\xff'
b'\xff'
>>> bytes.fromhex('ffff') # b'\xff\xff
b'\xff\xff'
>>> b'\xff'.hex() # 16진수 ff의 16진수 ff
'ff'
>>> b'\xff\xff'.hex() # 'ffff'
'ffff'
>>>
```

bytes 객체는 내용을 수정할 수 없는 수정 불가 객체이다. 다음 코드를 보자.

```
>>> x =  b'\x61\x62\x63'
>>> x[0]
97
>>> x[0] = 98
Traceback (most recent call last):
  File "<pyshell#68>", line 1, in <module>
    x[0] = 98
TypeError: 'bytes' object does not support item assignment
>>>
```

2.9.2 bytearray 객체

다음은 리스트로부터 bytearray 객체를 생성하고 그 내용을 수정하는 것을 보여주는 코드이다.

```
>>> elements = [0, 200, 50, 25, 10, 255]
>>> values = bytearray(elements)
>>> values
bytearray(b'\x00\xc82\x19\n\xff') # b'\x00\xc8\x32\x19\x0a\xff'
>>> values[0] = 5
>>> values[1] = 0
>>> values
bytearray(b'\x05\x002\x19\n\xff') # chr(50) == '2', chr(10) == '\n'
>>>
```

바이트 리터럴로부터 bytearray 객체를 생성할 수도 있다.

```
>>> data = bytearray(b'abc')
>>> data
bytearray(b'abc')
>>> data[0]
97
>>> data[1]
98
>>>
```

bytearray 객체는 수정 가능 객체이며 리스트와 유사하게 append(), insert() 메소드와 del 문장을 사용하여 원소를 추가하거나 삭제할 수 있다.

```
>>> vals = bytearray()
>>> vals.append(0)
>>> vals.append(1)
>>> vals.append(2)
>>> vals
bytearray(b'\x00\x01\x02')
>>> vals.insert(1, 3) # 색인 1에 3 삽입
>>> vals
bytearray(b'\x00\x03\x01\x02')
>>> del vals[0:1] # 색인 0에서 1 전까지 삭제
>>> vals
bytearray(b'\x03\x01\x02')
>>>
```

bytearray 객체의 replace() 메소드를 이용하면 bytearray 객체의 내용의 일부를 지정된 내용으로 대치한 결과를 반환받을 수 있다.

```
>>> val = b'aaabbb'
>>> val.replace(b'bbb', b'ccc') # bbb를 ccc로 대치
'aaaccc'
>>>
```

연습문제

01 다음 표의 빈칸에 대응하는 Python 10진수, 2진수, 8진수, 16진수를 채워라.

10진수	2진수	8진수	16진수
-53			
	0b000100010001		
		0o77	
			0x9F

02 Python 문자열을 표현하는 4가지 방법을 설명하라.

03 주민등록번호의 생일을 나타내는 6자리 문자열에서 년, 월, 일을 구하는 코드를 작성하라.

```
>>> birthday = '890317'
```

04 리스트 [1, 3, 5, 4, 2]를 [5, 4, 3, 2, 1]로 정렬하는 코드를 작성하라.

05 튜플 (1, 2, 3)에 4를 추가하여 (1, 2, 3, 4)를 만들어 출력하는 코드를 작성하라.

06 다음 리스트 [1, 1, 2, 2, 3, 4, 5, 5]에서 중복된 값들을 제거한 리스트를 만드는 코드를 작성하라.

07 다음 중 수정 불가 객체는 ○를, 아니면 ×를 표기하라.

① 문자열 [   ]   ② 리스트 [   ]   ③ 튜플 [   ]
④ 딕셔너리 [   ]   ⑤ bytes 객체 [   ]

CHAPTER 03

입출력

HTTP://www.python.org

입력과 출력은 프로그램의 기본적인 요소들이다. 프로그램은 키보드나 파일 등의 입력 장치로부터 명령이나 데이터를 입력받아 처리하고 그 결과를 디스플레이 장치나 파일 등의 출력 장치로 출력한다.

이 장에서는 입출력을 수행하는 내장 함수인 `input()`과 `print()`, 출력 문자열의 포맷 조정, 파일의 읽고 쓰기, `pickle` 모듈을 이용한 객체와 파일간의 변환, 그리고 명령행 인자들의 처리 방법 등에 대한 내용을 다룬다.

3.1 표준 입출력 장치들

Python 프로그램은 다음과 같은 3가지 종류의 표준 입출력 장치들을 사용하여 입출력을 수행할 수 있다.

- 표준 입력 장치(standard input device)
- 표준 출력 장치(standard output device)
- 표준 오류 출력 장치(standard error output device)

Python에서 **표준 입력 장치**, **표준 출력 장치**, 그리고 **표준 오류 출력 장치**란 각각 `sys` 모듈이 제공하는 `sys.stdin` 변수, `sys.stdout` 변수, 그리고 `sys.stderr` 변수가 참조하는 장치나 파일을 의미한다. `sys`[9] 모듈은 Python 인터프리터가 시스템 차원에서 관리하는 변수들이나 함수들에 관련된 다양한 기능들을 제공한다.

Python 인터프리터가 수행을 시작했을 때 `sys.stdin` 변수는 기본으로 키보드 장치를 참조하고, `sys.stdout` 변수와 `sys.stderr` 변수는 기본으로 디스플레이 장치를 참조하고 있다. 즉, Python 인터프리터의 **기본 표준 입력 장치**는 키보드 장치이고, **기본 표준 출력 장치**와 **기본 표준 오류 출력 장치**는 디스플레이 장치이다.

9) https://docs.python.org/3/library/sys.html

참고 | 표준 입출력 장치의 변경

대부분의 운영 체제들은 입출력 장치들을 논리적으로 파일의 한 종류로 취급한다. 입출력 장치를 표현하는 파일을 **디바이스 파일**(device file)이라 한다. Python 언어도 입출력 장치들을 논리적으로 파일로 취급하며, 필요에 따라 표준 입력 장치, 표준 출력 장치, 그리고 표준 오류 출력 장치를 다른 장치나 파일로 변경하는 것을 지원한다. 표준 입출력 장치를 다른 장치나 파일로 변경하는 방법에 대한 설명은 제 3.4절에 나온다.

이제 표준 입력 장치로부터 입력을 받아들이기 위한 `input()` 함수와 표준 출력 장치로 출력을 내보내기 위한 `print()` 함수를 살펴보자.

3.1.1 표준 입력 장치로부터의 입력 – input() 함수

내장 함수 `input()`을 사용하면 표준 입력 장치로부터 입력을 받을 수 있다. `input()` 함수는 줄 바꿈 문자 `'\n'`까지의 한 줄의 문자열을 입력으로 받아들인다. Python에서 기본 표준 입력 장치는 키보드이므로 표준 입력 장치를 다른 장치나 파일로 변경하지 않았다면 `input()` 함수는 키보드로부터 한 줄의 문자열을 입력으로 받아들인다.

```
>>> a = input()
Python is good!
>>> a
'Python is good!'
>>>
```

`input()` 함수는 사용자에게 입력에 대한 안내 문자열을 보여 줄 수 있다. 다음 예제는 `'정수를 입력하세요:'`라는 안내 문자열을 출력한 후 사용자로부터 입력을 받고 있다.

```
>>> b = input('정수를 입력하세요: ')
정수를 입력하세요: 77
>>> b
'77'
>>>
```

주의 |

input() 함수는 입력되는 모든 것을 문자열로 취급한다. 위 코드에서 변수 b에 할당된 값은 정수 77이 아니라 문자열 '77'이다. input() 함수로 입력받은 문자열을 정수로 바꾸려면 정수 객체의 생성자 int()를 사용하면 된다.

다음 코드는 input() 함수를 이용하여 2개의 문자열들을 입력받고, 생성자 int()를 이용하여 그들을 정수들로 바꾸어 합을 출력한다.

```
>>> b1 = input('정수를 입력하세요: ')
정수를 입력하세요: 12
>>> b2 = input('정수를 입력하세요: ')
정수를 입력하세요: 34
>>> print('합: ', int(b1) + int(b2))
합:  46
>>>
```

3.1.2 표준 출력 장치로의 출력 – print() 함수

내장 함수 print()는 인자들로 주어진 값들을 표준 출력 장치로 출력한다. 표준 출력 장치를 변경하지 않았다면 함수 print()는 기본 표준 출력 장치인 디스플레이 장치로 출력한다. print() 함수의 완전한 형태는 다음과 같다.

print($value_1$, ..., $value_n$, sep=' ', end='\n', file=sys.stdout, flush=**False**)

print() 함수는 콤마로 분리된 값들 $value_1$, ..., $value_n$을 표준 출력 장치로 출력한다. 출력되는 값들 사이에는 기본으로 ' '가 들어간다. print() 함수는 마지막 값 $value_n$을 출력한 뒤에는 기본으로 줄 바꿈 문자 '\n'을 출력한다. 다음 코드를 보자.

```
>>> a = 123
>>> print(a)
123
>>> b = 12.3
>>> print(b)
12.3
>>> c = 'Python'
>>> d = [1, 2, 3]
```

```
>>> e = (4, 5, 6)
>>> f = {'a': 1, 'b':2}
>>> print(a, b, c, d, e, f)
123 12.3 Python [1, 2, 3] (4, 5, 6) {'a': 1, 'b': 2}
>>>
```

print() 함수의 출력을 정교하게 제어하기 위해서 다음 표에 나오는 매개 변수들의 값을 기본 값이 아닌 값으로 지정할 수 있다.

[표 3-1] print 함수의 매개 변수들

매개 변수	기본 값	의미
sep	' '	출력할 값들을 분리(separation)하는 값을 지정
end	'\n'	마지막 값 *value*$_n$을 출력한 뒤에 출력하는 값을 지정
file	sys.stdout	출력 파일(일반 파일 또는 디바이스 파일)을 지정
flush	False	출력할 값들을 출력 파일에 즉시 쓸 것인가 아니면 운영 체제나 Python 인터프리터에게 쓰는 시점을 맡겨둘 것인가를 지정

print() 함수의 인자 sep, end, file, flush의 기본 값은 각각 ' ', '\n', sys.stdout, **False**이다. flush 매개 변수는 Python 3.3 이후부터 지원된다. 매개 변수들 sep, end, flush에 대해 자세히 살펴보자. 매개 변수 file의 기본 값을 변경하는 것에 대한 내용은 제 3.4절에 나온다.

(1) 매개 변수 sep

print() 문은 인자 sep이 생략되면 출력할 값들 *value*$_1$, …, *value*$_n$ 사이에 기본 분리 문자열인 ' '를 넣어 출력한다. 하지만 다음과 같이 인자 sep의 값을 명시적으로 지정하면 출력할 값들 *value*$_1$, …, *value*$_n$ 사이에 원하는 분리 문자열을 넣을 수 있다.

```
>>> print(192, 168, 0, 5) # 인자 sep의 생략
192 168 0 5
>>> print(192, 168, 0, 5, sep='.')
192.168.0.5
>>> a=123; b=12.3; c='Python'
>>> print(a, b, c, sep=':')
123:12.3:Python
>>>
```

(2) 매개 변수 end

인자 end가 생략되면 print() 문은 인자들로 주어진 값들 $value_1$, ..., $value_n$을 모두 출력한 후 출력의 끝에 기본으로 줄 바꿈 문자를 붙인다. 하지만 다음과 같이 end의 값을 명시적으로 지정하여 줄 바꿈 문자 대신 ' '와 같은 다른 글자를 붙일 수 있다.

```
for x in range(5):
    print(x) # 인자 end의 생략

for x in range(5):
    print(x, end=' ')
```

위 프로그램의 출력은 다음과 같다.

```
0
1
2
3
4
0 1 2 3 4
```

(3) 매개 변수 flush

print() 함수의 매개 변수 flush는 운영 체제의 버퍼링(buffering) 기법과 관련이 있다. 리눅스나 마이크로소프트 Windows와 같은 현대의 운영 체제들은 출력의 효율을 높이기 위하여 출력 내용들을 출력 장치나 파일에 바로 쓰지 않고 운영 체제의 내부 버퍼에 모아 두었다가 운영 체제의 내부적 판단에 의해 적절한 시점마다 한 번에 몰아서 출력 장치나 파일에 쓰는 버퍼링 기법을 지원한다. flush 매개 변수 값이 기본 값인 False이면 버퍼링 기법이 적용된다. 만일 flush 매개 변수 값이 True이면 print() 함수를 부를 때마다 Python 인터프리터는 print() 함수의 출력 내용들을 버퍼링 하지 않고 출력 장치나 파일에 즉시 쓴다. close() 문을 수행하면, flush 값이 False인 경우라도, 운영 체제의 내부 버퍼에 아직 쓰지 않고 모아둔 내용이 있다면 Python 인터프리터는 그 내용을 출력 장치나 파일에 자동으로 모두 쓴 후에 출력 장치나 파일을 닫는다.

3.2 출력 문자열의 포맷 조정

Python에서 출력 문자열의 포맷을 세부적으로 조정할 수 있는 방법에는 다음 세 가지가 있다.

[방법 1] 문자열 모듈로 연산자 %를 사용하는 방법

[방법 2] 문자열 객체의 format() 메소드를 사용하는 방법

[방법 3] 포맷 문자열 리터럴(format string literal)을 사용하는 방법

첫 번째 방법은 C 언어에서의 printf() 함수가 사용하는 포맷과 유사하므로 C 언어에 익숙한 개발자들은 쉽게 사용할 수 있다. 두 번째 방법인 format() 메소드는 Python 2.6부터 지원된다. 세 번째 방법인 포맷 문자열 리터럴은 Python 3.6부터 지원되며, 간단하게 f-문자열이라고도 한다. f-문자열 방법은 다른 방법들보다 가독성이 높은 문자열 포맷 표현이 가능하다.

3.2.1 방법 1: 문자열 모듈로 연산자 %

연산자 %는 수식 5 % 3과 같이 모든 피연산자들이 숫자일 때에는 **모듈로 연산자**(modulo operator)로 동작하지만, 수식 'age: %3d' % (23,)과 같이 왼쪽 피연산자가 문자열일 때에는 문자열의 출력 포맷을 세부적으로 조정하기 위한 **문자열 모듈로 연산자**(string modulo operator)로 동작한다. 다음은 문자열 모듈로 연산자에 대한 예제 코드이다.

```
>>> 'height: %5d, weight: %8.2f' % (453, 59.078)
'height:   453, weight:    59.08'
>>> pi = 3.1415926535
>>> 'value: %10.4e' % pi
'value: 3.1416e+00'
>>>
```

다음 그림은 위 예제 코드에 나오는 수식 'height:%5d, weight:%8.2f' % (453, 59.078)이 어떻게 평가되는가를 보여준다.

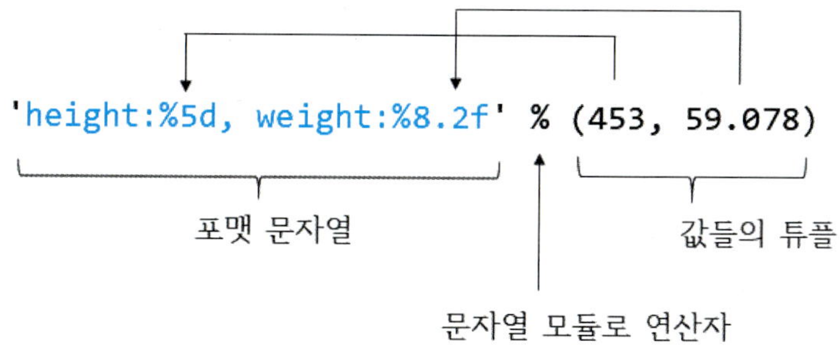

문자열 모듈로 연산자의 앞에 나오는 문자열을 **포맷 문자열**이라고 부른다. 포맷 문자열 내에는 **플레이스 홀더**(placeholder)들이 나타날 수 있다. 위 수식의 포맷 문자열(format string)에는 플레이스 홀더 `%5d`와 `%8.2f`가 포함되어 있다.

플레이스 홀더는 출력 포맷을 규정하는 정보를 담는다. 플레이스 홀더는 다음과 같이 *flags* 요소, *precision* 요소, 그리고 *type* 요소 등으로 구성된다. 아래 형태에서 `[]`는 선택적인 요소임을 표현한다.

%[*flags*][*width*][.*precision*]*type*

예를 들어 플레이스 홀더 `%5d`는 10진수 정수를 총 5자 폭으로 출력하라고 규정한다. 그리고 플레이스 홀더 `%8.2f`는 실수를 폭이 8이고 소수점 이하 자리가 2인 형태로 출력하라고 규정한다. 실수의 소수점 이하 처리시 반올림이 일어난다. 다음 그림은 플레이스 홀더의 요소들을 보여준다.

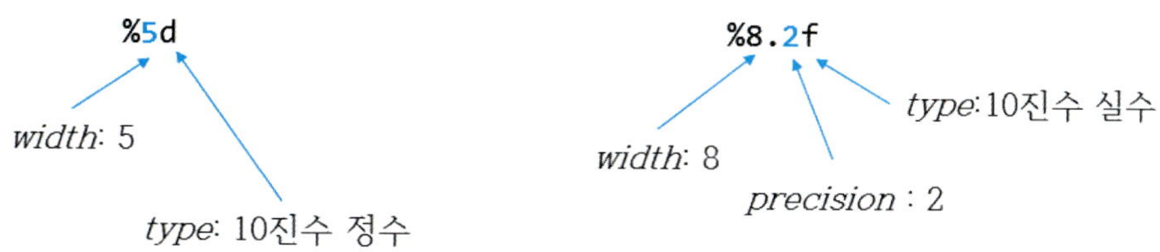

따라서 수식 `'height:%5d, weight:%8.2f' % (453, 59.078)`를 평가하면 결과로 다음과 같은 포맷의 문자열이 반환된다.

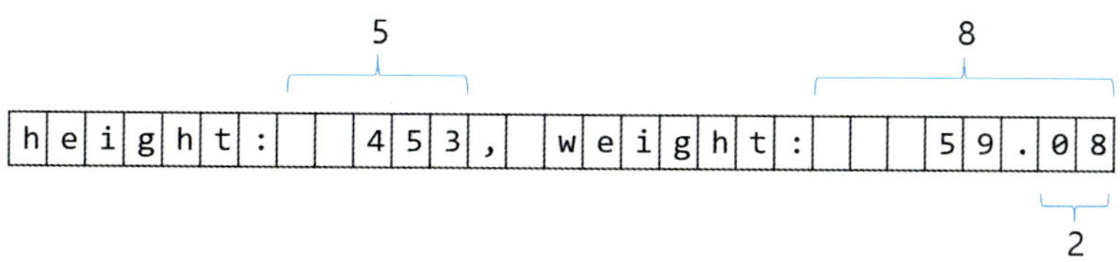

플레이스 홀더의 *type* 요소의 종류와 의미는 다음 [표 3-2]와 같다.

[표 3-2] 플레이스 홀더의 *type* 요소의 종류와 의미

type	의미
d	부호가 있는 10진수 정수
i	
o	부호가 없는 8진수
u	구식 방법이다. d와 같다.
x	부호가 없는 16진수 (소문자 사용)
X	부호가 없는 16진수 (대문자 사용)
e	지수 표현 형태의 실수 (소문자)
E	지수 표현 형태의 실수 (대문자)
f	10진수 실수
F	
g	숫자의 크기와 *precision* 요소의 값에 따라 f 또는 e 타입의 포맷을 자동 선택
G	숫자의 크기와 *precision* 요소의 값에 따라 F 또는 E 타입의 포맷을 자동 선택
c	단일 글자
r	문자열
s	문자열
%	%를 출력하려면 %%로 표현

다음은 플레이스 홀더의 *type* 요소에 대한 예제 코드들이다.

```
>>> '%5.3d' % 43
'  043'
>>> '%7.3o' % 43
'    053'
>>> '%7.5o' % 43
'  00053'
>>> '%10o' % (43,)
'        53'
>>> '%5x' % 43
'   2b'
>>> '%6.3x' % 43
'   02b'
>>> '%6.3X' % 43
'   02B'
>>> '%10.3e' % (123.45678)
' 1.235e+02'
>>> '%10.3E' % (123.45678)
' 1.235E+02'
```

```
>>> '%6s' % 'Seoul'
' Seoul'
>>> '%-6s' % 'Seoul'
'Seoul'
>>> '%c' % 's'
's'
>>> 'Only one percentage sign: %% ' % ()
'Only one percentage sign: % '
>>>
```

플레이스 홀더의 *flags* 요소의 종류와 의미는 다음 [표 3-3]과 같다.

[표 3-3] 플레이스 홀더의 *flags* 요소의 종류와 의미

flag	의미
#	값의 앞에 0, 0o, 0O, 0x, 또는 0X를 붙인다.
0	남은 자리에 0을 채운다.
-	왼쪽 정렬을 한다.
' '	공백 문자이면, 값 앞에 ' '를 붙인다.
+	값에 + 또는 -를 붙인다.

다음은 플레이스 홀더의 *flags* 요소에 대한 예제들이다. 정수 43을 다양한 포맷으로 출력하는 방법들을 보여준다.

```
>>> '%#5X' % (43) # 값의 앞에 0X를 붙이고 16진수로 표현
' 0X2B'
>>> '%5X' % (43)
'   2B'
>>> '%05x' % 43  # 남은 자리 0 채움
'0002b'
>>> '%#8.4X' % (43)
'  0X002B'
>>> '%#5o' % (43) # 값의 앞에 0o를 붙이고 8진수로 표현
' 0o53'
>>> '%+d' % (43)
'+43'
>>> '% d' % (43)
' 43'
>>> '%+4d' % (43)
' +43'
>>> '%+4d' % (-43)
' -43'
```

```
>>> '%-4d' % (43) # 왼쪽 정렬
'43  '
>>> '% 4d' % (43) # 공백 문자는 값 앞에 ' ' 붙임
'  43'
>>> '%4d' % (43)
'  43'
>>>
```

3.2.2 방법 2: 문자열 객체의 format() 메소드

원하는 출력 포맷을 만들기 위한 두 번째 방법은 문자열 객체의 `format()` 메소드를 사용하는 것이다.

```
>>> 'I have {0} apples.'.format(3)
'I have 3 apples.'
>>> 'You have {0} mangos.'.format('four')
'You have four mangos.'
>>> n = 4
>>> 'We have {0} apples and {1} mangos.'.format(3, n)
'We have 3 apples and 4 mangos.'
>>> 'We have {1} apples and {0} mangos.'.format(3, 'four')
'We have four apples and 3 mangos.'
>>> 'We have {} apples and {} mangos.'.format(3, 'four')
'We have 3 apples and four mangos.'
>>>
```

위 예제 코드는 `format()` 메소드의 인자들이 출력될 위치를 `format()` 메소드 앞의 문자열에서 위치 번호 `{0}`, `{1}` 등으로 표현하고 있다. `{0}`은 첫 번째 인자를 의미하며 `{1}`은 두 번째 인자를 의미한다. `{ }`안에 위치를 나타내는 숫자를 생략하면 `0`에서부터 차례로 위치가 지정된다.

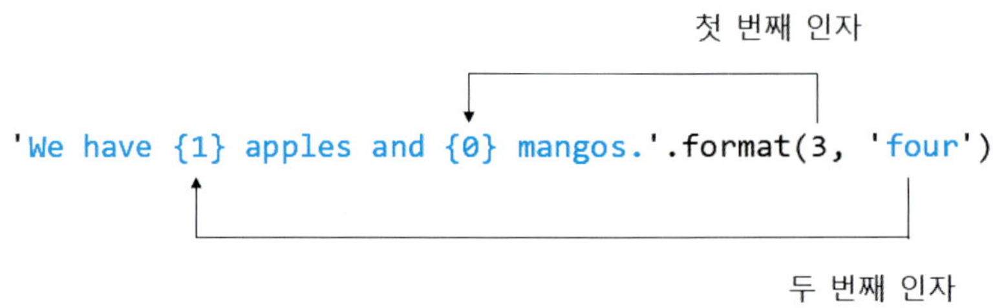

문자열 객체의 `format()` 메소드의 인자들이 출력될 위치를 숫자가 아니라 *인자이름=값* 형태

로 지정할 수도 있다. 다음 예제는 n1=4, n2=5 형태로 인자들이 출력될 위치를 지정하고 있다.

```
>>> 'I have {n1} apples, and you have {n2} mangos'.format(n1=4, n2=5)
'I have 4 apples, and you have 5 mangos.'
>>> 'I have {n2} apples, and you have {n1} mangos'.format(n1=4, n2=5)
'I have 5 apples, and you have 4 mangos.'
```

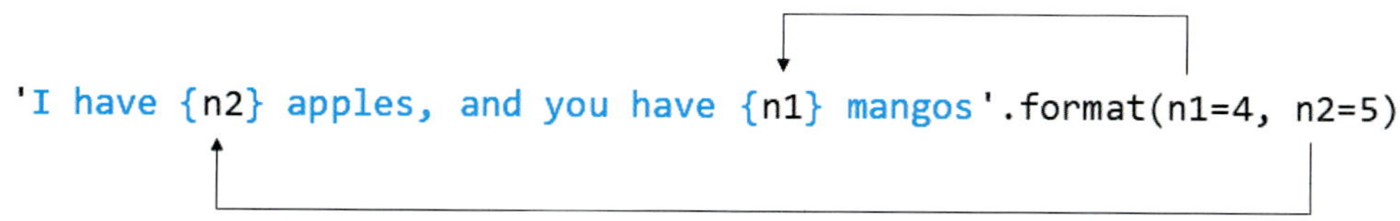

format() 메소드에서도 출력 형태를 정교하게 제어하기 위하여 앞 절에서 사용한 플레이스 홀더의 *type* 표현과 유사한 표현을 다음과 같이 사용할 수 있다.

```
>>> pi = 3.1415926535
>>> '{0:6.2f}'.format(pi) # 0 번째 인자를 6.2f 포맷으로 출력
'  3.14'
>>> '{n1:6.2f}'.format(n1=pi) # 키워드 인자 n1을 6.2f 포맷으로 출력
'  3.14'
>>>
```

format() 메소드 호출의 완전한 형태는 다음과 같다. *template*는 format() 메소드의 앞에 나오는 문자열을 의미한다. p_0, p_1, ... 는 위치 인자들이고 k_0=v_0, k_1=v_1, ... 는 키워드 인자들이다. 위치 인자와 키워드 인자에 대한 자세한 설명은 제 6.3.2절에 나온다.

template.format(p_0, p_1, ..., k_0=v_0, k_1=v_1, ...)

다음 그림은 수식 'height:{0:%5d}, weight:{1:%8.2f}'.format(168, 55.073)가 어떻게 'height: 168, weight: 55.07'을 반환하는가를 보여준다.

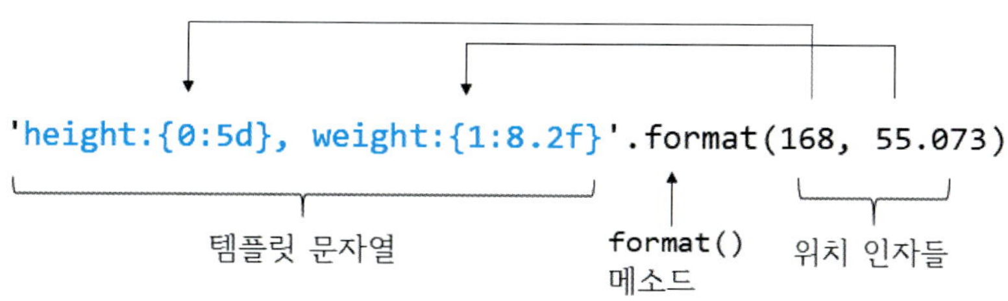

format() 메소드에서 왼쪽 정렬, 오른쪽 정렬, 그리고 중앙 정렬이 가능하다. 다음은 예제 코드들이다.

```
>>> '{0:<20s} {1:6.2f}'.format('Spam & Eggs:', 6.99) # <는 왼쪽 정렬
'Spam & Eggs:           6.99'
>>> '{0:>20s} {1:6.2f}'.format('Spam & Eggs:', 6.99) # >는 오른쪽 정렬
'        Spam & Eggs:   6.99'
>>> '{0:^20s} {1:6.2f}'.format('Spam & Eggs:', 6.99) # ^는 중앙 정렬
'    Spam & Eggs:       6.99'
>>>
```

위 예제 코드를 수행하면 나오는 결과들은 다음 그림과 같다. 결과는 20 + 1 + 6 글자들을 담고 있다. 위 코드의 문자열들의 }와 { 사이에는 하나의 공백 글자가 있음에 주의하라.

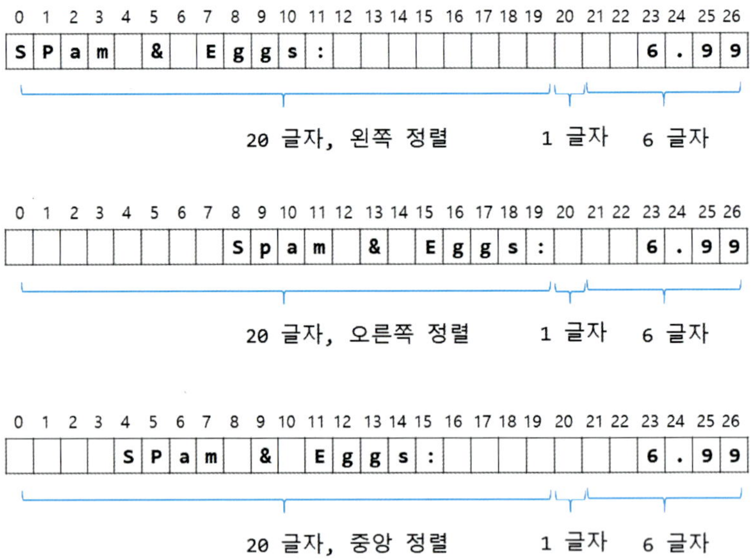

format() 메소드를 이용하여 { 또는 } 자체를 출력하려면 다음과 같이 {{ 또는 }}을 사용한다.

```
>>> '{{ {0} apples }}'.format(3)
'{ 3 apples }'
>>>
```

3.2.3 방법 3: 포맷 문자열 리터럴

포맷 문자열 리터럴은 문자열에 접두사 f 또는 F를 붙여 표현하며 문자열에 {*expression*} 형태로 수식(expression)의 값을 삽입할 수 있도록 한다. 접두사로 f와 F를 모두 사용할 수 있으나 보통 소문자 f를 사용한다. 포맷 문자열 리터럴을 간단히 **f-문자열**이라고 부르기도 한다.

```
>>> animals = 'cats'
>>> f'I love {animals}.'
'I love cats.'
>>> x = 1
>>> y = 2
>>> f'x + y = {x+y}'
'x + y = 3'
>>>
```

포맷 문자열 리터럴은 문자열 모듈로 연산자 `%`를 사용하거나 문자열 객체의 `format()` 메소드를 사용하는 것보다 가독성이 높다. 다음 예제 코드는 문자열 모듈로 연산자 `%`, `format()` 메소드, 그리고 f-문자열 방식을 사용하여 동일한 출력을 만드는 것을 보여준다.

```
>>> x = 1; y = 2; z = 3
>>> 'x + y * z = %d' % (x + y * z)
'x + y * z = 7'
>>> 'x + y * z = {}'.format(x + y * z)
'x + y * z = 7'
>>> f'x + y * z = {x + y * z}'
'x + y * z = 7'
>>>
```

포맷 문자열 리터럴의 수식의 뒤에 포맷 지정자가 올 수 있다. 다음 예제 코드는 원주율을 소수점 이하 세 자리로 반올림한 결과를 출력한다.

```
>>> import math
>>> f'the value of pi is approximately {math.pi:.3f}.'
'the value of pi is approximately 3.142.'
>>>
```

3.3 파일 입출력

파일을 사용하는 데 필요한 **현재 작업 디렉터리**(current working directory), **절대 경로**(absolute path), **상대 경로**(relative path) 등의 기본 개념을 os 모듈을 통해 먼저 살펴보고, 파일의 읽기와 쓰기에 대하여 살펴본다.

3.3.1 모듈 os가 제공하는 파일 관련 메소드들

Python 인터프리터가 기본으로 제공하는 모듈들 중 하나인 os[10] 모듈은 운영 체제에 종속된 여러 가지 기능들을 제공한다. 모듈 os가 제공하는 파일과 디렉터리를 다루는 데 필요한 메소드들을 살펴보자. 모듈 os가 제공하는 기능들을 사용하려면 먼저 모듈 os를 임포트 해야 한다.

(1) os.getcwd()

이 메소드는 Python 인터프리터의 현재 작업 디렉터리(current working directory)의 위치를 반환한다. **현재 작업 디렉터리**란 Python 인터프리터가 수행 중에 기본으로 사용하고 있는 디렉터리를 의미한다.

- Python Shell의 현재 작업 디렉터리는 기본적으로 Python **홈 디렉터리**이다. 다음은 Python 홈 디렉터리가 C:\Program Files\Python38인 경우에 Python Shell을 시작시키고 현재 작업 디렉터리를 확인한 화면이다.

```
Python 3.8.2 Shell
File Edit Shell Debug Options Window Help
Python 3.8.2 (tags/v3.8.2:7b3ab59, Feb 25 2020, 23:03:10) [MSC v.1916 64 bit (AM
D64)] on win32
Type "help", "copyright", "credits" or "license()" for more information.
>>> import os
>>> os.getcwd()
'C:\\Program Files\\Python38'
>>> |
                                                                    Ln: 6 Col: 4
```

10) https://docs.python.org/3/library/os.html

- 명령 프롬프트 창에서 Python 인터프리터를 수행시킨 경우에는, Python 인터프리터를 수행시킬 때의 디렉터리가 Python 인터프리터의 현재 작업 디렉터리가 된다. 다음은 Python 인터프리터를 D:\prj\python3 디렉터리와 C:\Users\hjcha 디렉터리에서 수행시켰을 때의 현재 작업 디렉터리를 보여준다.

```
명령 프롬프트 - python

D:₩prj₩python3>python
Python 3.8.2 (tags/v3.8.2:7b3ab59, Feb 25 2020, 23:03:10) [MSC v.1916 64 bit (AMD64)] on win32
Type "help", "copyright", "credits" or "license" for more information.
>>> import os
>>> os.getcwd()
'D:₩₩prj₩₩python3'
>>>
```

```
명령 프롬프트 - python

C:₩Users₩hjcha>python
Python 3.8.2 (tags/v3.8.2:7b3ab59, Feb 25 2020, 23:03:10) [MSC v.1916 64 bit (AMD64)] on win32
Type "help", "copyright", "credits" or "license" for more information.
>>> import os
>>> os.getcwd()
'C:₩₩Users₩₩hjcha'
>>>
```

(2) chdir(*new_dir_name*)

이 메소드는 현재 작업 디렉터리를 *new_dir_name* 인자가 지정하는 디렉터리로 변경한다. 예를 들어, 다음 코드는 D:/prj/python3 디렉터리로 현재 작업 디렉터리를 변경한다. 만일 인자로 주어진 디렉터리가 존재하지 않으면 `FileNotFoundError` 예외가 난다.

```
import os
os.chdir('D:/prj/python3')
```

다음 그림은 `os.chdir()` 메소드를 사용하여 Python 인터프리터의 현재 작업 디렉터리를 변경하는 것을 보여준다.

(3) **os.rename(*current_file_name*, *new_file_name*)**

이 메소드는 인자로 주어진 파일 *current_file_name*의 이름을 *new_file_name*으로 변경한다. 다음 코드는 Python 인터프리터의 현재 작업 디렉터리에 존재하는 test1.txt 파일의 이름을 test2.txt로 변경한다. 만일 Python 인터프리터의 현재 작업 디렉터리에 test1.txt 파일이 없다면 `FileNotFoundError` 오류가 날 것이다. 편집기를 이용하여 Python 인터프리터의 현재 작업 디렉터리에 먼저 test1.txt 파일을 만든 후 다음 코드를 수행해보라. test1.txt 파일의 내용은 임의로 정하면 된다.

```
import os
os.rename('test1.txt', 'test2.txt')
```

(4) **os.remove(*file_name*)**

이 메소드는 인자에 해당하는 파일을 삭제한다. 다음 코드는 Python 인터프리터의 현재 작업 디렉터리에 존재하는 test2.txt 파일을 삭제한다.

```
import os
os.remove('test2.txt')
```

만일 Python 인터프리터의 현재 작업 디렉터리에 test2.txt 파일이 없으면 `FileNotFoundError` 오류가 난다.

참고 | **파일 이름의 절대 경로 표현과 상대 경로 표현**

파일 이름은 절대 경로(absolute path) 또는 상대 경로(relative path)로 표현할 수 있다. 파일 이름의 절대 경로 표현이란 파일 시스템의 루트(root)를 기준으로 해당 파일까지의 경로로 파일 이름을 표현하는 것을 의미한다. Windows에서는 파일의 절대 경로에 드라이브 이름이 포함된다. 예를 들어, D:/prj/python3/test2.txt는 Windows에서 절대 경로로 표현한 파일 이름이다. 파일 이름의 상대 경로 표현이란 파일 시스템의 루트(root)가 아닌 어떤 디렉터리를 기준으로 해당 파일까지의 경로로 파일 이름을 표현하는 것을 의미한다. 예를 들어, 다음과 같은 디렉터리들과 파일들이 있다고 하자.

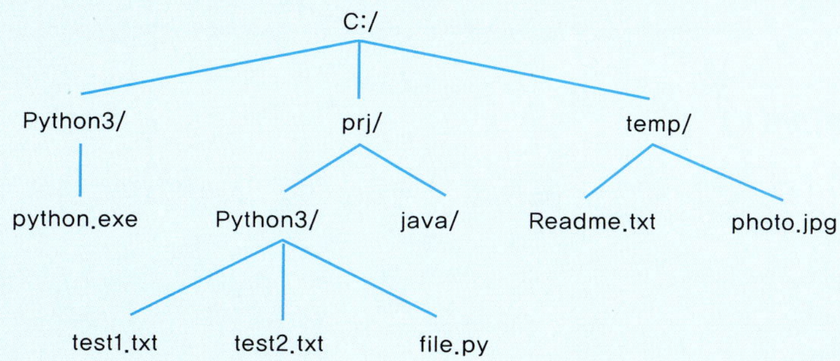

절대 경로 표현으로 위 그림의 C:/prj/Python3/test1.txt 파일은 기준 디렉터리가 C:/prj/Python3이면 상대 경로 표현으로 test1.txt 또는 ./test1.txt가 되고 기준 디렉터리가 C:/Python3이면 ../prj/Python3/test1.txt가 된다.
경로 표현에서 ./ 와 ../는 현재 디렉터리와 차상위의 디렉터리를 표현하는 데 사용된다. 예를 들어 기준 디렉터리를 C:/prj/Python3이라고 하면 상대 경로 표현 ../../temp/photo.jpg는 절대 경로 표현 C:/temp/photo.jpg를 의미한다.

다음은 절대 경로로 표현된 파일을 삭제하는 코드이다. 절대 경로를 사용하면 Python 인터프리터의 현재 작업 디렉터리에 무관하게 파일을 지정할 수 있다.

```
import os
os.remove('C:/prj/Python3/test2.txt')
```

(5) os.mkdir(*new_dir_name*)

이 메소드는 인자로 주어진 이름을 갖는 디렉터리를 생성한다. 다음 코드는 Python 인터프리터의 현재 작업 디렉터리에 test 디렉터리를 생성한다.

```
import os
os.mkdir('test')
```

(6) **os.rmdir(*dir_name*)**

이 메소드는 인자로 주어진 이름의 디렉터리를 삭제한다. 다음 코드는 Python 인터프리터의 현재 작업 디렉터리에 존재하는 test 디렉터리를 삭제한다.

```
import os
os.rmdir('test')
```

(7) **os.listdir(*path*)**

이 메소드는 인자로 주어진 경로 *path*에 존재하는 모든 파일들과 디렉터리 이름들의 리스트를 반환한다.

```
>>> import os
>>> os.listdir('c:/Program Files/Python38')
['DLLs', 'Doc', 'include', 'Lib', 'libs', 'LICENSE.txt', 'NEWS.txt', 'python.exe', 'python3.dll',
'python38.dll', 'pythonw.exe', 'Scripts', 'tcl', 'Tools', 'vcruntime140.dll']
>>>
```

3.3.2 파일 열기와 닫기

파일을 읽거나 파일에 쓰려면, 먼저 내장 함수 open()으로 파일을 열어 파일 객체를 반환받아야 한다. 그 파일 객체를 이용하여 파일을 읽거나 파일에 쓸 수 있다. 파일의 읽기나 쓰기가 끝나면 파일 객체의 close() 메소드를 이용하여 파일을 닫아야 한다.

다음 코드는 내장 함수 open()으로 C:/Windows/System32/drivers/etc/hosts라는 텍스트 파일을 열고 그 내용을 읽어 디스플레이 장치에 출력한다. 만일 해당 파일을 열 수 없다면 예외가 발생할 것이다.

```
# open_hosts_file.py
f = open('C:/Windows/System32/drivers/etc/hosts') # 파일 열기
contents = f.read() # 파일 객체 f를 이용하여 파일 내용 읽기
print(contents) # 읽어낸 파일 내용 출력하기
f.close() # 파일 객체 닫기
```

위 코드는 open() 함수가 반환한 파일 객체 f의 read() 메소드를 이용하여 파일의 모든 내용을 읽어 출력하고 파일을 닫고 있다. open() 함수가 인자로 받는 파일 이름에는 위 예제 코드와 같이 파일의 절대 경로가 사용될 수도 있으며 다음 문장과 같이 상대 경로가 사용될 수도 있다.

```
hosts_file = open('test.txt') # Python 현재 작업 디렉터리 기준의 상대 경로 사용
```

위 문장에서 상대 경로 표현의 기준은 Python 현재 작업 디렉터리가 된다. 즉 Python 인터프리터의 현재 작업 디렉터리가 C:\prj\python3이라면 위 문장에서 test.txt는 C:\prj\python3\test.txt 파일을 의미한다.

참고 |

마이크로소프트 Windows 용 Python 인터프리터를 사용할 때에는 디렉터리를 구분하는 구분자로 다음 문장들과 같이 / 뿐 아니라 \를 사용할 수도 있다. \는 문자열 안에서는 이스케이프 시퀀스 \\로 표현되어야 한다.

```
hosts_file = open('C:/Windows/System32/drivers/etc/hosts') # / 사용
hosts_file = open('C:\\Windows\\System32\\drivers\\etc\\hosts') # \ 사용
```

open() 함수의 완전한 형태는 다음과 같다. *filename* 인자의 값은 파일 이름이다. *filename* 인자 이외의 인자들은 생략이 가능하다.

```
open(filename, mode='r', buffering=-1, encoding=None, errors=None, newline=None,
closefd=True, opener=None)
```

인자 mode로 파일을 이진 파일 모드로 열 것인가 아니면 텍스트 파일로 열 것인가를 지정할 수 있다. 텍스트 파일이란 글자들만을 담고 있는 파일을 의미한다. 이진 파일이란 바이트들을 담고 있는 파일을 의미한다. 인자 mode로 또한 파일을 읽기 모드로 열 것인가, 쓰기 모드로 열 것인가, 첨부하기 모드로 열 것인가 등을 지정할 수 있다. 인자 mode의 기본 값은 읽기 모드 'r'이다. 인자 mode가 가질 수 있는 값들은 다음 [표 3-4]와 같다.

[표 3-4] open() 함수의 인자 mode가 가질 수 있는 값들

값	의미
'r'	읽기 모드로 파일을 연다. 기본 모드이다. 파일이 열린 직후 파일 포인터는 파일의 시작 부분에 위치하게 된다. 파일 포인터에 대한 내용은 제 3.3.5절에 나온다.
'w'	쓰기 모드로 파일을 연다. 만일 열어야 하는 파일이 존재하지 않으면 빈 파일이 새로 생성된다. 이때 열어야 할 파일이 이미 존재하면 기존 파일의 내용이 지워진다.
'x'	배타적으로 파일을 생성한다. 즉, 생성해야 하는 파일이 이미 존재하면 오류를 낸다.
'a'	*filename*에 해당하는 파일이 없으면 쓰기 모드로 파일을 연다. *filename*에 해당하는 파일이 이미 존재하면 덧붙여 쓰기 모드(append mode)로 기존 파일을 연다. 기존 파일을 열은 직후 파일 포인터는 기존 파일의 끝에 위치하게 된다.
'b'	이진 모드로 파일을 읽거나 쓴다.
't'	텍스트 모드로 파일을 읽거나 쓴다. 기본 모드이다.
'+'	파일을 갱신(updating) 모드로 연다. 갱신 모드란 읽기와 쓰기가 모두 일어나는 모드를 의미한다.

open() 함수의 인자 encoding은 파일 객체가 사용하는 인코딩 방식을 지정한다. 마이크로소프트 Windows의 기본 인코딩 방식은 'cp949'이다. UTF-8 인코딩을 사용하는 파일을 읽거나 쓰려면 encoding 인자의 값을 'UTF-8' 또는 'utf-8'로 지정해야 한다. 내장 함수 open()의 다른 인자들에 대한 자세한 설명이 필요하면 https://docs.python.org/3/library/functions.html를 참조하라.

파일 객체의 close() 메소드는 열린 파일을 닫는 데 사용된다. close() 메소드는 운영 체제의 버퍼링 기능에 의하여 파일에 쓰였어야 하지만 아직 쓰이지 않은 내용이 있다면 그것들을 파일에 모두 쓴 후에 파일을 닫는다. 파일의 사용이 끝나면 close() 메소드로 그 파일을 확실하게 닫아 주어야 한다.

3.3.3 파일의 속성 파악

open() 함수가 반환하는 파일 객체는 다음과 같은 속성들을 지원한다.

속성	설명
file.closed	파일이 닫혀 있으면 True, 아니면 False를 반환한다.
file.mode	파일을 어떤 모드로 열었는가를 반환한다.
file.name	파일의 이름을 반환한다.

다음은 파일을 열고 파일의 속성들을 읽어내는 예제 코드이다. foo.txt라는 이름의 파일을 이진 쓰기 모드로 열고 파일 이름, 파일이 닫힘 여부, 그리고 파일을 열 때의 모드를 출력하고 있다.

```
# open_foo_txt.py
fo = open('foo.txt', 'wb')
print ('Name of the file: ', fo.name) # foo.txt 출력
print ('Closed or not : ', fo.closed) # False 출력
print ('Opening mode : ', fo.mode) # wb 출력
fo.close()
```

3.3.4 파일 읽기와 쓰기

파일에 내용을 쓸 때에는 파일을 쓰기 모드로 열고, 파일 객체의 **write()** 메소드를 사용한다. **write()** 메소드는 인자의 내용을 파일에 쓴다.

```
# write_foo_txt.py
# Open a file
fo = open('foo.txt', 'w')
fo.write('This is line one.\nThis is line two.\nPython is great!\n')
# Close opened file
fo.close()
```

위 코드를 file1.py 모듈로 저장한 후 수행하면 file1.py 모듈이 저장된 디렉터리에 foo.txt 파일이 생성된다. foo.txt 파일을 열어보면 다음과 같은 내용이 보일 것이다.

```
This is line one.
This is line two.
Python is great!
```

파일의 내용을 읽을 때에는 파일 객체의 **read()** 메소드를 사용한다. **read()** 메소드는 아무런 인자를 사용하지 않으면 파일의 끝까지 읽으며, 양의 정수 값을 인자로 사용하면 파일을 텍스트 모드로 열었을 때는 그 정수만큼의 글자들을 읽고, 이진 모드로 열었을 때에는 그 정수만큼의 바이트들을 읽는다.

```
# read_foo_txt.py
fo = open('foo.txt', 'r')
contents = fo.read(10)
print('contents: ', contents)

# close opened file
fo.close()
```

위 프로그램은 파일을 텍스트 모드로 열고 있다. 수행 결과로 다음과 같은 10자의 출력을 볼 수 있다.

```
This is li
```

3.3.5 파일 포인터

파일을 열면 파일 객체는 내부적으로 파일 포인터(file pointer)를 사용한다. **파일 포인터**는 파일의 시작에서 파일의 끝에 있는 EOF(End Of File) 사이의 어떤 위치를 가리킨다. 파일 포인터는 파일의 어디에서 내용을 읽을 것인지 또는 파일의 어디에 내용을 쓸 것인지를 제어하는 데 필요하다. 파일을 읽을 때에는 읽고자 하는 내용이 시작되는 위치에 파일 포인터를 위치시켜야 한다. 그리고 파일에 쓸 때에는 쓰기를 시작하려는 위치에 파일 포인터를 위치시켜야 한다.

다음 그림은 길이가 s인 문자열을 담은 텍스트 파일에 대한 파일 포인터를 보여준다. 파일을 연 직후 파일 포인터의 위치는 파일의 시작을 가리킨다. 파일의 내용을 끝까지 읽은 직후의 파일 포인터는 EOF를 가리킨다. 파일 포인터는 파일의 끝 방향 뿐 아니라 시작 방향으로도 이동이 가능하다.

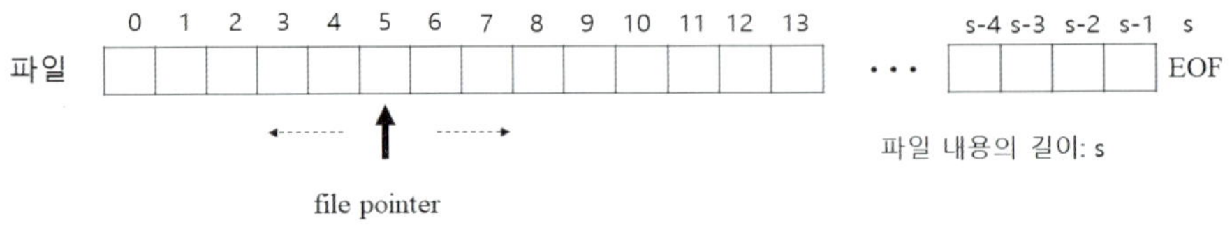

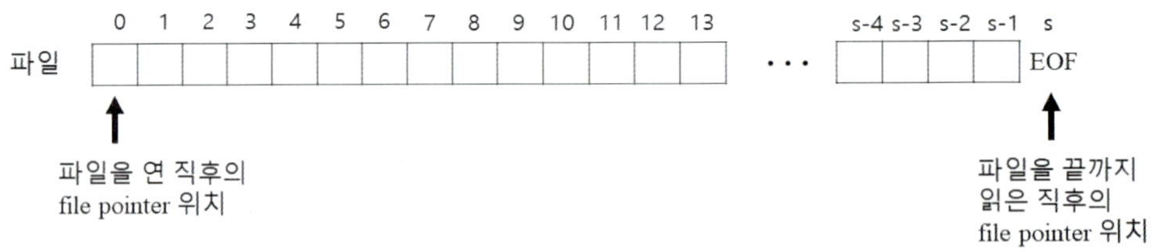

파일 객체의 `tell()` 메소드를 사용하면 파일 포인터가 파일의 어디를 가리키고 있는지 알 수 있다. 그리고 파일 객체의 `seek(`*`index`*`)` 메소드를 이용하면 *`index`* 값에 해당하는 위치로 파일 포인터를 이동시킬 수 있다. 다음 예제 코드 file_pointer_test.py는 파일 foo.txt를 생성하여 사용한다. foo.txt 파일은 총 56자의 글자를 담고있다.

```
# file_pointer_test.py
f = open('foo.txt', 'wt') # foo.txt 파일을 만든다.
f.write('This is line one.\nThis is line two.\nPython is great!\n')
f.close()

# foo.txt 파일을 연 직후의 파일 포인터 값은 0이다.
f = open('foo.txt', 'rt')
print('파일 포인터 위치: ', f.tell()) # 0
```

```
9 contents1 = f.read()
10
11 # foo.txt파일을 끝까지 읽은 직후의 파일 포인터 값은 EOF의 색인이다.
12 print('파일 포인터 위치: ', f.tell()) # 56
13 contents2 = f.read()
14 print('contents2: [{}]\n'.format(contents2)) # 더 이상 읽을 것이 없다.
15
16 f.seek(0)
17 print('파일 포인터 위치: ', f.tell())
18 contents3 = f.read()
19 print('contents3: [{}]\n'.format(contents3))
```

문장 9를 수행하여 파일의 끝까지 읽은 직후 파일 포인터는 파일의 EOF 위치에 있다. 따라서 13번 문장을 수행하면 `f.read()`는 더 이상 읽을 것이 없으므로 빈 문자열 ''를 반환한다. 16번 문장을 수행하면 다시 파일 포인터의 위치가 0으로 재설정되므로 14번 문장은 foo.txt 파일의 전체 내용을 읽게 된다. 따라서 위 코드의 출력은 다음과 같다.

```
파일 포인터 위치: 0
파일 포인터 위치: 56
contents2: []

파일 포인터 위치: 0
contents3: [This is line one.
This is line two.
Python is great!
]
```

3.4 표준 입출력 장치의 변경

프로그램이 사용하는 표준 입력 장치, 표준 출력 장치, 그리고 표준 오류 출력 장치를 다른 장치나 파일로 변경하는 방법을 살펴보자.

(1) 표준 입력 장치의 변경

예제 코드를 수행하기 위하여 먼저 다음과 같은 내용이 담긴 in.txt 파일을 D:/prj/python3와 같은 디렉터리에 생성한다.

```
Hello
Python!
```

표준 입력 장치를 in.txt 파일로 변경하고 **input()** 문을 수행하는 다음 예제 코드를 살펴보자.

```
>>> import sys
>>> sys.stdin = open('D:/prj/python3/in.txt', 'r')
>>> input()
'Hello'
>>> input()
'Python!'
>>> input()
Traceback (most recent call last):
  File "<pyshell#6>", line 1, in <module>
    input()
EOFError: EOF when reading a line
>>>
```

위 코드에서 `sys.stdin = open('D:/prj/python3/in.txt', 'r')` 문장은 in.txt 파일을 열어 생성된 파일 객체를 표준 입력 장치를 참조하는 **sys.stdin**에 할당한다. 이제 표준 입력 장치는 in.txt 파일을 열어 생성된 파일 객체가 되었다. 그 다음에 나오는 **input()** 함수는 호출될 때마다 in.txt 파일의 내용을 한 줄씩 읽어 반환한다. **input()** 함수가 EOF을 만나면 **EOFError** 예외가 발생된다.

(2) 표준 출력 장치의 변경

이제 표준 출력 장치를 out.txt라는 파일로 변경하고 **print()** 함수를 호출하는 예제 코드를 살펴보자. 표준 출력 장치 객체 **sys.stdout**의 값을 바꾸지 않았다면 **print()** 문이 출력하는 내용은 기본 표준 출력 장치인 디스플레이 장치에 써질 것이다.

```
# change_stdout.py
import sys

sys.stdout = open('out.txt', 'w')
print('Hello!')
print('Beautiful Python!')

sys.stdout.close()
```

하지만 위 코드를 수행하면, 두 번째 문장에서 표준 출력 장치가 out.txt 파일을 열어 생성된 파일 객체로 바뀌기 때문에, 디스플레이 화면에는 아무런 출력이 나타나지 않는다. 대신

out.txt 파일에 출력이 기록된다. out.txt 파일을 Windows 메모장으로 열어보면 다음과 같은 내용을 볼 수 있을 것이다.

(3) print() 함수의 표준 출력 장치의 변경

print() 함수 호출시 file 인자의 값으로 print() 문이 표준 출력 장치로 사용할 파일을 지정할 수 있다. 다음 코드의 print() 함수 호출들은 file 인자의 값으로 out.txt 파일을 열어 생성된 파일 객체 fo를 지정하고 있다.

```
# change_print_file_arg.py
x = [1, 2, 3, 4]
y = '파이썬 출력 테스트'

fo = open('out.txt', 'w') # out.txt 파일을 쓰기 모드로 연다.
print(x, file=fo)
print(y, file=fo)
fo.close() # out.txt 파일을 닫는다.
```

위 프로그램을 수행하면 기본 표준 출력 장치, 즉 디스플레이 장치에는 아무런 출력이 나오지 않는다. 대신 print() 함수가 출력하는 모든 내용이 out.txt 파일에 써진다. 생성된 out.txt 파일을 Windows 메모장으로 열어보면 다음과 같을 것이다.

3.5 pickle 모듈 – 객체 직렬화와 역직렬화

pickle 모듈은 객체 직렬화와 역직렬화 기능을 제공한다. 객체 직렬화(object serialization)란 주기억 장치 상의 객체를 이진 파일의 형태로 저장하는 것이고 역직렬화(deserialization)란 이진 파일의 형태로 저장된 객체를 주기억 장치 상의 객체로 복원하는 것이다. Python에서는 직렬화와 역직렬화를 지원하는 모듈의 이름이 pickle이므로 직렬화 대신 피클링(pickling), 그리고 역직렬화 대신 언피클링(unpickling)이란 용어를 사용하기도 한다.

3.5.1 객체 직렬화

객체 직렬화를 사용하면 Python이 지원하는 리스트, 튜플, 딕셔너리 등과 같은 자료 구조들을 쉽고 편리하게 파일로 저장할 수 있다. 다음은 정수, 문자열, 리스트를 x.bin이라는 파일에 저장하는 예제이다. 직렬화에는 이진 파일이 사용되므로 파일을 열 때에는 이진 파일 쓰기 모드 'wb'를 사용해야 한다. 직렬화의 결과를 담는 파일의 확장자는 관례상 .bin을 많이 사용한다. 객체를 파일에 저장하려면 pickle.dump() 메소드를 사용한다.

```
# pickle_dump_demo.py
import pickle

x = 123
y = 'Python'
z = [1, 2, 3]

fp = open('x.bin', 'wb')
pickle.dump(x, fp)
pickle.dump(y, fp)
pickle.dump(z, fp)

fp.close()
```

위 코드를 수행하고 나면 정수 123, 문자열 'Python', 그리고 리스트 [1, 2, 3]이 담긴 이진 파일 x.bin이 생성된다.

3.5.2 역직렬화

역직렬화는 pickle.load() 메소드를 사용한다. 역직렬화는 이진 파일을 읽기 모드로 읽어야 하므로 이진 파일 읽기 모드 'rb'를 사용해야 한다. 다음은 앞 절에서 생성된 파일 x.bin으로부터 객체들을 차례로 읽어내는 코드이다.

```
# pickle_load_demo.py
import pickle

fp = open('x.bin', 'rb')
x1 = pickle.load(fp)
y1 = pickle.load(fp)
z1 = pickle.load(fp)
fp.close()

print(x1, y1, z1)
```

위 코드를 수행하면 다음과 같은 출력이 나온다.

```
123 Python [1, 2, 3]
```

객체 직렬화와 역직렬화는 데이터 통신에서 자주 사용된다. 송신자는 객체를 이진 파일로 직렬화하여 보내고, 수신자는 수신한 이진 파일로부터 역직렬화를 수행하여 객체를 복원한다.

3.6 명령행 인자들의 처리

명령 프롬프트 창에서 Python 인터프리터를 수행시키면서 인자들을 지정할 수 있다. 그 인자들을 **명령행 인자들**(command line arguments)이라고 한다.

3.6.1 sys.argv 변수

명령행 인자들에 대하여 알아보기 위하여 다음과 같은 cmdargs.py 파일을 작성한다. Python IDLE의 File > New File 메뉴를 눌러 나오는 편집 창에서 다음 내용을 편집하고 File > Save 메뉴를 눌러 저장한다. cmdargs.py 파일이 저장된 디렉터리의 위치를 기억해 둔다.

```
# cmdargs.py 파일
import sys

print('명령행 인자의 수: ', len(sys.argv))
print('명령행 인자들의 목록: ', str(sys.argv))
```

Python 인터프리터를 수행시킬 때 명령행 인자들이 주어지면 sys.argv 변수에 자동으로 명령행 인자들의 리스트가 저장된다. 따라서 sys.args 변수로부터 명령행 인자들의 개수와 값들을 알 수 있다. 명령 프롬프트 창을 열고 cmdargs.py 파일이 저장된 디렉터리로 이동한 후 Python 인터프리터로 cmdargs.py 프로그램을 다음과 같이 수행하고 결과를 확인해 보자.

```
명령 프롬프트
D:₩prj₩python3>python cmdargs.py
명령행 인자의 수:  1
명령행 인자들의 목록:  ['cmdargs.py']

D:₩prj₩python3>python cmdargs.py 1 100
명령행 인자의 수:  3
명령행 인자들의 목록:  ['cmdargs.py', '1', '100']

D:₩prj₩python3>python cmdargs.py arg1 arg2 arg3
명령행 인자의 수:  4
명령행 인자들의 목록:  ['cmdargs.py', 'arg1', 'arg2', 'arg3']

D:₩prj₩python3>
```

위 그림에서 박스로 싸인 부분이 명령행 인자들이다. 명령행 인자들은 콤마가 아니라 하나 이상의 공백 문자 ' '로 구분되어야 하며, Python 인터프리터는 명령행 인자들을 모두 문자열로 취급함에 주의하라.

3.6.2 명령행 인자의 사용

명령행 인자들을 사용하는 다음 예제 프로그램 cmd_sum.py를 수행해 보자. cmd_sum.py 프로그램은 두 개의 정수 문자열을 명령행 인자로 입력받을 때 정상적으로 동작하도록 작성되어 있다.

```
# cmd_sum.py 프로그램
import sys

sum = 0
if (len(sys.argv) != 3):
    print('Usage: python cmd_sum.py <정수1> <정수2>')
    sys.exit(1)
else:
    num1 = int(sys.argv[1]) # 1번째 명령행 인자를 정수로
    num2 = int(sys.argv[2]) # 2번째 명령행 인자를 정수로


    i = num1;
    while (i <= num2):
        sum = sum + i
        i = i + 1
```

```
print(sys.argv[0]) # 프로그램 파일의 이름 출력
print(sys.argv[1], '+ ... +', sys.argv[2], '=', sum)
```

다음은 명령 프롬프트 창에서 cmd_sum.py 프로그램을 수행한 결과를 보여주는 화면이다. 명령 프롬프트 창에서 python cmd_sum.py 1 100 명령을 수행시키면, `sys.argv[0]`, `sys.argv[1]`, `sys.argv[2]`에는 각각 `'cmd_sum.py'`, `'1'`, `'100'`이 저장된다.

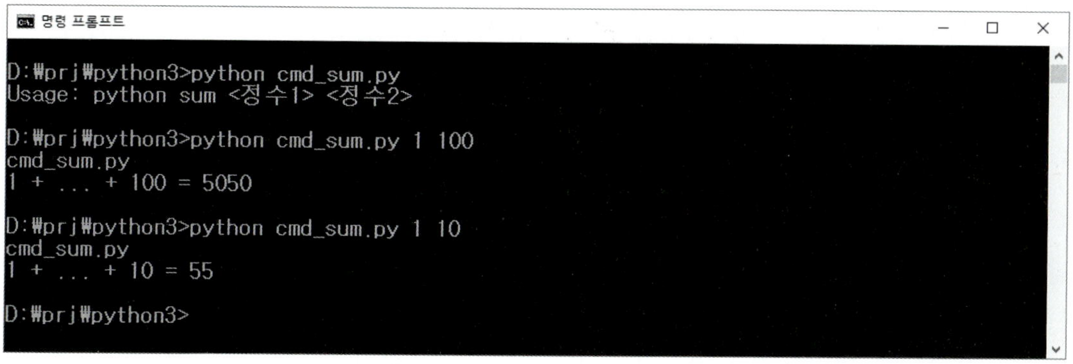

연습문제

01 `input()` 함수를 사용하여 3개의 정수를 입력받아 그 합을 출력하는 코드를 작성하라.

02 구구단을 3단에서 9단까지 예쁘게 출력하는 프로그램을 작성하라.

03 문서 편집기로 다음과 같은 내용이 들어있는 foo.txt 파일을 편집하여 저장하고, 그 파일을 읽어 내용을 출력하는 코드를 작성하라.

```
Hello Python!
I love Python.
```

04 REPL 모드에서 PC에 들어있는 임의의 jpg 파일을 이진 파일 읽기 모드로 열고 내용의 일부(예를 들어 파일의 시작부터 10 바이트)를 읽어 화면으로 출력하는 문장들을 작성하라. 바이트 값을 어떻게 출력할 것인가 고려하라.

05 PC에 들어있는 임의의 jpg 파일을 명령행 인자로 입력받아 이진 파일 읽기 모드로 열고 내용의 일부(예를 들어 파일의 시작부터 10 바이트)를 읽어 화면으로 출력하는 스크립트 파일을 작성하라.

06 다음과 같이 동작하는 계산기 프로그램 calc.py를 작성하라. 다음 예제와 같이 피연산자, 산술연산자, 피연산자 순으로 명령행 인자들을 사용하라.

```
C: prj python> python calc.py 3 + 4
7
C: prj python> python calc.py 5 x 3
15
C: prj python> python calc.py 6 / 3
2
```

07 제 3.3.5절의 프로그램 `file_pointer_test.py`의 7번째 문장 `f = open('foo.txt', 'rt')`를 `f = open('foo.txt', 'br')`로 바꾸고 수행한 결과는 무엇인가?

08 다음과 같은 파일 복사 프로그램 fcopy.py를 작성하라.

```
python fcopy.py <src>.txt <dest>.txt
```

fcopy.py 프로그램은 인자 〈src〉.txt에 해당하는 텍스트 파일의 내용을 화면에 출력하고, 복사본 파일 〈dest〉.txt를 생성한다. 먼저 다음과 같은 내용을 담은 간단한 foo.txt 파일을 생성한다.

```
This is line one.
This is line two.
```

수행 예시 화면은 다음과 같다.

```
명령 프롬프트

D:₩prj₩python3>type foo.txt
This is line one.
This is line two.

D:₩prj₩python3>python fcopy.py foo.txt foo2.txt
This is line one.
This is line two.

D:₩prj₩python3>type foo2.txt
This is line one.
This is line two.

D:₩prj₩python3>_
```

CHAPTER 04

Python 기본 문법

HTTP://www.python.org

이 장에서는 Python 문장을 구성하는 기본적인 요소들인 키워드, 식별자, 주석, 리터럴 등의 개념들을 살펴보고, 문자열의 표현에 관련된 이스케이프 시퀀스 그리고 유니코드와 UTF-8 인코딩에 대해 살펴본다. 마지막으로 바람직한 Python 코딩 스타일에 대해 간단히 살펴본다.

4.1 키워드

프로그래밍 언어에서 **키워드**란 이미 그 의미와 사용법이 정해져 있어 프로그래머가 다른 의미나 용도로 일절 사용할 수 없는 단어를 의미한다. Python 3.8의 키워드는 다음과 같이 35개이다. 모든 Python 키워드는 소문자만을 사용하고 있다.

[표 4-1] Python 3.8의 키워드들

False	await	else	import	pass
None	break	except	in	raise
True	class	finally	is	return
and	continue	for	lambda	try
as	def	from	nonlocal	while
assert	del	global	not	with
async	elif	if	or	yield

참고 | 버전에 따라 다른 키워드 목록

Python 키워드들은 Python 버전마다 조금씩 다르다. 예를 들어, Python 2에서는 print가 키워드이지만 Python 3에서는 print가 키워드가 아니고 내장 함수가 되었다. 즉 Python 2에서 문제가 없던 문장 print 33이 Python 3에서는 다음과 같이 오류가 난다. Python 3에서는 print(33)과 같이 함수 형태로 print 문을 사용해야만 한다.

```
>>> print 33
File "<stdin>", line 1
print 33
       ^
SyntaxError: Missing parentheses in call to 'print'. Did you mean    print(33)?
>>>
```

또한 키워드 async와 await는 Python 3.5에서 도입되었다. 프로그래밍 언어의 뼈대를 구성하는 키워드 목록이 버전에 따라 자주 바뀐다는 것은 Python 언어가 상당히 급속하게 변화하고 있다는 증거가 된다.

Python 키워드들의 목록을 다음과 같이 확인해볼 수 있다. 다음 문장들은 Python 3.8에서 수행되었다.

```
>>> import keyword
>>> keyword.kwlist
['False', 'None', 'True', 'and', 'as', 'assert', 'async', 'await', 'break', 'class',
'continue', 'def', 'del', 'elif', 'else', 'except', 'finally', 'for', 'from', 'global',
'if', 'import', 'in', 'is', 'lambda', 'nonlocal', 'not', 'or', 'pass', 'raise',
'return', 'try', 'while', 'with', 'yield']
>>>
```

4.2 식별자

식별자(identifier)란 프로그램에서 사용되는 모든 종류의 이름을 의미한다. 즉, 변수 이름, 함수 이름, 클래스 이름, 모듈 이름, 객체의 이름 등이 모두 식별자이다. Python에서 식별자는 한 글자 이상의 유니코드 글자(들)로 표현되며 다음과 같은 조건을 만족해야 한다.

- 키워드는 식별자로 사용할 수 없다.
- 식별자는 디지트(digit)로 시작할 수 없다. **디지트**란 숫자를 구성하는 글자인 0, 1, ..., 9를 의미한다.
- 식별자에 _를 사용할 수 있지만 #, $, %, &, @ 등의 특수 기호는 사용할 수 없다.
- 식별자에 공백 문자, 탭, 줄바꿈 문자 등의 투명 문자를 사용할 수 없다.

위 조건들만 만족되면 식별자로 사용이 가능하다. Python 식별자는 알파벳 대소문자를 구분한다. 예를 들어 식별자 xpos, Xpos, 그리고 xPos는 모두 다른 식별자들이다. 다음 표는 올바른 형태의 식별자들과 잘못된 형태의 식별자들을 보여준다.

식별자의 올바른 형태	잘못된 형태
x	999x
xPos99	3point
_xPos	x$
__xPos	xpos@aa
높이	x%position
xPos	x Pos

Python 3에서는 영어, 한글, 한자 등의 전 세계의 글자들을 식별자에 사용할 수 있다. 다음 예제 코드는 한글 식별자들을 사용하는 것을 보여준다.

```
>>> 국어 = 100
>>> 국어
100
>>> 영어 = 80
>>> 국어 + 영어
180
>>> def 합(과목1, 과목2):
...     return 과목1 + 과목2
...
>>> print(합(국어, 영어))
180
>>>
```

하지만 한글 식별자를 사용하는 것은 권장되지 않는다. 한글을 모르는 개발자들에게는 한글 식별자가 사용된 코드가 읽기 어려운 코드가 될 수 있다는 점을 국제화의 관점에서 고려해야 한다.

참고 | **식별자에 대한 관례**

Python 프로그래머들은 식별자의 형태에 대한 다음과 같은 관례들을 사용한다. 이런 관례들을 존중하는 것이 바람직하다.

- 사용자 정의 클래스의 이름은 대문자로 시작한다.
- 변수 이름 등의 다른 이름들은 소문자로 시작한다. 중요한 의미를 가진 이름은 의미를 잘 전달할 수 있도록 충분히 길게 표현한다.

4.3 들여쓰기와 문장들의 블록

Python은 들여쓰기(indentation)를 이용하여 문장들의 블록(block)을 규정한다는 특징을 갖는다. 참고로 Java 언어나 C 언어는 { }로 문장들의 블록을 규정한다. Python 프로그램에서 동일한 블록에 들어있는 문장들은 동일한 수준의 들여쓰기가 되어야 한다.

```
if True:
    print('Hello ')
    print('world!')
else:
    print('Goodbye ')
    print('World!')
```

위 코드는 문제가 없지만 다음 코드는 'unexpected indent' 오류가 난다. 왜냐하면 **else:** 다음의 두 **print()** 문장들의 들여쓰기가 깨져있기 때문이다.

```
if True:
    print('Hello ')
    print('world!')
else:
  print('Goodbye ')
    print('World!')
```

Python 인터프리터를 대화형 모드로 사용하는 경우에 >>>와 Python 문장 사이에 공백 문자가 존재하게 되면 들여쓰기 오류가 난다.

```
>>> x = 3
>>> y = 5
>>> print(x)
3
>>>  print(y)
  File "<stdin>", line 1
    print(y)
    ^
IndentationError: unexpected indent
>>>
```

들여쓰기를 위하여 탭(tab)을 사용하는 것을 Python에서는 권장하지 않는다. 탭 글자 대신 4자의 공백 글자 '   '들을 사용하는 것이 권장된다. 왜냐하면 개발 환경이나 편집기에 따라 탭 설정이 다를 수 있어서 개발 환경이나 편집기가 바뀌면 코드에 포함된 탭들에 의해 들여쓰기가 깨지면서 들여쓰기 오류가 발생될 수 있기 때문이다.

4.4 문장의 여러 줄 표현

Python에서 하나의 문장(statement)은 하나의 줄에 나타나는 것이 원칙이다. Python 문장의 끝은 줄바꿈 문자 '\n'으로 끝나야하기 때문이다. 하지만 다음 코드와 같이 \를 사용하여 하나의 문장을 여러 줄로 나누어 표현할 수도 있다.

```
>>> item_one = 1
>>> item_two = 2
>>> item_three = 3
>>> total = item_one + \
        item_two + \
        item_three
>>> total
6
>>>
```

리스트, 튜플, 딕셔너리를 나타내는 표현은 여는 괄호와 닫는 괄호에 의해 시작과 끝이 명확하므로 \ 없이도 여러 줄에 걸쳐 나타날 수 있다.

```
days = ['Mon', 'Tue', 'Wed'
    'Thu', 'Fri', 'Sat',
    'Sun']
```

Python에서 하나의 줄에 하나의 문장(statement)이 나타나는 것이 원칙이지만 다음과 같이 세미콜론을 이용하여 하나의 줄에 여러 문장들을 표현할 수도 있다.

```
>>> print('Hello '); print('World!')
Hello
World!
>>>
```

4.5 주석

Python은 한 줄 주석, 다중 줄 주석, 인코딩 주석 등의 다양한 주석들을 지원한다.

(1) 한 줄 주석

Python 인터프리터는 # 이후부터 줄바꿈 문자 '\n'까지를 무시한다. 즉, #는 한 줄 주석에 사용된다. #는 들여쓰기를 고려하지 않아도 된다. 한 줄 주석은 주로 문장에 대한 주석으로 사용된다.

```
print('Hello World!') # Hello World!를 출력한다.

# This is a comment.
# This is a comment too.
```

(2) 다중 줄 주석

다중 줄 주석은 ''' *주석 내용* ''' 또는 """ *주석 내용* """의 형태로 사용한다. 다중 줄 주석의 내용에는 줄바꿈 문자가 나올 수 있다.

```
# factorial.py
def factorial(n):
    '''
    이것은 재귀법을 사용하는
    factorial() 함수에 대한
    다중 줄 주석이다.
    '''

    if n == 1: # 이것은 한 줄 주석이다.
        return 1
    else:
        return n * factorial(n-1) # n! = n * (n-1)!

factorial(5) # 이것도 한 줄 주석이다.
```

(3) 인코딩 주석

인터넷 등에서 원시 코드의 첫 번째 줄에 다음과 같은 인코딩 주석을 사용하고 있는 Python 코드들을 종종 볼 수 있다.

```
# -*- coding: utf-8 -*-
```

위 주석은 Python 원시 코드의 인코딩 방식을 지정하는 특별한 주석으로 **인코딩 주석**이라 불린다. 인코딩 주석은 Python 2를 기준으로 작성된 Python 원시 코드에서 자주 사용되었지만 Python 3은 기본으로 UTF-8 인코딩을 사용하므로 위와 같은 UTF-8 인코딩 주석이 필요하지 않다.

드문 경우가 되겠지만 만일 Python 스크립트 파일이 UTF-8이 아닌 인코딩 형식으로 저장된다면 해당 인코딩에 대한 인코딩 주석을 꼭 사용해야 한다. 예를 들어, Windows-1252 인코딩을 사용한다면 스크립트의 첫 줄에 다음과 같은 인코딩 주석이 꼭 필요하다.

```
# -*- coding: cp-1252 -*-
```

참고 | **shebang 라인**

인코딩 주석이 원시 코드의 첫 번째 줄에 와야 한다는 규칙에 예외가 있을 수 있다. BSD 계열의 Unix 시스템들에서는 Python 원시 파일의 첫 번째 줄에 **shebang 라인**을 넣어 Python 원시 파일을 마치 수행 파일인 것처럼 직접 수행할 수 있다. shebang 라인은 #!로 시작하며, 해당 파일에 들어있는 문장들을 어떻게 해석할 것인가를 규정한다. 예를 들어 sample.py 파일의 첫 번째 줄에 다음과 같은 shebang 라인을 넣었다고 하자.

```
#!/usr/bin/env python
```

이제, sample.py 파일을 수행 가능 파일로 권한(permission)을 설정하면 sample.py 파일을 쉘에서 마치 명령처럼 바로 수행할 수 있다. 내부적으로는 /usr/bin/env 폴더에 존재하는 python 인터프리터가 호출되어 사용된다. Windows 환경에서는 shebang 라인을 사용하는 것이 아무런 의미가 없으며 shebang 라인은 그냥 주석으로 처리된다. shebang 라인이 사용되는 경우 인코딩 주석은 그 다음 줄에 적게 된다.

4.6 이스케이프 시퀀스

이스케이프 시퀀스(escape sequence)란 문자열 내부에서 백슬래시 \로 시작하고 문자 또는 디지트들이 이어서 나오는 형태를 갖는 문자열을 의미한다. 이스케이프 시퀀스는 제어 등의 특별한 의미를 표현한다. 다음 표는 대표적인 이스케이프 시퀀스들의 형태와 의미를 보여준다.

[표 4-2] 이스케이프 시퀀스

이스케이프 시퀀스	의미	예제
\\	백슬래시 자체를 표현할 때 사용	>>> print('\\') \ >>>
\'	홑 따옴표를 표현	>>> print('\'') ' >>>
\"	쌍 따옴표를 표현	>>> print("\"") " >>>
\n	줄바꿈을 표현	>>> print('Hello \n World!') Hello World! >>>
\t	수평 탭을 표현	>>> print('Hello \t World!') Hello World! >>>
nnn	3자리의 8진수 값을 표현	>>> print('\110\145\154\154\157') Hello >>>
\x*hh*	2자리의 16진수 값을 표현	>>> print('\x48\x65\x6c\x6c\x6f') Hello >>>
\u*hhhh*	4자리의 16진수 디지트들 *hhhh*로 0 ~ FFFF 사이의 Unicode 코드 포인트를 표현	>>> print('\u0074\u0068\u0065') the >>>
\U*hhhhhhhh*	8자리의 16진수 디지트들 *hhhhhhhh*로 0 ~ 10FFFF 사이의 Unicode 코드 포인트를 표현	>>> print('\U00000074') t >>>

이스케이프 시퀀스는 Python뿐 아니라 C/C++, Java 등의 다른 프로그래밍 언어들에서도 사용된다.

4.7 리터럴

리터럴(literal)이란 *모양 자체가* 어떤 상수 값을 표현하는 요소들(tokens)을 의미한다. 예를 들어 Python 코드 내에 나타난 27은 그 모양 자체가 상수 값 27을 표현하고 있으므로 리터럴이다. 리터럴의 종류에는 다음과 같은 것들이 있다.

(1) 숫자 리터럴

숫자 리터럴에는 십진수 정수, 8진수 정수, 16진수, 이진 정수, 실수, 허수 등이 있다. 예를 들어 `27`, `-27`, `27.0`, `0x27`, `0x27`, `3.14e-10`, `10j` 등이 모두 숫자 리터럴이다.

(2) 문자열 리터럴

문자열 리터럴은 홑 따옴표 `'`, 쌍 따옴표 `"`, 3개의 홑 따옴표 `'''`, 또는 3개의 쌍 따옴표 `"""`로 싸인 문자열을 의미한다. 다음 코드에는 문자열 리터럴들 `'this'`나 `"that"` 등이 나온다. 문자열 리터럴들의 타입은 `str`이다.

```
>>> x = 'this'
>>> y = "that"
>>> z1 = ''' this is
a book.
'''
>>> z1
' this is\na book.\n'
>>> type(z1)
<class 'str'>
>>> z2 = '한글'
>>> z2
'한글'
>>>
```

(3) 바이트 리터럴

바이트 리터럴의 형태는 문자열 리터럴과 유사하지만 앞에 bytes를 나타내는 b가 붙으며 내부의 바이트들을 \x*hh* 형태로 표현한다. \x*hh* 형태는 하나의 바이트를 16진수로 표현하는 이스케이프 시퀀스(escape sequence)이다. 다음 코드는 변수 `bx`, `by`, `bz`에 각각 바이트 리터럴들 `b'\x61\x62\x63'`, `b'\xed\x95\x9c\xea\xb8\x80'`, 그리고 `b'abc'`를 할당하고 있다. 바이트 리터럴들의 타입은 `bytes`이다.

```
>>> bx = b'\x61\x62\x63'
>>> bx
b'\x61\x62\x63'
>>> by = b'\xed\x95\x9c\xea\xb8\x80'
>>> by
b'\xed\x95\x9c\xea\xb8\x80'
>>> bz = b'abc'
>>> bz
b'abc'
>>> type(bx)
<class 'bytes'>
>>>
```

바이트 리터럴은 기본적으로 `\x61` 과 같은 형태의 16진수 값들을 담는다. 원칙적으로 바이트 리터럴에는 유니코드(Unicode) 문자들이 직접 담길 수 없다. `b'한글'`과 같은 표현은 오류가 난다. 다만 예외적으로 ASCII 코드표에 들어있는 알파벳들과 특수 문자들은 바이트 리터럴에 직접 담길 수 있다. 예를 들어 `b'abc'`나 `b'ab%$'`와 같은 표현은 허용된다. Python은 `b'abc'`와 `b'\x61\x62\x63'`를 동일한 바이트 리터럴로 해석한다.

```
>>> z1 = b'한글'
SyntaxError: bytes can only contain ASCII literal characters.
>>> z2 = b'abc\x64'
>>> z2
b'abcd'
>>> b'ab%$'
b'ab%$'
>>>
```

(4) 유니코드 문자열 리터럴

Python 2에서는 유니코드 문자열 리터럴을 `u'\uhhhh'` 또는 `U'\Uhhhhhhhh'` 형태처럼 글자를 나타내는 이스케이프 시퀀스 표현 앞에 u나 U를 붙여서 표현하였었다. 하지만 Unicode를 완전히 지원하는 Python 3에서는 유니코드 문자열 리터럴과 일반 문자열 리터럴의 구분이 없어졌다. 즉 Python 3에서는 유니코드 문자열 리터럴의 앞에 u나 U를 붙일 필요가 없다. 다만 호환성 때문에 Python 2에서의 유니코드 문자열 리터럴 표현 방식도 지원되고 있다. 다음 예제 코드를 보자.

```
>>> u'\u0074\u0068\u0065' # Python 2 스타일
'the'
>>> '\u0074\u0068\u0065' # Python 3 스타일
'the'
>>> u'\uD55C\uAE00'
'한글'
>>> '\uD55C\uAE00'
'한글'
>>> u'\U0000D55C\U0000AE00'
'한글'
>>> '\U0000D55C\U0000AE00'
'한글'
>>>
```

(5) 리스트 리터럴, 튜플 리터럴, 딕셔너리 리터럴

변수를 포함하고 있지 않은 리스트, 튜플, 딕셔너리의 표현은 리터럴이다. 예를 들어, [1, 2, 3], (1, 2) 그리고 {'name': 'kim', 'age': 22}는 그 모양 자체가 값을 나타내므로 리터럴들이다.

(6) None

None은 값이 없음을 표현하는 특별한 리터럴이다. 참고로 Python의 None은 Java 언어에서 사용되는 null과 비슷하다고 할 수 있다.

```
>>> x = None
>>> if (x == None):
...     print('x == None!')
...
x == None!
>>> if (x is None):
...     print('x is None!')
...
x is None!
>>>
```

4.8 유니코드와 UTF-8 인코딩

Python 2.0에서 유니코드 문자열을 이용한 유니코드에 대한 부분적인 지원이 시작되었고, Python 3.0부터 일반 문자열의 표현 및 인코딩에 유니코드와 UTF-8 인코딩이 기본으로 지원되기 시작하였다.

4.8.1 유니코드

유니코드는 영어 알파벳뿐 아니라 한글, 한자, 아랍 문자 등의 전 세계의 문자들을 16진수 0 ~ 10FFFF 사이의 코드 포인트(code point)로 표현하는 코드 체계이다. 한글의 경우 1996년에 완성형 한글 11,172자를 위한 새로운 코드 포인트 영역을 배당해달라는 대한민국의 요청이 받아들여져서 유니코드 2.0에서 완성형 한글 11,172자를 위한 코드 포인트 영역 AC00 ~ D7A3을 배당받았다. 다음 표는 Python 글자의 유니코드 코드 포인트와 유니코드 문자열 리터럴의 관계를 보여준다.

Python 글자	코드 포인트(16진수)	코드 포인트(10진수)	Python 유니코드 문자열
'A'	0x0041	65	'\u0041'
'a'	0x0061	97	'\u0061'
'가'	0xac00	44032	'\uac00'
'안'	0xc548	50504	'\uc548'
'\n'	0x000a	10	'\u000a'

위 표를 보면 한글의 첫 글자인 '가'의 유니코드 코드 포인트는 0xac00이고, 알파벳의 첫 글자인 'A'의 유니코드 코드 포인트는 0x0041이다. Python 내장 함수 `ord()`는 인자로 주어진 글자에 대응하는 유니코드 코드 포인트 값을 10진수 정수로 반환한다. 그리고 Python 내장 함수 `chr()`은 인자로 주어진 코드 포인트 값에 대응하는 유니코드 문자를 반환한다.

```
>>> ord('A') # 글자 'A'의 유니코드 값을 반환 (10진수)
65
>>> hex(65) # 16진수로 변환
'0x41'
>>> chr(65) # 코드 포인트 65가 표현하는 유니코드 글자를 반환
'A'
>>> chr(0x41)
'A'
>>> ord('\n')
```

```
10
>>> u'\u000a'
'\n'
>>>
```

4.8.2 UTF-8 인코딩과 디코딩

코드 포인트 값의 범위가 0 ~ 10FFFF인 유니코드의 코드 포인트를 그대로 사용하여 유니코드가 지원하는 모든 글자들을 동일한 길이로 표현해야 한다면 ASCII 코드 글자도 여러 바이트로 표현해야 하므로 유니코드 체계를 따르면서 ASCII 코드 글자는 그대로 1바이트로 표현할 수 있는 UTF-8 인코딩 방식이 많이 사용되고 있다. Python 3도 UTF-8 인코딩을 기본 인코딩 방식으로 사용한다.

UTF-8 인코딩 방식은 유니코드 상의 글자들을 1바이트에서 4바이트 길이로 표현하는 가변 길이 표현 방식이다. UTF-8 인코딩 방식에서 ASCII 코드 글자들은 이진수 0xxxxxxx의 형태로 표현된다. 이때 7개의 x 자리에는 7비트의 ASCII 코드 값이 그대로 들어간다. 그리고 하나의 한글 글자는 이진수 1110xxxx 10xxxxxx 10xxxxxx 형태의 3바이트로 표현된다. 이때 16개의 x 자리에는 한글 글자의 16비트의 유니코드 코드 포인트 값이 그대로 들어간다.

문자	ASCII 코드 값 (2진수)	유니코드 코드 값 (2진수)	UTF-8 (2진수)
'A'	1000001	1000001	01000001
'가'		10101100 00000000	11101010 10110000 10000000

예를 들어, 'A'의 유니코드 코드 포인트 값은 이진수 1000001이고, ASCII 코드 값도 이진수 1000001이다. 따라서 'A'를 UTF-8로 인코딩한 결과는 01000001이 된다.

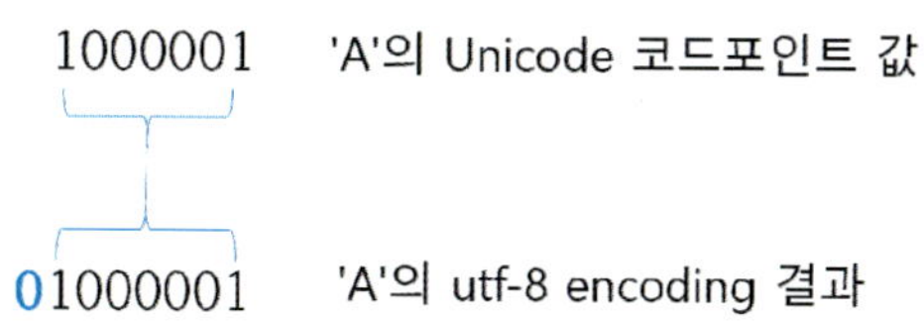

한글 '가'의 경우 유니코드 코드 포인트 값은 이진수로 10101100 00000000이다. 따라서 한글 '가'를 UTF-8로 인코딩한 결과는 11101010 10110000 10000000이 된다.

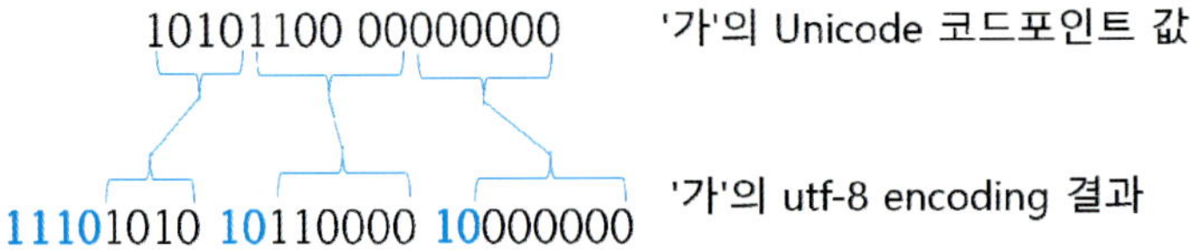

UTF-8 인코딩뿐 아니라 UTF-16, UTF-32 등의 다양한 인코딩 방식들이 존재하지만 UTF-8 인코딩 방식이 가장 많이 사용된다. Python 문자열의 encode() 메소드를 이용하면 문자열을 UTF-8 등의 원하는 인코딩 방식으로 인코딩할 수 있다. 인코딩 결과는 바이트 열로 표현된다.

인코딩 결과를 다시 원래의 유니코드 문자열로 바꾸는 것을 **디코딩**(decoding)이라고 한다. 문자열을 UTF-8 인코딩 방식으로 인코딩하면 바이트 열이 생성되고, 그 바이트 열을 decode() 메소드를 이용하여 UTF-8로 디코딩하면 다시 원래의 문자열이 나온다.

```
>>> 'the'.encode('utf-8') # 'the'의 utf-8 encoding 결과는 b'\x74\x68\x65'
b'the'
>>> b'the'.decode('utf-8') # 바이트 열 b'the'의 decoding
'the'
>>> '한글'.encode('utf-8') # 문자열 '한글'의 utf-8 encoding
b'\xed\x95\x9c\xea\xb8\x80'
>>> b'\xed\x95\x9c\xea\xb8\x80'.decode('utf-8') # 바이트 열의 디코딩
'한글'
>>>
```

참고 | ASCII 글자의 특별 대접

문자열을 디코딩하면 바이트 열이 반환된다. 바이트 열의 각 바이트는 원칙적으로 이스케이프 시퀀스 \x*hh*의 형태로 표현된다. 다만 바이트 열의 바이트들 중 ASCII 문자의 코드 포인트에 해당하는 값의 바이트들은 \x*hh* 표현 뿐 아니라 해당 ASCII 글자로 그대로 표현할 수 있다는 특별한 대접을 받는다.

```
>>> b'\x74\x68\x65'
b'the'
>>> b'the'
b'the'
>>>
```

한글이 포함된 문자열들을 다루다 보면 개발자들은 골치가 아플 때가 많다. 유니코드 체계를 기

본으로 사용하더라도 UTF-8, UTF-16 등의 여러 가지 인코딩 포맷에 따라 한글 문자열의 바이트 표현이 달라질 수 있기 때문이다.

4.9 Python 코딩 스타일 가이드 - PEP 8

Python 코딩 스타일에 대한 가이드로 PEP 8[11)]이 있다. PEP(Python Enhancement Proposal)는 Python 커뮤니티에 Python의 새로운 기능을 소개하거나 설계에 관련된 정보를 전달하는 목적으로 사용된다. 이 절에서는 PEP 8의 내용 중 중요한 것들만을 요약한다.

- 들여쓰기로 4개의 스페이스를 사용하고 탭(tab)을 사용하지 말라. 왜냐하면 개발 환경이나 편집기 마다 탭의 설정이 달라서 들여쓰기에 혼란을 일으킬 수 있다.
- 한 줄은 79자를 넘지 않도록 하라. 이 조건은 작은 디스플레이 화면을 사용하는 사용자를 돕고, 큰 화면을 사용하는 경우에는 여러 개의 코드들을 나란히 띄워놓고 볼 수 있도록 한다.
- 함수, 클래스, 함수 내의 큰 코드 블록 사이에 빈 줄을 넣어 분리하라. 함수와 클래스의 사이에는 두 줄의 빈 줄을 넣어라.
- 가능하다면 주석은 별도의 줄로 넣어라.
- 주석 문자열(docstring)을 사용하라.
- 연산자들 주변과 콤마 뒤에 스페이스를 넣고, 괄호 바로 안쪽에는 스페이스를 넣지 말라. 예를 들어, `a = f(1, 1) + g(3, 4)`와 같이 한다.
- 클래스들과 함수들에게 일관성 있는 이름을 붙여라. 인스턴스 메소드의 첫 번째 인자의 이름은 항상 `self`로 하라.
- 여러분의 코드를 국제적인 환경에서 사용하려고 한다면 특별한 인코딩을 사용하지 마라. 항상 Python 기본 인코딩인 UTF-8을 사용하라.
- 마찬가지로, 다른 언어를 사용하는 사람이 코드를 읽거나 관리할 가능성이 있다면, 식별자에 ASCII 이외의 문자를 사용하지 마라.

교재에 나오는 코드들은 지면 관계상 함수와 클래스의 사이에 한 줄만 넣고 있다. 하지만 두 줄을 넣는 것이 기본이다.

---

11) https://www.python.org/dev/peps/pep-0008/

연습문제

01 다음 용어들의 의미를 설명하라.

a. 식별자
b. 키워드
c. 이스케이프 시퀀스
d. 리터럴

02 식별자에 한글을 사용할 수 있지만 그렇게 하지 않는 이유를 설명하라.

03 바이트 리터럴들의 형태에 대하여 설명하라.

04 유니코드 문자열 리터럴로 문자열 '한글'을 표현하라.

05 유니코드에 대하여 설명하라.

06 UTF-8 인코딩에 대하여 설명하라.

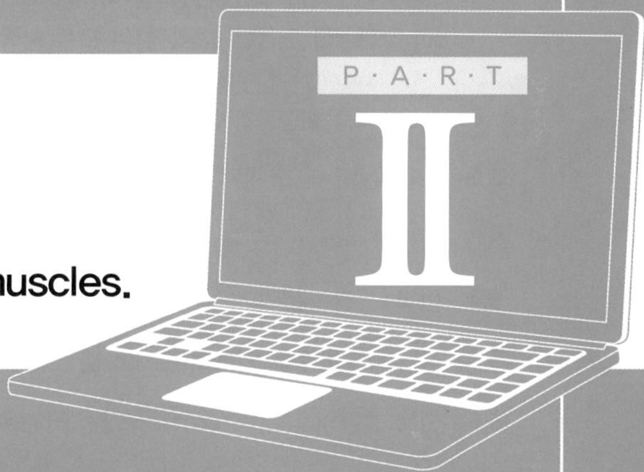

기초 다지기

Train your Python programming muscles.

05 CHAPTER

할당문과 제어문

HTTP://www.python.org

이 장에서는 Python에서의 객체들과 변수들의 구조와 의미를 설명하기 위해 저자가 고안한 간단한 도식 체계를 소개한다. 그리고 그 도식 체계를 이용하여 Python에서의 할당문과 변수의 의미에 대하여 살펴본다. 그리고 조건 선택을 위한 `if` 문, 반복을 위한 `while` 문과 `for` 문, 반복 흐름의 제어를 위한 `continue` 문과 `break` 문을 살펴본다. `pass` 문과 조건 수식에 대해서도 살펴본다. 이 장에서 소개한 도식 체계는 이후 계속 사용된다.

5.1 할당문

할당문은 변수, 할당 연산자 `=`, 그리고 수식으로 구성된다. 변수 *v*에 수식 *expr*의 평가 결과를 할당하는 할당문의 형태는 다음과 같다.

v = expr

Python의 할당문은 변수와 객체를 결합시킨다. 모든 프로그래밍 언어에서 **할당문**(assignment statement)의 의미를 정확하게 이해하는 것은 매우 중요하다. 특히 Python 언어의 할당문의 의미를 정확하게 이해하려면 다음과 같은 Python 언어의 특성들을 먼저 이해해야 한다.

- 모든 자료형은 참조 자료형 즉 클래스이다.
- 모든 변수는 객체에 대한 참조(reference)를 저장하는 **참조 변수**(reference variable)이다.

5.1.1 모든 자료형이 참조 자료형

Python에서는 모든 자료형이 참조 자료형이다. 정수 `123`, 실수 `12.3`, 문자열 `'this'`, 리스트 `[1, 2, 3]`, 튜플 `(1, 2, 3)`, 딕셔너리 `{'name': 'kim', 1: 'a'}`의 자료형은 각각 클래스 `int`, 클래스 `float`, 클래스 `str`, 클래스 `list`, 클래스 `tuple`, 클래스 `dict`이다. 모듈들의 자료형은 `module` 클래스이고, 함수들의 자료형은 `function` 클래스이다.

Python의 내장 함수 `type(`*`obj`*`)`는 인자 *`obj`*의 자료형을 반환한다. `type(`*`obj`*`)` 함수를 이용하여 Python에서는 모든 자료형이 참조 자료형이라는 사실을 확인해 보자.

```
>>> type(123)
<class 'int'>
>>> type('this')
<class 'str'>
>>> type([1,2,3])
<class 'list'>
>>> type((1,2,3))
<class 'tuple'>
>>> type({'name':'kim', 'age':23})
<class 'dict'>
>>> def f(x, y):
        return (x + y)

>>> type(f)
<class 'function'>
>>> import math
>>> type(math)
<class 'module'>
>>>
```

위 코드에서 정수 123의 자료형은 int 클래스이고, 문자열 'this'의 자료형은 str 클래스이고, 함수 정의 f의 자료형은 function 클래스이고, 모듈 math의 자료형은 module 클래스임을 확인할 수 있다.

5.1.2 변수들과 객체들의 도식

기존의 여러 가지 표준 도식 체계들을 고려하였지만, 필자는 Python 언어의 특징을 잘 반영하는 적합한 표준 도식 체계를 찾을 수 없었다. 그래서 필자는 객체들과 변수들을 표현하기 위한 간단한 도식 체계를 고안하였다.

필자가 고안한 도식 체계는 간단하다. 변수는 각진 네모 위에 변수 이름을 붙여 표현한다. 객체는 그것의 소속 클래스의 이름이 적힌 둥근 모서리 네모로, 그리고 객체에 대한 참조는 점선 화살표로 나타내기로 한다. 참조의 쌍은 :로 칸이 구분되는 각진 네모로 표현하기로 한다. 참고로 제 7.3.3절에서 모듈의 이름 공간을 표현하기 위한 도식이 추가적으로 소개된다.

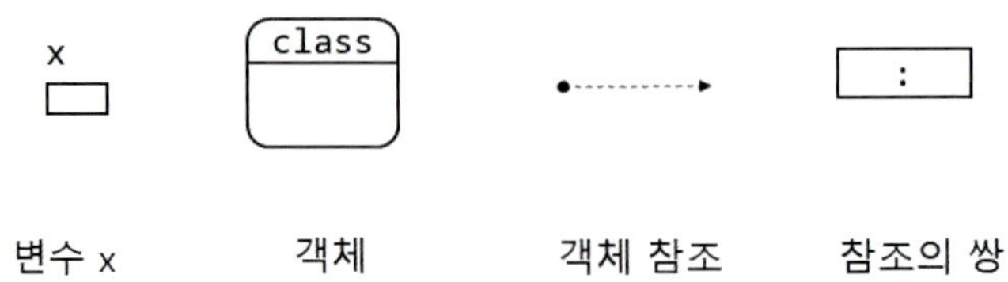

(1) 참조 변수를 사용하는 할당문의 도식

이제 Python에서 할당문 `x = 27`을 수행한 결과를 도식화해 보자. C 언어나 Java 언어에서는 27이 객체가 아니므로 할당문 `x = 27`을 수행하고 나면 변수 `x`에 해당하는 주기억 장치 공간에 27이 담긴다. 즉 C 언어나 Java 언어에서 변수 `x`가 값 27을 담고 있는 것을 도식으로 표현하면 다음과 같다. 실제로는 27에 해당하는 이진수 값이 담겨있을 것이다.

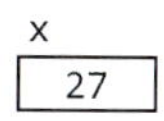

하지만 Python에서는 27이 객체이고 변수는 객체에 대한 참조를 담으므로, 문장 `x = 27`을 수행하면 변수 `x`에 정수 객체 27이 아니라 정수 객체 27에 대한 참조가 담긴다. 따라서 Python에서는 문장 `x = 27`의 수행 결과가 다음과 같은 도식으로 표현된다. 변수 `x`가 정수 객체 27을 참조하고 있다.

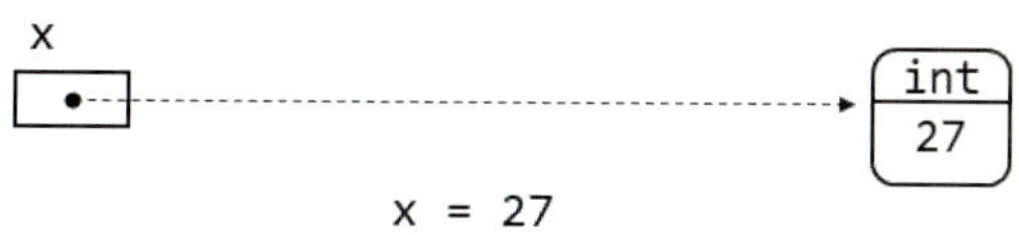

마찬가지로 변수 `x`가 문자열 `'this'`에 대한 참조를 저장하고 있는 것은 다음과 같은 도식으로 표현된다.

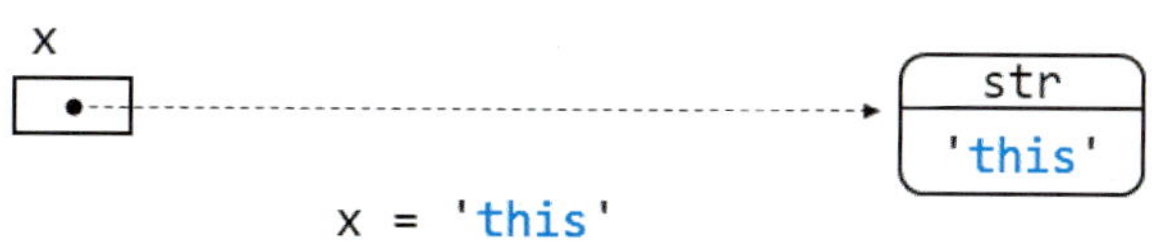

(2) 자료 구조의 도식

정수나 문자열보다 복잡한 자료 구조를 표현하는 리스트, 튜플, 집합, 딕셔너리 객체에 대한 도식 표현을 살펴보자.

리스트 객체는 내부에 원소들을 담고 있다. 예를 들어 리스트 `[1, 2, 3]`은 3개의 정수를 담고 있는 객체이다. Python에서 모든 것은 객체이므로 리스트 객체는 원소 객체들에 대한 참조들을 담고 있다. 문장 `x = [1, 2, 3]`을 수행한 결과를 도식으로 표현하면 다음과 같다.

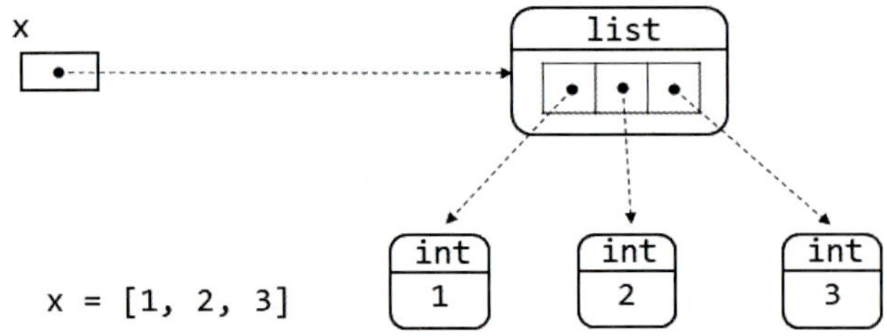

튜플 객체는 리스트 객체와 유사하게 표현된다. 다음은 `x = (1, 2, 3)`의 수행 결과를 도식으로 표현한 것이다.

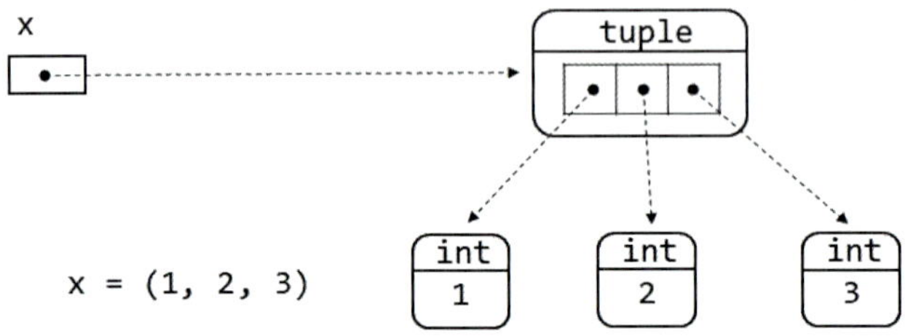

집합 객체도 리스트 비슷하게 표현된다. 문장 `x = {1, 2, 3}`의 수행 결과는 다음과 같은 도식으로 표현된다.

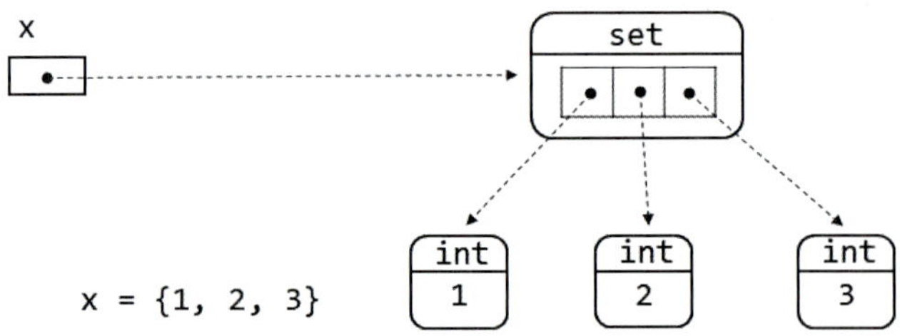

마지막으로 다음은 딕셔너리 객체를 사용하는 할당문 `z = {'age': 12, 'name': 'Suzi', 'grade': 5}`의 수행 결과는 참조의 쌍의 도식을 이용하여 다음과 같이 표현된다.

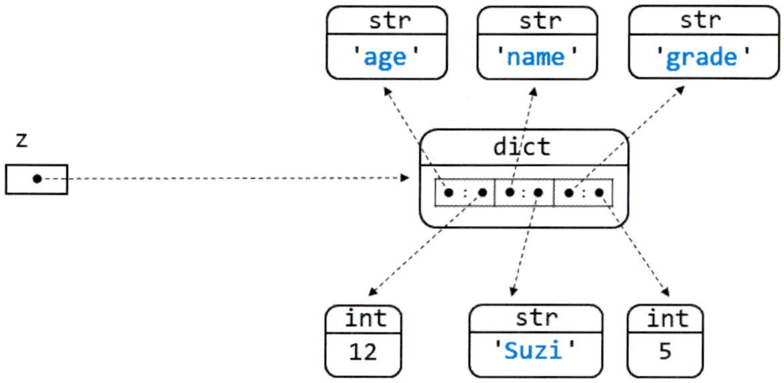


```
z = {'age': 12, 'name': 'Suzi', 'grade': 5}
```

참조의 쌍들을 담은 도식이 옆으로 너무 길어지는 경우에는 세로 방향으로 참조의 쌍들을 배열할 수 있다. 다음 그림은 위 그림을 세로 방향으로 참조의 쌍들이 배열되도록 그린 것이다.

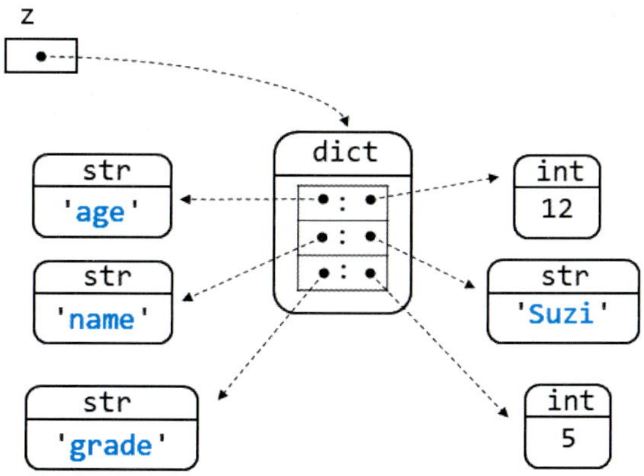

(3) 도식의 간결한 표현

도식은 할당문과 같은 문장들의 수행의 의미를 직관적으로 전달하기 위한 것이므로 도식의 의미가 잘 전달되기만 한다면 도식을 조금 간단하게 그릴 수 있어야 편하다. 딕셔너리 객체가 Python에서 사용되는 자료 구조 중 가장 복잡한 편이므로 딕셔너리 객체를 조금 간결하게 표현하는 방법을 살펴보자. 다음 그림은 딕셔너리 객체의 원소 `'age': 12`를 표현하는 도식과 그에 대한 간결한 표현의 도식이다.

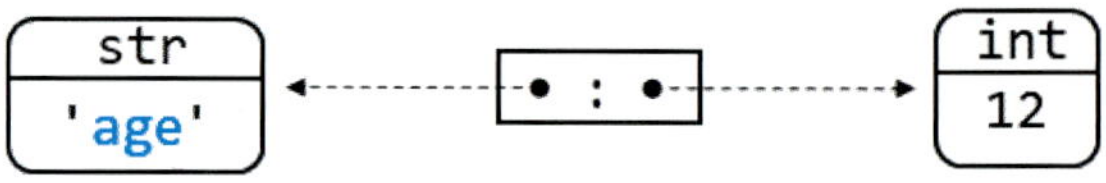

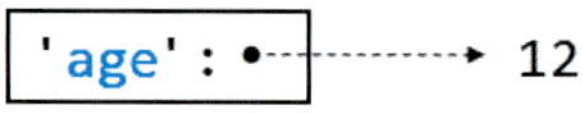

더 간결한 표현의 도식에서는 딕셔너리의 값 부분도 참조로 연결하지 않고 직접 참조의 쌍을 표시하는 네모의 오른쪽 칸에 표시한다.

다음 그림은 할당문 z = {'age': 12, 'name': 'Suzi', 'grade': 5}의 수행 결과의 간결한 표현의 도식들이다.

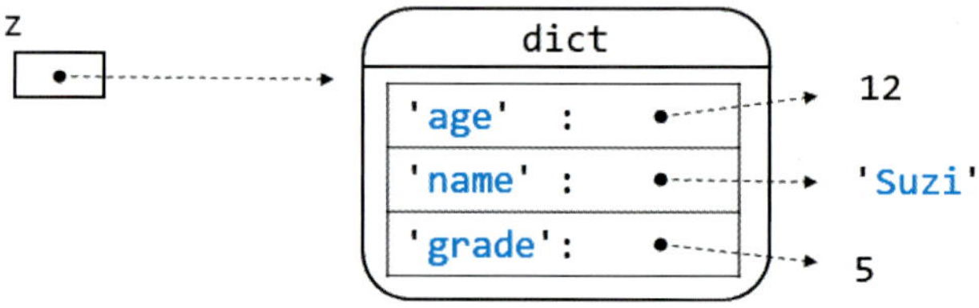

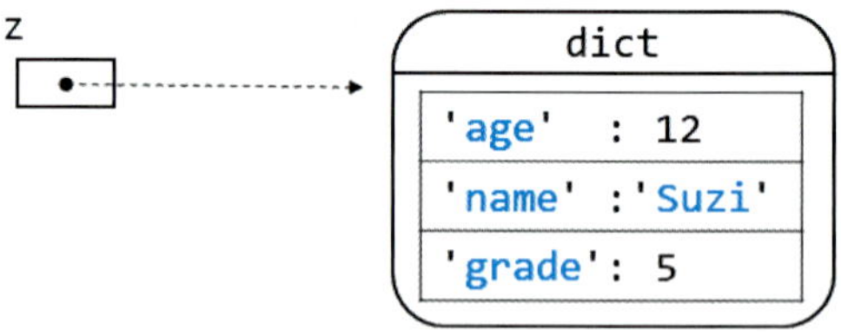

(4) 중첩 자료 구조의 도식 예제들

리스트 `[2, 3]`을 두 번째 원소로 갖는 중첩 리스트 `[1, [2, 3], 4]`를 변수 `x`에 할당하는 할당문 `x = [1, [2, 3], 4]`를 수행한 결과는 다음과 같이 표현된다.

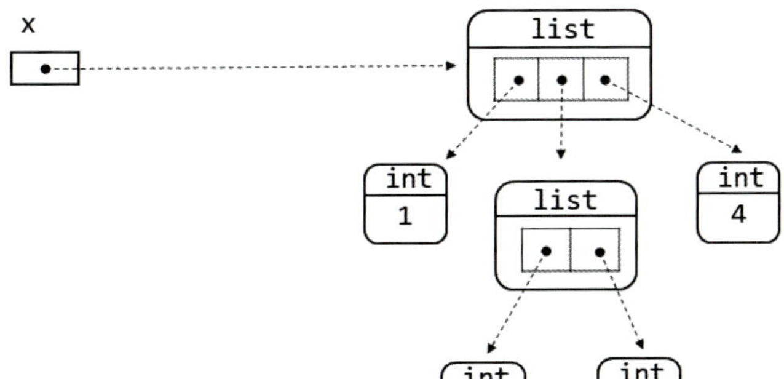

x = [1, [2, 3], 4]

키(key)에 대응하는 값으로 리스트 객체를 갖는 `'favorites': ['apple', 'mango']`를 원소로 갖는 딕셔너리에 대한 할당문 `x = {'age': 22, 'favorites': ['apple', 'mango']}`의 수행 결과는 다음과 같이 표현된다.

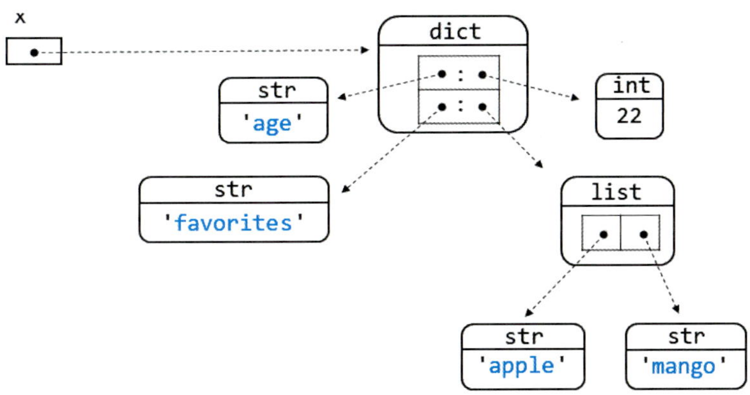

x = {'age':22, 'favorites':['apple', 'mango']}

이 절에서 소개한 도식들은 이후 코드들의 동작 및 결과를 명확하게 설명하는 데 사용된다. 주기억 장치 공간의 객체들을 도식으로 그려 분석해보는 것은 코드의 의미를 정확하게 이해하는 데 도움이 된다.

5.1.3 변수의 생성 시점

Python 언어는 C 언어나 Java 언어 등의 다른 언어와 비교할 때 독특한 변수 생성 방식을 사용한다. 즉, Python 언어에서는 *변수에 대한 첫 할당 문이 수행될 때 그 변수가 생성된다*는 것이다. 하지만 다른 언어들과 마찬가지로 이미 변수가 생성되어 있으면 그 변수에 대한 할당문이 수행되어도 변수가 다시 생성되지 않는다.

다음 그림은 변수가 생성되는 시점을 보여주기 위한 예제이다. Python 인터프리터를 시작한 직후인 시점 ①에서는 변수 x가 아직 생성되지 않았으므로 변수 x를 사용하면 오류가 난다. 시점 ②에서는 변수 x에 대한 첫 할당 문이 수행된다. 따라서 변수 x가 생성되고 그 값은 'cat'에 대한 참조가 된다. 시점 ③에서는 변수 x가 참조하는 'cat'이 출력된다. 시점 ④에서는 이미 생성되어 있는 변수 x에 'dog'에 대한 참조가 할당된다.

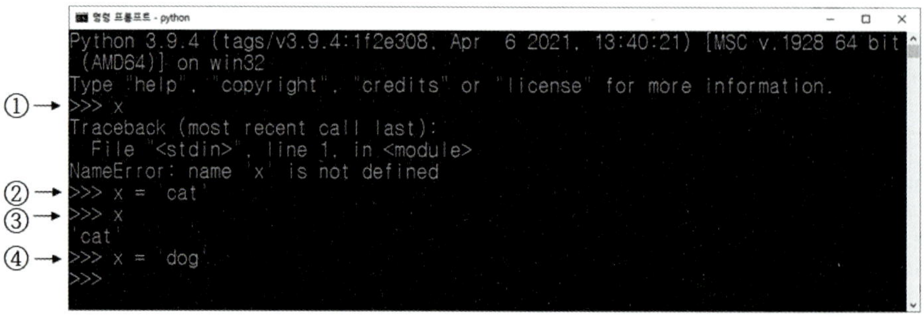

시점 ②에서 할당문 x = 'cat'이 수행된 직후의 상태를 도식으로 표현하면 다음과 같다.

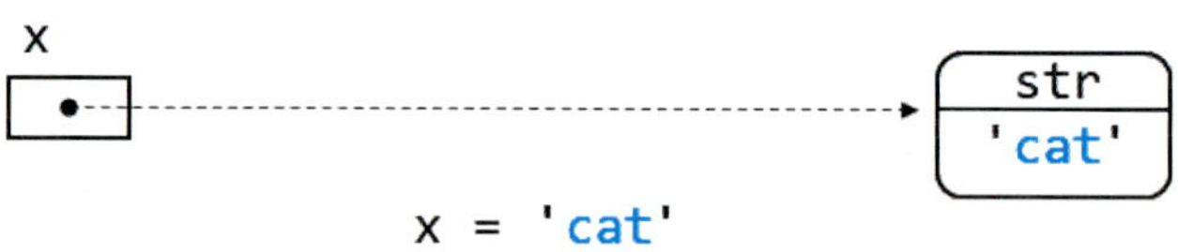

시점 ④에서 할당문 x = 'dog'이 수행된 직후의 상태를 표현하는 도식은 다음과 같다. 변수 x는 이제 문자열 객체 'dog'을 참조한다.

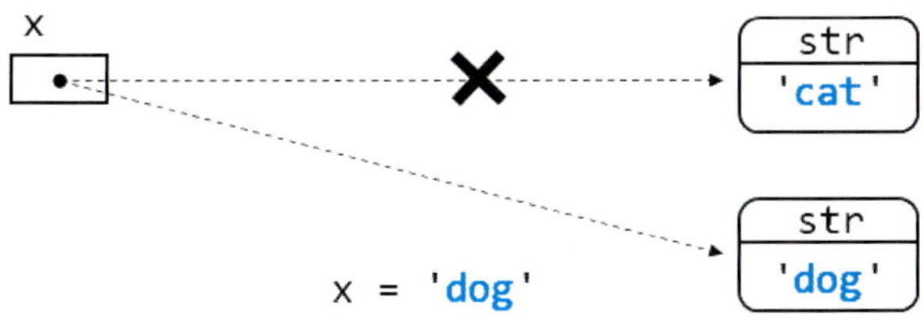

만일 바로 위 도식의 str 객체 'cat'처럼 그것을 참조하는 아무런 변수도 없어진다면, 그런 객체에 더 이상 코드에서 접근할 방법이 없다. 더 이상 접근할 방법이 없는 객체들은 사용할 수 없지만 주기억 장치 공간을 점유하고 있으므로 문제가 되며, Python은 그 문제를 해결하기 위하여 del 문장과 이삭 수거기(garbage collector)를 지원한다. Python의 이삭 수거기는 정교한 알고리즘을 이용하여 더 이상 접근할 수 없는 주기억 장치 공간의 객체들을 자동으로 수거한다. del 문장과 이삭 수거기에 대한 내용은 제 8.4절에 나온다.

5.1.4 내장 함수 id(*obj*)와 리터럴에 대한 객체의 생성

내장 함수 id(*obj*)의 의미를 살펴보고, 내장 함수 id(*obj*)를 이용하여 리터럴에 대한 객체의 생성 방식에 대해 확인해보자.

(1) 내장 함수 id(*obj*)

내장 함수 id(*obj*)는 객체 *obj*의 참조 값을 반환한다. 내장 함수 id(*obj*)는 주기억 장치 상의 객체들의 참조들을 분석하는 데 유용하다. 만일 id(*obj1*)과 id(*obj2*)가 같다면 *obj1*과 *obj2*는 동일한 하나의 객체이다.

```
x = 'this'
y = x
z = 2
print(id(x), id(y), id(z))
```

위 코드를 수행하면 변수 x, y, z에 담겨 있는 다음과 같은 참조 값들의 출력을 볼 수 있다. 첫 번째 참조 값과 두 번째 참조 값은 동일하다.

```
1888628493040 1888628493040 140719633798848
```

다음은 위 코드를 수행한 직후의 주기억 장치 공간에서의 객체들의 상태를 보여주는 도식이다.

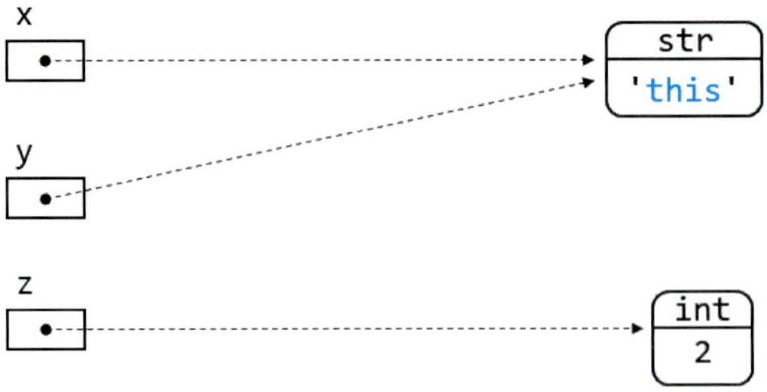

키워드 `is`를 사용해서도 두 객체 *obj1*과 *obj2*가 동일한 객체인가 아닌가를 판정할 수 있다. 다음 두 수식은 완전히 동일한 의미를 갖는다.

- `id(obj1) == id(obj2)`
- `obj1 is obj2`

(2) 리터럴이 표현하는 객체를 생성하는 방식

이 절에서는 스크립트에 나타난 리터럴들에 대한 객체 생성에 대하여 살펴본다.

주의 |

REPL 모드에서 나타나는 리터럴들에 대한 세부적인 객체 생성 방식은 Python 인터프리터의 버전에 구현 종속적이며, REPL 모드에서 리터럴로부터 생성된 객체들에 대한 `id()` 함수의 동작도 Python 인터프리터의 버전에 따라 조금씩 다를 수 있다.
따라서 이 장에서는 REPL 모드에서 나타나는 리터럴들로부터의 객체 생성이나 그 객체들에 대한 `id()` 함수의 동작에 대하여 다루지 않는다. 이 절의 예제 코드들은 기본적으로 스크립트 모드에서 수행됨을 가정한다.

Python 스크립트에 나타나는 리터럴에 대한 객체를 생성하는 방식은 조금 복잡하다. 그 방식은 리터럴이 수정 불가 객체를 표현하는 리터럴인가 아니면 수정 가능 객체를 표현하는 리터럴인가에 따라 달라진다.

① 수정 불가 객체를 표현하는 리터럴이 반복해서 나타나는 경우

수정 불가 객체를 표현하는 어떤 리터럴이 하나의 스크립트에 반복해서 나타난다고 하자. 다음 스크립트는 그런 상황을 보여준다.

```
x = 'this' # 'this'가 처음 나타남
...
y = 'this' # 'this'가 다시 나타남
```

위 스크립트에는 수정 불가 객체인 문자열 객체를 표현하는 리터럴 'this'가 반복해서 나타나고 있다. Python 인터프리터는 리터럴 'this'가 .py 파일에 처음 나타났을 때에는 해당 문자열 객체를 생성하지만 리터럴 'this'가 그 .py 파일에 다시 나타나는 경우에는 문자열 객체를 생성하지 않는다. 다음 도식은 위 문장들이 스크립트 모드에서 수행된 직후의 상태를 보여준다. 수식 id(x) == id(y)가 True인 상태이다.

수정 불가 객체의 경우, 내용이 변화하지 않는다는 보장을 받으므로 여러 참조 변수들이 그 객체를 공유해도 문제가 없다. Python 인터프리터는 객체의 공유를 통해 결과적으로 객체들을 생성하는 데 사용되는 주기억 장치 공간을 절약할 수 있다.

② 수정 가능 객체를 표현하는 리터럴이 반복해서 나타나는 경우

수정 가능 객체의 경우 내용이 변화하지 않는다는 보장을 받지 못하므로 여러 참조 변수들이 그 객체를 공유할 때 문제가 생길 수 있다. 따라서 Python 인터프리터는 수정 가능 객체를 표현하는 리터럴의 경우에는 리터럴이 나타날 때마다 해당 리터럴 객체를 생성한다. 다음은 수정 불가 객체인 문자열 객체들을 원소로 갖는 리스트를 표현하는 리터럴이 스크립트에 나타난 경우이다. 리스트는 수정 가능 객체이다.

```
x = ['this', 'is a', 'book.'] # ['this', 'is a', 'book.']이 처음 나타남
y = ['this', 'is a', 'book.'] # ['this', 'is a', 'book.']이 다시 나타남
print(id(x), id(y))
print(id(x[0]), id(y[0]))
```

위 코드를 수행한 결과는 다음과 같다. 첫 번째 print() 문은 서로 다른 참조 값들을 출력하고 두 번째 print() 문은 같은 참조 값들을 출력함을 볼 수 있다.

```
2358823612544 2358854563008
2358823274992 2358823274992
```

위 출력을 이해하기 위하여 도식을 그려보자. 다음 도식은 위 문장들 중 첫 번째 할당문 x = ['this', 'is a', 'book.']이 수행된 직후의 주기억장치 공간의 상태를 보여준다.

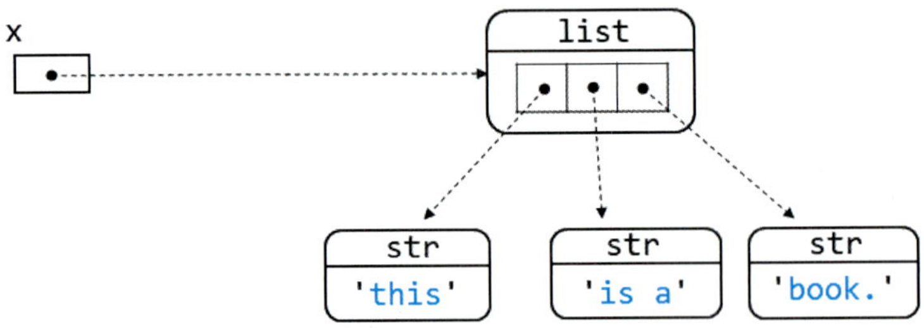

다음 도식은 위 문장들 중 두 번째 할당문 y = ['this', 'is a', 'book.']이 수행된 직후의 주기억장치 공간의 상태를 보여준다. 수정 불가 객체인 문자열 객체들 'this', 'is a', 'book.'은 이미 생성되어 있으므로 주기억 장치 공간에 다시 생성되지 않는다.

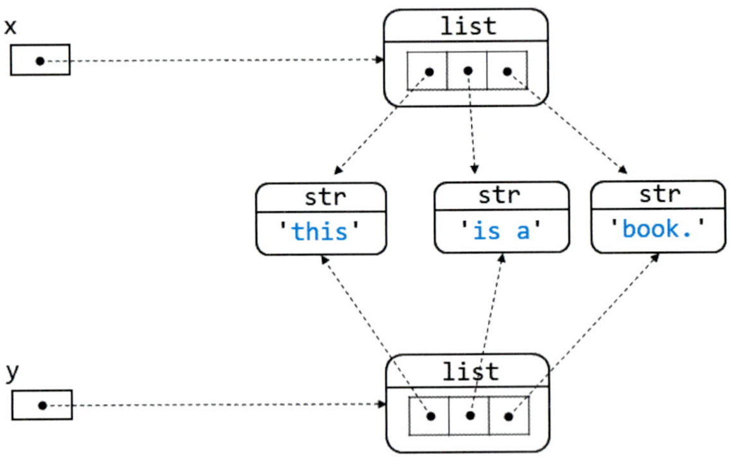

위 그림에서 변수 x가 담고 있는 참조 값과 변수 y가 담고 있는 참조 값은 서로 다르고, x[0]이 담고 있는 참조 값과 y[0]이 담고 있는 참조 값은 서로 같음을 확인할 수 있다.

5.1.5 도식을 이용한 할당문들의 분석 사례

변수에 정수를 할당하는 다음 예제 스크립트 코드를 보자. 이 예제 코드를 수행하면 1001 1000이 출력된다.

```
1 a = 1000
2 b = a
3 a = a + 1
4 print(a, b)
```

1 1번 문장이 수행되면 정수 객체 1000과 그것을 참조하는 변수 a가 생성된다.

2 2번 문장이 수행되면 변수 a에 담긴 참조 값이 변수 b에 복사된다.

3 3번 문장이 수행되면 정수 객체 1001이 생성되고 변수 a는 정수 객체 1000 대신 1001에 대한 참조를 저장하게 된다.

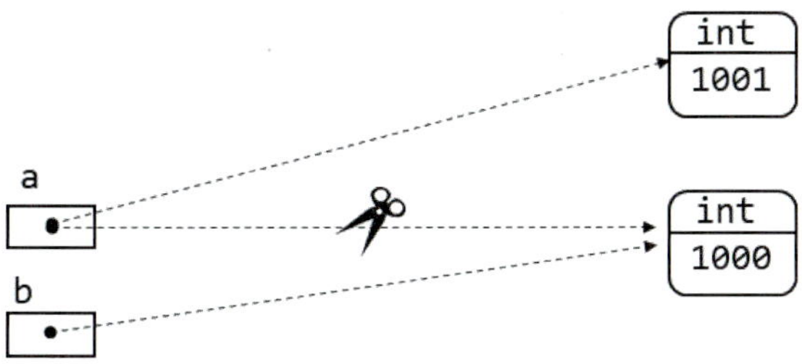

4 따라서 4번 문장은 1001 1000을 출력한다.

변수에 정수를 할당하는 예제 스크립트 코드를 하나 더 살펴보자.

```
1 x = 1001 # 객체 1001이 생성되고 그에 대한 참조가 x에 저장된다.
2 print(x) # 1001을 출력
3 y = 1001 # y에 문장 1에서 생성된 수정 불가 객체 1001에 대한 참조가 저장된다.
4 z = y
5 print(z) # 1001을 출력
6 y = 1024
7 print(x, y, z) # 1001 1024 1001을 출력
```

위 코드는 1001을 두 번 출력하고 다시 1001 1024 1001을 출력한다. 단계별로 코드를 살펴보자.

1 Python 인터프리터는 1번 문장을 만나면 정수 객체 1001을 생성하고 변수 x에 그에 대한 참조를 할당한다.

2 Python 인터프리터는 2번 문장 `print(x)`를 만나면 변수 x가 참조하고 있는 객체의 값인 1001을 출력한다.

3 Python 인터프리터는 3번 문장 `y = 1001`을 만나면 문장 1에서 생성된 정수 객체 1001을 참조하는 참조 변수 y를 생성한다. 도식으로 그려보면 다음과 같다. 다만 여기서 주의할 점이 있다. 위 코드의 문장들은 스크립트 모드로 수행되어야만 한다. 만일 위 코드의 문장들을 REPL 모드로 수행한다면 3번 문장에서 정수 객체 1001이 하나 더 생성될 것이다.

4 4번 문장 `z = y`를 수행하면 변수 `z`는 변수 `y`가 저장하고 있는 참조 값을 할당받게 된다. 따라서 변수 `z`도 기존 정수 객체 1001을 참조하게 된다. 도식으로 표현하면 다음과 같다.

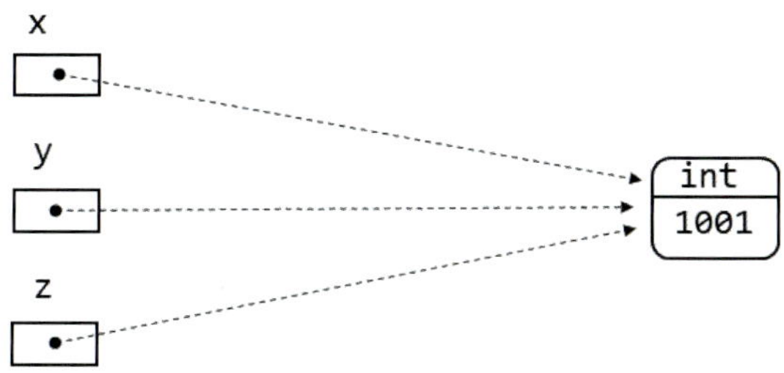

5 다섯 번째 문장에서는 변수 `z`가 참조하고 있는 객체의 값 1001이 출력된다.

6 여섯 번째 문장에서는 정수 객체 1024가 생성되고, 생성된 정수 객체 1024에 대한 참조가 `y`에 저장된다. 결과를 도식으로 표현하면 다음과 같다.

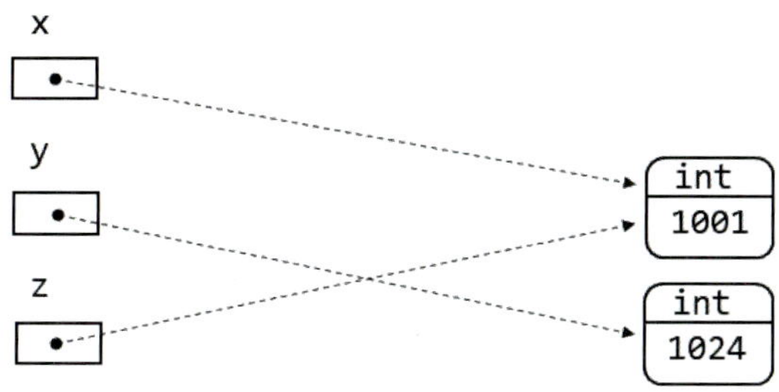

7 7번 문장에서는 변수 `x`, `y`, `z`의 값을 찍는다. 출력 결과는 1001 1024 1001이다.

5.1.6 동일 수식들의 반환 값에 대한 최적화

이 절에서는 동일한 내용을 담은 수정 불가 객체를 표현하는 리터럴들의 최적화와 동일 수식들의 반환 값에 대한 최적화를 비교해본다. Python을 처음 공부하는 경우라면 이 절을 그냥 지나가도 좋다.

앞 절에서 살펴본 바와 같이, Python 인터프리터는 수정 불가 객체를 표현하는 1001과 같은 리터럴이 하나의 스트립트에 여러 번 나타나면 해당 객체를 하나만 만들어 주기억 장치 공간을 절약하는 최적화를 수행한다.

하지만, `id(x)`와 같은 수식의 경우에는 그 수식이 하나의 스크립트에 여러 번 나타나고, 평가

되면 항상 동일한 내용을 담은 수정 불가 객체를 반환하도록 작성되었다고 해도 Python 인터프리터가 그 수식의 의미를 파악하여 최적화를 수행하지는 못한다. 다음 예제 코드를 보자.

```
1  x = 10001
2  y = 10001
3
4  m1 = id(x)
5  m2 = id(x)
6
7  # 2338960856528 2338960856528 2338960856528 2338960856528
8  print(id(x), id(y), m1, m2)
9
10 print(id(x) == id(y)) # True
11 print(x is y)         # True
12 print(id(m1) == id(m2)) # False.
13 print(m1 is m2)       # False
```

위 코드를 수행하면 문장 10의 수식 `id(x) == id(y)`는 `True`이지만, 문장 12의 수식 `id(m1) == id(m2)`는 `False`임을 확인할 수 있다. 왜 그런 결과가 나오는지 도식을 통해 확인해보자.

1 문장 1, 2를 수행한 직후의 주기억 장치 공간의 상태는 다음 도식과 같다. Python 인터프리터는 문장 1의 리터럴 10001과 문장 2의 리터럴 10001로부터 하나의 정수 객체만을 생성한다.

2 문장 4와 5를 수행한 직후의 주기억 장치 공간의 상태는 다음 도식과 같다. `id(`*`obj`*`)` 함수가 반환하는 주기억 장치 공간의 객체 *obj*의 참조 값은 스크립트를 다시 수행할 때마다 달라질 수 있다. 여기서는 변수 `x`가 참조하고 있는 정수 객체 10001의 참조 값을 2338960856528이라고 가정하였다.

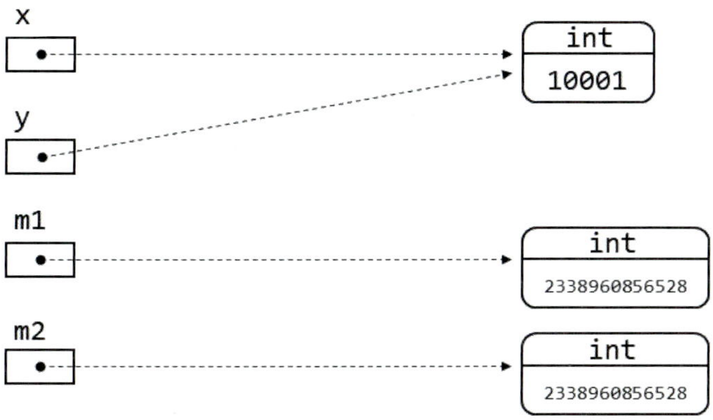

위 코드를 작성한 개발자의 입장에서는 문장 4의 id(x)와 문장 5의 id(x)가 결과적으로 동일한 정수 객체에 대한 참조값을 반환한다는 것을 안다. 하지만 Python 컴파일러는 4번 문장의 id(x)와 5번 문장의 id(x)의 반환 값이 같다는 것을 파악할 만큼 문장들 간의 문맥을 파악하지 못한다. 따라서 Python 인터프리터는 4번 문장의 id(x)와 5번 문장의 id(x)의 반환 값에 해당하는 정수 2338960856528에 해당하는 정수 객체들을 각각 만들 것이다. 결과적으로 정수 2338960856528에 해당하는 두 개의 정수 객체들이 생성된다. 참고로 위 코드의 문장들을 REPL 모드로 수행하면 다른 결과를 보게 된다.

3 문장 8은 4개의 동일한 참조 값들을 출력한다.

4 문장 10, 11, 12, 13은 각각 True, True, False, False를 출력한다.

5.1.7 다중 할당문과 다중 값 할당문

Python은 여러 변수들에 대한 값들의 할당이 동시에 일어나는 **다중 할당문**(multiple assignment statement)과 하나의 변수에 여러 개의 값들을 할당하는 **다중 값 할당문**(multiple values assignment statement)을 지원한다. 다음은 다중 할당문과 다중 값 할당문에 대한 예제이다.

```
>>> x, y = (1, 2) # 다중 할당문
>>> x
1
>>> y
2
>>> x, y = [3, 4] # 다중 할당문
>>> x
3
```

```
>>> y
4
>>> x = 'a', 'b' # 다중 값 할당문
>>> x
('a', 'b')
>>> x, y = 'a', 'b' # 다중 할당문
>>> x
'a'
>>> y
'b'
>>>
```

다중 할당문은 여러 개의 할당문들이 동시에 수행되는 방식으로 처리된다. 다중 할당문의 오른쪽에는 보통 튜플을 사용하지만 리스트나 딕셔너리가 올 수도 있다. 다중 할당문의 오른쪽에 딕셔너리가 오는 경우 그 딕셔너리의 키들만이 할당된다.

다중 값 할당문은 실제로는 여러 값들이 튜플로 변환되어 변수에 할당되는 방식으로 처리된다. 즉 다중 값 할당문 `v = 1, 2`는 `v = (1, 2)`와 같다.

5.2 조건 선택 – if 문

다음 예제 코드는 `if`를 사용하는 간단한 조건 선택문을 보여준다. 다음 예제 코드를 수행하면 변수 `score`의 값이 70보다 크므로 Good score!가 출력된다.

```
score = 80

if (score > 70): #  콜론 있음
    print('Good score!')
```

조건 선택문은 `else` 절을 가질 수 있다. 다음 예제 코드는 조건 `(score > 70)`이 `True`이면 Good score!를 출력하고 아니면 Bad score!를 출력하는 `if-else` 문을 보여준다.

```
score = 80

if (score > 70):
    print('Good score!')
else:
    print('Bad score!')
```

조건 선택문의 완전한 형태는 **if-elif-else** 문이다. 키워드 **elif**는 'else if'의 줄임 표현으로 과도한 들여쓰기를 피하는 데 유용하다. **if-elif-else** 문에서 **elif** 구문은 0번 이상 여러 번 반복될 수 있다. **if-elif-else** 문은 다른 프로그램 언어의 switch 문이나 case 문을 대신한다. 다음 예제는 두 개의 **elif** 구를 가진 **if-elif-else** 문이다.

```
# if_elif_else.py
score = 80

if (score > 80):
    grade = 'A'
elif (score > 70):
    grade = 'B'
elif (score > 60):
    grade = 'C'
else:
    grade = 'D'

print('grade=', grade)
```

if-elif-else 문에서 마지막 **else** 구문은 생략이 가능하지만 생략하지 않고 사용하여 모든 조건이 빠짐없이 검사되도록 하는 것이 좋은 코딩 스타일이다.

5.3 반복 - while 문

while 문은 어떤 반복 조건이 만족되는 동안 문장 또는 문장들의 블록을 반복하여 수행하는 제어 구조이다.

```
1 sum = 0
2 x = 1
3 while (x <= 100):
4     sum = sum + x
5     x = x + 1
6
7 print(sum)
```

위 코드는 1에서 100까지의 정수의 합을 구하는 코드이다. 위 코드가 수행되는 과정을 살펴보자.

1 1번 문장에서 객체 0을 참조하는 변수 sum이 생성된다.

2 2번 문장에서 객체 1을 참조하는 변수 x가 생성된다.

3 3번 문장에서 while 문의 반복 조건 (x <= 100)이 평가된다. 만일 평가 값이 True이면 4번 문장과 5번 문장으로 구성된 블록이 수행되고 제어가 다시 3번 문장으로 돌아간다. 아니면 while 문이 종료되어 제어가 7번 문장으로 간다.

4 7번 문장에서 현재의 sum 값이 출력된다.

만일 while 문에 사용되는 반복 조건을 True 라고 설정하면 while 문안의 문장들은 무한히 반복하여 수행될 것이다. 무한히 반복 수행되는 반복문을 **무한 반복문**이라고 한다. 다음 코드는 무한 반복문의 예제이다. 다음 코드를 Python Shell에서 수행시킨 후 무한 반복 수행을 중단시키려면 Ctrl+C 키를 입력하여야 한다.

```
sum = 0
x = 1
while True:
    sum = sum + x
    x = x + 1
    print(sum)
```

다음은 while 문을 이용하여 입력된 수 i의 팩토리얼 값을 구하는 코드이다. 코드를 수행하고 5를 입력하면 factorial(5) = 120이 출력되는 것을 볼 수 있다.

```
# while_factorial.py
i = int(input('정수: '))
t = 1
r = 1

while (t <= i):
    r = r * t
    t = t + 1

print('factorial({}) = {}'.format(i, r))
```

5.4 반복 – for 문

for 문도 반복 처리를 위한 제어 구조이다. while 문은 어떤 조건이 만족되는 동안 반복하여 처리를 하는 데 사용되지만, for 문은 리스트, 튜플, 집합, 딕셔너리, 문자열 등과 같은 **반복 가능 객체**(iterable object)의 내부 원소들을 순차적으로 반복 처리하는 데 사용된다.

```
score_list = [77, 87, 65, 98]
for x in score_list:
    print(x)
```

위 프로그램은 리스트 score_list의 원소들을 앞에서부터 차례로 출력한다. 위 프로그램의 출력은 다음과 같다.

```
77
87
65
98
```

> 참고 | **반복 가능 객체**
>
> 반복 가능 객체(iterable object)란 리스트, 튜플, 문자열, 딕셔너리, 집합 객체, **range** 객체들과 같이 내부에 담고 있는 원소들에 대한 순차적이고 반복적인 접근이 가능하도록 설계된 객체를 의미한다. 다음 사이트에서 반복 가능 객체에 대한 자세한 정보를 볼 수 있다.
>
> https://docs.python.org/ko/3.10/library/stdtypes.html#typeiter

다른 예제 코드를 보자. 1에서 10까지의 정수들의 합인 55를 계산하기 위하여 다음과 같이 반복 가능 객체인 리스트를 사용할 수 있다.

```
sum = 0
for i in [1, 2, 3, 4, 5, 6, 7, 8, 9, 10]:
    sum = sum + i

print(sum)
```

for 문을 사용하여 반복 가능 객체에 포함된 원소들에 대한 반복 처리를 간결하고 우아하게 할 수 있다는 것은 Python 언어의 멋진 면의 하나이다.

```
dic1 = {'name': 'Kim', 'age': 18, 'height': 160}
for key, val in dic1.items():
    print('{}: {}'.format(key, val))
```

위 코드는 딕셔너리의 원소들을 for 문을 이용하여 출력하는 예제 코드이다. 위 코드의 수행 결과는 다음과 같다.

```
name: Kim
age: 18
height: 160
```

문자열도 반복 가능 객체이므로 for 문에서 문자열의 각 원소들에 대하여 반복 처리를 하는 것이 가능하다. 다음은 예제 코드이다.

```
>>> for c in 'This':
...     print(c)
...
T
h
i
s
>>>
```

5.5 range() 함수를 사용하는 for 문

for 문에서 많은 원소들을 갖는 리스트와 같은 객체를 직접 표현하는 것은 코드의 작성이 번거롭고 주기억 장치 공간을 소모할 수 있는 방법이다. 예를 들어, 1에서 100까지의 정수들의 합을 구하기 위하여 다음과 같이 코드를 작성하는 것은 좀 번거롭다.

```
# list_sum.py
sum = 0
for i in [1, 2, 3, 4, 5, 6, 7, 8, 9, 10, 11, 12, 13, 14, 15, 16, 17, 18, 19, 20, 21,
22, 23, 24, 25, 26, 27, 28, 29, 30, 31, 32, 33, 34, 35, 36, 37, 38, 39, 40, 41, 42,
43, 44, 45, 46, 47, 48, 49, 50, 51, 52, 53, 54, 55, 56, 57, 58, 59, 60, 61, 62, 63,
64, 65, 66, 67, 68, 69, 70, 71, 72, 73, 74, 75, 76, 77, 78, 79, 80, 81, 82, 83, 84,
85, 86, 87, 88, 89, 90, 91, 92, 93, 94, 95, 96, 97, 98, 99, 100]:
    sum = sum + i

print(sum)
```

많은 원소들을 담은 긴 리스트 대신 Python 표준 함수인 range()를 사용하면 편리하다. 다음 예제 코드는 for 문에서 range() 함수를 사용하여 1에서 100까지의 합인 5050을 계산하고 있다.

```
sum = 0
for i in range(1, 101):
    sum = sum + i

print(sum)
```

다음 코드를 보자. range() 함수는 range 객체를 반환한다. 그 range 객체를 리스트 생성자 list()의 인자로 사용하면 range 객체가 반복해서 생성할 모든 값들의 리스트를 확인할 수 있다.

```
>>> r1 = range(0, 10)
>>> type(r1)
<class 'range'>
>>> list(r1) # range 객체 r1의 내용을 확인해 보고 싶으면 list() 함수를 씌운다.
[0, 1, 2, 3, 4, 5, 6, 7, 8, 9]
>>>
```

range() 함수는 인자에 따라 다음 3가지 방법으로 호출이 가능하다. 앞의 예제 코드에서는 두 번째 방법으로 range() 함수가 호출되었다.

1 range(*start*, *stop*, *step*)

정수 *start*에서 *stop* 전까지 *step* 간격으로 정수들을 반복해서 생성하는 range 객체를 반환한다.

2 range(*start*, *stop*)

*step*이 생략된 경우 *step*의 기본 값은 1이다.

3 range(*stop*)

*step*과 *start* 인자가 생략된 경우 *start*의 기본 값은 0이고, *step*의 기본 값은 1이다.

다음은 range() 함수의 예제 코드들이다. range() 함수는 for 문과 함께 사용되곤 한다. range() 함수가 반환하는 range 객체의 내용을 확인하기 위하여 range 객체를 리스트 생성자 list()의 인자로 사용하였다.

```
>>> list(range(10)) # 기본 값 0에서 10 전까지 간격은 기본 값 1로
[0, 1, 2, 3, 4, 5, 6, 7, 8, 9]
>>> list(range(1, 11)) # 1에서 11 전까지 간격은 기본 값 1로
[1, 2, 3, 4, 5, 6, 7, 8, 9, 10]
```

```
>>> list(range(0, 30, 5)) # 0에서 30 전까지 간격은 5로
[0, 5, 10, 15, 20, 25]
>>> list(range(0, 10, 3))
[0, 3, 6, 9]
>>> list(range(0, -10, -1))
[0, -1, -2, -3, -4, -5, -6, -7, -8, -9]
>>> list(range(10, 0, -1)
[10, 9, 8, 7, 6, 5, 4, 3, 2, 1]
>>> list(range(0)) # list(range(0, 0))와 같음
[]
>>> list(range(1, 0))
[]
>>>
```

range 객체는 리스트, 튜플 객체와 마찬가지로 색인(index)을 통한 접근을 지원한다. 다음은 예제 코드이다.

```
>>> r = range(0, 20, 2)
>>> r # 0에서 20 전까지 2 간격의 range 객체
range(0, 20, 2)
>>> list(r)
[0, 2, 4, 6, 8, 10, 12, 14, 16, 18]
>>> 11 in r
False
>>> 10 in r
True
>>> r.index(10) # r의 원소 10의 index는 5
5
>>> r[5] # index 5의 원소
10
>>> r[0:5]
range(0, 10, 2)
>>> r[-1] # 마지막 원소
18
>>>
```

Python 인터프리터는 range 객체의 슬라이싱의 결과로 다시 range 객체를 생성한다. 위 코드에서 r은 range 객체이고 r[0:5]는 range 객체 range(0, 10, 2)를 반환한다. 왜 그런지 살펴보자.

r은 range(0, 20, 2)이므로 r은 다음 원소를 요구받을 때마다 차례로 0, 2, 4, 6, 8, 10, 12, 14, 16, 18을 생성할 것이다. 그리고 r[0:5]는 range 객체 r이 생성할 객체들 중 0번째

에서 5번째 원소 전까지를 슬라이싱 하는 수식이다. 따라서 Python 인터프리터는 r[0:5]를 평가한 결과로 차례로 0, 2, 4, 6, 8을 생성하는 range 객체 range(0, 10, 2)를 반환한다.

Python 2에서 range() 함수는 인자들이 지정하는 범위 내의 모든 정수들을 담은 리스트를 반환하였었다. 즉 Python 2의 range() 함수는 Python 3에서의 list(range()) 함수와 같은 결과를 반환한다. 다음은 Python 2.7에서 range(1, 10)을 수행한 결과를 보여준다.

```
>>> range(1, 10)
[1, 2, 3, 4, 5, 6, 7, 8, 9]
>>>
```

하지만 그런 방식은 반환되어야 하는 범위가 크면 메모리 소모가 많을 수 있어 비효율적이다. 그래서 Python 3에서는 range() 함수가 인자들이 지정하는 범위 내의 모든 정수들을 담은 리스트가 아니라 요청할 때마다 다음 정수를 생성하여 반환하는 range 객체를 반환하도록 개정되었다.

range 객체는 미리 모든 원소들을 생성하여 담고 있지 않고 다음 원소를 요청받을 때마다 원소를 하나씩 생성하여 반환하는 방식으로 설계되어 있어 효율적이다.

다음은 range() 함수와 for 문을 이용하여 팩토리얼 값을 구하는 코드이다. 코드를 수행하고 5를 입력하면 factorial(5) = 120이 출력되는 것을 볼 수 있다.

```
# range_factorial.py
i = int(input('정수: '))
r = 1
for t in range(1, i+1):
    r = r * t

print('factorial({}) = {}'.format(i, r))
```

5.6 반복 흐름의 제어 – continue 문과 break 문

continue 문과 break 문은 반복문 안에서 반복의 흐름을 제어하는 데 사용할 수 있다. 다음은 for 문 안에서 continue 문을 사용하는 예제 코드이다.

```
1 score_list = [77, 87, 65, 98]
2 for x in score_list:
3     if (x < 80):
4         continue # 제어를 2번 문장으로 이동시킨다.
5     print(x)
```

continue 문은 제어를 반복문의 시작으로 이동시킨다. 위 코드의 3번 문장에서 조건 x < 80이 만족되면 5번 문장을 수행하지 않고 score_list의 다음 원소에 대하여 반복문을 수행한다. 위 코드의 수행 결과는 다음과 같다.

```
87
98
```

다음은 while 문 안에서 continue 문을 이용하여 1부터 100까지의 숫자들 중 7의 배수들만을 출력하는 코드이다.

```
i = 0
while (i < 100):
    i = i + 1
    if ((i % 7) != 0):
        continue
    print(i)
```

break 문은 제어가 break 문을 포함한 제일 안쪽의 루프를 빠져나오도록 한다. 다음은 break 문의 예제 코드이다. 다음 코드의 3번 문장에서 조건 (x < 70)가 만족되면 제어는 for 루프를 빠져나온다.

```
1 score_list = [77, 87, 65, 98]
2 for x in score_list:
3     if (x < 70) :
4         break # 제어를 6번 문장으로 이동시킨다.
5     print(x)
6 print('done!')
```

위 코드의 출력은 다음과 같다.

```
77
87
```

다음은 for 문 안에서 break 문을 이용하여 주어진 문자열 안에 글자 'x'가 존재하는가를 판정하는 코드이다. 문자열 'Python!' 안에는 글자 'x'가 존재하지 않으므로 다음 코드의 수행 결과는 False가 된다.

```
# python_break.py
s = 'Python!'

found = False
i = 0
while(True):
    if (len(s) <= i):
        break
    if (s[i] == 'x'):
        found = True
    i = i + 1

print(found)
```

5.7 pass 문

Python 키워드인 pass 문은 수행시키면 아무 것도 하지 않는 문장이다. 문법적으로 문장이 필요하지만 아무 것도 수행할 필요가 없을 때 사용된다. pass 문은 제어를 그냥 다음 문장으로 넘긴다.

```
for letter in 'Python':
   if letter == 'h':
      pass
   else:
      print(letter)
```

위 프로그램의 출력은 다음과 같다. 문자열 'Python'의 각 글자에 대하여 조건 letter == 'h'가 만족되는 경우에는 pass 문을 수행하고 그렇지 않은 경우에는 print(letter) 문을 수행하기 때문이다.

pass 문은 다음 예제 코드에서와 같이 개발 중에 문장 또는 문장들이 들어갈 자리를 일단 비워 두는 데에도 종종 사용된다.

```
def f():
    pass # 함수 f()의 몸체를 나중에 제대로 구현하자.
```

pass 문은 최소한의 클래스를 만들 때에도 종종 사용된다. 클래스에 대한 자세한 내용은 제 8장에 나온다.

```
class MyClass:
    pass
```

5.8 조건 수식

조건 수식(conditional expression)은 if 문을 보다 짧고 간결하게 표현할 수 있게 해준다. 다음과 같은 if-else 문이 있다고 하자.

```
if condition:
    x = true_value
else:
    x = false_value
```

조건 *condition*이 참이면 x가 *true_value*가 되고, 아니면 *false_value*가 되는 위 if-else 문은 다음과 같은 조건 수식으로 표현될 수 있다.

```
x = true_value if condition else false_value
```

예제 코드를 살펴보자. 다음 함수 max2()는 if 문을 이용하여 정의되어 있으며 조건 (x > y)이 만족되면 x를 반환하고 아니면 y를 반환한다.

```
def max2(x, y):
    if (x > y):
        return x
    return y
```

if 문을 사용하는 위 max2() 함수는 다음과 같이 조건 수식을 사용하여 더 간결한 형태로 표현될 수 있다. 코드의 가독성을 향상하기 위하여 조건 수식 전체에 ( )를 치는 것이 바람직하다.

```
def max2(x, y):
   return (x if (x > y) else y)
```

다음은 if 문을 사용하는 팩토리얼 함수의 정의이다. 재귀(recursion)를 사용하고 있다.

```
def factorial(n):
    if (n == 0):
        return 1
    else:
        return (n * factorial(n-1))
```

위 함수를 조건 수식을 이용하여 다음과 같이 표현할 수 있다.

```
def factorial(n):
    return (1 if (n == 0) else (n * factorial(n-1)))
```

5.9 특별 변수 _

Python 코드를 보다보면 _가 변수로 사용되는 것을 볼 수 있다. _는 Python 인터프리터가 특별히 관리하는 변수이다. Python 인터프리터는 가장 최근에 평가한 수식의 값을 변수 _에 저장한다. 예제 코드를 보자.

```
>>> 10
10
>>> _
10
>>> _ * 3
30
>>> _ * 20
600
>>> _
600
>>>
```

변수 _의 원래의 의미는 가장 최근에 평가한 수식의 값이지만, 변수 _는 이후 사용되지 않을 객체를 표현하는 변수로 사용되기도 한다. 사용되지 않을 객체를 이름을 가진 변수에 저장하는 것이 의미가 없기 때문이다. 예제 코드를 보자.

```
>>> x, _, z = (1, 2, 3) # 튜플의 가운데 원소 2는 사용하지 않을 것이다.
>>> (x, z)
(1, 3)
>>> for _ in range(3): # 루프 변수를 이후 사용하지 않을 것이다.
        print('Hello!')

Hello!
Hello!
Hello!
>>> x = [(1, 2, 3), (4, 5, 6)]
>>> for (_, _, v) in x: # x의 원소의 마지막 값만 사용할 것이다.
      print(v)

3
6
>>>
```

5.10 언패킹과 확장 언패킹

Python에서는 할당문의 왼쪽에 여러 개의 변수들을 사용하여 할당문의 오른쪽의 내용을 풀어서 할당받는 것을 언패킹(unpacking)이라고 한다. 다음은 리스트 x를 언패킹하는 예제 코드이다.

```
>>> x = [1, 2, 3]
>>> x0, x1, x2 = x # x의 언패킹
>>> x0
1
>>> x0, x1, x2
(1, 2, 3)
>>>
```

확장 언패킹(extended unpacking)이란 할당문의 왼쪽에서 사용되는 변수들 중의 하나에 *를 붙이는 언패킹을 의미한다.

```
>>> a, *b, c = [1, 2, 3, 4, 5]
>>> a
1
>>> c
5
>>> b
[2, 3, 4]
>>> first, *rest = [1, 2, 3, 4]
>>> first
1
>>> rest
[2, 3, 4]
>>>
```

확장 언패킹을 사용하는 문장 형태 `first, *rest = seq`의 의미는 다음 문장의 의미와 동일하다.

```
first, rest = seq[0], seq[1:]
```

특별한 변수 _ 앞에 *를 붙인 확장 언패킹(extended unpacking)도 가능하다. 다음 예제 코드를 보자.

```
>>> x, *_ = [1, 2, 3, 4, 5]
>>> x
1
>>> _
[2, 3, 4, 5]
>>>
```

5.11 축약

축약(comprehension)에는 리스트 축약, 집합 축약, 딕셔너리 축약 그리고 발생자 축약이 있다. 리스트 축약(list comprehension)은 Python 2.0에서부터 지원되고 있다. 집합 축약과 딕셔너리 축약은 Python 2.7부터 지원되고 있다. 축약을 사용하면 반복적으로 이루어지는 연산을 수학에서 사용되는 간결하고 선언적인 스타일로 표현할 수 있다.

5.11.1 리스트 축약

다음은 리스트 [1, 2, 3, 4, 5]의 원소들의 자승들을 담은 리스트를 반환하는 축약문을 보여준다.

```
>>> r = [x*x for x in [1, 2, 3, 4, 5]]
>>> r
[1, 4, 9, 16, 25]
>>>
```

축약문은 수학의 집합의 표현과 유사하다. 위 축약문의 정의를 집합 $\{x^2 \mid x \in \{1, 2, 3, 4, 5\}\}$와 비교해 볼 수 있다.

리스트 축약 문장의 일반적인 형태는 다음과 같다. 다음 형태에서 *iter*는 반복 가능 객체이고, *test-conditions*는 참이나 거짓을 반환하는 수식이다. `if` *test-conditions* 부분은 선택적이다.

```
[expr for element in iter if test-conditions]
```

다음 예제 코드는 45보다 큰 원소만을 뽑는 리스트 축약이다.

```
>>> numbers = [22, 13, 45, 50, 98, 69, 43, 44, 1]
>>> [x for x in numbers if x > 45]
[50, 98, 69]
>>>
```

리스트 축약은 다음과 같이 여러 개의 for 문들로 정의될 수 있다. 이때 $iter_1$과 $iter_2$는 반복 가능 객체이다.

[*expr* **for** *element₁* **in** *iter₁* **for** *element₂* **in** *iter₂*]

예제 코드를 보자. colours를 ['red', 'green', 'yellow', 'blue'] 라고 하고 things를 ['house', 'car', 'tree']라고 할 때, 리스트 축약 [(x, y) **for** x **in** colours **for** y **in** things]는 수학에서의 집합 표현 {(x, y) | x ∈ colours, y ∈ things}에 비교될 수 있다.

```
colours = ['red', 'green', 'yellow', 'blue']
things = ['house', 'car', 'tree']
coloured_things = [(x, y) for x in colours for y in things]
print(coloured_things)
```

위 코드의 출력은 다음과 같다.

[('red', 'house'), ('red', 'car'), ('red', 'tree'), ('green', 'house'), ('green', 'car'), ('green', 'tree'), ('yellow', 'house'), ('yellow', 'car'), ('yellow', 'tree'), ('blue', 'house'), ('blue', 'car'), ('blue', 'tree')]

다음 예제 코드는 인자로 주어진 리스트의 원소가 45와 같거나 크면 1을 더하고 아니면 5를 더한 값들을 반환한다.

```
>>> numbers = [22, 13, 45, 50, 98, 69, 43, 44, 1]
>>> x = 10
>>> (x+1 if x>=45 else x+5) # 조건 수식
15
>>> [x+1 if x >= 45 else x+5 for x in numbers] # 조건 수식을 사용한 리스트 축약
[27, 18, 46, 51, 99, 70, 48, 49, 6]
>>> [(x+1 if x >= 45 else x+5) for x in numbers] # 조건 수식에 괄호
[27, 18, 46, 51, 99, 70, 48, 49, 6]
>>>
```

위 코드에서, [x+1 **if** x >= 45 **else** x+5 **for** x **in** numbers] 문장은 제 5.8절에서 설명된 조건 수식(conditional expression)을 사용하고 있다. 조건 수식 (x+1 **if** x>=45 **else** x+5)를 *expr*이라고 할 때 [x+1 **if** x >= 45 **else** x+5 **for** x **in** numbers] 문장은 [*expr* **for** x **in** numbers]와 같다.

다음 예제 코드는 튜플을 사용하는 리스트 축약과 range() 함수를 사용하는 리스트 축약을 보여준다.

```
>>> [x*x for x in range(10)]
[1, 4, 9, 16, 25, 36, 49, 64, 81]
>>> [x/2 for x in (1,2,3,4,5)]
[0.5, 1.0, 1.5, 2.0, 2.5]
>>>
```

5.11.2 집합 축약

집합 축약(set comprehension)은 리스트 축약과 유사하다. 다만 집합 축약 문장은 []가 아니라 {}를 사용하며 리스트가 아닌 집합을 반환한다.

```
>>> {x%3 for x in [1, 2, 3, 4, 5, 6]}
{0, 1, 2}
>>>
```

위 예제 코드는 리스트 [1, 2, 3, 4, 5, 6]의 각 원소를 3으로 나눈 나머지 값들의 집합을 구하는 코드이다.

5.11.3 딕셔너리 축약

딕셔너리 축약(dictionary comprehension)은 집합 축약과 유사하다. 다만 딕셔너리 축약은 딕셔너리 형태의 값을 반환한다. 다음 코드는 문자열 객체의 메소드 count(*str*)을 사용하여 문자열에 나타나는 글자들의 빈도를 센다.

```
>>> word = 'comprehension'
>>> word.count('e')
2
>>> letters_counts = {letter: word.count(letter) for letter in word}
>>> letters_counts
{'c': 1, 'o': 2, 'm': 1, 'p': 1, 'r': 1, 'e': 2, 'h': 1, 'n': 2, 's': 1, 'i': 1}
>>>
```

위 딕셔너리 축약 코드는 문자 'o'와 'e'와 'n'에 대하여 두 번씩 반복하여 개수를 세므로 다음과 같이 수정하면 더 효율적인 코드가 된다.

```
letters_counts = {letter: word.count(letter) for letter in set(word)}
```

5.12 종합 예제 – 소수 판정하기

다음은 사용자로부터 입력받은 2 이상의 정수가 소수(prime number)인가 아닌가를 판정하는 예제 코드이다.

```
1 # prime.py
2 num = int(input('2 이상의 정수를 입력하세요: '))
3 is_prime = True;
4
5 for i in range(2, num):
6     if ((num % i) == 0): # 자신보다 작은 숫자로 나누어지는지 검사
7         print('{}은(는) {} x {} 이므로'.format(num, i, num//i), end = ' ')
8         is_prime = False
9         break
10
11 if (is_prime):
12     print('{}은(는) 소수입니다.'.format(num))
13 else:
14     print('소수가 아닙니다.')
```

위 코드의 6번 문장에서 주어진 수 num이 자신보다 작은 수 i로 나누어지는가를 검사하여 나누어진다면 num은 소수가 아니므로 8번 문장에서 is_prime 변수를 False로 만들고 9번 문장에서 break 문으로 for 반복문을 빠져나간다.

연습문제

01 Python에서 변수가 언제 생성되는지 예제 코드와 함께 설명하라.

02 if-else 문을 사용하여 입력한 숫자가 7의 배수인가 판정하는 프로그램을 작성하라. 내장 함수 input(), int() 그리고 나머지 연산자 %를 사용하라.

03 for 문과 range(*start*, *stop*, *step*) 함수를 이용하여 1부터 100 사이의 짝수들의 합을 구하는 프로그램을 작성하라. *step*의 값으로 2를 사용하라.

04 while 문을 이용하여 1부터 100 사이의 짝수들의 합을 구하는 프로그램을 작성하라.

05 다음 코드는 무한 반복을 수행한다. 0이 입력되면 무한 루프가 종료되도록 break 문을 이용하여 코드를 수정하라.

```
while (True):
    n = int(input('숫자를 입력하세요. 0이면 종료합니다: '))
    print('{} x {} = {}'.format(n, n, n*n))
```

06 0에서 100까지의 점수를 입력받고, 90이상 ~ 100점이면 A, 80 이상 ~ 90점 미만이면 B, 70 이상 ~ 80점 미만이면 C, 60 이상 ~ 70점 미만이면 D, 60 미만이면 F를 출력하는 프로그램을 작성하라.

07 while 문과 continue 문을 이용하여 1부터 100 사이의 7의 배수들을 출력하는 프로그램을 작성하라.

08 리스트 [1, 2, 3, 4, 5, 0, 6, 7]의 원소들을 차례로 출력하다가 0이 나오면 수행을 종료하는 프로그램을 while 문과 break 문을 이용하여 작성하라.

09 예제 코드를 사용하여 다음 문장들의 의미를 비교 설명하라.

- `x == y`
- `id(x) == id(y)`
- `x is y`

10 제 5.6절의 마지막 예제 코드는 `s`에 여러 개의 `'x'`가 존재하는 경우, `'x'`를 발견한 후에도 루프를 계속 돌 수 있다. 보다 효율적인 코드로 개선해보라.

06
CHAPTER

함수

HTTP://www.python.org

함수는 재사용 가능한 코드 블록이다. 개발자는 여러 번 반복되는 유사한 작업을 함수로 표현하여 코드를 간결하고 탄탄하게 만들 수 있다. 이 장에서는 함수 정의의 형태, 매개 변수와 인자, 가변 길이 인자들, 함수 인자 전달 방식, 지역 변수, 전역 변수, 그리고 내장 변수 등의 개념들에 대하여 살펴본다.

6.1 함수 정의와 호출의 형태

Python에서 함수 정의는 함수 머리(head)와 함수 몸체(body)로 구성된다. 함수 머리와 함수 몸체는 :로 구분된다.

함수 머리(head) { **def** *function_name* **(** *parameters* **)** :

함수 몸체(body) {
  function_docstring
  statements

함수 머리는 키워드 def로 시작한다. 그 다음에 함수 이름(function name)과 소괄호로 싸인 매개 변수들(parameters)이 나온다. 함수 몸체는 1개 이상의 문장들(statements)로 구성된다. 함수 몸체의 첫 번째 문장이 문자열이면 그 문자열을 함수 주석 문자열(function docstring)이라고 한다.

다음 예제 코드는 매개 변수 x와 매개 변수 y의 합을 구하는 함수 sum()의 정의를 보여준다.

```
# sum.py
def sum(x, y):
    '''
    이 함수는 x와 y의 합을
    반환한다.
    '''
    sum = x + y
    return sum
```

함수 호출은 다음과 같은 형태를 갖는다.

function_name (*arguments*)

다음은 앞에서 정의한 sum() 함수에 대한 함수 호출들이다. sum() 함수의 호출에서 매개 변수 x, y에 대응하는 두 개의 인자들이 사용되고 있다.

```
x = sum(33, 44) # sum() 함수 호출
y = sum(77, 88)
```

6.2 함수 주석 문자열

함수 주석 문자열(function docstring)은 표현 그대로 함수에 대한 주석 역할을 하는 문자열이다. 함수 주석 문자열은 생략이 가능하지만 코드의 가독성을 위해 생략하지 않는 것이 좋다.

함수 주석 문자열을 다음 코드에서와 같이 작은따옴표 '를 사용하여 한 줄의 문자열로 정의할 수도 있다. 하지만 일반적으로 주석을 충분히 자세하게 적는 것이 바람직한 코딩 스타일이며, 이해하기 어려울 수 있는 복잡한 함수의 경우에는 함수 주석을 ''' 또는 """를 사용하여 여러 줄로 작성하는 것이 권장된다.

```
def sum(x, y):
    '이 함수는 x와 y의 합을 반환한다.'
    sum = x + y
    return sum
```

함수 주석 문자열의 값은 *함수객체*.__doc__ 수식으로 알아낼 수 있다. 다음 코드를 수행하면 sum() 함수의 함수 주석 문자열 '이 함수는 x와 y의 합을 반환한다.'가 출력되는 것을 볼 수 있다.

```
print(sum.__doc__)
```

6.3 매개 변수와 인자

함수 정의에서 함수 이름 다음의 ( ) 안에 정의된 변수들을 **매개 변수**(parameter)라고 한다. 그리고 함수 호출에서 함수 이름 다음의 ( ) 안에 사용된 값들 또는 값을 담은 수식들을 **인자**(argument)라고 한다.

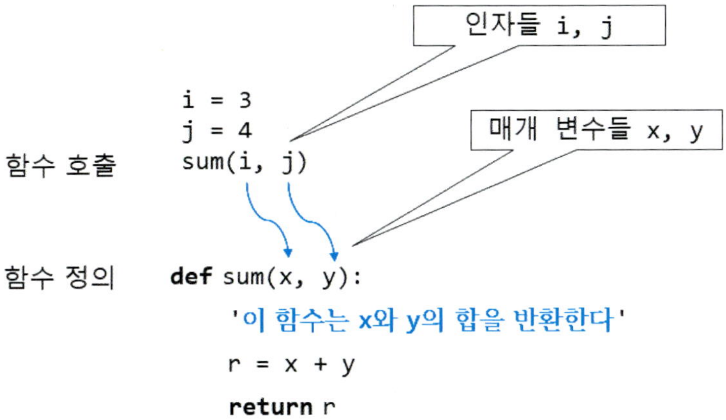

다음 코드의 `hello()` 함수의 정의는 매개 변수를 갖지 않는다. 그리고 `sum()` 함수의 정의는 2개의 매개 변수를 갖는다.

```
# 매개 변수를 갖지 않는 함수 정의
def hello():
  print ('Hello World')

# 2개의 매개 변수를 갖는 함수 정의
def sum(x, y):
    '이 함수는 x와 y의 합을 반환한다.'
    r = x + y
    return r
```

참고 | 형식 매개 변수와 실 매개 변수

매개 변수를 **형식 매개 변수**(formal parameters) 또는 **형식 인자**(formal argument)라고 표현하거나, 인자를 **실 매개 변수**(real parameters) 또는 **실 인자**(real argument)라고 표현하는 경우도 있다. 하지만 매개 변수와 인자라는 표현의 사용을 권장한다.

6.3.1 매개 변수와 기본 값

매개 변수는 기본 값을 가질 수 있다. 다음 코드에서 `calc()` 함수 정의는 4개의 매개 변수들을 가지며 그들 중 c와 d는 기본 값을 갖는 매개 변수이다.

```
# 4개의 매개 변수를 갖는 함수. c와 d는 기본 값을 갖는 매개 변수
def calc(a, b, c=0, d=0):
    return (a - b + c - d)
```

함수 정의에서 **기본 값을 갖는 매개 변수**(default parameter)의 뒤에는 기본 값을 갖는 매개 변수만 올 수 있고 **기본 값을 갖지 않은 매개 변수**(non-default parameter)는 올 수 없다.

위 `calc()` 함수의 정의는 3번째 매개 변수 c부터 마지막 매개 변수 d까지 모두 기본 값을 갖는 매개 변수이므로 문법적으로 문제가 없다. 하지만 다음의 함수 정의 `wrong_calc()`는 두 번째 매개 변수 b가 기본 값을 갖는 매개 변수이지만 그 뒤의 세 번째 매개 변수 c는 기본 값을 갖지 않은 매개 변수이므로 문법 오류가 발생한다.

```
# SyntaxError: non-default argument follows default argument
def wrong_calc(a, b=0, c, d=0):
    return (a - b + c - d)
```

6.3.2 위치 인자와 키워드 인자

함수를 호출할 때 **위치 인자**(positional argument) 또는 **키워드 인자**(keyword argument)를 사용할 수 있다.

(1) 위치 인자

위치 인자는 대부분의 프로그래밍 언어에서 지원되는 방식이다. 함수를 호출할 때 위치 인자들과 매개 변수들의 대응은 그들의 위치에 따라 정해진다. 다음 그림에서 함수 호출 `sum3(3, 4, 5)`의 인자들 3, 4, 5는 위치에 따라 함수 정의 `sum3(x, y, z)`의 매개 변수들 x, y, z에게 순서대로 전해진다.

```
a = 3
b = 4
c = 5
sum3(a, b, c) # 위치 인자들 사용
```

인자들의 값이 매개 변수들에게 위치에 따라 차례대로 전달된다.

```
def sum3(x, y, z):
    '이 함수는 x, y, z의 합을 반환한다'
    r = x + y + z
    return r
```

(2) 키워드 인자

키워드 인자는 매개 변수에 대한 할당문의 형태를 갖는 인자이다. 키워드 인자와 위치 인자는 모양에 의해 명확하게 구분된다. 키워드 인자가 사용되는 경우, 매개 변수의 위치가 아닌 이름에 대응하여 인자들의 값이 전해진다. 다음 그림은 키워드 인자를 사용하는 함수 호출의 예제이다.

```
a = 3
b = 4
c = 5
sum3(x=a, z=b, y=c) # 키워드 인자들 사용
```

매개 변수 이름에 대응하여 인자들이 전달된다.

```
def sum3(x, y, z):
    '이 함수는 x, y, z의 합을 반환한다'
    r = x + y + z
    return r
```

키워드 인자를 사용하는 경우 매개 변수의 이름들이 인자 전달의 기준으로 사용되므로 함수 호출에 사용되는 키워드 인자들의 순서와 매개 변수들의 순서가 달라도 된다. 다음은 예제 코드이다.

```
>>> def sum(x, y):
...     '이 함수는 x와 y의 합을 반환한다.'
...     r = x + y
...     return r
...
```

```
>>> sum(x=3, y=4) # 키워드 인자들 사용
7
>>> sum(y=4, x=3) # 키워드 인자들 사용. 인자들의 순서와 매개 변수들의 순서가 다르다.
7
>>>
```

함수 호출에서 위치 인자와 키워드 인자를 함께 사용할 수도 있다. 다음 예제 코드는 sum() 함수를 키워드 인자들만으로 호출하거나, 위치 인자들만으로 호출하거나, 위치 인자와 키워드 인자를 함께 사용하여 호출하는 것을 보여준다.

```
def sum(x, y):
    '이 함수는 x와 y의 합을 반환한다.'
    r = x + y
    return r

r1 = sum(x=33, y=44) # 키워드 인자들만 사용
r2 = sum(33, y=44) # 위치 인자와 키워드 인자 함께 사용
r3 = sum(33, 44) # 위치 인자들만 사용
r4 = sum(y=44, x=33) # 키워드 인자들의 위치는 바뀔 수 있음
```

함수 호출에서 키워드 인자 다음에는 키워드 인자만 나올 수 있고 위치 인자는 나올 수 없다. sum(x=33, 44)와 같은 함수 호출은 문법 오류가 난다.

```
>>> r5 = sum(x=33, 44)
SyntaxError: positional argument follows keyword argument
>>>
```

주의 | 키워드 인자

키워드 인자라는 표현에서의 키워드의 의미는 Python 키워드라는 표현에서의 키워드와는 별개의 의미이다.

키워드 인자를 사용하려면 매개 변수들의 이름을 기억해야 하지만 매개 변수들의 순서는 기억하지 않아도 된다. 가독성 면에서는 키워드 인자를 사용한 코드가 위치 인자를 사용한 코드보다 나을 수 있다.

6.3.3 기본 값을 갖는 매개 변수에 대응하는 인자의 생략

매개 변수가 기본 값을 갖는 경우에는 함수를 호출할 때 그 매개 변수에 대응되는 위치 인자 또는 키워드 인자를 생략할 수 있다. 다음 예제를 보자. 생략된 인자에 대응하는 매개 변수의 값은 기본 값이 된다.

```
>>> def f(name, age=23): # age는 기본 값을 갖는 매개 변수
...     print('Name:', name)
...     print('Age:', age)
...     return
...
>>> f('kim', 22) # 기본 값을 가진 매개 변수에 대응하는 인자를 생략하지 않는 경우
Name: kim
Age: 22
>>> f(name='park') # 키워드 인자를 사용. 기본 값을 가진 매개 변수에 대응하는 인자를 생략한 경우
Name: park
Age: 23
>>> f('park') # 위치 인자를 사용. 기본 값을 가진 매개 변수에 대응하는 인자를 생략한 경우
Name: park
Age: 23
>>>
```

위 코드의 함수 호출 f(name='park')와 f('park')는 기본 값을 갖는 매개 변수 age에 대응하는 인자를 생략하였으므로 age 매개 변수의 값은 기본 값인 23이 된다. 다음 예제 코드에서 키워드 인자와 위치 인자를 사용하는 경우를 더 살펴보자.

```
>>> def calc(a, b, c=0, d=0):
...     return (a - b + c - d)
...
>>> calc(1, 2, 3, 4) # 위치 인자들 사용
-2
>>> calc(a=1, b=2, c=3, d=4) # 키워드 인자 사용
-2
>>> calc(1, 2, 3) # 위치 인자 사용. 기본 값을 갖는 매개 변수 d에 대응하는 인자 생략
2
>>> calc(1, b=2, c=3) # 위치 인자와 키워드 인자 사용
2
>>> calc(1, 2) # 위치 인자 사용. 기본 값을 갖는 매개 변수에 대응하는 인자들 생략
-1
>>> calc(a=1, b=2) # 키워드 인자 사용. 기본 값을 갖는 매개 변수에 대응하는 인자들 생략
-1
>>>
```

6.4 가변 길이 인자들

Python에서는 매개 변수 앞에 * 또는 **를 붙여 인자들의 개수가 가변인 함수를 정의할 수 있다.

6.4.1 가변 길이 위치 인자들의 지원

매개 변수 앞에 *를 붙이면 그 매개 변수는 **가변 길이 위치 인자**들에 대응하는 매개 변수가 된다. 다음은 가변 길이 위치 인자들의 합을 구하는 var_sum() 함수이다.

```
>>> def var_sum(*args):
        sum = 0
        for i in args:
            sum = sum + i
        return sum

>>> var_sum()
0
>>> var_sum(1, 2)
3
>>> var_sum(1, 2, 3, 4, 5, 6, 7, 8, 9, 10)
55
>>>
```

가변 길이 위치 인자들에 대응하는 매개 변수는 위치 인자들의 튜플을 전달받는다. 다음 printall() 함수는 가변 길이 위치 인자들의 튜플을 전달받아 출력한다.

```
>>> def printall(*args):
        print(args) # args는 튜플

>>> printall(1, 2.0, 'a')
(1, 2.0, 'a')
>>>
```

다음 예제 코드는 일반 위치 인자를 전달받는 매개 변수 arg1과 가변 길이 위치 인자들을 전달받는 매개 변수 args를 함께 사용한다.

```
1 def f(arg1, *args): # args의 값은 튜플
2     print(arg1)
3     print(args)
4     for x in args:
5         print(x)
6     return
7
8 f(20, 30, 40) # 20 (30, 40) 30 40
```

위 코드의 수행 결과는 다음과 같다. 8번 문장 `f(20, 30, 40)`이 호출되면 1번 문장에서 매개 변수 `arg1`은 20을 전달받고 매개 변수 `args`는 `(30, 40)`을 전달받는다. 따라서 다음과 같은 수행 결과를 보게 된다.

```
20
(30, 40)
30
40
```

`max()` 함수나 `min()` 함수와 같은 다양한 내장 함수들이 가변 길이 위치 인자들을 지원하고 있다.

```
>>> max(1, 2, 3)
3
>>> min(1, 2, 3, 4, 5)
1
>>>
```

6.4.2 가변 길이 키워드 인자들의 지원

가변 길이 위치 인자들을 사용하는 함수 뿐 아니라 **가변 길이 키워드 인자**들을 사용하는 함수도 정의할 수 있다. 매개 변수 앞에 **를 붙이면 그 매개 변수는 가변 길이 키워드 인자들에 대응하는 매개 변수가 된다. 가변 길이 키워드 인자들에 대응하는 매개 변수는 키워드 인자들의 딕셔너리를 전달받는다. 다음 예제 코드를 보자.

```
def f(**kwargs):
    print(kwargs)

f(name='kim', age=30, addr='Seoul')
```

위 코드를 수행하면 함수 호출 `f(name='kim', age=30, addr='Seoul')`에 사용된 키워드 인

자들이 딕셔너리 형태로 매개 변수 kwargs로 전달된다. 위 코드를 수행한 결과는 다음과 같다.

```
{'name': 'kim', 'age': 30, 'addr': 'Seoul'}
```

다음 예제 코드는 일반 위치 인자를 전달받는 매개 변수 arg1과 가변 길이 키워드 인자들을 전달받는 매개 변수 kwargs를 함께 사용한다.

```
1 def f(arg1, **kwargs): # kwargs는 딕셔너리
2     print(arg1)
3     print(kwargs)
4     for key in kwargs:
5         print(key, kwargs[key])
6     return
7
8 f(20, key1=30, key2=40, v=50)
```

위 코드를 수행하면, 2번 문장에서 20이 출력되고 3번 문장에서 딕셔너리 {'key1': 30, 'key2': 40, 'v': 50}이 출력된다.

6.4.3 가변 길이 위치 인자들과 가변 길이 키워드 인자들의 동시 지원

다음 예제 코드의 printall() 함수는 가변 길이 위치 인자들을 전달받는 매개 변수와 가변 길이 키워드 인자들을 전달받는 매개 변수를 함께 사용한다.

```
>>> def printall(*args, **kwargs):
        print(args, kwargs)

>>> printall(1, 2.0, third='3')
(1, 2.0) {'third': '3'}
>>>
```

위 printall() 함수와 같이 가변 길이 위치 인자들에 대응하는 매개 변수와 가변 길이 키워드 인자들에 대응하는 매개 변수를 함께 사용하는 함수는 흥미로운 특성을 갖는다. 그런 함수는 인자들의 개수나 종류에 제약받지 않는다. 다음 코드를 보자.

```
>>> def printAll2(*args, **kwargs):
    for x in args:
        print(x, end=' ')
```

```
    for key, val in kwargs.items():
        print(key + '=' + str(val), end=' ')
    print()

>>> printAll2(1, 2, 3, 4, 5, 6)
1 2 3 4 5 6
>>> printAll2(name='Kim', age=23, addr='Seoul')
name=Kim age=23 addr=Seoul
>>> printAll2(1, 2, 3, name='Kim', age=23)
1 2 3 name=Kim age=23
>>>
```

6.4.4 함수 인자의 언패킹

이 절에서는 매개 변수가 아닌 인자 앞에 *나 **를 붙여 그 원소들을 위치 인자들이나 키워드 인자들로 언패킹(unpacking)하는 방법에 대하여 살펴본다.

함수를 호출할 때 튜플이나 리스트를 담고 있는 인자 앞에 *를 붙이면, 인자로 사용된 튜플이나 리스트가 언패킹 되어 그 원소들이 위치 인자들로 사용된다.

```
>>> def g(name, age, addr):
    print(name, age, addr)

>>> t1 = ('Kim', 23, 'Seoul')
>>> g(*t1) # g('Kim', 23, 'Seoul') 과 같음
Kim 23 Seoul
>>> g('Kim', 23, 'Seoul')
Kim 23 Seoul
>>> t2 = ['park', 25, 'Chonan']
>>> g(*t2)
park 25 Chonan
>>>
```

그리고 함수를 호출할 때 딕셔너리를 담고 있는 인자 앞에 **를 붙이면, 인자로 사용된 딕셔너리가 언패킹 되어 그 원소들이 키워드 인자들로 사용된다.

```
>>> def point(x, y):
        print('({}, {})'.format(x, y))

>>> p1 = {'x':1, 'y':2}
>>> point(**p1)
```

```
(1, 2)
>>> point(x=1, y=2)
(1, 2)
>>> p2 = {'y':3, 'x':5} # x, y 순서 바꿈
>>> point(**p2)
(5, 3)
>>> point(x=5, y=3)
(5, 3)
>>>
```

6.5 위치 인자 또는 키워드 인자의 사용의 강제

Python 3에서는 함수 정의의 매개 변수들 목록에 /와 *를 사용하여 매개 변수에 대응하는 인자로 위치 인자만을 사용하거나 키워드 인자만을 사용하도록 강제할 수 있다.

(1) 위치 인자들만 사용하도록 강제

함수 정의의 매개 변수들 목록에 /가 나타나면, 그 *이전의* 매개 변수들에 대응하는 인자들은 모두 위치 인자이어야 한다. 예제 코드를 보자.

```
def f(x, y, /, z): # x, y는 위치 인자만 전달받을 수 있음
    print(x, y, z)
```

위 함수 정의 f()의 매개 변수들 목록에 /가 나타났다. 따라서 / 이전의 매개 변수 x, y에 대응하는 인자들은 모두 위치 인자이어야 한다.

```
>>> f(1, 2, z=3) # 매개 변수들 x, y에 대응하는 인자들로 위치 인자들을 받음
1 2 3
>>> f(1, y=2, z=3) # x, y는 위치 인자만을 받아야 한다.
Traceback (most recent call last):
  File "<pyshell#124>", line 1, in <module>
    f(1, y=2, z=3)
TypeError: f() got some positional-only arguments passed as keyword arguments: 'y'
>>>
```

함수 정의 f()의 / 이후의 매개 변수들은 위치 인자를 받을 수도 있고 키워드 인자를 받을 수 도 있다. 세 번째 매개 변수 z에 대한 위치 인자를 사용하는 다음 코드는 잘 동작한다.

```
>>> f(1, 2, 3) # 세 번째 매개 변수 z에 대한 위치 인자를 받음
1 2 3
>>>
```

이 절에서 소개하는 방식과 제 6.4.1절에서 소개한 가변 길이 위치 인자들의 지원 방식을 비교해보자. 이 절에서 소개하는 방식은 / *이전의 모든 매개 변수들이* 위치 인자들을 전달받지만, 가변 길이 위치 인자들의 지원 방식은 **가 붙은 매개 변수가* 임의의 개수의 위치 인자들을 튜플로 전달받는다. 다음 코드를 보자.

```
>>> def foo(arg1, arg2, /): # 2개의 위치 인자들만 받음
    print(arg1, arg2)

>>> def foo2(*args): # 임의의 개수의 위치 인자들의 지원
    print(args)

>>> foo(1, 2)
1 2
>>> foo(1, 2, 3) # 2개의 위치 인자들만 허용됨
Traceback (most recent call last):
  File "<pyshell#128>", line 1, in <module>
    foo(1, 2, 3)
TypeError: foo() takes 2 positional arguments but 3 were given
>>> foo2(1, 2)
(1, 2)
>>> foo2(1, 2, 3)
(1, 2, 3)
>>>
```

위 코드의 함수 foo은 인자로 단 2개의 위치 인자들만을 사용할 수 있다. 하지만 함수 foo2는 임의의 개수의 위치 인자들을 사용할 수 있다.

(2) 키워드 인자들만 사용하도록 강제

함수 정의의 매개 변수들 목록에 *가 나타나면, 그 *이후의* 매개 변수들에 대응하는 인자들은 모두 키워드 인자이어야만 한다. 예제 코드를 보자.

```
def foo(pos, *, kwarg1, kwarg2): # kwarg1, kwarg2는 키워드 인자만 받음
    print(pos, kwarg1, kwarg2)
```

위 foo() 함수 정의의 매개 변수들 목록에는 *가 나타났다. 따라서 * 이후의 매개 변수들 kwarg1과 kwarg2에 대응하는 인자들은 키워드 인자만 가능하다. 다음 코드를 확인하라.

```
>>> foo(10, kwarg1=20, kwarg2=30)
10 20 30
>>> foo(10, 20, kwarg2=30)
Traceback (most recent call last):
  File "<pyshell#54>", line 1, in <module>
    foo(10, 20, kwarg2=30)
TypeError: foo() takes 1 positional argument but 2 positional arguments (and 1
keyword-only argument) were given
>>>
```

위 코드에서 함수 호출 foo(10, kwarg1=20, kwarg2=30)는 잘 동작한다. 하지만 함수 호출 foo(10, 20, kwarg2=30)는 오류가 난다. 매개 변수 kwarg1은 키워드 인자만을 받을 수 있는데 위치 인자 20을 받았기 때문이다.

위 foo() 함수 정의의 매개 변수 목록의 * 이전의 매개 변수는 위치 인자 뿐 아니라 키워드 인자를 받을 수도 있다. 다음 함수 호출들은 매개 변수 pos에 대응하는 인자로 위치 인자와 키워드 인자가 모두 사용될 수 있음을 보여준다.

```
>>> foo(10, kwarg1=20, kwarg2=30)
10 20 30
>>> foo(pos=10, kwarg1=20, kwarg2=30)
10 20 30
>>>
```

이 절에서 소개하는 방식과 제 6.4.2절에서 소개한 가변 길이 키워드 인자들의 지원 방식을 비교해보자. 이 절에서 소개하는 방식은 * *이후의 모든 매개 변수들이* 키워드 인자

들만을 전달받지만, 가변 길이 키워드 인자들 지원 방식은 ***가 붙은 매개 변수가* 임의의 개수의 키워드 인자들을 딕셔너리로 전달받는다. 다음 코드를 보자.

```
>>> def foo(pos, *, kwarg1, kwarg2): # kwarg1, kwarg2는 키워드 인자만 받음
    print(pos, kwarg1, kwarg2)

>>> def foo2(pos, **kwargs): # 가변 길이 키워드 인자들 지원 방식
    print(pos, kwargs)

>>> foo(10, kwarg1=20, kwarg2=30)
10 20 30
>>> foo2(10, kwarg1=20, kwarg2=30)
10 {'kwarg1': 20, 'kwarg2': 30}
>>> foo(10, kwarg1=20, kwarg2=30, kwarg3=40) # 인자로 kwarg3 사용 불가
Traceback (most recent call last):
  File "<pyshell#45>", line 1, in <module>
    foo(10, kwarg1=20, kwarg2=30, kwarg3=40)
TypeError: foo() got an unexpected keyword argument 'kwarg3'
>>> foo2(10, kwarg1=20, kwarg2=30, kwarg3=40) # 인자로 kwarg3 사용 가능
10 {'kwarg1': 20, 'kwarg2': 30, 'kwarg3': 40}
>>>
```

위 코드의 함수 foo은 인자로 위치 인자 pos와 키워드 인자 kwarg1와 kwarg2 만을 사용할 수 있다. 하지만 함수 foo2는 위치 인자 pos와 임의의 개수의 키워드 인자들을 사용할 수 있다.

(3) /와 *를 함께 사용

함수 정의의 매개 변수들 목록에 /와 *를 함께 사용할 수도 있다. /와 *를 함께 사용할 때에는 /가 먼저 나와야만 한다.

```
>>> def foo3(pos, /, *, kwarg1, kwarg2): # 위치 인자, 키워드 인자, 키워드 인자
    print(pos, kwarg1, kwarg2)


>>> foo3(1, kwarg1=2, kwarg2=3)
1 2 3
>>>
```

6.6 함수 인자 전달 방식

Python의 함수 인자 전달 방식은 **값에 의한 전달**(pass by value)이다. 값에 의한 전달 방식은 인자의 값이 그에 대응하는 매개 변수에 복사되어 전달되는 방식을 의미한다. 값에 의한 전달 방식은 Python 뿐 아니라 Java나 C 언어 등의 여러 언어들에서 사용되고 있다.

Python에서 모든 것은 객체이다. 정수, 실수, 문자열, 리스트, 튜플, 딕셔너리, 함수 정의 등이 모두 객체로 표현된다. 따라서 함수의 매개 변수에게 전달되는 인자의 값은 객체에 대한 참조 값이라는 사실에 주의해야 한다.

(1) 첫 번째 예제 코드

값에 의한 함수 인자 전달 방식을 설명하기 위한 다음 예제 코드를 보자.

```
1 def swap(x, y):
2     temp = x
3     x = y
4     y = temp
5
6 a = 100
7 b = 200
8 print(a, b)
9 swap(a, b) # a와 b의 값을 서로 바꾸지 못한다.
10 print(a, b)
```

위 코드의 수행 결과는 다음과 같다. 위 코드는 변수 a와 b의 값을 서로 바꾸지 못한다. 그런 결과가 나오는 이유를 단계별로 살펴보자.

```
100 200
100 200
```

1 문장 6과 7이 수행되면, 다음 그림과 같이 정수 객체 100에 대한 참조 값을 저장하고 있는 변수 a와 정수 객체 200에 대한 참조 값을 저장하고 있는 변수 b가 생성된다. 따라서 8번 문장이 수행되면 `100 200`이 출력된다.

2 이제 9번 문장 swap(a, b)가 호출되어 문장 1이 수행되면 다음 그림과 같이 인자 a와 b의 값이 매개 변수 x와 y에게 각각 전달된다.

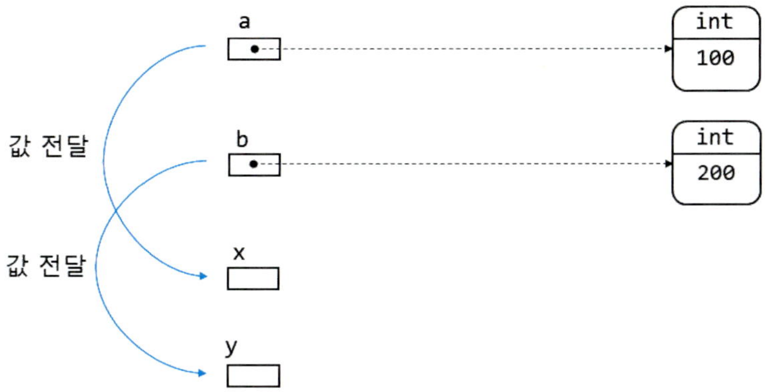

인자 a와 b의 값이 매개 변수 x와 y에게 각각 전달되고 나면, 다음과 같이 a와 x는 정수 객체 100을 참조하고, b와 y는 정수 객체 200을 참조하는 상태가 된다.

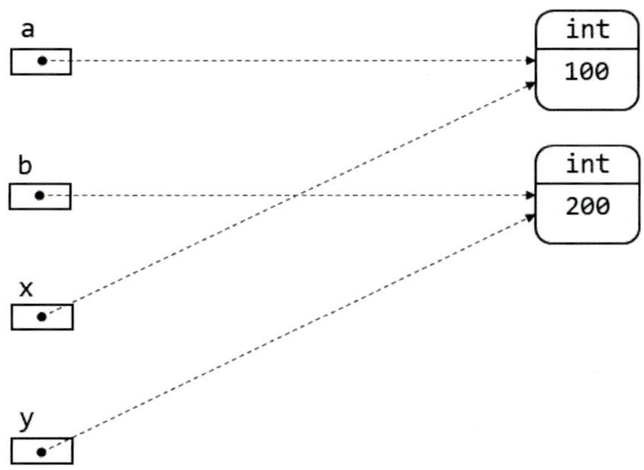

3 문장 2가 수행되고 나면 매개 변수 x의 값 즉, 객체 100에 대한 참조 값을 저장한 지역 변수 temp가 생성된다.

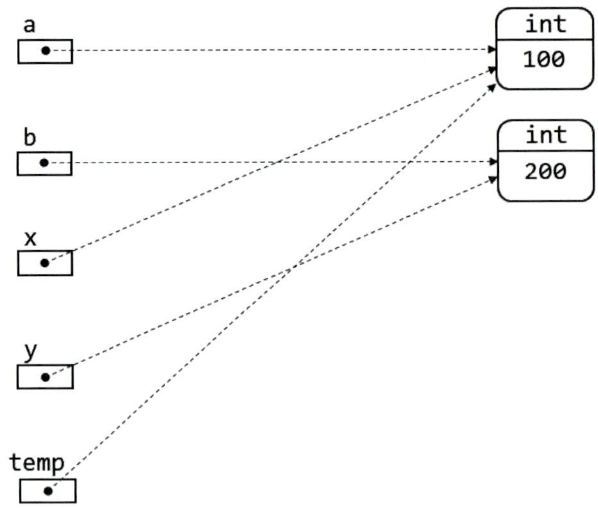

4 문장 3, 4가 수행되고 나면 변수들의 값은 다음 상태가 된다.

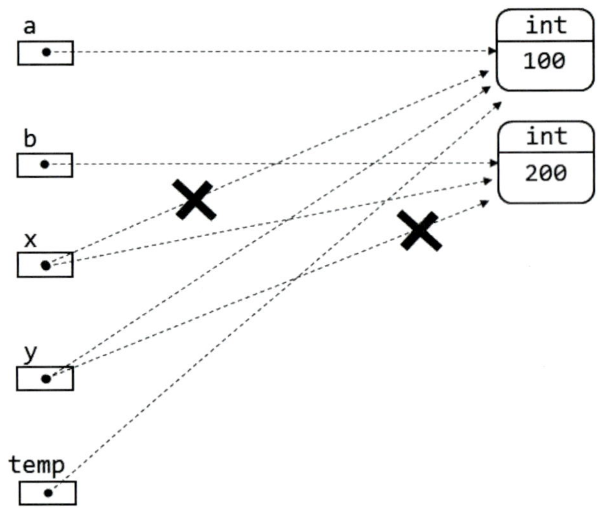

5 이제 이제 10번 문장 `print(a, b)`은 `100 200`을 출력한다.

(2) 두 번째 예제 코드

이제 리스트를 인자로 사용하는 다른 예제를 살펴보자. 수정 가능 객체인 리스트를 함수 호출의 인자로 사용하는 이 예제를 잘못 이해하면 Python의 인자 전달 방식이 값에 의한 인자 전달 방식이 아니라고 오해할 수 있다.

```
1 def change(list1):
2   list1[2] = 0 # 인자로 전달된 리스트가 수정된다.
3   return
4
5 x = [1, 2, 3]
6 change(x)
7 print(x) # [1, 2, 0]을 출력한다.
```

이 두 번째 예제 코드는 [1, 2, 0]을 출력한다. 함수 호출 change(x)에 의해 리스트 x의 값은 [1, 2, 3]에서 [1, 2, 0]으로 바뀌었다. 왜 그런지 단계별로 살펴보자.

1 5번 문장은 변수 x에 리스트 [1, 2, 3]을 할당한다. 이 상황을 도식으로 그리면 다음과 같다.

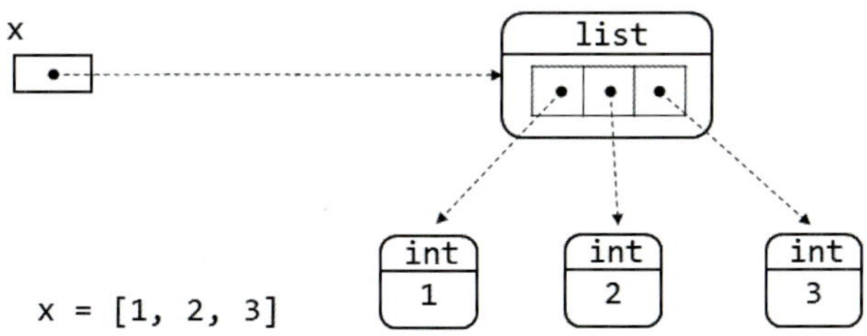

2 6번 문장 change(x) 호출에 의해 제어는 1번 문장으로 간다. 그리고 인자 x의 값은 change(list1) 함수 정의의 매개 변수 list1로 복사된다.

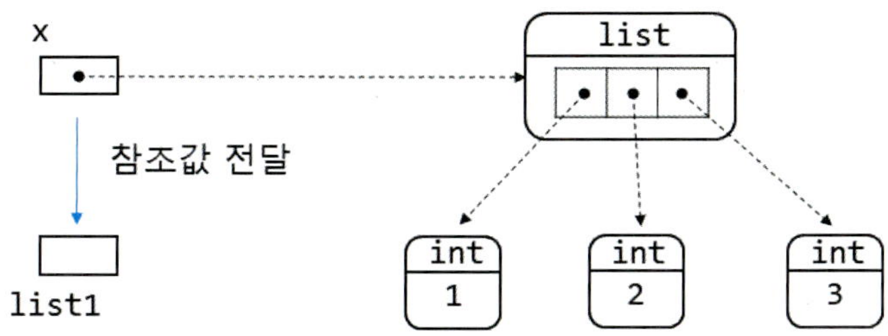

인자 x가 담고 있는 참조 값이 매개 변수 list1로 전달되고 나면 다음과 같이 인자 x와 매개 변수 list1이 동일한 리스트 [1, 2, 3]을 참조하고 있는 상태가 된다.

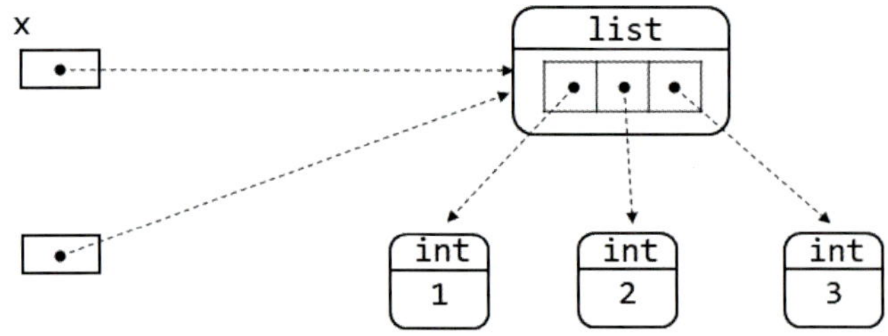

3 이제 2번 문장 list1[2] = 0이 수행되고 결과적으로 인자 x와 매개 변수 list1이 함께 참조하고 있는 리스트의 값이 수정된다.

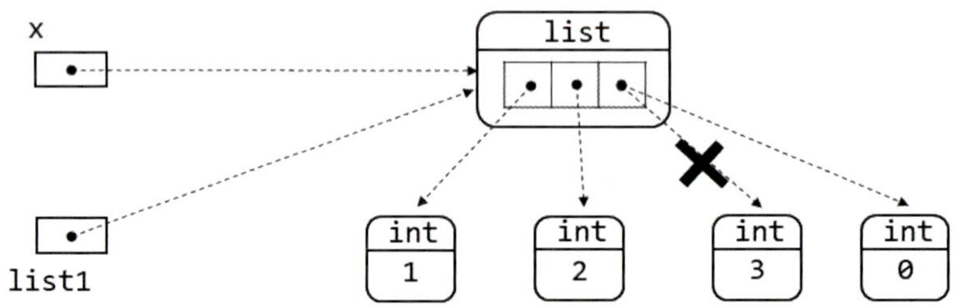

4 3번 문장을 수행하고 나면 제어가 7번 print(x) 문장으로 간다. 그리고 7번 문장은 x가 참조하고 있는 리스트의 값 [1, 2, 0]을 출력한다.

이 예제는 Python 언어는 함수 인자 전달 방식으로 값에 의한 전달 방식을 사용하며 매개 변수로 전달되는 인자의 값은 객체에 대한 참조라는 사실을 잘 보여준다.

(3) 세 번째 예제 코드

이제 세 번째 예제 코드를 단계별로 살펴보자. 이 코드는 바로 위 예제 코드를 조금 수정한 것이다. 다음 예제 코드의 수행 결과는 [1, 2, 3]이다.

```
def change(list1):
    print('list1 = ', list1)
    list1 = [5, 6] # 인자로 전달된 list1에 리스트 [5, 6]이 할당된다.
    return
```

```
5
6 x = [1, 2, 3]
7 change(x) # 바뀌지 않는다.
8 print(x) # [1, 2, 3]을 출력한다.
```

1 6번 문장에서 변수 x는 리스트 [1, 2, 3]에 대한 참조를 저장한다.

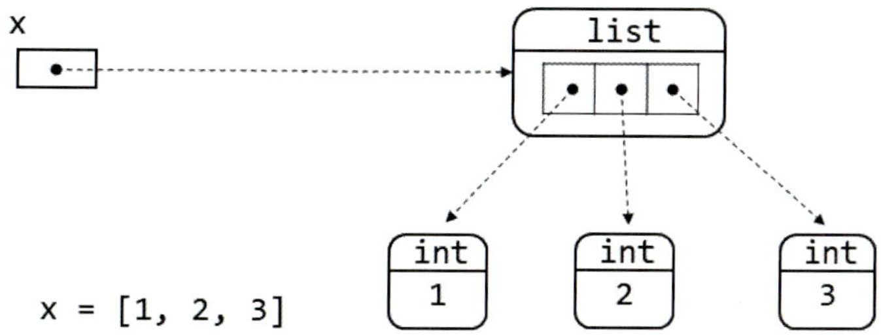

2 7번 문장에서 x를 인자로 사용하여 change() 함수가 호출된다. 호출 직후 제어는 1번 문장으로 간다. 1번 문장에서 인자 x가 담고 있는 참조가 매개 변수 list1에 전달된다.

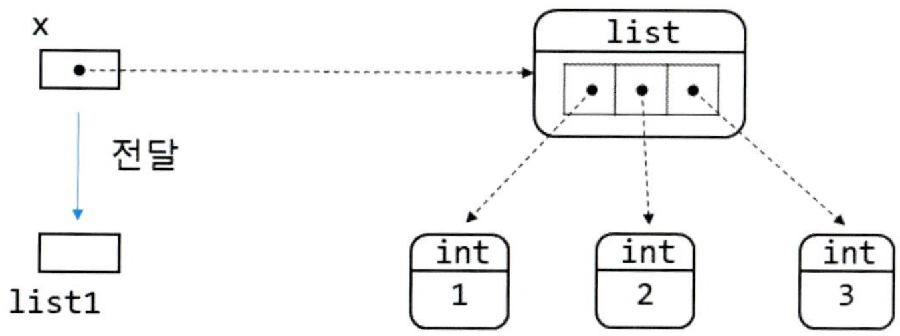

인자 x가 담고 있는 참조가 매개 변수 list1에 전달되고 나면 다음과 같이 인자 x와 매개 변수 list1이 동일한 리스트 [1, 2, 3]을 참조하고 있는 상태가 된다.

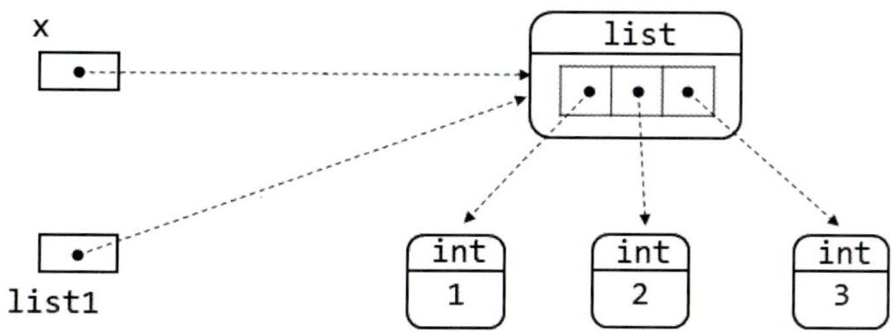

3 2번 문장이 수행되어 `list1 = [1, 2, 3]`을 출력한다.

4 3번 문장이 수행되어 리스트 `[5, 6]`이 생성되고 매개 변수 `list1`에 리스트 `[5, 6]`에 대한 참조가 할당된다. 현재의 상황을 도식화하면 다음과 같다.

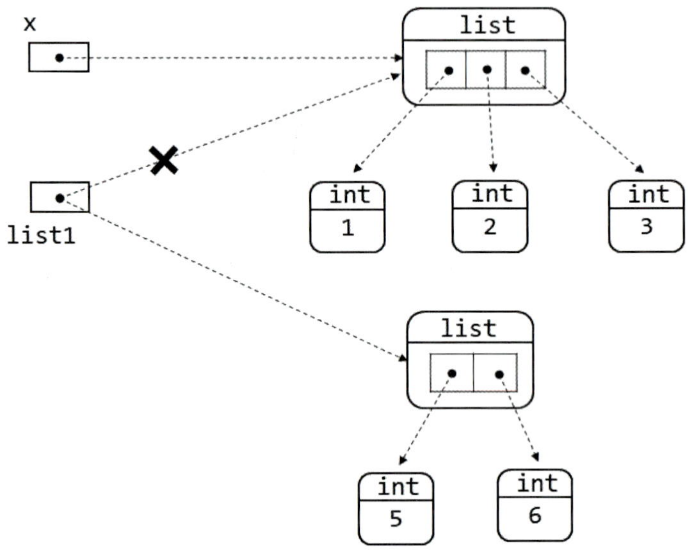

5 4번 `return` 문장이 수행되면 함수 호출이 종료된다. 제어가 8번 문장으로 온다. `print(x)` 문장은 변수 `x`가 참조하는 리스트 `[1, 2, 3]`을 출력한다.

Python의 함수 인자 전달 방식은 값 전달 방식이다. 하지만 Python에서는 모든 것이 객체이므로 인자에서 매개 변수로 항상 참조 값이 전달된다. 그래서 어떤 개발자들은 Python의 함수 인자 전달 방식을 **객체 참조 전달 방식**(pass by object reference)이라고 표현하기도 한다. 하지만 Python의 함수 인자 전달 방식은 값에 의한 전달 방식이라고 해야 한다. 참조 값도 값이기 때문이다.

6.7 지역 변수, 전역 변수, 내장 변수 그리고 키워드 global

지역 변수, 전역 변수, 그리고 내장 변수의 개념을 이해하고, 키워드 **global**의 필요성을 살펴보자.

6.7.1 지역 변수, 전역 변수, 그리고 내장 변수

(1) 지역 변수

지역 변수(local variable)란 코드 전체가 아니라 어떤 코드 블록 안에서만 유효한 변수를 의미한다. 지역 변수는 그것이 정의된 코드 블록이 수행될 때 생성되며, 그 코드 블록 안에서만 사용이 가능하며, 그 코드 블록의 수행이 종료되면 자동으로 소멸된다.

대표적인 코드 블록에는 함수 정의가 있다. Python에서는 함수 정의 뿐 아니라 메소드 정의, 그리고 리스트 축약에 해당하는 코드 블록에서 지역 변수를 정의하고 사용할 수 있다. 다음 코드를 보자.

```
1  # range_sum.py
2  def range_sum(x): # 0 + 1 + ... + x의 계산
3      sum_x = 0
4      for c in range(x + 1):
5          sum_x = sum_x + c
6  
7      return sum_x
8  
9  print(range_sum(10)) # 55
10 print(sum_x) # error
```

위 코드의 문장 2 ~ 7은 함수 `range_sum()`을 정의하는 함수 정의 코드 블록이다. 그 코드 블록에서 사용되고 있는 변수들 `x`, `c`, `sum_x`는 지역 변수들이다. 왜냐하면 그 변수들은 9번 문장의 함수 호출 `range_sum(10)`에 의해 함수 정의 코드 블록이 수행될 때 생성되며, 그 코드 블록 안에서만 사용이 가능하며, 그 코드 블록의 수행이 종료되면 자동으로 소멸되기 때문이다.

1 위 코드의 9번 문장 `range_sum(10)` 함수 호출에 의해 2번 문장이 수행될 때 함수의 매개 변수 `x`가 생성된다. 매개 변수는 지역 변수의 특성을 그대로 만족하므로 일반적으로 지역 변수의 한 종류로 취급된다.

2 3번 문장이 수행될 때 지역 변수 sum_x가 생성된다.

3 4번 문장이 처음 수행될 때 지역 변수 c가 생성된다.

결과적으로 위 코드의 9번 문장은 함수 호출 range_sum(10)의 반환 값인 55를 출력한다. 하지만 마지막 10번 문장 print(sum_x)은 다음과 같은 오류를 낸다. 변수 sum_x가 지역 변수이므로 함수 호출이 종료될 때 그 변수는 소멸되었기 때문이다.

```
NameError: name 'sum_x' is not defined
```

함수 정의 range_sum(x)의 내부가 아닌 위치에서 range_sum(x)의 지역 변수들 x, c, 또는 sum_x를 사용하려는 시도는 모두 NameError가 난다.

메소드의 지역 변수에 대하여 살펴보자. 다음 코드는 메소드 정의 코드 블록을 담고 있다.

```
# range_sum_method.py
class X:
    def range_sum(self, x): # function parameter self and x
        sum_x = 0 # local variable sum
        for c in range(x + 1): # local variable i
            sum_x = sum_x + c

        return sum_x

x1 = X()
print(x1.range_sum(10))
```

위 코드의 range_sum() 메서드는 지역 변수들 *self*, x, sum_x, 그리고 c를 사용한다. 그들은 range_sum()의 수행 중에 생성되고 수행이 끝나면 자동으로 소멸된다.

다음 코드는 리스트 축약문을 보여준다. Python에서는 리스트 축약문도 지역 변수를 사용할 수 있는 코드 블록이다.

```
r = [i for i in range(10 + 1)]
print(i) # NameError
```

위 리스트 축약문의 i는 지역 변수이다. 위 리스트 축약문의 변수 i를 축약문 밖에서 사용하려 하면 NameError가 발생한다.

(2) 전역 변수

Python에서 전역 변수(global variable)란 .py 파일 수준에서 정의된 변수이다. 즉, 변수가 함수 정의 블록, 메소드 정의 블록, 축약 정의 블록, 또는 클래스 정의 블록의 내부에서 정의되지 않았다면 그 변수는 전역 변수이다.

지역 변수(local variable)는 .py 파일 전체가 아니라 특정 코드 블록에서만 유효하다. 하지만 전역 변수는 기본적으로 .py 파일 전체에서 전역적으로 유효하다.

예제 코드를 살펴보자. 다음 예제 파일 모듈 variables.py에는 전역 변수 x와 지역 변수 x가 존재한다.

```
1 # variables.py
2 x = 100 # 전역 변수 x의 정의
3 
4 def f(m):
5     print('x =', x) # 전역 변수 x의 값을 출력
6     return x * m
7 
8 def g():
9     x = 200 # 함수 g()의 지역 변수 x의 정의
10     print('x =', x) # 함수 g()의 지역 변수 x를 출력
11     return x
12 
13 g()
14 f(5)
```

위 스크립트 파일의 2번 문장의 x는 함수, 메소드, 축약, 또는 클래스 정의 블록의 내부에서 정의되지 않았으므로 전역 변수이다. 그리고 9번 문장의 변수 x는 함수 g()의 정의 블록의 내부에서 정의된 변수이므로 함수 g()의 지역 변수이다. 위 코드를 수행하면 다음과 같은 출력을 볼 수 있다.

```
x = 200
x = 100
```

첫 번째 출력은 문장 10이 낸다. 문장 10의 변수 x는 함수 g()의 정의 블록에서 정의된 지역 변수이다. 두 번째 출력은 문장 5가 낸다. 문장 5는 문장 2의 전역 변수 x의 값을 출력한다. 왜냐하면 전역 변수 x는 기본적으로 코드 전체에서 유효하기 때문이다.

참고로 코드 내에 이름이 같은 지역 변수와 전역 변수가 존재할 때 그 이름이 어떤 변수를 의미하는지에 대한 판정은 이름들의 유효 범위(scope)와 관련이 있다.

(3) 내장 변수

내장 변수(builtin variable)란 내장 모듈들 중의 하나인 builtins 모듈에 정의된 전역 변수들을 의미한다. builtins 모듈 객체에는 내장 변수들 이외에도 내장 예외들, 내장 상수들, 그리고 내장 함수들이 정의되어 있다. 내장 변수 _를 제외한 모든 내장 변수는 __로 시작하는 이름을 갖고 있다.

builtins 모듈은 Python 인터프리터가 특별히 관리하는 모듈이다. builtins 모듈 객체는 Python 인터프리터가 시작해서 종료될 때까지 주기억 장치에 존재하며, 모든 모듈 객체는 자동으로 builtins 모듈 객체를 참조하는 __builtins__ 변수를 갖게 된다. 다음 코드는 builtins 모듈에 정의된 모든 이름들의 목록을 보여준다. 그 이름들 중 청색으로 표시된 8개의 이름들이 내장 변수들의 이름이다.

```
>>> __builtins__
<module 'builtins' (built-in)>
>>> __builtins__.__dict__.keys()
dict_keys(['__name__', '__doc__', '__package__', '__loader__', '__spec__', '__build_class__',
'__import__', 'abs', 'all', 'any', 'ascii', 'bin', 'breakpoint', 'callable', 'chr',
'compile', 'delattr', 'dir', 'divmod', 'eval', 'exec', 'format', 'getattr', 'globals',
'hasattr', 'hash', 'hex', 'id', 'input', 'isinstance', 'issubclass', 'iter', 'len',
'locals', 'max', 'min', 'next', 'oct', 'ord', 'pow', 'print', 'repr', 'round', 'setattr',
'sorted', 'sum', 'vars', 'None', 'Ellipsis', 'NotImplemented', 'False', 'True',
'bool', 'memoryview', 'bytearray', 'bytes', 'classmethod', 'complex', 'dict', 'enumerate',
'filter', 'float', 'frozenset', 'property', 'int', 'list', 'map', 'object', 'range',
'reversed', 'set', 'slice', 'staticmethod', 'str', 'super', 'tuple', 'type', 'zip', '__debug__',
'BaseException', 'Exception', 'TypeError', 'StopAsyncIteration', 'StopIteration',
'GeneratorExit', 'SystemExit', 'KeyboardInterrupt', 'ImportError', 'ModuleNotFoundError',
'OSError', 'EnvironmentError', 'IOError', 'WindowsError', 'EOFError', 'RuntimeError',
'RecursionError', 'NotImplementedError', 'NameError', 'UnboundLocalError', 'AttributeError',
'SyntaxError', 'IndentationError', 'TabError', 'LookupError', 'IndexError', 'KeyError',
'ValueError', 'UnicodeError', 'UnicodeEncodeError', 'UnicodeDecodeError', 'UnicodeTranslateError',
'AssertionError', 'ArithmeticError', 'FloatingPointError', 'OverflowError',
'ZeroDivisionError', 'SystemError', 'ReferenceError', 'MemoryError', 'BufferError',
'Warning', 'UserWarning', 'DeprecationWarning', 'PendingDeprecationWarning',
'SyntaxWarning', 'RuntimeWarning', 'FutureWarning', 'ImportWarning', 'UnicodeWarning',
'BytesWarning', 'ResourceWarning', 'ConnectionError', 'BlockingIOError', 'BrokenPipeError',
'ChildProcessError', 'ConnectionAbortedError', 'ConnectionRefusedError', 'ConnectionResetError',
'FileExistsError', 'FileNotFoundError', 'IsADirectoryError', 'NotADirectoryError',
'InterruptedError', 'PermissionError', 'ProcessLookupError', 'TimeoutError',
'open', 'quit', 'exit', 'copyright', 'credits', 'license', 'help', '_'])
```

(4) 매개 변수

함수나 메서드의 매개 변수들(parameters)은 지역 변수의 한 종류로 취급된다. 그들은 함수나 메서드를 호출한 직후 생성되고, 호출이 종료될 때 자동으로 소멸되기 때문이다. 다음 코드를 수행하면 305가 출력된다.

```
1 def h(x):
2     y = 300 # 지역 변수 y
3     return (x + y) # 매개 변수 x + 지역 변수 y
4 
5 print(h(5))
```

문장 1 ~ 3을 수행하면 함수 h()의 정의에 해당하는 함수 객체가 생성된다. 문장 5에서 h(5)가 호출되면 함수 h()의 매개 변수 x가 생성되고 매개 변수 x에 인자 5가 전달된다. 그리고 문장 2 ~ 3이 수행된다. 문장 2는 지역 변수 y를 생성한다. 문장 3은 매개 변수 x와 지역 변수 y의 합을 반환한다.

6.7.2 키워드 global

키워드 **global**은 함수나 메서드의 내부에서 전역 변수의 값을 수정하려고 할 때 필요하다. 예제 코드를 통해 키워드 **global**의 의미와 필요성을 살펴보자.

함수나 메소드 정의 코드 블록 안에서 전역 변수의 값을 직접 읽을 수 있다. 다음 예제 코드의 함수 read_x()는 전역 변수 x의 값을 읽어 출력한다.

```
x = 10 # 전역 변수 x

def read_x():
    print(x) # 전역 변수 x의 값을 읽어 출력

read_x() # 10
```

하지만 함수나 메소드 정의 블록에서 전역 변수의 값을 수정하려고 할 때에는 주의가 필요하다. 함수나 메소드 정의의 내부에서 전역 변수와 이름이 같은 변수에 대한 할당문을 사용하면 전역 변수와 이름이 같은 지역 변수가 생성될 수 있기 때문이다. 다음 코드를 보자.

```
1 x = 10
2
3 def write_x():
4     x = 5 # 지역 변수 x가 정의된다.
5     print(x) # 지역 변수 x의 값을 출력
6
7 write_x() # 5
8 print(x) # 10
```

위 코드의 4번 문장의 변수 x가 1번 문장에서 정의된 전역 변수 x라고 생각하면 잘못이다. 4번 문장은 함수 정의 블록 안에서 지역 변수 x를 생성한다. 그리고 5번 문장 **print(x)**는 그 지역 변수 x의 값을 출력한다. 따라서 7번 문장을 수행하면 5가 출력되지만 8번 문장은 10을 출력한다. 위 함수 정의 **write_x()** 코드 블록에서 전역 변수 x를 수정하려면 어떻게 해야 하는가?

키워드 **global**을 사용하여 위 문제를 해결할 수 있다. 함수 안에서 전역 변수의 값을 수정하려면 **global** 〈변수〉 문을 사용한다. 함수 안에서 **global** 〈변수〉 문을 사용하면 Python 인터프리터는 그 〈변수〉를 지역 변수가 아닌 전역 변수로 취급한다. **global** 〈변수〉 문은 함수나 메서드 몸체의 다른 문장보다 앞에 나와야 한다. 다음 예제를 보자.

```
1 x = 10
2
3 def new_write_x():
4     global x
5     x = 5 # 전역 변수 x에 5를 할당한다.
6     print(x)
7
8 new_write_x()
9 print(x)
```

위 코드의 5번 문장의 x는 4번 문장에서 **global x** 선언이 있었으므로 1번 문장에서 정의된 전역 변수 x이다. 따라서 5번 문장은 1번 문장에서 정의된 x의 값을 5로 변화시킨다. 결과적으로 8번과 9번 문장은 모두 5를 출력하게 된다.

6.8 중첩 함수와 nonlocal 키워드

Python에서는 함수 정의 안에 함수 정의가 중첩되어 나타날 수 있다. 함수들이 중첩되어 정의되었을 때 안쪽 함수를 **중첩 함수**(nested function)라고 부른다. 다음은 중첩 함수를 설명하기 위한 예제 코드이다. 예제 코드의 `outer()` 함수의 정의는 `inner()` 함수의 정의를 포함하고 있다.

```
1 # nested_fun.py
2 def outer(num):
3     x = 100 # outer의 지역 변수 x가 정의됨
4     def inner(n):
5         r = n * x # inner()의 지역 변수 r이 정의됨. x는 outer()의 지역 변수
6         return r
7
8     r = inner(num) + 1 # outer()의 지역 변수 r
9     return r
10
11 print(outer(5)) # (100 * 5) + 1
```

위 코드에서 5번 문장에서 생성되는 변수 r과 8번 문장에서 생성되는 변수 r이 서로 다른 변수들이라는 점에 주의해야 한다. 5번 문장의 r은 `inner()` 함수의 지역 변수이고 8번 문장의 r은 `outer()` 함수의 지역 변수이다.

위 코드를 수행하면 501이 출력된다. 11번 문장이 `outer(5)`를 호출하면 `outer()` 함수의 매개 변수 num에 5가 전달되고 문장 3 ~ 9가 수행된다. 3번 문장에서 `outer()` 함수의 지역 변수 x가 생성된다. 그리고 4 ~ 6 번 문장이 수행되면 함수 `inner()`가 함수 `outer()`의 중첩 함수로 정의된다. 문장 8이 수행되면 `inner(5)`가 호출되어 100 * 5가 반환되고 결과적으로 100 * 5 + 1이 함수 `inner()`의 지역 변수 r에 할당된다. 문장 11은 함수 `outer()`의 지역 변수 r의 값 501을 출력한다.

nonlocal 키워드를 살펴보기 전에 중첩 함수의 예를 하나 더 살펴보자. 다음 함수는 팩토리얼의 중첩 함수 버전이다. 다음 코드를 수행하면 120이 출력되는 것을 볼 수 있다.

```python
def factorial(n):
    def facto(n):
        if (n == 1):
            return 1
        else:
            return (n * facto(n-1))

    if not (isinstance(n, int) & (n > 0)):
        print('Oops, not a positive integer!')
        return None

    return facto(n)

print(factorial(5))
```

함수가 중첩되어 정의되어 있을 때 안쪽 함수에서 바깥 쪽 함수의 지역 변수의 값을 수정하고 싶을 때는 nonlocal 〈변수〉 문을 사용한다. 다음 예제 코드를 보자.

```python
1  def outer():
2      x = 5
3      def inner():
4          nonlocal x  # x가 2번 문장에서 정의된 x이다.
5          x = 10 # 지역 변수 x를 정의하는 것이 아니라 문장 2에서 정의된 x를 수정
6          print('inner x: ', x)
7
8      inner()
9      print('outer x: ', x)
10
11 outer()
```

위 예제 코드의 출력은 다음과 같다. 9번 문장의 x는 2번 문장에서 정의된 x이고, 4번 문장 nonlocal x에 의해 5번과 6번 문장의 x도 2번 문장에서 정의된 x이기 때문이다.

```
inner x: 10
outer x: 10
```

만일 위 코드의 4번 문장이 없다면 5번 문장에서 inner() 함수 호출의 지역 이름 공간에 이름 x가 만들어지고 그 값이 10이 되고 2번 문장의 x는 변경되지 않기 때문에 결과는 10과 5일 것이다.

6.9 return 문

return은 Python 키워드이다. 함수 몸체에는 0개 이상의 return 문이 나타날 수 있다. return 문의 형태는 다음 중 하나이다.

- **return** *expression*
- **return**

(1) return *expression* 문

return *expression* 문은 *expression*을 평가하여 그 결과 값을 반환하고 함수의 수행을 종료한다. 다음 예제 코드의 함수 호출 sum(3, 4)는 수식 (x + y)의 평가 결과 7을 반환하고 함수의 수행을 종료한다.

```
def sum(x, y):
    '이 함수는 x와 y의 합을 반환한다.'
    return (x + y)

print(sum(3,4)) # sum(3, 4)가 반환하는 7을 출력한다.
```

(2) return 문

*expression*이 없는 return 문은 함수의 수행을 종료하고 None을 반환한다. 즉, *expression*이 없는 return 문은 return None 문장과 같다.

그리고 return 문이 없는 함수는 return None 문장이 함수 몸체의 마지막에 있는 것으로 취급된다. 다음 예제 코드의 함수들은 모두 None을 반환한다.

```
def my_func1():
    print ('Hello World')
    return None

def my_func2():
    print ('Hello World')
    return

def my_func3():
    print ('Hello World')
```

함수와 return 문에 익숙하지 않은 초보 개발자의 경우 인자들의 합을 반환하는 함수를 만들려다가 다음과 같은 착오를 가진 함수를 정의할 수 있다.

```
1 >>> def sum(x, y):
2         r = x + y
3         print(r)
4 
5 >>> sum(10, 20)
6 30
7 >>> s = sum(10, 20)
8 30
9 >>> print(s)
10 None
11 >>>
```

위 코드에서 정의된 sum(x, y) 함수가 매개 변수 x와 y의 합을 잘 반환한다고 착각할 수 있다. 5번 문장이나 7번 문장이 반환 값을 잘 출력하는 것처럼 보일 수 있기 때문이다. 하지만 9번 문장은 None을 출력한다. 왜냐하면 위 sum(x, y) 함수의 정의는 다음과 동일하기 때문이다.

```
def sum(x, y):
    r = x + y
    print(r)
    return None
```

6.10 다중 값의 반환

Python에서는 여러 개의 값들을 반환하는 것처럼 보이는 **return** 문을 가진 함수를 정의할 수 있다.

```
>>> def f(x):
        return x, x*x, x*x*x # 여러 개의 값들을 반환하는 것처럼 보이는 return 문

>>> r1, r2, r3 = f(3)
>>> print(r1, r2, r3)
3 9 27
>>>
```

위 코드에 정의된 함수 **f**의 **return** 문은 여러 개의 값을 반환하는 것처럼 보이지만 실제로는 그 값들을 담은 하나의 튜플을 반환한다.

```
>>> f(3)
(3, 9, 27)
>>> f(4)
(4, 16, 64)
>>>
```

따라서 위 코드의 보다 정확한 표현은 다음과 같다.

```
>>> def f(x):
        return (x, x*x, x*x*x) # return x, x*x, x*x*x와 같음

>>> (r1, r2, r3) = f(3) # r1, r2, r3 = f(3)과 같음
>>> print(r1, r2, r3)
3 9 27
>>>
```

6.11 종합 예제 - 문자열의 모음 개수 세기

문자열 s에 들어있는 모음들의 개수를 세는 함수 count_vowels(s)를 딕셔너리를 이용하여 작성해보자.

```
1 # count_vowels.py
2 def count_vowels(s):
3     s_lower = s.lower() # 소문자 문자열로 변환
4     vowels_count = {'a':0, 'e':0, 'i':0, 'o':0, 'u':0}
5
6     for c in s_lower:
7         if c in vowels_count.keys():
8             vowels_count[c] = vowels_count[c] + 1
9
10    return vowels_count
11
12 s = 'This is a book. That is a desk.'
13 print('Vowels {} in\n\'{}\''.format(count_vowels(s), s))
```

위 코드를 수행하면 다음과 같은 출력을 볼 수 있다.

```
Vowels {'a': 3, 'e': 1, 'i': 3, 'o': 2, 'u': 0} in
'This is a book. That is a desk.'
```

위 함수의 문장 3은 인자로 주어진 문자열을 소문자 문자열로 변환한다. 문장 4는 각 모음들의 초기 개수를 표현하기 위하여 딕셔너리 {'a':0, 'e':0, 'i':0, 'o':0, 'u':0}를 정의한다. 문장 6 ~ 8은 위 함수는 문장 4에서 정의된 딕셔너리 객체 vowels_count의 키로 주어진 모음이 나올 때마다 그 모음에 해당하는 원소의 값을 증가시킨다. 문장 7의 vowels_count.keys()의 반환값은 vowels_count의 키들의 목록 dict_keys(['a', 'e', 'i', 'o', 'u'])이다.

연습문제

01 다음 용어들의 의미를 각각 50자 정도로 설명하라.

a. 매개 변수
b. 인자
c. 참조 변수
d. 키워드 인자와 위치 인자

02 다음 예제 코드의 출력은 무엇인가?

```
def no_return(x, y):
    c = x + y

res = no_return(4, 5)
print(res)
```

03 인자로 주어진 4개의 정수들의 평균을 구하는 함수 aver4(n1, n2, n3, n4)를 정의하라.

04 팩토리얼을 구하는 함수 factorial(n)을 작성하라.

05 가변 길이 인자를 사용하여 다음과 같이 1개 이상의 정수 인자들의 평균값을 실수로 구하는 함수 aver()를 작성하라.

```
>>> aver(10, 20, 30)
20.0
>>> aver(1)
1.0
>>> aver(33, 44, 55, 66)
49.5
>>>
```

06

다음과 같이 0부터 인자로 주어진 자연수 n 미만의 7의 배수 정수들의 리스트를 계산하는 함수 sevens(n)를 작성하라. 0은 7의 배수에 포함시켜도 되고 포함시키지 않아도 된다.

```
>>> print(sevens(100))
[0, 7, 14, 21, 28, 35, 42, 49, 56, 63, 70, 77, 84, 91, 98]
>>> sevens(30)
[0, 7, 14, 21, 28]
>>>
```

07

정수 1부터 인자 n 사이에 존재하는 5의 배수들의 합을 계산하기 위한 함수 sum_of_multiples_of_5(n)를 작성하라. n은 1보다 큰 정수이다. 예를 들어 sum_of_multiples_of_5(15)는 5+10+15, 즉 30이다.

08

인자로 주어진 두 리스트 x, y에 공통으로 들어있는 원소들의 집합을 반환하는 함수 commons(x, y)를 정의하라.

```
>>> x = [6, 1, 4, 3, 4, 5]
>>> y = [7, 4, 5, 7, 8]
>>> commons(x, y)
{4, 5}
>>>
```

```
def commons(x, y):
```

09 다음 함수와 같은 출력을 내는 코드를 리스트 축약과 발생자 축약으로 표현하라.

```
def square(n):
    r = []
    for x in range(n):
        r.append(x)
    return r

print(square(10)) # [0, 1, 2, 3, 4, 5, 6, 7, 8, 9]
```

CHAPTER 07

모듈과 패키지

모듈은 Python 프로그램의 개발, 수행, 그리고 배포의 단위이다. 이 장에서는 모듈을 생성하고 사용하는 데 필요한 문법과 개념들에 대하여 살펴본다. 모듈의 개념은 Python 언어의 이름 공간(namespace)의 개념과 밀접하게 연관되어 있다. 제 5.1.2 절에서 객체들과 변수들을 표현하기 위한 간단한 도식 체계를 소개하였다. 제 7.3.3 절에서 추가적으로 모듈의 이름 공간을 표현하기 위한 도식이 소개된다.

7.1 모듈의 종류

Python 모듈의 종류에는 파일 모듈과 패키지 모듈이 있다. **파일 모듈**(file module)이란 하나의 .py 파일을 의미하고, **패키지 모듈**(package module)이란 하나 이상의 모듈들을 디렉터리 구조에 담은 것을 의미한다. 패키지 모듈을 짧게 **패키지**라고 부르기도 한다. 패키지 모듈의 디렉터리에는 파일 모듈들 뿐 아니라 다시 패키지 모듈들이 담길 수 있다. 패키지 모듈 안에 포함된 패키지 모듈을 **부 패키지 모듈**(subpackage module)이라고 한다.

패키지 모듈은 **정규 패키지 모듈**(regular package module)과 **이름 공간 패키지 모듈**(namespace package module)로 구분된다. 그 구분 기준은 제 7.2.3절에 나온다.

- 모듈
  - 파일 모듈
  - 패키지 모듈
    - 정규 패키지 모듈
    - 이름 공간 패키지 모듈

용어 | 라이브러리, 표준 라이브러리, 외부 라이브러리

Python 환경에서 **라이브러리**란 파일 모듈 또는 패키지 모듈을 의미한다. Python 언어의 강점의 하나는 잘 정의된 Python 표준 라이브러리가 제공될 뿐 아니라 아주 풍부한 외부 라이브러리가 공개되어 있다는 것이다.
Python **표준 라이브러리**란 Python을 설치할 때 기본으로 설치되는 라이브러리를 의미한다. https://docs.python.org/3/library 사이트에서 Python 표준 라이브러리에 대한 상세한 정보를 볼 수 있다. 표준 라이브러리를 구성하는 모듈들은 Python 언어와 C 언어로 작성되어 있다. 표준 라이브러리는 다음과 같은 것들을 제공한다.

- `abs()`, `min()`, `range()` 등의 내장 함수들(builtin functions)
- `True`, `False`, `None` 등의 내장 상수들
- `AssertionError`, `EOFError`, `IndentationError` 등의 내장 예외들
- `int`, `float`, `complex`, `list`, `tuple`, `dict` 등의 내장 자료형들

• `math` 모듈, `pickle` 모듈, `builtins` 모듈 등의 내장 모듈들

Python **외부 라이브러리**란 Python 설치 후 인터넷 사이트 등의 외부로부터 가져다가 설치할 수 있는 Python 라이브러리들을 의미한다. 부록 A1에 외부 라이브러리의 설치에 사용되는 pip 유틸리티의 사용법이 있다. 대표적인 외부 라이브러리 사이트인 PyPI(Python Package Index) 사이트 https://pypi.python.org/pypi에 방문하면 엄청난 수의 Python 공개 패키지들 즉 외부 라이브러리들을 볼 수 있다.

7.2 모듈의 생성

이 절에서는 파일 모듈, 이름 공간 패키지 모듈, 그리고 정규 패키지 모듈을 직접 생성해본다. 생성된 모듈들은 이후의 절들에서 예제 모듈들로 사용된다.

7.2.1 모듈들을 저장할 디렉터리의 선정 및 등록

사용자 정의 모듈들을 생성하기 전에 먼저 그 모듈들을 저장할 디렉터리들을 선정하고 선정된 디렉터리들을 환경 변수 PYTHONPATH에 등록하는 것이 바람직하다. Python 응용 프로그래머들이 개발하는 모듈들을 사용자 정의 모듈(user-defined module)이라고 한다. 이 책에서는 이 절에서 생성하는 사용자 정의 모듈들을 다음 두 디렉터리에 저장할 예정이다. 다른 디렉터리들을 사용해도 된다.

- D:\prj\python3
- C:\pt

사용자 정의 모듈들이 존재하는 디렉터리들을 Python 인터프리터에게 알려주기 위하여 사용자 정의 모듈들이 존재하는 디렉터리들을 환경 변수 PYTHONPATH에 등록해야 한다. 이 장에서는 환경 변수 PYTHONPATH에 위 디렉터리들이 이미 등록되어 있다고 가정한다. 제 1.3.4절에서 환경 변수 PYTHONPATH를 설정하는 방법을 이미 설명하였다.

주의 | Python 홈 디렉터리에 모듈을 생성하기

Python 홈 디렉터리에 사용자 정의 모듈들을 생성할 수도 있겠지만 그렇게 하는 것은 바람직하지 않다. Python 홈 디렉터리는 Python 인터프리터가 사용하는 중요한 디렉터리들과 파일들이 존재하는 디렉터리이므로 건드리지 않고 그대로 두는 것이 좋다.

7.2.2 파일 모듈의 생성

파일 모듈을 생성하는 것은 간단하다. Python 원시 코드 파일인 .py 파일을 생성하는 것이 파일 모듈을 생성하는 것이다.

파일 모듈을 생성해 보자. Python IDLE를 수행시키고 "File" > "New File" 메뉴를 선택하여 다음 [코드 7-1]과 같은 코드를 편집하고 환경 변수 PYTHONPATH에 등록된 D:/prj/python3 디렉터리에 series.py라는 이름으로 저장한다. 이제 파일 모듈 series.py가 생성되었다.

```
# series.py 모듈
def geometric(n, r):
    '''
    공비가 r인 등비 수열을 표현하는 리스트를 반환한다.
    '''
    e = 1
    result = [e]
    while True:
        e = r * e
        if (e > n):
            break
        result.append(e)

    return result

def fibonacci(n):
    ''' n까지의 피보나치 수열을 표현하는 리스트를 반환한다 '''
    result = []
    a, b = 0, 1
    while (b < n):
        result.append(b)
        a, b = b, a + b
    return result

# geometric() 함수와 fibonacci() 함수가 잘 동작하는지 테스트 해본다.
x = 100
_test = 'test'
print(geometric(x, 2)) # [1, 2, 4, 8, 16, 32, 64]
print(fibonacci(x)) # [1, 1, 2, 3, 5, 8, 13, 21, 34, 55, 89]
```

[코드 7-1] series 파일 모듈

위 `series` 파일 모듈은 `geometric(n, r)` 함수와 `fibonacci(n)` 함수의 정의, 전역 변수 `x`와 `_test`를 정의하는 할당문들, 그리고 함수 호출들을 담고 있다.

위 `series` 파일 모듈에 정의된 `geometric(n, r)` 함수는 공비가 r인 등비 수열(geometric series)을 인자 n까지 구하는 함수이고, `fibonacci(n)` 함수는 피보나치 수열(Fibonacci series)을 인자 n까지 구하는 함수이다. **등비 수열**이란 각 항과 그 다음 항이 일정한 비를 갖는 수열이며, **피보나치 수열**이란 1, 1로 시작하며 이전 두 항의 합이 다음 항의 값이 되는 수열이다. 위 series 파일 모듈을 수행하면 문장 28과 29가 다음과 같은 결과를 출력할 것이다.

```
[1, 2, 4, 8, 16, 32, 64]
[1, 1, 2, 3, 5, 8, 13, 21, 34, 55, 89]
```

7.2.3 패키지 모듈의 생성

이제, 이름 공간 패키지 모듈과 정규 패키지 모듈을 생성해보자. 이름 공간 패키지와 정규 패키지는 __init__.py 파일의 유무에 따라 구분된다. 즉, 패키지를 구성하는 디렉터리에 __init__.py 파일이 존재하면 그 패키지는 정규 패키지이고, 그렇지 않으면 이름 공간 패키지이다. 정규 패키지에 존재하는 __init__.py 파일을 **패키지 초기화 파일**(package initialization file)이라 부른다.

버전 3.3 미만의 Python은 정규 패키지만을 지원하였다. 버전 3.3 미만의 Python은 패키지에 해당하는 디렉터리에 __init__.py 파일 모듈이 존재하지 않으면 그 디렉터리는 패키지가 아닌 것으로 판정하고 패키지를 임포트할 수 없다는 `ImportError` 오류를 낸다.

Python 3.3에서 __init__.py 파일 모듈을 필요로 하지 않는 이름 공간 패키지 모듈이 도입되었다. 호환성을 위하여 Python 3.3 이후에도 정규 패키지 모듈은 여전히 지원된다.

(1) 이름 공간 패키지 sample의 생성

이름 공간 패키지를 만드는 것은 간단하다. 디렉터리를 만들고 그 디렉터리 안에 필요한 모듈(들)을 생성하면 된다. 패키지 초기화 파일은 생성하지 않는다. 패키지의 디렉터리는 환경 변수 PYTHONPATH에 등록된 디렉터리들 중의 하나인 것이 바람직하다.

이름 공간 패키지 모듈을 하나 생성해 보자. 생성하려는 패키지 모듈에 대응하는 디렉터리는 sample이고 sample 패키지 모듈은 파일 모듈들 a, b와 서브패키지 모듈 p를 담고 있다.

```
sample/
├─ a.py : bar()
├─ b.py : foo()
└─ p/
    └─c.py : z, deep(), _test
```

환경 변수 PYTHONPATH에 등록된 D:\prj\python3 디렉터리에 sample 디렉터리를 만들고 sample 디렉터리 안에 다음과 같은 파일 모듈들 a.py와 b.py를 생성한다.

```
# sample/a.py
def bar():
    print('sample 패키지의 모듈 a의 함수 bar()가 호출됨')

print('파일 모듈 a.py가 수행됨')
```

```
# sample/b.py
def foo():
    print('sample 패키지의 모듈 b의 함수 foo()가 호출됨')
```

그리고 sample 디렉터리에 서브 디렉터리 p를 생성하고, 그 안에 다음과 같은 파일 모듈 c.py를 생성한다. 디렉터리 p는 패키지 sample의 서브 패키지가 된다.

```
# sample/p/c.py
z = 3
_test = 'Software is a team sports.'

def deep():
    print('sample.p.c 모듈의 함수 deep()이 호출됨')
```

이제 PYTHONPATH에 등록된 디렉터리 D:\prj\python3 안에 이름 공간 패키지 모듈 sample이 생성되었다.

(2) 정규 패키지 sample2의 생성

정규 패키지를 생성하는 과정은 이름 공간 패키지를 생성하는 과정과 유사하다. 다만 정규 패키지의 경우 패키지에 해당하는 디렉터리에 패키지 초기화 파일 __init__.py를 생성해 주어야 한다. 패키지 초기화 파일은 내용이 빈 파일이어도 되고 코드를 담은 파일이어도 된다. 패키지 초기화 파일은 해당 패키지가 임포트될 때 자동으로 수행된다.

이제 정규 패키지 sample2를 생성해보자. C:/pt 디렉터리 안에 sample2 디렉터리를 생성하고 sample 패키지 안의 파일들을 samples2 디렉터리 안에 복사한다. 그리고 sample2 디렉터리와 sample2/p 디렉터리에 각각 다음과 같은 __init__.py 파일들을 추가한다.

```
# sample2/__init__.py
x = 1
__all__ = ['a', 'p'] # 서브 모듈들
print('sample2/__init__.py executed!')
```

```
# sample2/p/__init__.py
y = 17
_p = 18
print('sample2/p/__init__.py executed!')
```

이제 이름 공간 패키지 sample과 정규 패키지 모듈 sample2가 생성되었다. 이제, 환경 변수 PYTHONPATH에 등록된 디렉터리들에 파일 모듈 series.py, 정규 패키지 sample2, 그리고 이름 공간 패키지 sample이 다음과 같이 존재한다.

```
C:/pt/
  └sample2/
     ├ __init__.py : x, __all__
     ├ a.py : bar()
     ├ b.py : foo()
     └ p/
        ├ __init__.py : _p, y
        └ c.py : z, deep(), _test
```

```
D:/prj/python3/
  ├ series.py : x, _test, geometric(), fibonacci()
  └ sample/
     ├ a.py : bar()
     ├ b.py : foo()
     └ p/
        └ c.py : z, deep(), _test
```

7.2.4 모듈의 임포트

이제 생성된 모듈들을 임포트해보자. 모듈이 정의하고 있는 변수, 함수, 클래스 등의 객체들을 사용하려면 import 문 또는 from-import 문으로 먼저 그 모듈을 임포트해야 한다. 다음 코드를 따라서 해보자. 다음 코드는 파일 모듈 series, 정규 패키지 모듈 sample2, 이름 공간 패키지 모듈 sample을 임포트하는 것을 보여준다.

```
>>> import series # 파일 모듈의 임포트
[1, 2, 4, 8, 16, 32, 64]
[1, 1, 2, 3, 5, 8, 13, 21, 34, 55, 89]
>>> import sample2  # 정규 패키지의 임포트
sample2/__init__.py executed!
>>> import sample # 이름 공간 패키지의 임포트
>>>
```

모듈을 임포트하는 데 사용되는 import 문들의 형태들에는 다음과 같은 것들이 있다. 여기에서, 〈모듈〉이란 〈파일 모듈〉 또는 〈패키지 모듈〉을 의미하며, 〈이름〉이란 〈파일 모듈〉에 정의되어 있는 변수, 함수, 클래스 등의 이름을 의미한다.

- **import** 〈모듈〉, …, 〈모듈〉
- **from** 〈패키지 모듈〉 **import** 〈모듈〉, …, 〈모듈〉
- **from** 〈파일 모듈〉 **import** 〈이름〉, …, 〈이름〉
- **from** 〈모듈〉 **import** *

위 import 문들 각각에 대하여 제 7.4 ~ 7.7절에서 살펴본다.

7.3 import 문의 이해에 필요한 개념들

모듈을 임포트할 때 Python 인터프리터는 내부적으로 아주 많은 일들을 한다. import 문들의 동작을 살펴보기 전에 먼저 import 문들의 이해에 필요한 다음과 같은 개념들을 먼저 살펴보자.

- 모듈 객체와 메인 모듈 객체
- 현재 수행 모듈
- 모듈의 이름 공간과 내장 함수 locals()
- 모듈 객체의 속성 __dict__
- 모듈 객체의 기본 속성들
- 모듈 검색 경로들과 sys.path 변수
- 내장 모듈들과 builtins 모듈

7.3.1 모듈 객체와 메인 모듈 객체

이 절에서는 모듈 객체가 무엇인가 살펴보고 특별한 모듈 객체인 메인 모듈 객체에 대해서도 살펴본다.

(1) 모듈의 임포트와 모듈 객체

import 문으로 파일 모듈 또는 패키지 모듈을 임포트하면 그 모듈에 대응하는 `module` 객체가 생성된다. 그 모듈 객체의 이름은 모듈의 이름과 같다. 앞 절에서 생성한 파일 모듈 series.py, 이름 공간 패키지 sample, 정규 패키지 sample2를 사용하여 확인해보자.

```
>>> import series
[1, 2, 4, 8, 16, 32, 64]
[1, 1, 2, 3, 5, 8, 13, 21, 34, 55, 89]
>>> series # 파일 모듈 객체
<module 'series' from 'D:\\prj\\python3\\series.py'>
>>> import sample
>>> sample # 이름 공간 패키지 모듈 객체
<module 'sample' (namespace)>
>>> import sample2
sample2/__init__.py executed!
>>> sample2 # 정규 패키지 모듈 객체
<module 'sample2' from 'C:\\pt\\sample2\\__init__.py'>
>>>
```

위 코드는 파일 모듈 series, 이름 공간 패키지 모듈 sample, 그리고 정규 패키지 모듈 sample2를 임포트하면 `module` 객체 `series`, `sample`, 그리고 `sample2`가 생성되는 것을 보여준다.

`module` 객체는 모듈에 대응하여 생성되는 Python 객체이므로 이 후 "`module` 객체"라는 표현과 "모듈 객체"라는 표현을 같은 의미로 사용하기로 한다.

(2) 메인 모듈과 메인 모듈 객체

C 언어나 Java 언어와 달리 Python 언어에는 항상 그곳에서 수행이 시작되어야 하는 `main()` 함수가 없으며, 처음 수행이 시작되어야 하는 모듈이 미리 정해져 있지도 않다. 대신 Python에는 메인 모듈이라는 개념이 존재한다. Python 인터프리터는 수행을 시작할 때 **메인 모듈 객체**를 생성하고 다음 문장들을 그 **메인 모듈**(main module)의 문장으로 취급

한다.

- Python 인터프리터의 인자로 주어진 .py 모듈의 문장들
- Python 인터프리터가 REPL 모드에서 입력받는 문장들
- Python 인터프리터에 -c 옵션으로 주어진 문자열 문장들
- `eval()`이나 `exec()` 함수의 인자로 주어진 문자열 문장들

메인 모듈 객체는 메인 모듈의 문장들에게 이름 공간 등의 수행 환경을 제공하기 위하여 Python 인터프리터가 내부적으로 생성하는 특별한 모듈 객체이다.

(3) 내장 변수 __name__을 이용한 메인 모듈의 확인

Python 인터프리터가 관리하는 특별한 내장 변수(builtin variable)인 `__name__`은 항상 현재 수행중인 문장이 속한 모듈에 대응하는 모듈 객체의 이름을 담고 있다. 그리고 메인 모듈 객체의 이름은 '`__main__`'이다. 따라서 내장 변수 `__name__`을 사용하여 Python 인터프리터가 메인 모듈 객체를 생성하는 경우들을 다음과 같이 확인할 수 있다.

① Python 인터프리터의 인자로 주어진 .py 모듈의 문장들

Python 인터프리터는 명령행 인자로 주어진 .py 모듈의 문장들을 메인 모듈의 문장들로 취급한다. 즉 Python 인터프리터는 수행을 시작할 때 메인 모듈 객체를 생성하고 주어진 .py 모듈의 문장들을 그 메인 모듈 객체가 제공하는 수행 환경에서 수행한다. 예제를 통해 살펴보자. 먼저 다음과 같은 간단한 모듈 print_name.py를 생성한다.

```
# print_name.py
print('현재 수행 모듈의 이름:', __name__)
```

이제 명령 프롬프트 창에서 Python 인터프리터로 print_name.py를 직접 수행하면 다음과 같은 출력을 볼 수 있다.

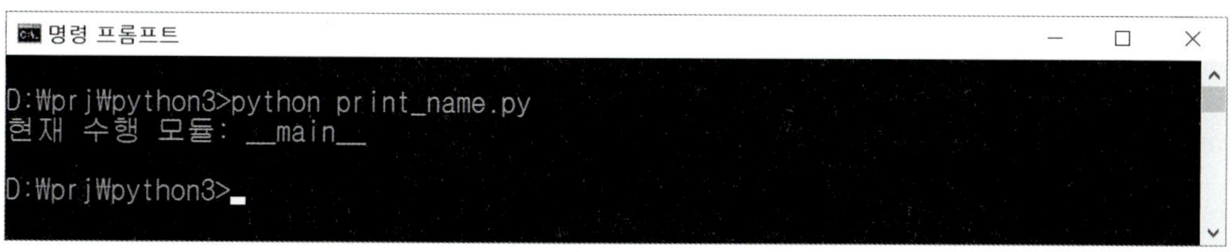

위와 같은 출력이 나오는 이유는 Python 인터프리터가 print_name.py 파일의 `print('현재 수행 모듈의 이름:', __name__)` 문장을 메인 모듈의 문장으로 취급하기 때문이다.

② Python 인터프리터가 REPL 모드에서 입력받는 문장들

Python 인터프리터는 REPL 모드에서 입력받는 문장들을 메인 모듈의 문장들로 취급한다. 즉 Python 인터프리터는 REPL 모드를 시작할 때 메인 모듈 객체를 생성하고 이후 REPL 모드에서 입력받는 문장들을 그 메인 모듈 객체가 제공하는 수행 환경에서 수행한다. 다음 예제 코드를 보자.

```
>>> print('현재 수행 모듈의 이름:', __name__)
현재 수행 모듈의 이름: __main__
>>>
```

③ Python 인터프리터에 **-c** 옵션으로 주어진 문자열 문장들

Python 인터프리터를 수행시킬 때 다음과 같이 수행 옵션들을 지정할 수 있으며, Python 인터프리터의 수행 옵션 -c의 값 *cmd*에는 Python 스크립트 형태의 문자열 문장들이 담길 수 있다.

python [-bBdEhiIOqsSuvVWx?] [-c *cmd* | -m *module-name* | *script* | -] [*args*]

Python 인터프리터는 수행 옵션 -c의 값 *cmd*에 담긴 문자열 문장들을 메인 모듈의 문장들로 취급한다. 즉 Python 인터프리터는 옵션 -c와 문자열 문장 *cmd*가 주어지면 메인 모듈 객체를 생성하고 *cmd*에 담긴 문장들을 그 메인 모듈 객체가 제공하는 수행 환경에서 수행한다. 다음 예제 코드를 보자.

```
명령 프롬프트
D:\prj>python -c "print(555);x=100;print(x);print(__name__)"
555
100
__main__

D:\prj>
```

사이트 https://docs.python.org/3/using/cmdline.html에서 Python 인터프리터의 명령 옵션에 대한 자세한 내용을 볼 수 있다.

④ **eval()**이나 **exec()** 함수의 인자로 주어진 문자열 문장들

Python 인터프리터는 `eval()`이나 `exec()` 함수의 인자로 주어진 문자열 문장들을 메인 모듈의 문장들로 취급하여 수행한다. 다음 예제 코드에서 `eval()` 함수의 인자로 주어지는 문자열 문장들이 메인 모듈의 문장들로 취급되고 있음을 확인할 수 있다.

```
>>> x = 1 # 메인 모듈의 문장
>>> eval('x + 1') # 메인 모듈의 전역 변수 x를 사용
2
>>> eval('__name__') # 메인 모듈의 __name__
'__main__'
>>> def f():
        y = 2
        print(eval('x + y + abs(-1)')) # 지역 변수, 전역 변수, 내장 함수를 사용

>>> f()
4
>>>
```

7.3.2 현재 수행 모듈

Python 프로그램이 수행되는 동안 여러 개의 모듈 객체들이 생성되고 소멸될 수 있으며, 주기억 장치 공간에는 여러 모듈 객체들이 동시에 존재할 수도 있다. **현재 수행 모듈**이란 현재 수행되고 있는 Python 문장이 속한 모듈을 의미한다. 그리고 **현재 수행 모듈 객체**란 현재 수행 모듈에 대응하는 module 객체를 의미한다.

Python 인터프리터의 현재 수행 모듈은 프로그램의 수행 중에 여러 번 변할 수 있다. __name__ 변수를 사용하는 예제 코드들을 이용하여 현재 수행 모듈의 변화를 확인해보자. 먼저 다음과 같은 모듈 m1.py와 m2.py를 생성한다.

```
# m1.py
print('(1) 현재 수행 모듈:', __name__)
```

```
# m2.py
print('(2) 현재 수행 모듈:', __name__) # import m1 문 수행하기 직전
import m1

print('(3) 현재 수행 모듈:', __name__) # import m1 문 수행한 직후
```

① 예제 1

Python IDLE를 시작시키고 다음 코드를 수행해보자.

```
1 >>> __name__
2 '__main__'
3 >>> import m1
4 (1) 현재 수행 모듈: m1
5 >>> __name__
6 '__main__'
7 >>>
```

위 코드의 1번 문장이 수행될 때 현재 수행 모듈 객체는 메인 모듈 객체이다. 그리고 3번 문장 `import m1` 문의 수행이 시작되면 모듈 객체 `m1`이 생성되고 현재 수행 모듈 객체는 `m1`이 된다. 그리고 `import m1` 문의 수행이 종료되면 현재 수행 모듈은 다시 `__main__`이 된다. 즉 위 코드가 수행되는 동안 현재 수행 모듈 객체는 다음과 같이 변화한다.

```
'__main__' -> 'm1' -> '__main__'
```

② 예제 2

이제 Python Shell을 다시 시작하여 초기화하고 다음과 같이 `__name__` 변수의 값을 출력하고, m2.py 모듈을 임포트하고, 다시 `__name__` 변수의 값을 출력해보면 변수 `__name__`의 값이 다음과 같은 순서로 변화하는 것을 볼 수 있다.

```
'__main__' -> 'm2' -> 'm1' -> 'm2' -> '__main__'
```

```
Python 3.8.2 Shell
File Edit Shell Debug Options Window Help
Python 3.8.2 (tags/v3.8.2:7b3ab59, Feb 25 2020, 23:03:10) [MSC v.1916 64 bit (AM
D64)] on win32
Type "help", "copyright", "credits" or "license()" for more information.
>>> __name__
'__main__'
>>> import m2
(2) 현재 수행 모듈: m2
(1) 현재 수행 모듈: m1
(3) 현재 수행 모듈: m2
>>> __name__
'__main__'
>>>
Ln: 11 Col: 4
```

Python 인터프리터가 프로그램을 수행할 때 현재 수행 모듈은 일반적으로 메인 모듈에서 시작하고 다시 메인 모듈로 끝난다.

주의 |

만일 예제 1에서 **import m1** 문을 수행한 후 "Shell" > "Restart Shell Ctrl+F6" 메뉴로 Python Shell을 다시 시작하지 않고 예제 2를 수행하면 m2.py의 **import m1** 문이 수행되지 않으므로 다른 결과를 볼 수 있다. Python 인터프리터는 효율을 위하여 이미 임포트된 모듈은 다시 임포트하지 않기 때문이다. 다음 코드는 이미 임포트된 series.py 모듈이 다시 임포트되지 않음을 보여준다. 제 7.10절에서 모듈의 재 적재에 대하여 자세히 다룬다.

```
>>> import series
[1, 2, 4, 8, 16, 32, 64]
[1, 1, 2, 3, 5, 8, 13, 21, 34, 55, 89]
>>> import series
>>>
```

7.3.3 모듈의 이름 공간과 내장 함수 locals()

이름 공간(namespace)의 개념은 Python 언어를 구성하는 핵심 개념들 중의 하나이다. 이름 공간들은 Python 인터프리터에 의해 관리된다. Python 언어 뿐 아니라 C++, Java 등의 언어들도 이름 공간을 지원하고 있다. 이름 공간에 대한 자세한 내용은 이 절의 범위를 넘어간다. 이 절에서는 모듈의 이름 공간에 대한 내용만을 다룬다.

(1) 모듈의 이름 공간과 이름 공간의 도식

모든 모듈 객체는 내부적으로 자신의 이름 공간을 갖는다. Python에서 모듈 객체의 이름 공간은 다음과 같이 딕셔너리 자료 구조로 표현되며, 모듈에서 직접 사용할 수 있는 이름과 그 이름에 대응하는 객체의 쌍들의 결합 정보를 저장하고 있다.

{$name_0$: 객체$_0$, $name_1$: 객체$_1$, $name_2$: 객체$_2$, ...}

주의 | **이름 공간의 제약**

이름 공간은 딕셔너리 자료 구조로 표현되며, 하나의 이름 공간에 등록되어 있는 이름들은 모두 서로 달라야 한다. 하지만 서로 다른 이름 공간들에는 동일한 이름들이 동시에 존재할 수 있다. 이런 제약은 디렉터리 구조에서의 파일 이름들의 제약과 유사하다.

제 5.1.2절에서 변수들과 객체들의 도식 체계를 소개하였다. 이 절에서는 이름 공간을 표현하기 위한 도식을 추가로 도입한다. 모듈 객체의 이름 공간을 다음 도식에서처럼 모듈 객체와 연결된 육각형으로 표현하기로 하자.

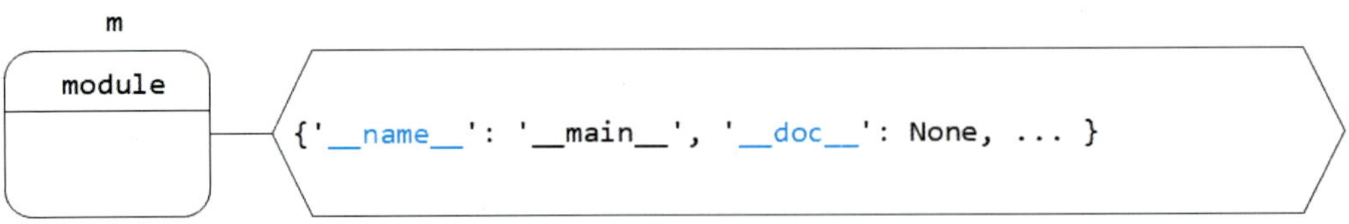

위 그림은 이름 공간이 {'__name__': '__main__', '__doc__': None, ... }인 모듈 객체 m의 도식이다. 모듈 객체의 이름 공간을 표현하는 육각형의 내부에는 해당 모듈의 이름 공간 정보를 표현하는 딕셔너리 자료 구조가 들어있다. 모듈의 이름 공간에 어떤 객체가 등록되어 있다는 표현은 그 모듈의 이름 공간을 표현하는 딕셔너리 자료 구조에 해당 객체의 이름과 해당 객체에 대한 참조의 쌍이 등록되어 있음을 의미한다.

(2) 내장 함수 locals()

내장 함수 `locals()`를 호출하면 호출 시점의 현재 수행 모듈의 이름 공간 정보를 확인할 수 있다. 예를 들어 Python Shell을 수행시키고 `locals()` 함수를 호출하면 다음과 같이 Python 인터프리터의 시작 시점의 메인 모듈의 이름 공간 정보를 볼 수 있다.

```
Python 3.8.3 Shell
File Edit Shell Debug Options Window Help
Python 3.8.3 (tags/v3.8.3:6f8c832, May 13 2020, 22:37:02) [MSC v.1924 64 bit (AM
D64)] on win32
Type "help", "copyright", "credits" or "license()" for more information.
>>> locals()
{'__name__': '__main__', '__doc__': None, '__package__': None, '__loader__': <cl
ass '_frozen_importlib.BuiltinImporter'>, '__spec__': None, '__annotations__': {
}, '__builtins__': <module 'builtins' (built-in)>}
>>>
                                                                    Ln: 5 Col: 4
```

위 `locals()` 함수 호출이 출력하는 이름 공간은 메인 모듈의 이름 공간이다. 왜냐하면 `locals()` 함수가 REPL 모드에서 수행되고 있기 때문이다. Python 인터프리터의 시작 시점의 메인 모듈의 이름 공간에는 `__name__`, `__doc__`, `__builtins__` 등의 모듈 객체의 기본 속성들이 담겨있음을 확인할 수 있다. 제 7.3.5절에 모듈 객체의 기본 속성들에 대한 자세한 설명이 나온다.

REPL 모드에서 변수, 함수, 클래스 등을 정의하는 문장을 수행하면 현재 수행 모듈인 메인 모듈의 이름 공간에 그들이 등록된다. Python Shell을 다시 시작시키고 다음 예제 코드를 수행해보자.

```
>>> locals()
{'__name__': '__main__', '__doc__': None, '__package__': None, '__loader__': <class '_frozen_importlib.BuiltinImporter'>, '__spec__': None, '__annotations__': {}, '__builtins__': <module 'builtins' (built-in)>}
>>> x = 279
>>> locals()
{'__name__': '__main__', '__doc__': None, '__package__': None, '__loader__': <class '_frozen_importlib.BuiltinImporter'>, '__spec__': None, '__annotations__': {}, '__builtins__': <module 'builtins' (built-in)>, 'x': 279}
>>>
```

위 코드는 변수 x를 정의하는 문장 x = 279를 수행하고 locals() 함수를 호출한 결과를 보여준다. 호출 결과가 보여주는 메인 모듈의 이름 공간에는 다음 원소가 등록되어 있음을 확인할 수 있다.

```
'x': 279
```

즉, 위 예제 코드의 문장 x = 279가 수행되면, 현재 수행 모듈 객체인 메인 모듈 객체의 이름 공간에 이름 'x'와 279의 쌍이 다음과 같이 등록된다.

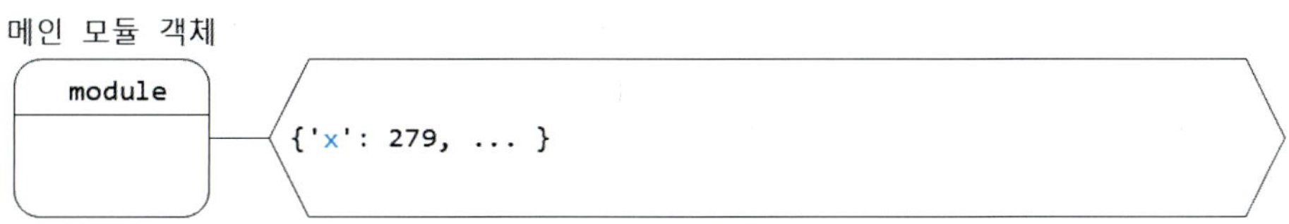

이어서 함수 f와 클래스 A를 정의하는 코드를 다음과 같이 수행하고 locals() 함수를 호출해보자.

```
>>> def f(): pass

>>> class A: pass

```

```
>>> locals()
{'__name__': '__main__', '__doc__': None, '__package__': None, '__loader__': <class '_frozen_importlib.BuiltinImporter'>, '__spec__': None, '__annotations__': {}, '__builtins__': <module 'builtins' (built-in)>, 'x': 279, 'f': <function f at 0x000001B008D23280>, 'A': <class '__main__.A'>}
>>>
```

locals() 함수를 호출한 결과는 메인 모듈의 이름 공간에 다음 두 원소들이 등록되었음을 보여준다.

- 'f': <function f at 0x000001B008D23280>
- 'A': <class '__main__.A'>

즉 메인 모듈 객체의 이름 공간은 다음 도식과 같아진다. 다음 도식에서 <function f at 0x000001B008D23280>는 주기억 장치 공간 0x000001B008D23280에 존재하는 함수 정의 객체를 표현하며, <class '__main__.A'>는 __main__ 모듈에서 정의된 클래스 A를 표현한다.

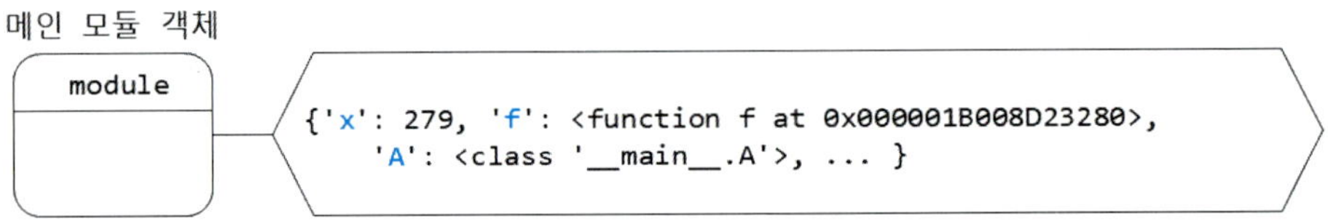

참고 | 전역 이름 공간

현재 수행되고 있는 문장이 담긴 모듈의 이름 공간을 **전역 이름 공간**(global namespace)이라고 부른다. 왜냐하면 모듈에서 정의된 변수들, 함수들, 클래스들 등의 이름들은 전역적인 유효 범위(scope)를 갖기 때문이다.

7.3.4 모듈 객체의 속성 __dict__

앞 절에서 소개한 내장 함수 locals()를 사용하면 현재 수행 모듈의 이름 공간 정보를 확인할 수 있다. 하지만 locals() 함수로는 현재 수행 모듈이 아닌 모듈의 이름 공간 정보를 확인할 수 없다. 현재 수행 모듈이 아닌 모듈의 이름 공간 정보는 모듈 객체의 __dict__ 속성으로 확인할 수 있다. 다음 예제 코드를 보자. 다음 예제 코드는 제 7.2.2절에서 생성한 파일 모듈

series.py를 임포트하여 생성된 파일 모듈 객체 **series**를 사용한다.

```
>>> import series
[1, 2, 4, 8, 16, 32, 64]
[1, 1, 2, 3, 5, 8, 13, 21, 34, 55, 89]
>>> print('메인 모듈의 이름 공간의 이름들:', locals().keys())
메인 모듈의 이름 공간의 이름들: dict_keys(['__name__', '__doc__', '__package__',
'__loader__', '__spec__', '__annotations__', '__builtins__', 'series'])
>>> print('모듈 series의 이름 공간의 이름들', series.__dict__.keys())
모듈 series의 이름 공간의 이름들 dict_keys(['__name__', '__doc__', '__package__',
'__loader__', '__spec__', '__file__', '__cached__', '__builtins__', 'geometric',
'fibonacci', 'x', '_test'])
>>>
```

위 코드는 출력이 너무 많아지는 것을 피하기 위하여 **series.__dict__.keys()** 수식으로 이름 공간을 표현하는 딕셔너리 객체의 키에 해당하는 이름들만을 출력하고 있다.

참고 |

모듈 객체의 **__dict__** 속성이 보여주는 것은 사실 모듈 객체의 모든 인스턴스 변수들에 대한 정보이다. 객체의 **__dict__** 속성에 대한 일반적인 내용은 객체 지향 개념들을 다루는 제 8.5.3절에서 소개된다.

7.3.5 모듈 객체의 기본 속성들

제 7.3.3절의 예제 코드에서 살펴본 바와 같이 모듈 객체의 이름 공간에는 모듈에서 정의된 변수, 함수, 클래스 등만 등록되어 있는 것이 아니라 Python 인터프리터가 모듈을 관리하기 위해 내부적으로 필요한 기본 객체들이 등록되어 있다.

예를 들어, 앞 절 마지막 코드에서 메인 모듈의 이름 공간에는 변수 **x**, 함수 **f**, 클래스 **A** 뿐 아니라 **__**로 시작하는 **__main__**, **__doc__**, **__package__**, **__builtins__** 등의 이름들을 가진 객체들이 등록되어 있다. 그런 이름들은 Python 인터프리터가 모듈을 관리하기 위해 내부적으로 사용하는 객체들의 이름이다. 예를 들어, 이름 **'__name__'**은 현재 수행 **module** 객체의 이름에 해당하는 문자열 객체와 결합(binding)되어 있으며, 이름 **'__files__'**는 **module** 객체에 대응하는 모듈 파일의 위치 정보에 해당하는 문자열과 결합되어 있다. 모듈의 관리를 위한 그런 객체들을 **모듈 객체의 기본 속성들**이라고 부른다.

7.3.6 모듈 검색 경로들과 sys.path 변수

모듈 검색 경로란 sys 모듈이 제공하는 변수 `sys.path`에 등록되어 있는 디렉터리들을 의미한다. 지금까지의 예제 코드에서는 파일 모듈들과 패키지 모듈들을 디렉터리 D:\prj\python3 또는 C:\pt에 만들었다. 하지만 파일 모듈이나 패키지들을 다른 디렉터리에도 생성할 수 있다. 다만 그 디렉터리가 모듈 검색 경로들 중 하나이면 된다.

Python 인터프리터가 임포트해야 하는 모듈을 찾는 절차를 살펴보자[12]. 임포트해야 하는 모듈이 내장 모듈인 경우에는 Python 인터프리터가 알아서 찾는다. Python 인터프리터는 내장 모듈들의 위치를 알고 있기 때문이다. 내장 모듈들에 대한 자세한 설명은 다음 절인 제 7.3.7절에 나온다.

임포트해야 하는 모듈이 내장 모듈이 아니라면 그 모듈의 디렉터리가 `sys.path` 변수에 등록되어 있어야 한다. Python 인터프리터는 임포트해야 하는 모듈을 발견할 때까지 `sys.path` 변수에 등록되어 있는 디렉터리들을 차례로 검색한다. 만일 모든 모듈 검색 경로들을 검색해도 해당 모듈을 찾지 못하면 Python 인터프리터는 `ModuleNotFoundError`를 발생시킨다. 즉, `sys.path` 변수에 등록되어 있는 디렉터리들 중의 하나에 모듈이 존재해야 그 모듈이 정상적으로 임포트될 수 있다.

Python 인터프리터는 수행을 시작할 때 다음 디렉터리들 등을 `sys.path` 변수의 기본 값으로 등록시킨다[13].

- 인터프리터로 .py 파일을 직접 수행한 경우에는 `sys.path[0]`에 그 .py 파일이 존재하는 디렉터리가 들어가며, REPL 모드로 인터프리터를 시작했을 때에는 `sys.path[0]`에 빈 문자열 `''`가 들어간다. 빈 문자열 `''`는 현재 작업 디렉터리를 의미한다.
- Python 표준 라이브러리가 설치된 디렉터리들
- Python 홈 디렉터리 아래의 Lib/site-packages 디렉터리
- 환경 변수 PYTHONPATH에 등록된 디렉터리들

참고 | Lib/site-packages 디렉터리

Python 홈 디렉터리 내에 존재하는 Lib/site-packages 디렉터리는 pip 명령 등으로 인터넷 등으로부터 내려 받은 외부 라이브러리 모듈들이 설치되는 디렉터리이다.

12) https://docs.python.org/3/reference/import.html

13) https://docs.python.org/3/tutorial/modules.html

sys.path 변수에 등록되어 있는 디렉터리들을 REPL 모드에서 다음과 같이 직접 확인할 수 있다. sys.path 변수의 값은 운영 체제 및 Python 설치 환경에 따라서 세부적으로 다를 수 있다.

```
>>> import sys
>>> sys.path
['', 'C:\\Program Files\\Python38\\Lib\\idlelib', 'C:\\pt', 'D:\\prj\\python3',
'C:\\Program Files\\Python38', 'C:\\Program Files\\Python38\\python38.zip',
'C:\\Program Files\\Python38\\DLLs', 'C:\\Program Files\\Python38\\lib',
'C:\\Program Files\\Python38\\lib\\site-packages']
>>>
```

Python 개발자는 필요에 따라 sys.path 변수에 다음과 같은 방법으로 새로운 디렉터리를 추가 등록할 수 있다.

① **환경 변수 PYTHONPATH에 새로운 디렉터리 등록**

환경 변수 PYTHONPATH에 새로운 디렉터리를 등록해주고 Python 인터프리터를 다시 시작한다. 그러면 환경 변수 PYTHONPATH에 새로 등록한 디렉터리가 sys.path 변수에 추가되어 있을 것이다. 이 방법은 Python 인터프리터를 재시작하거나 컴퓨터를 껐다가 켜도 그 효과가 지속된다. 환경 변수 PYTHONPATH의 설정 방법은 제 1.3.4절에서 설명되었다.

② **sys.path.append(*directory*) 함수를 호출하여 sys.path 변수에 새로운 디렉터리를 동적으로 등록**

코드에서 sys.path.append(*directory*) 함수를 호출하여 sys.path 변수에 임포트할 모듈의 디렉터리를 동적으로 등록한 후에 import 문이나 from-import 문을 호출하면 해당 모듈을 임포트할 수 있다. 이 방법은 간단하지만 Python 인터프리터를 재시작하면 효과가 없어진다.

다음 코드는 my_mod 모듈이 임포트될 수 있도록 my_mod 모듈이 존재하는 디렉터리인 D:\mydir 디렉터리를 sys.path.append('D:\\mydir') 문장으로 동적으로 등록하는 것을 보여준다.

```
# 모듈 my_mod가 존재하는 D:/mydir 디렉터리는
# sys.path에 포함되어 있지 않은 디렉터리이다.
import sys
sys.path.append('D:\\mydir') # my_mod 모듈의 디렉터리를 동적 등록

import my_mod
```

7.3.7 내장 모듈들과 builtins 모듈

내장 모듈들(builtin modules)이란 Python 인터프리터가 설치될 때 기본으로 설치되는 모듈들을 의미한다. 내장 모듈들에는 Python 인터프리터가 기본으로 지원하는 예외들, 변수들, 상수들, 그리고 함수들이 정의되어 있다. 내장 모듈들의 이름은 다음과 같이 `sys.builtin_module_names` 문장으로 확인할 수 있다.

```
>>> import sys
>>> sys.builtin_module_names
('_abc', '_ast', '_bisect', '_blake2', '_codecs', '_codecs_cn', '_codecs_hk', '_codecs_iso2022',
'_codecs_jp', '_codecs_kr', '_codecs_tw', '_collections', '_contextvars', '_csv',
'_datetime', '_functools', '_heapq', '_imp', '_io', '_json', '_locale', '_lsprof',
'_md5', '_multibytecodec', '_opcode', '_operator', '_pickle', '_random', '_sha1',
'_sha256', '_sha3', '_sha512', '_signal', '_sre', '_stat', '_statistics', '_string',
'_struct', '_symtable', '_thread', '_tracemalloc', '_warnings', '_weakref', '_winapi',
'_xxsubinterpreters', 'array', 'atexit', 'audioop', 'binascii', 'builtins', 'cmath',
'errno', 'faulthandler', 'gc', 'itertools', 'marshal', 'math', 'mmap', 'msvcrt', 'nt',
'parser', 'sys', 'time', 'winreg', 'xxsubtype', 'zlib')
>>> __builtins__
<module 'builtins' (built-in)>
>>>
```

위 코드를 보면 총 66개의 내장 모듈들이 존재하며, 그 중에는 `math` 모듈과 `builtins` 모듈이 존재함을 확인할 수 있다.

주의 | 내장 모듈과 builtins 모듈의 구분

내장 모듈(builtin module)과 `builtins` 모듈을 명확하게 구분해야 한다. `builtins` 모듈은 내장 모듈의 하나이다.

① 내장 모듈 math의 사용

내장 모듈의 하나인 `math` 모듈을 사용해보자. `math` 모듈에는 수학에 관련된 다양한 함수들과 변수들이 정의되어 있다.

```
>>> import math
>>> math.pi
3.141592653589793
>>> math.sin(math.pi/2)
1.0
>>> math.cos(math.pi/2)
```

```
6.123233995736766e-17
>>> pi
Traceback (most recent call last):
  File "<pyshell#13>", line 1, in <module>
    pi
NameError: name 'pi' is not defined
>>>
```

임포트된 모듈에 정의되어 있는 객체들을 사용하려면 그 객체들을 〈모듈 이름〉.〈객체 이름〉으로 사용해야만 한다. 내장 모듈 **math**의 경우에도 마찬가지이다. 위 코드에서 **math.pi** 대신 모듈 이름 없이 **pi**를 사용하면 오류가 나는 것을 확인할 수 있다.

② builtins 모듈의 사용

builtins 모듈에는 Python 프로그래밍에서 가장 기본적인 객체들이 등록되어 있다. 예를 들어, **len()**, **min()**, **max()**, **int()** 등의 함수들과 **Exception**, **TypeError**, **StopIteration** 예외들 등이 등록되어 있다.

builtins 모듈은 Python 인터프리터에 의해 특별 취급되는 모듈이다. 즉 **builtins** 모듈은 개발자가 임포트할 필요가 없다. **builtins** 모듈은 Python 인터프리터에 의해 메인 모듈 객체를 비롯한 모든 모듈 객체의 이름 공간에 **__builtins__**라는 이름으로 자동으로 등록된다. 또한 **builtins** 모듈에 등록되어 있는 객체들은 모듈 이름 **__builtins__**를 생략한 간결한 형태로 사용할 수 있다.

다음 도식은 Python 인터프리터가 시작한 직후의 모듈들의 상태를 보여준다. Python 인터프리터가 시작한 직후에 메인 모듈의 이름 공간에는 **__builtins__**라는 이름으로 **builtins** 모듈 객체가 등록되어 있다. 제 7.3.3절에서 **__builtins__**가 모듈 객체의 기본 속성의 하나임을 이미 살펴보았다.

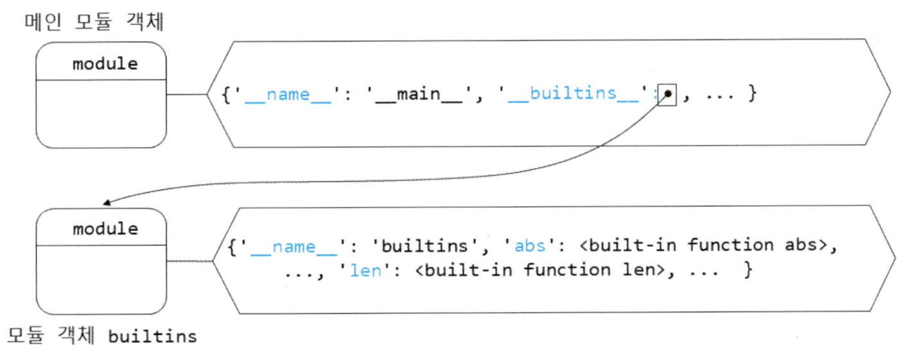

builtins 모듈에 등록되어 있는 객체를 사용하려면 원칙적으로는 __builtins__.<객체>의 형태로 사용해야만 한다. 예를 들어, builtins 모듈에 등록되어 있는 len() 함수를 호출하려면 원칙적으로는 __builtins__.len()을 호출해야만 한다. 하지만 builtins 모듈에 등록되어 있는 객체들은 모듈 이름 __builtins__를 생략한 간결한 형태로 사용할 수 있다. 다음 코드를 보자.

```
>>> __builtins__
<module 'builtins' (built-in)>
>>> __builtins__.max(1, 2, 3) # builtins 모듈의 max() 호출
3
>>> max(1, 2, 3) # builtins 모듈의 max() 호출
3
>>> __builtins__.len([1, 2, 3, 4, 5])
5
>>> len([1, 2, 3, 4, 5]) # builtins 모듈의 len() 호출
5
>>>
>>> __builtins__.BaseException
<class 'BaseException'>
>>> BaseException
<class 'BaseException'>
>>>
```

위 코드를 보면 __builtins__.max()나 __builtins__.len() 호출 대신 max()나 len()을 직접 호출해도 됨을 확인할 수 있다.

7.4 import 〈모듈〉, ..., 〈모듈〉 문

여러 개의 〈모듈〉들을 한 번에 임포트하는 import 〈모듈〉, ..., 〈모듈〉 문은 import 〈모듈〉 문을 반복하여 사용하는 것과 효과가 같다. 그리고 〈모듈〉은 일반적으로 $m_1.m_2. \ldots .m_i$의 형태로 표현될 수 있다 ($i \geq 1$). 여기서 $m_1, m_2, \ldots, m_{i-1}$ 들은 디렉터리들의 이름들이고, m_i는 디렉터리 또는 .py 파일의 이름이다. 따라서 다음 형태의 임포트 문의 동작을 이해하면 import 〈모듈〉, ..., 〈모듈〉 문의 동작을 이해할 수 있다.

```
import m1.m2. ... .mi # import <모듈> 문의 일반적 형태
```

7.4.1 import $m_1.m_2.$ ... $.m_i$ 문의 수행 알고리즘

import $m_1.m_2.$ ... $.m_i$ 문이 존재하는 모듈, 즉 **import** $m_1.m_2.$ ... $.m_i$ 문이 수행되기 직전의 현재 수행 모듈을 m_0 라고 하자. 그러면 **import** $m_1.m_2.$ ... $.m_i$ 문의 수행 알고리즘은 다음과 같다.

[단계 1] 모듈 찾기

Python 인터프리터는 경로 $m_1/m_2/$ ... $/m_i$에 해당하는 디렉터리나 파일 모듈을 찾는다. 만일 찾는 디렉터리나 파일 모듈이 모듈 검색 경로 상에 존재하지 않으면, Python 인터프리터는 ModuleNotFoundError 예외를 발생시킨다.

[단계 2] m_1, m_2, ..., m_i의 순차적 처리

단계 1에서 예외가 발생되지 않았다면, Python 인터프리터는 경로 $m_1/m_2/$ ... $/m_i$의 각 m_x에 대하여 m_1부터 차례로 다음 세부 단계들을 반복적으로 수행한다 (x = 1, ..., i).

[2.1] m_x에 해당하는 모듈 객체를 생성하고 현재 수행 모듈 객체를 그 객체로 변경한다.

[2.2] m_x에 해당하는 모듈의 수행:

- 만일 m_x가 디렉터리이고 그 디렉터리에 __init__.py 파일이 존재하면, 그 __init__.py 파일을 수행한다. 이 때 그 __init__.py 파일이 정의하고 있는 변수, 함수, 클래스 등이 현재 수행 모듈 객체의 이름 공간에 등록된다.
- 만일 m_x가 파일 모듈이면, 그 파일 모듈을 수행한다. 이 때 그 파일 모듈이 정의하고 있는 변수, 함수, 클래스 등이 현재 수행 모듈 객체의 이름 공간에 등록된다.

[2.3] 모듈 m_{x-1}에 해당하는 모듈 객체의 이름 공간에 현재 수행 모듈 객체를 등록한다.

[단계 3] 현재 수행 모듈 객체 복원

현재 수행 모듈 객체를 **import** $m_1.m_2.$ ... $.m_i$ 문이 수행되기 직전의 현재 수행 모듈인 m_0에 해당하는 모듈 객체로 복원한다.

결과적으로, **import** $m_1.m_2.$ ... $.m_i$ 문을 수행하기 직전에서 수행을 끝낸 직후 사이에서 현재 수행 모듈 객체는 다음과 같이 변화된다: m_0에 해당하는 모듈 객체 -> m_1에 해당하는 모듈 객체 -> ... -> m_i에 해당하는 모듈 객체 -> m_0에 해당하는 모듈 객체.

import $m_1.m_2.$ ... $.m_i$ 문의 수행이 끝난 직후에 현재 수행 모듈은 **import** $m_1.m_2.$ ... $.m_i$ 문의 수행이 시작되기 직전의 현재 수행 모듈인 m_0이다. 그리고 이때 m_0가 메인 모듈이라면 모듈들의 상태는 다음 도식과 같을 것이다.

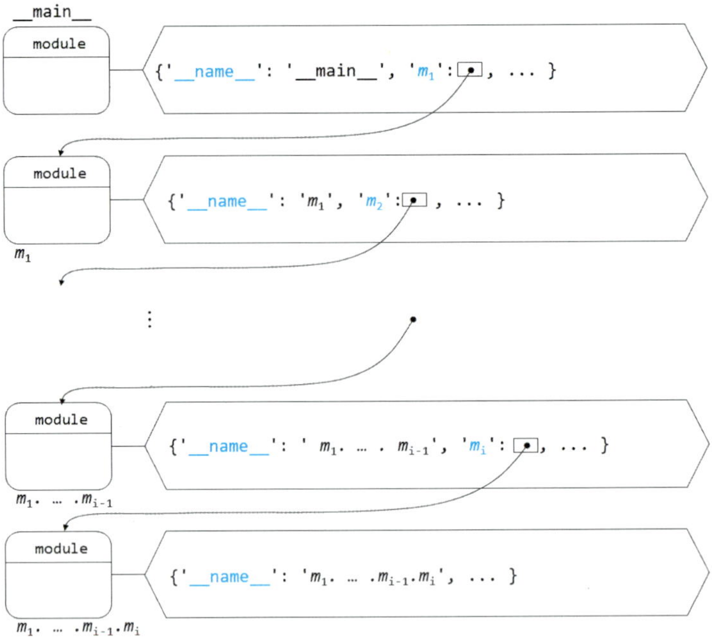

단계 2를 마쳤을 때, 마지막 모듈을 제외한 각 모듈 m_x에 해당하는 모듈 객체의 이름 공간의 내용은 다음과 같다 (x = 0, 1, ..., i−1).

- 만일 m_x가 정규 패키지라면 그것에 해당하는 모듈 객체의 이름 공간에는 모듈 객체의 기본 속성들, 모듈 m_{x+1}에 해당하는 모듈 객체, 그리고 모듈 m_x의 패키지 초기화 파일에서 정의하고 있는 변수, 함수, 클래스 등이 등록되어 있을 것이다.
- 만일 m_x가 이름 공간 패키지라면 그것에 해당하는 모듈 객체의 이름 공간에는 모듈 객체의 기본 속성들, 그리고 모듈 m_{x+1}에 해당하는 모듈 객체가 등록되어 있을 것이다.

그리고 마지막 모듈 m_i에 해당하는 모듈 객체의 이름 공간의 내용은 다음과 같다.

- 만일 m_i가 정규 패키지라면 그것에 해당하는 모듈 객체의 이름 공간에는 모듈 객체의 기본 속성들, 그리고 모듈 m_i의 패키지 초기화 파일에서 정의하고 있는 변수, 함수, 클래스 등이 등록되어 있을 것이다.
- 만일 m_i가 이름 공간 패키지라면 그것의 이름 공간에는 모듈 객체의 기본 속성들만 등록되어 있을 것이다.
- 만일 m_i가 파일 모듈이라면 그것에 해당하는 모듈 객체의 이름 공간에는 모듈 객체의 기본 속성들, 그리고 모듈 m_i에서 정의하고 있는 변수, 함수, 클래스 등이 등록되어 있을 것이다.

7.4.2 예제 코드들

예제 코드들을 이용하여 앞 절에서 기술한 import 〈모듈〉 문의 수행 알고리즘을 확인해보자.

(1) 파일 모듈의 임포트 사례 1

다음은 제 7.2.2절에서 생성한 [코드 7-1]의 파일 모듈 series.py를 메인 모듈에서 import series 문으로 임포트한 결과를 보여준다. series.py 모듈은 함수 geometric(), 함수 fibonacci(), 변수 x, 그리고 변수 _test 등을 정의하고 있다.

```
>>> import series
[1, 2, 4, 8, 16, 32, 64]
[1, 1, 2, 3, 5, 8, 13, 21, 34, 55, 89]
>>> series.__dict__.keys()
dict_keys(['__name__', '__doc__', '__package__', '__loader__', '__spec__',
'__file__', '__cached__', '__builtins__', 'geometric', 'fibonacci', 'x', '_test'])
>>>
```

위 import series 문이 수행되기 직전의 현재 모듈 객체는 메인 모듈 객체이다. import series 문이 수행되면 Python 인터프리터는 다음과 같은 작업을 수행한다.

1. series.py 파일을 찾는다.
2. 모듈 객체 series를 생성한다. 그리고 현재 수행 모듈 객체를 series로 변경한다.
3. series.py 모듈을 수행한다. 이 때 series.py 모듈에서 정의된 함수들 geometric()과 fibonacci(), 변수들 x와 _test가 현재 수행 모듈 객체인 series의 이름 공간에 등록된다.
4. 모듈 객체 series를 import series 문이 수행되기 직전의 현재 수행 모듈 객체인 메인 모듈 객체의 이름 공간에 등록한다.
5. 현재 수행 모듈 객체를 메인 모듈 객체로 복원한다.

결과적으로 위 import series 문의 수행이 끝난 직후 현재 수행 모듈 객체는 다시 메인 모듈 객체가 된다. 다음 그림은 위 import series 문의 수행이 끝난 직후의 상태를 그린 것이다. 메인 모듈 객체의 이름 공간에는 series 모듈 객체가 등록되어 있다. 그리고 series 모듈 객체의 이름 공간에는 series.py에서 정의한 객체들이 등록되어 있다.

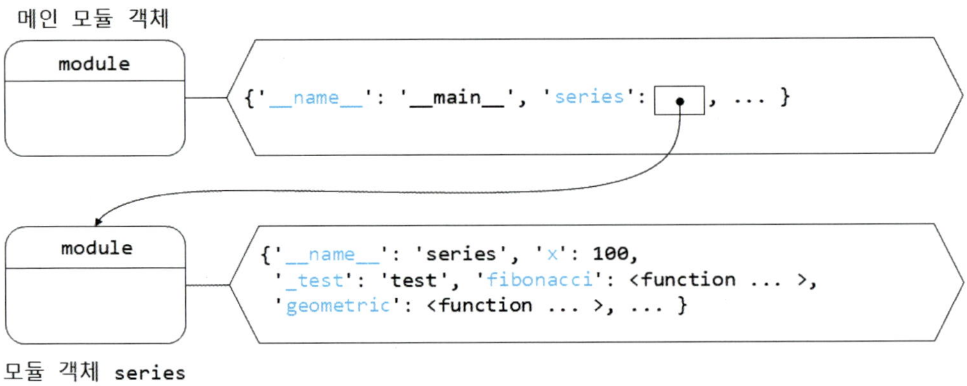

메인 모듈에서 series 모듈 객체의 이름 공간에 등록된 객체들을 사용하려면 수식 series.<이름>을 사용하면 된다. 예를 들어, 다음 예제 코드의 6번 문장 series.fibonacci(200)과 8번 문장 series.geometric(200, 2)은 각각 series 모듈 객체의 이름 공간에 등록되어 있는 함수 fibonacci()와 geometric()을 호출한다. 10번과 12번 문장은 각각 series 모듈 객체의 이름 공간에 등록되어 있는 변수 x와 _test의 값을 반환한다.

```
1  >>> import series
2  [1, 2, 4, 8, 16, 32, 64]
3  [1, 1, 2, 3, 5, 8, 13, 21, 34, 55, 89]
4  >>> series
5  <module 'series' from 'D://prj//python3//series.py'>
6  >>> series.fibonacci(200)
7  [1, 1, 2, 3, 5, 8, 13, 21, 34, 55, 89, 144]
8  >>> series.geometric(200, 2)
9  [1, 2, 4, 8, 16, 32, 64, 128]
10 >>> series.x
11 100
12 >>> series._test
13 'test'
14 >>>
```

(2) 정규 패키지 모듈의 임포트 사례

정규 패키지를 임포트하면 그 패키지의 패키지 초기화 파일 __init__.py가 수행되고, 생성된 패키지 모듈 객체의 이름 공간에는 그 패키지 초기화 파일에서 정의하는 변수, 함수, 클래스 등이 등록된다.

제 7.2.3절에서 생성한 정규 패키지 sample2를 임포트하는 사례를 살펴보자. 정규 패키지 sample2의 구성은 다음 그림과 같다.

```
C:/pt/
    └─sample2/
        ├─ __init__.py : x, __all__
        ├─ a.py : bar()
        ├─ b.py : foo()
        └─ p/
            ├─ __init__.py : _p, y
            └─ c.py : z, deep(), _test
```

그리고, 제 7.2.3절에서 생성한 정규 패키지 sample2의 패키지 초기화 파일은 다음과 같다.

```
# sample2/__init__.py
x = 1
__all__ = ['a', 'p'] # 서브 모듈들
print('sample2/__init__.py executed!')
```

다음 코드를 수행하면 sample2 패키지의 패키지 초기화 파일이 수행되고 그곳에서 정의된 변수 x와 `__all__`이 정규 패키지 객체 `sample2`의 이름 공간에 등록된다.

```
>>> import sample2 # 정규 패키지의 임포트
sample2/__init__.py executed!
>>> sample2
<module 'sample2' from 'C:\\pt\\sample2\\__init__.py'>
>>> sample2.x
1
>>> sample2.__file__
'C:\\pt\\sample2\\__init__.py'
>>> sample2.__all__
['a', 'p']
>>>
```

다음 그림은 위 코드의 import sample2 문이 수행된 직후의 상태를 보여준다. 메인 모듈 객체의 이름 공간에는 sample2 패키지 객체가 등록되어 있고, sample2 패키지 모듈 객체의 이름 공간에는 패키지 초기화 파일에서 정의한 변수 x, __all__, __file__ 등이 등록되어 있다.

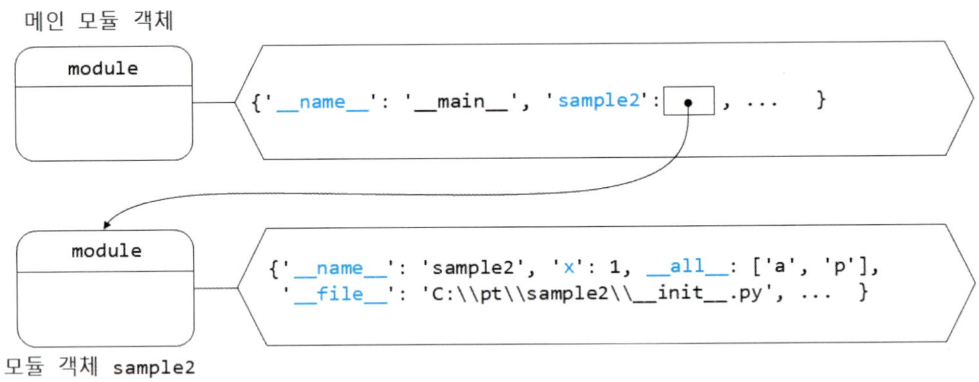

참고로, 정규 패키지로부터 생성된 module 객체의 기본 속성 __file__은 패키지 초기화 파일의 경로 값을 갖는다.

(3) 이름 공간 패키지의 임포트 사례

이름 공간 패키지의 임포트는 정규 패키지의 임포트와 유사하다. 다만 이름 공간 패키지의 경우 __init__.py 파일에 대한 처리가 없다.

다음 코드는 이름 공간 패키지 sample을 임포트하여 생성된 모듈 객체 sample의 기본 속성 __name__과 __file__의 값을 보여준다. 이름 공간 패키지는 패키지 초기화 파일이 없으므로 sample.__file__의 값은 None이 된다.

```
>>> import sample # 이름 공간 패키지
>>> sample
<module 'sample' (namespace)>
>>> sample.__name__
'sample'
>>> sample.__file__ # None
>>>
```

다음 그림은 **import** sample 문이 수행된 직후의 상태를 보여준다. 메인 모듈 객체의 이름 공간에는 sample 패키지 모듈 객체가 등록되어 있고, sample 패키지 모듈 객체의 이름 공간에는 모듈 객체의 기본 속성들만 등록되어 있다.

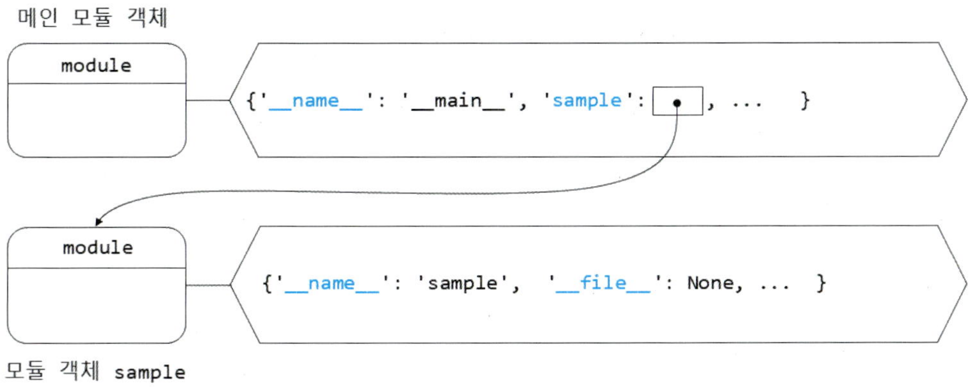

(4) 파일 모듈의 임포트 사례 2

다음과 같은 구조를 가진 이름 공간 패키지 sample이 담고 있는 파일 모듈 sample/p/c.py를 임포트하는 예제 코드를 살펴보자.

```
sample\
├── a.py: bar()
├── b.py: foo()
└── p\
     └── c.py: z, deep(), _test
```

파일 모듈 sample/p/c.py 에는 다음과 같이 변수 z, 변수 _test 그리고 함수 deep()이 정의되어 있다.

```
# sample/p/c.py
z = 3
_test = 'Software is a team sports.'

def deep():
    print('sample.p.c 모듈의 함수 deep()이 호출됨')
```

Python을 다시 시작하자. 그리고 다음 코드에서처럼 문장 **import** sample.p.c을 수행하고 그 결과를 살펴보자.

```
>>> import sample.p.c
>>> sample
<module 'sample' (namespace)>
>>> sample.p
<module 'sample.p' (namespace)>
>>> sample.p.c
<module 'sample.p.c' from 'D:\\prj\\python3\\sample\\p\\c.py'>
>>> sample.__dict__.keys()
dict_keys(['__name__', '__doc__', '__package__', '__loader__', '__spec__', '__file__',
'__path__', 'p'])
>>> sample.p.__dict__.keys()
dict_keys(['__name__', '__doc__', '__package__', '__loader__', '__spec__', '__file__',
'__path__', 'c'])
>>> sample.p.c.__dict__.keys()
dict_keys(['__name__', '__doc__', '__package__', '__loader__', '__spec__', '__file__',
'__cached__', '__builtins__', 'z', '_test', 'deep'])
>>> sample.p.c.__file__
'D:\\prj\\python3\\sample\\p\\c.py'
>>>
```

다음 그림은 **import** sample.p.c 문이 수행된 직후의 상태를 보여준다. 파일 모듈 객체 c의 이름 공간에는 sample/p/c.py에서 정의된 변수 z, 변수 _test, 그리고 함수 deep이 등록되어 있다.

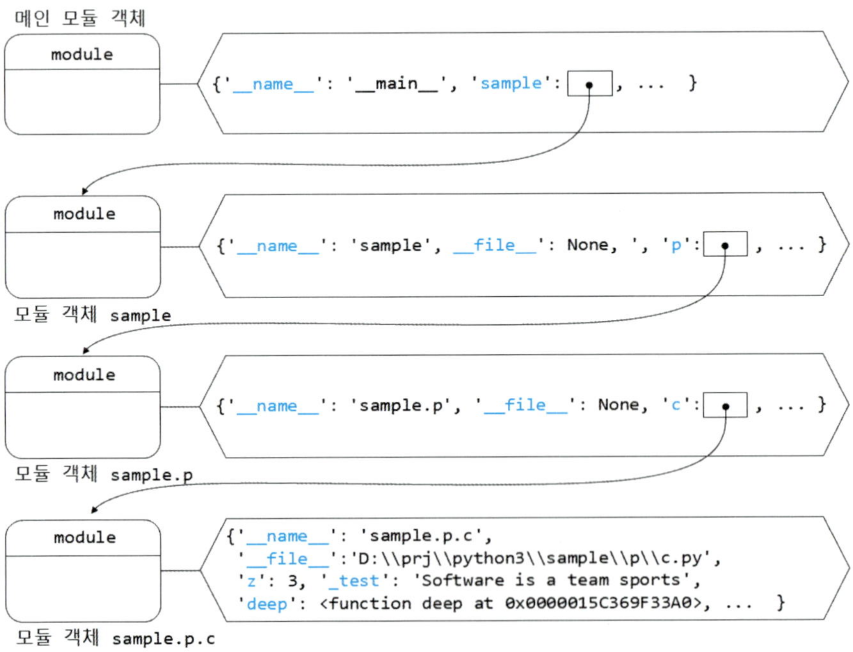

파일 모듈 객체 c의 이름 공간에 등록된 __file__ 속성은 파일 모듈 객체 c.py의 경로를 담고 있다. 메인 모듈에서 파일 모듈 객체 c의 이름 공간에 등록된 속성 __file__에 접근하려면 수식 sample.p.c.__file__을 사용해야 한다.

7.4.3 주의 사항

import <모듈> 문으로 패키지 모듈을 임포트하는 경우 그 패키지 모듈에 포함된 서브 패키지 모듈들이나 파일 모듈들이 자동으로 임포트되는 것은 아니다. 패키지에 들어 있는 서브 패키지 모듈이나 파일 모듈을 사용하려면 해당 모듈을 별도로 임포트해야 한다. 다음 예제 코드를 보자. 먼저 Python IDLE를 다시 시작한다.

```
sample\
├─ a.py: bar()
├─ b.py: foo()
└─ p\
    └─ c.py: z, deep(), _test
```

```
>>> import sample # 이름 공간 패키지 smaple
>>> sample
<module 'sample' (namespace)>
>>> sample.p
Traceback (most recent call last):
  File "<pyshell#23>", line 1, in <module>
    sample.p
AttributeError: module 'sample' has no attribute 'p'
>>> sample.a
Traceback (most recent call last):
  File "<pyshell#18>", line 1, in <module>
    sample.a
AttributeError: module 'sample' has no attribute 'a'
>>> import sample.p # 제 7.2.3절에서 생성한 sample/p/ 모듈
>>> sample.p.__name__ # 모듈 객체의 기본 속성 __name__
'sample.p'
>>> import sample.a # 제 7.2.3절에서 생성한 sample/a.py 모듈
파일 모듈 a.py가 수행됨
>>> sample.a.bar()
sample 패키지의 모듈 a의 함수 bar()가 호출됨
>>>
```

위 코드는 import sample 문으로 sample 패키지를 임포트하였더라도 sample 패키지에 속한 서브 패키지 모듈 sample.p나 파일 모듈 a를 사용하려면 그들을 별도로 임포트해야 함을 보여준다. 왜냐하면 위 코드에서 import sample 문을 수행한 직후의 모듈 객체들의 상태는 다음 도식과 같기 때문이다.

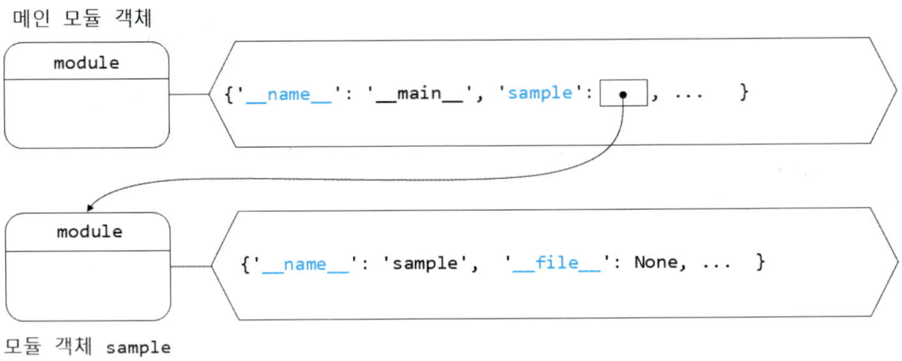

위 도식에서 이름 공간 모듈 객체 sample은 모듈의 기본 속성들만을 갖고 있다. 모듈 객체 sample의 이름 공간에는 서브 패키지 모듈 sample.p나 파일 모듈 a가 등록되어 있지 않다.

7.5 from 〈패키지 모듈〉 import 〈모듈〉, ..., 〈모듈〉 문

제 7.4절에서 설명한 import $m_1.m_2. \ldots .m_i$ 문의 경우 임포트 문을 수행한 후에 파일 모듈 m_i에서 정의된 객체들을 사용하려면 $m_1.m_2. \ldots .m_i$.〈이름〉과 같은 긴 표현을 사용해야만 하므로 불편할 수 있다. 하지만 from 〈패키지 모듈〉 import 〈모듈〉, ..., 〈모듈〉 문을 사용하면 〈패키지 모듈〉에 들어있는 〈모듈〉을 현재 수행 모듈에 직접 임포트하므로 〈모듈〉에서 정의된 객체들을 〈모듈〉.〈이름〉의 형태로 짧게 사용할 수 있다.

〈패키지 모듈〉로부터 여러 개의 〈모듈〉들을 임포트하는 from 〈패키지 모듈〉 import 〈모듈〉, ..., 〈모듈〉 문은 from 〈패키지 모듈〉 import 〈모듈〉 문을 반복하여 사용하는 것과 효과가 같다. 그리고 from 〈패키지 모듈〉 import 〈모듈〉 문에서 〈패키지 모듈〉은 $m_1.m_2. \ldots .m_{i-1}$로 표현할 수 있고, 〈모듈〉은 m_i로 표현할 수 있다 (i 〉 1). 여기서 $m_1, m_2, \ldots, m_{i-1}$ 들은 디렉터리들의 이름들이고 m_i는 디렉터리 또는 .py 파일의 이름이다. 따라서 다음 형태의 임포트 문의 동작을 이해하면 from 〈패키지 모듈〉 import 〈모듈〉, ..., 〈모듈〉 문의 동작을 이해할 수 있다.

```
# from <패키지 모듈> import <모듈> 문의 일반적 형태
from m1.m2. ... .mi-1 import mi
```

7.5.1 from $m_1.m_2.$ ... $.m_{i-1}$ import m_i 문의 수행 알고리즘

from $m_1.m_2.$ ... $.m_{i-1}$ import m_i 문이 수행되기 직전의 현재 수행 모듈을 m_θ라고 하자. 그러면 from $m_1.m_2.$ ... $.m_{i-11}$ import m_i 문의 수행 알고리즘은 다음과 같다.

[단계 1] 모듈 찾기

Python 인터프리터는 경로 $m_1/m_2/$ ... $/m_i$에 해당하는 디렉터리나 파일 모듈을 찾는다. 만일 찾는 모듈이 모듈 검색 경로 상에 존재하지 않으면, Python 인터프리터는 `ModuleNotFoundError`나 `ImportError` 예외를 발생시킨다.

[단계 2] m_1, m_2, ..., m_i의 순차적 처리

만일 단계 1에서 오류가 발생하지 않았다면 Python 인터프리터는 경로 $m_1/m_2/$ ... $/m_i$의 각 m_x에 대하여 차례로 다음 세부 단계들을 반복적으로 수행한다 (x = 1, ..., i).

[2.1] m_x에 해당하는 모듈 객체를 생성하고, 현재 수행 모듈 객체를 그 객체로 변경한다.

[2.2] m_x에 해당하는 모듈의 수행:

- 만일 m_x가 디렉터리이고 그 디렉터리에 __init__.py 파일이 존재하면, 그 __init__.py를 수행한다. 이 때 그 __init__.py 파일이 정의하고 있는 변수, 함수, 클래스 등이 현재 수행 모듈 객체의 이름 공간에 등록된다.
- 만일 m_x가 파일 모듈이면, 그 파일 모듈을 수행한다. 이 때 그 파일 모듈이 정의하고 있는 변수, 함수, 클래스 등이 현재 수행 모듈 객체의 이름 공간에 등록된다.

[단계 3] m_i 등록

m_i에 해당하는 모듈 객체를 m_θ에 해당하는 모듈 객체의 이름 공간에 등록한다.

[단계 4] 현재 수행 모듈 객체 복원

현재 수행 모듈 객체를 from $m_1.m_2.$ ... $.m_{i-1}$ import m_i 문이 수행되기 직전의 현재 수행 모듈인 m_θ에 해당하는 모듈 객체로 복원한다.

위 수행 알고리즘은 제 7.4절에서 소개한 **import** $m_1.m_2.$ ... $.m_i$ 문의 알고리즘과 달리 모듈 m_0에 해당하는 모듈 객체의 이름 공간에 m_i에 해당하는 모듈 객체를 직접 등록한다.

결과적으로, **from** $m_1.m_2.$ ... $.m_{i-1}$ **import** m_i 문을 수행하기 직전에서 수행을 끝낸 직후 사이에서 현재 수행 모듈 객체는 다음과 같이 변화한다: m_0에 해당하는 모듈 객체 -> m_1에 해당하는 모듈 객체 -> ... -> m_i에 해당하는 모듈 객체 -> m_0에 해당하는 모듈 객체.

from $m_1.m_2.$ ... $.m_{i-1}$ **import** m_i 문의 수행이 종료된 직후의 모듈 객체들의 상태는 m_0가 메인 모듈이라면 다음 도식과 같다.

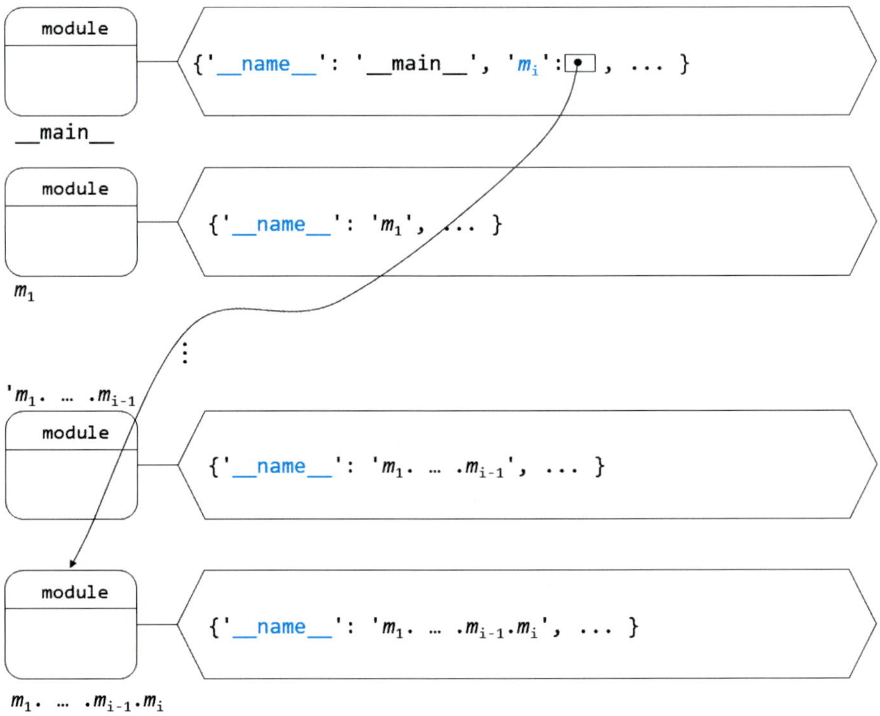

모듈들 m_1, m_2, ... , m_{i-1}에 해당하는 모듈 객체들은 **from** $m_1.m_2.$ ... $.m_{i-1}$ **import** m_i 문을 수행하는 동안 생성된다. 하지만 수행이 끝난 직후에는 그들에 접근할 수 있는 참조는 없다. 즉, 그들은 생성되었지만 접근할 수 없게 된 접근 불가 객체들이다. 제 8.4절에서 접근 불가 객체에 대해 다룬다.

7.5.2 예제 코드들

from 〈패키지 모듈〉 import 〈모듈〉 문에 대한 예제 코드들을 살펴보자.

(1) 〈모듈〉이 파일 모듈인 경우

다음은 제 7.2.3절에서 생성한 이름 공간 패키지 sample의 구조와 sample을 구성하는 파일 모듈들에서 정의된 함수들과 변수들의 이름들을 보여주는 그림이다.

```
sample\
 ├─ a.py: bar()
 ├─ b.py: foo()
 └─ p\
     └─ c.py: z, deep(), _test
```

다음 예제 코드는 **from** sample.p **import** c 문으로 패키지 모듈 sample.p에 속한 파일 모듈 c를 메인 모듈의 이름 공간에 임포트한다.

```
1 >>> from sample.p import c
2 >>> locals()
3 {'__name__': '__main__', '__doc__': None, '__package__': None,
4 '__loader__': <class '_frozen_importlib.BuiltinImporter'>, '__spec__':
5 None, '__annotations__': {}, '__builtins__': <module 'builtins'
6 (built-in)>, 'c': <module 'sample.p.c' from
7 'D:\\prj\\python3\\sample\\p\\c.py'>}
8 >>> c
9 <module 'sample.p.c' from 'D:\\prj\\python3\\sample\\p\\c.py'>
10 >>> c.__dict__.keys()
11 dict_keys(['__name__', '__doc__', '__package__', '__loader__',
12 '__spec__', '__file__', '__cached__', '__builtins__', 'z', '_test',
13 'deep'])
14 >>> c.z
15 3
16 >>> c.deep()
17 sample.p.c 모듈의 함수 deep()이 호출됨
18 >>>
```

위 코드에서 두 번째 줄의 문장 locals() 함수 호출의 결과를 보면, 현재 수행 모듈인 메인 모듈의 이름 공간에는 sample.p 패키지에 속한 파일 모듈 c에 해당하는 모듈 객체가 등록되어 있음을 확인할 수 있다. 다음 그림은 **from** sample.p **import** c 문의 수행이 끝난 직후의 상태를 보여준다.

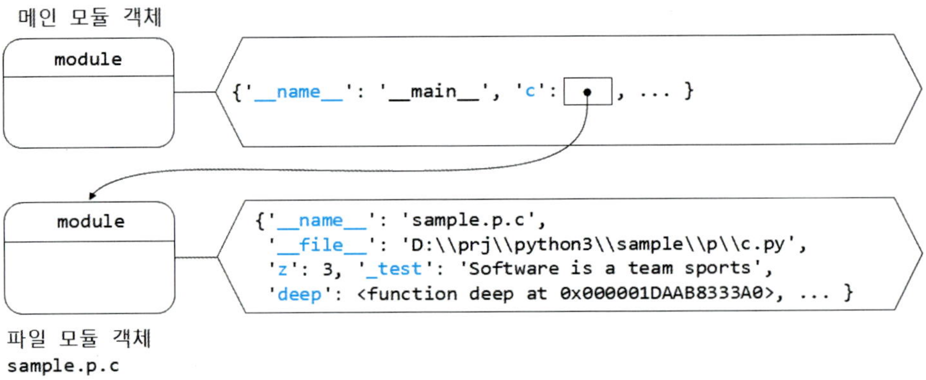

> **주의 |**
>
> **from** sample.p **import** c 문이 수행되는 도중에 패키지 sample과 sample.p에 해당하는 모듈 객체들이 생성된다. 하지만 그 모듈 객체들은 아무런 모듈 객체의 이름 공간에도 등록되지 않았으므로 **from** sample.p **import** c 문의 수행 후 접근할 수 없다. 따라서 위 그림에는 그리지 않았다.

위 코드에서 16번째 줄의 문장 c.deep()은 잘 수행된다. 왜냐하면 현재 수행 모듈인 메인 모듈의 이름 공간에 등록된 파일 모듈 객체 c의 이름 공간에 deep() 함수가 등록되어 있기 때문이다.

(2) 〈모듈〉이 〈패키지 모듈〉안의 이름 공간 서브 패키지 모듈인 경우

먼저 이름 공간 서브 패키지를 임포트하는 경우를 살펴보자. 다음 코드에서 **from** sample **import** p 문장은 sample 패키지의 이름 공간 서브 패키지 p를 임포트한다.

```
>>> from sample import p
>>> p
<module 'sample.p' (namespace)>
>>> p.__name__
'sample.p'
>>> p.__file__ # None
>>> p.c
Traceback (most recent call last):
  File "<pyshell#31>", line 1, in <module>
    p.c
AttributeError: module 'sample.p' has no attribute 'c'
>>>
```

```
sample\
├── a.py
├── b.py
└── p\
    └── c.py
```

임포트되는 서브 패키지가 이름 공간 패키지이면 __init__.py 파일의 수행이 없으므로, 생성된 `module` 객체 p는 `module` 객체의 기본 속성들만을 갖게 된다. 다음은 위 코드에서 `from sample import p` 문이 수행된 직후의 이름 공간들의 상태를 보여주는 그림이다.

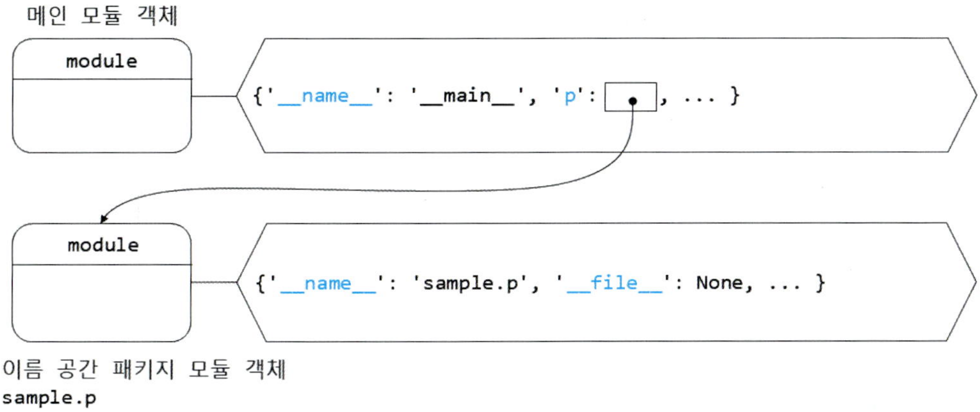

(3) 〈모듈〉이 〈패키지 모듈〉안의 정규 서브 패키지 모듈인 경우

이제 정규 서브 패키지를 임포트하는 경우를 살펴보자. 다음은 제 7.2.3절에서 생성한 sample2/__init__.py와 sample2/p/__init__.py 파일의 내용이다. sample2 디렉터리는 당연히 파일 검색 경로에 등록되어 있어야 한다.

```
# sample2/__init__.py
x = 1
__all__ = ['a', 'p']
print('sample2/__init__.py executed!')
```

```
# sample2/p/__init__.py
y = 17
_p = 18
print('sample2/p/__init__.py executed!')
```

```
sample2/
  ├─ __init__.py : x, __all__
  ├─ a.py : bar()
  ├─ b.py : foo()
  └─ p/
      ├─ __init__.py : _p, y
      └─ c.py : z, deep(), _test
```

다음 코드의 **from** sample2 **import** p 문장은 sample2 정규 패키지의 정규 서브 패키지 p를 임포트한다.

```
>>> from sample2 import p
sample2/__init__.py executed!
sample2/p/__init__.py executed!
>>> p
<module 'sample2.p' from 'C:\\pt\\sample2\\p\\__init__.py'>
>>> p.__name__
'sample2.p'
>>> p.__file__
'C:\\pt\\sample2\\p\\__init__.py'
>>> p.y
17
>>> sample2.p.y
Traceback (most recent call last):
  File "<pyshell#4>", line 1, in <module>
    sample2.p.y
NameError: name 'sample2' is not defined
>>>
```

from sample2 **import** p 문장의 sample2가 정규 패키지이므로 모듈 객체 sample2가 생성된 후 sample2/__init__.py가 수행된다. 결과적으로 다음과 같은 내용이 출력된다.

```
sample2/__init__.py executed!
```

그리고 sample2의 이름 공간에는 sample2/__init__.py에서 정의된 변수 x와 `__all__`이 등록된다.

그 다음에 모듈 객체 p가 생성되고 p/__init__.py가 수행된다. 결과적으로 p의 이름 공간에는 변수 _p와 y가 등록되고 다음과 같은 내용이 출력된다.

```
sample2/p/__init__.py executed!
```

그 다음에 모듈 객체 p가 `from sample2 import p` 문이 수행되기 직전의 현재 수행 모듈 객체인 메인 모듈 객체의 이름 공간에 등록된다. 다음은 `from sample2 import p` 문이 수행된 직후의 모듈들과 모듈 이름 공간들을 보여주는 그림이다.

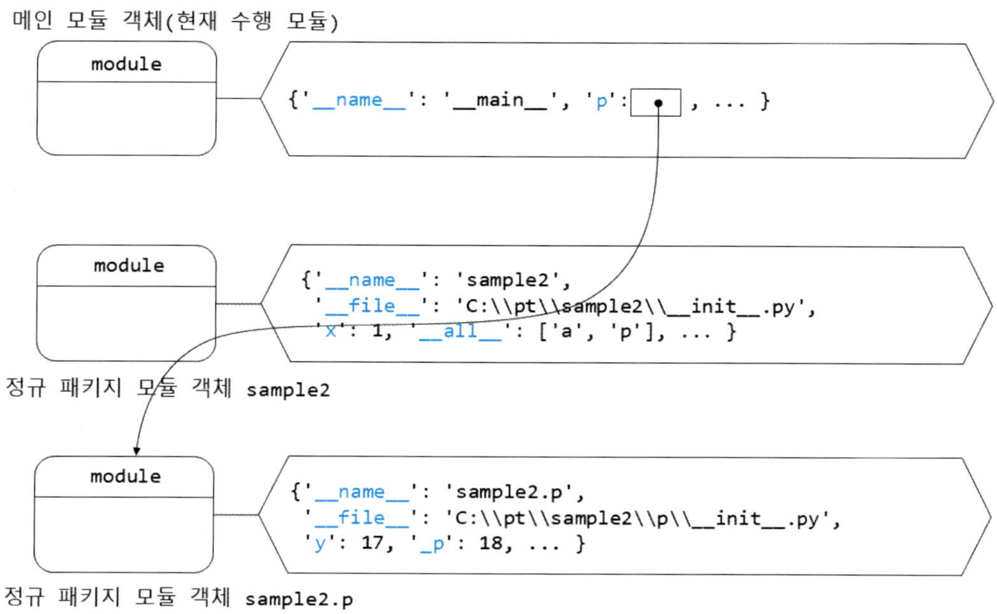

위 코드에서 문장 10의 p.y는 오류를 내지 않고 17을 반환한다. 왜냐하면 현재 수행 모듈인 메인 모듈의 이름 공간에 서브 패키지 객체 p가 등록되어 있고, 서브 패키지 객체 p의 이름 공간에 y가 등록되어 있기 때문이다.

7.5.3 주의 사항

from 〈패키지 모듈〉 import 〈모듈〉 문장을 수행하면 해당 문장을 수행하기 직전의 현재 모듈 객체의 이름 공간에 〈모듈〉이 바로 등록된다. 따라서 from 〈패키지 모듈〉 import 〈모듈〉 문으로 임포트한 〈모듈〉을 사용할 때 〈패키지 모듈〉.〈모듈〉 형태의 표현을 사용하지 않아야 한다.

예를 들어, 위 코드의 10번 문장 p.y는 잘 수행되지만 12번 문장 sample2.p.y는 NameError 오류가 난다. 왜냐하면 **from** sample2 **import** p 문을 수행하는 동안 패키지 모듈 객체 sample2가 생성되기는 하였지만 메인 모듈의 이름 공간에서 접근할 수 없기 때문이다.

7.6 from 〈파일 모듈〉 import 〈이름〉, ..., 〈이름〉

from 〈파일 모듈〉 import 〈이름〉, ..., 〈이름〉 문으로 〈파일 모듈〉에 정의된 변수, 함수, 클래스 등을 현재 수행 모듈에 바로 그리고 선별적으로 임포트할 수 있다. 여기서 〈이름〉은 〈파일 모듈〉에 정의된 변수, 함수, 클래스 등의 이름이다.

〈파일 모듈〉은 일반적으로 $m_1.m_2. \ldots .m_i$의 형태로 표현될 수 있다 ($i \geq 1$). 여기서 m_1, m_2, ..., m_{i-1} 들은 디렉터리들의 이름들이고, m_i는 파일 모듈의 이름이다.

```
# from <파일 모듈> import <이름>, ..., <이름> 문의 일반적 형태
from m1.m2. ... .mi import 〈이름〉, ..., 〈이름〉
```

따라서, 이 절에서는 from $m_1.m_2. \ldots .m_i$ import 〈이름〉, ..., 〈이름〉 문의 수행에 대하여 살펴본다.

7.6.1 from $m_1.m_2. \ldots .m_i$ import 〈이름〉, ..., 〈이름〉 문의 수행 알고리즘

from $m_1.m_2. \ldots .m_i$ import 〈이름〉, ..., 〈이름〉 문이 존재하는 모듈, 즉 from $m_1.m_2. \ldots .m_i$ import 〈이름〉, ..., 〈이름〉 문이 수행되기 직전의 현재 수행 모듈을 m_0라고 하자.

[단계 1] 파일 모듈 찾기

Python 인터프리터는 모듈 검색 경로 상에서 $m_1/m_2/ \ldots /m_i$.py 파일을 찾는다. 만일 해당 파일이 존재하지 않으면 Python 인터프리터는 ModuleNotFoundError 예외를 발생시킨다.

[단계 2] m_1, m_2, ..., m_i의 순차적 처리

단계 1에서 예외가 발생하지 않았다면, Python 인터프리터는 경로 $m_1/m_2/ \ldots /m_i$의 각 m_x에 대하여 차례로 다음 세부 단계들을 수행한다 (x = 1, ..., i).

[2.1] m_x에 해당하는 모듈 객체를 생성하고 현재 수행 모듈 객체를 그 객체로 변경한다.

[2.2] m_x에 해당하는 모듈의 수행:

- 만일 m_x가 디렉터리이고 그 디렉터리에 __init__.py 파일이 존재하면, 그 __init__.py를 수행한다. 이 때 그 __init__.py 파일이 정의하고 있는 변수, 함수, 클래스 등이 현재 수행 모듈 객체의 이름 공간에 등록된다.
- 만일 m_x가 파일 모듈이면 그 파일 모듈을 수행한다. 이 때 그 파일 모듈이 정의하고 있는 변수, 함수, 클래스 등이 현재 수행 모듈 객체의 이름 공간에 등록된다.

[단계 3] 〈이름〉들의 처리

m_i에 해당하는 모듈 객체의 이름 공간에 등록되어 있는 객체들 중 〈이름〉들에 해당하는 객체들을 m_θ에 해당하는 모듈 객체의 이름 공간에 등록한다. 이때 만일 〈이름〉들 중에 m_i에 해당하는 모듈 객체의 이름 공간에 등록되어 있지 않은 〈이름〉이 있으면 Python 인터프리터는 `ImportError` 예외를 발생시킬 것이다.

[단계 4] 현재 수행 모듈 객체 복원

현재 수행 모듈 객체를 m_θ에 해당하는 모듈 객체로 복원한다.

결과적으로, `from` $m_1.m_2. \ldots .m_i$ `import` 〈이름〉, ..., 〈이름〉 문을 수행하기 직전에서 수행을 끝난 직후의 사이에서 현재 수행 모듈 객체는 다음과 같이 변화한다: m_θ에 해당하는 모듈 객체 -> m_1에 해당하는 모듈 객체 -> ... -> m_i에 해당하는 모듈 객체 -> m_θ에 해당하는 모듈 객체

7.6.2 예제 코드들

다음 코드는 파일 모듈 series에 정의된 함수 `fibonacci`를 임포트하고 호출한다. **`from`** `series` **`import`** `fibonacci` 문을 수행하면 series.py 모듈이 수행되고 결과적으로 series 파일 모듈에 정의된 함수 `finbonacci`가 선별적으로 메인 모듈에 임포트된다.

```
>>> from series import fibonacci
[1, 2, 4, 8, 16, 32, 64]
[1, 1, 2, 3, 5, 8, 13, 21, 34, 55, 89]
>>> fibonacci(100)
[1, 1, 2, 3, 5, 8, 13, 21, 34, 55, 89]
>>> geometric(100, 2)
Traceback (most recent call last):
  File "<pyshell#5>", line 1, in <module>
    geometric(100, 2)
NameError: name 'geometric' is not defined
>>>
```

위 코드를 보면, 함수 `geometric()`은 series 모듈에 정의되어 있지만 임포트하지 않은 〈이름〉이므로 호출될 수 없음을 확인할 수 있다. 다음 그림은 위 코드에서 **`from`** `series` **`import`** `fibonacci` 문이 수행된 직후의 메인 모듈 객체의 이름 공간의 상태를 보여준다.

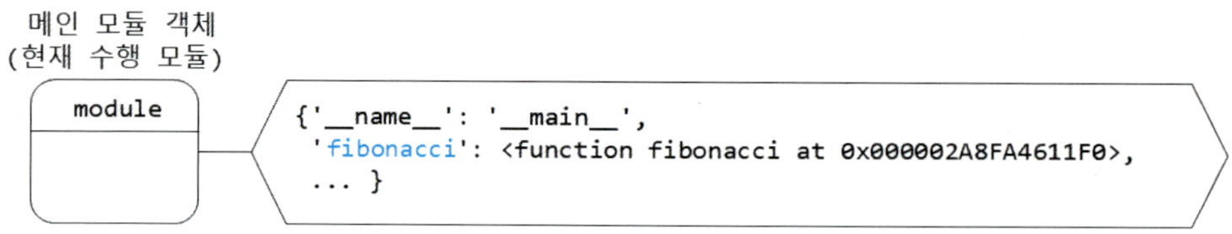

다음 코드는 파일 모듈 sample.p.c에 정의된 변수 z와 함수 deep()을 임포트하고 호출한다.

```
>>> from sample.p.c import z, deep
>>> z
3
>>> deep()
sample.p.c 모듈의 함수 deep() 이 호출됨
>>>
```

위 코드를 수행한 직후의 메인 모듈 객체의 이름 공간에는 다음 그림과 같이 변수 z와 함수 deep()이 등록되어 있다.

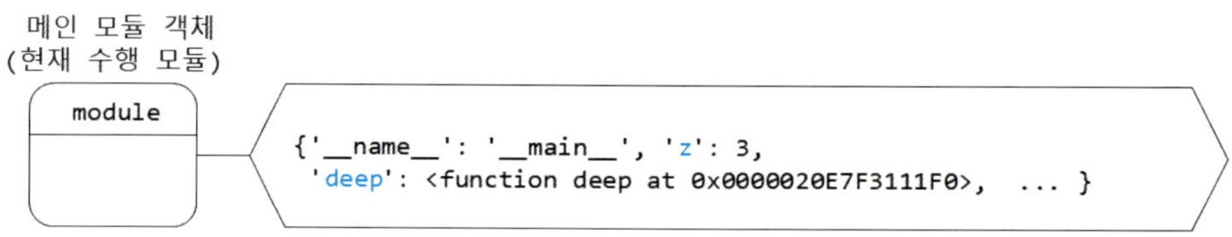

7.6.3 주의 사항

from 〈파일 모듈〉 import 〈이름〉, ..., 〈이름〉 문을 수행한 직후 현재 수행 모듈의 이름 공간에는 〈파일 모듈〉이 아니라 〈이름〉들이 등록되어 있다. 따라서 from 〈파일 모듈〉 import 〈이름〉, ..., 〈이름〉 문으로 임포트된 〈이름〉들을 사용할 때에는 〈파일 모듈〉.〈이름〉 형태가 아니라 직접 〈이름〉 형태로 사용해야 한다.

```
>>> from series import fibonacci
[1, 4, 9, 16, 25, 36, 49, 64, 81, 100]
[1, 1, 2, 3, 5, 8, 13, 21, 34, 55, 89]
>>> fibonacci(100)
[1, 1, 2, 3, 5, 8, 13, 21, 34, 55, 89]
>>> series.fibonacci(100)
Traceback (most recent call last):
```

```
  File "<pyshell#35>", line 1, in <module>
    series.fibonacci(100)
NameError: name 'series' is not defined
>>>
```

위 코드는 **from** series **import** fibonacci 문을 수행한 직후 fibonacci(100) 문은 정상적으로 수행되지만 〈파일 모듈〉.〈이름〉 형태의 수식 series.fibonacci(100)는 오류를 발생시킴을 보여준다.

7.7 from 〈모듈〉 import * 문

from 〈모듈〉 import * 문에 대하여 살펴보자. 여기서 〈모듈〉은 일반적으로 $m_1.m_2. \ldots .m_i$의 형태로 표현될 수 있다 ($i \geq 1$). $m_1, m_2, \ldots, m_{i-1}$ 들은 디렉터리들이고, m_i는 디렉터리 또는 .py 파일이다.

```
from m1.m2. ... .mi import * # from <모듈> import * 문의 일반적 형태
```

따라서, 이 절에서는 from $m_1.m_2. \ldots .m_i$ import * 문의 수행에 대하여 살펴본다.

7.7.1 from $m_1.m_2. \ldots .m_i$ import * 문의 수행 알고리즘

from $m_1.m_2. \ldots .m_i$ import * 문이 존재하는 모듈, 즉 from $m_1.m_2. \ldots .m_i$ import * 문이 수행되기 직전의 현재 수행 모듈을 m_0라고 하자.

[단계 1] 모듈 찾기

모듈 검색 경로들을 순차적으로 검색하여 모듈 검색 경로 상에 $m_1/m_2/ \ldots /m_i$에 해당하는 디렉터리나 .py 파일을 찾는다. 만일 찾는 디렉터리나 .py 파일이 존재하지 않으면, Python 인터프리터는 ModuleNotFoundError 예외를 발생시킨다.

[단계 2] $m_1, m_2, \ldots, m_i$의 순차적 처리

만일 단계 1에서 오류가 발생하지 않았다면, Python 인터프리터는 경로 $m_1/m_2/ \ldots /m_i$의 각 m_x에 대하여 차례로 다음 세부 단계들을 반복적으로 수행한다 ($x = 1, \ldots, i$).

[2.1] m_x에 해당하는 모듈 객체를 생성하고 현재 수행 모듈 객체를 그 객체로 변경한다.

[2.2] m_x에 해당하는 모듈의 수행:

- 만일 m_x가 디렉터리이고 그 디렉터리에 __init__.py 파일이 존재하면, 그 파일을 수행한다. 이 때 __init__.py 파일이 정의하고 있는 변수, 함수, 클래스 등이 현재 수행 모듈 객체의 이름 공간에 등록된다.
- 만일 m_x가 파일 모듈이면 그 파일 모듈을 수행한다. 이 때 파일 모듈이 정의하고 있는 변수, 함수, 클래스 등이 현재 수행 모듈 객체의 이름 공간에 등록된다.

[단계 3] *를 처리

- 만일 m_i에 해당하는 모듈 객체의 이름 공간에 `__all__` 변수가 정의되어 있다면, 그 `__all__` 변수에 담긴 이름들을 모듈 m_0에 해당하는 모듈 객체의 이름 공간에 등록한다.
- 아니면, 모듈 m_i에 해당하는 모듈 객체의 이름 공간에 등록된 이름들 중 _로 시작하지 않는 이름들만 모듈 m_0에 해당하는 모듈 객체의 이름 공간에 등록한다.

[단계 4] 현재 수행 모듈 객체 복원

현재 수행 모듈 객체를 m_0에 해당하는 모듈 객체로 복원한다.

단계 3에서, 만일 `__all__` 변수에 담긴 이름이 m_i에 해당하는 모듈 객체의 이름 공간에 등록되어 있는 객체의 이름이면, 현재 수행 모듈 객체의 이름 공간에 그 객체가 등록된다. 그리고 만일 `__all__` 변수에 담긴 이름이 패키지 모듈 m_i의 서브 패키지 또는 파일 모듈의 이름이면, 그 이름에 해당하는 모듈이 임포트되고 모듈 객체 m_0의 이름 공간에 등록된다. 만일 `__all__` 변수에 담긴 이름이 m_i에 해당하는 모듈 객체의 이름 공간에 등록되어 있는 객체도 아니고 모듈 m_i의 서브 패키지의 이름이거나 파일 모듈의 이름도 아니면 Python 인터프리터는 해당 이름을 찾을 수 없다는 `AttributeError` 오류를 발생시킨다.

`from <모듈> import *` 문의 의미는 정규 패키지의 패키지 초기화 파일의 변수 `__all__` 등과 결합되어 매우 복잡하다고 할 수 있다. 또한 이름들을 *로 표기하므로 개발자가 인식하지 못하는 상태에서 모듈 m_0의 기존 이름들에 결합되어 있는 객체들이 새로 임포트되는 동일한 이름들에 결합된 다른 객체들로 대치되는 경우도 생길 수 있다. `from <모듈> import *` 문은 개발자에게 혼동을 줄 수 있으므로 소프트웨어 공학적인 관점에서 사용에 주의해야 한다.

7.7.2 예제 코드들

from <모듈> import * 문의 사례들을 살펴보자. <모듈>이 이름 공간 패키지 모듈인 경우, 정규 패키지인 경우, 그리고 파일 모듈인 경우를 각각 살펴본다.

(1) 〈모듈〉이 이름 공간 패키지인 사례

〈모듈〉이 이름 공간 패키지 모듈인 경우 **from** 〈모듈〉 **import** * 문장은 이름 공간에 아무런 변화를 만들지 않는다. Python Shell에서 "Shell" 〉 "Restart Shell" 메뉴를 수행한 직후 다음과 같은 코드를 수행해보자.

```
>>> locals().keys()
dict_keys(['__name__', '__doc__', '__package__', '__loader__', '__spec__',
'__annotations__', '__builtins__'])
>>> from sample import *
>>> locals().keys()
dict_keys(['__name__', '__doc__', '__package__', '__loader__', '__spec__',
'__annotations__', '__builtins__'])
>>>
```

위 코드는 **from** sample **import** * 문을 수행하기 직전과 수행한 직후의 현재 수행 모듈 객체의 이름 공간에 등록된 이름들이 동일함을 보여준다. sample은 이름 공간 패키지이기 때문이다.

(2) 〈모듈〉이 정규 정규 패키지이고 __all__ 변수 정의를 가진 사례

다음은 sample2 정규 패키지의 패키지 초기화 파일이다. 그 파일에는 __all__ 변수가 정의되어 있으므로 그 __all__ 변수에 담긴 이름들에 해당하는 객체들이 현재 수행 모듈 객체인 메인 모듈 객체의 이름 공간에 등록될 것이다.

```
# sample2/__init__.py
x = 1
__all__ = ['a', 'p']
print('sample2/__init__.py executed!')
```

정규 패키지 sample2에 대한 **from** sample2 **import** * 문을 수행해보자.

```
>>> locals().keys()
dict_keys(['__name__', '__doc__', '__package__', '__loader__', '__spec__',
'__annotations__', '__builtins__'])
>>> from sample2 import *
sample2/__init__.py executed!
파일 모듈 a.py가 수행됨
sample2/p/__init__.py executed!
>>> locals().keys()
dict_keys(['__name__', '__doc__', '__package__', '__loader__', '__spec__',
'__annotations__', '__builtins__', 'a', 'p'])
>>> a
<module 'sample2.a' from 'C:\\pt\\sample2\\a.py'>
>>> p
<module 'sample2.p' from 'C:\\pt\\sample2\\p\\__init__.py'>
>>> a.bar()
모듈 a의 함수 bar() 호출됨
>>>
```

from sample2 **import** * 문을 수행하면, 다음과 같이 sample2 정규 패키지의 패키지 초기화 파일, 그리고 `__all__` 변수의 원소인 `'a'`와 `'p'`에 대한 a.py와 서브 패키지 p의 패키지 초기화 파일이 수행된다는 것을 확인할 수 있다.

```
sample2/__init__.py executed!
파일 모듈 a.py가 수행됨
sample2/p/__init__.py executed!
```

그리고 결과적으로 **from** sample2 **import** * 문을 수행하기 직전의 현재 수행 모듈 객체 즉 메인 모듈 객체의 이름 공간에 파일 모듈 a와 서브 패키지 모듈 p가 등록되었음을 확인할 수 있다. 패키지 초기화 파일에 `__all__` 변수의 정의가 존재하는 경우, 패키지 초기화 파일에 다른 이름들이 정의되어 있어도 그 이름들은 현재 모듈 객체의 이름 공간에 등록되지 않는다. 예를 들어, sample2 정규 패키지의 패키지 초기화 파일의 변수 x는 메인 모듈 객체의 이름 공간에 등록되어 있지 않다.

패키지 초기화 파일의 `__all__` 변수에 대한 보다 자세한 내용이 필요하면 다음 사이트를 참조하라.

https://docs.python.org/3/tutorial/modules.html#importing-from-a-package

(3) 〈모듈〉이 파일 모듈이고 __all__ 변수 정의를 갖지 않은 사례

__all__변수 정의를 갖지 않은 〈모듈〉에 대하여 from 〈모듈〉 import * 문을 수행하면, 현재 수행 모듈의 이름 공간에 파일 모듈에 정의된 모든 변수, 함수, 클래스 들이 등록된다. 다만 _로 시작하는 이름들은 등록되지 않는다.

다음 예제 코드는 from series import * 문으로 파일 모듈 series를 수행하고 결과적으로 그 안에 정의된 모든 속성들을 임포트한다. 파일 모듈 series에 정의된 변수 x가 임포트되었지만 _로 시작하는 이름의 변수 _test는 임포트되지 않았음을 확인할 수 있다.

```
>>> from series import *
[1, 4, 9, 16, 25, 36, 49, 64, 81, 100]
[1, 1, 2, 3, 5, 8, 13, 21, 34, 55, 89]
>>> x
100
>>> _test
Traceback (most recent call last):
  File "<pyshell#11>", line 1, in <module>
    _test
NameError: name '_test' is not defined
>>>
```

지금까지 살펴본 바와 같이 from 〈모듈〉 import * 문의 수행 결과를 이해하려면 __all__ 변수와 _로 시작하는 이름들을 잘 고려해야만 한다.

7.8 import 문과 as 구문

import 문에 다음과 같이 as 구문을 사용하여 임포트하는 모듈, 또는 모듈에 정의된 변수, 함수, 클래스 등의 이름에 대한 별명을 사용할 수 있다.

- **import** 〈모듈〉 **as** 〈모듈 별명〉
- **from** 〈패키지 모듈〉 **import** 〈모듈〉 **as** 〈모듈 별명〉
- **from** 〈파일 모듈〉 **import** 〈이름〉 **as** 〈이름 별명〉

다음 예제는 series 모듈을 별명 sr로 임포트하여 사용하는 것을 보여준다.

```
>>> import series as sr
[1, 4, 9, 16, 25, 36, 49, 64, 81, 100]
[1, 1, 2, 3, 5, 8, 13, 21, 34, 55, 89]
>>> sr.fibonacci(100)
[1, 1, 2, 3, 5, 8, 13, 21, 34, 55, 89]
>>>
```

다음 예제는 series 모듈에 정의된 함수 fibonacci를 별명 fib로 임포트하여 사용하는 것을 보여준다.

```
>>> from series import fibonacci as fib
>>> fib(100)
[1, 1, 2, 3, 5, 8, 13, 21, 34, 55, 89]
>>>
```

7.9 조건문 if __name__ == '__main__':

Python 코드들을 보다보면 조건문 **if __name__ == '__main__':** 을 포함하는 문장들을 만나곤 한다. 제 7.2.2절에서 생성한 다음 series.py 파일 모듈을 이용하여 그 의미를 파악하여 보자.

```
# series.py 모듈
def geometric(n, r):
    '''
    공비가 r인 등비 수열을 표현하는 리스트를 반환한다.
    '''
    e = 1
    result = [e]
    while True:
        e = r * e
        if (e > n):
            break
        result.append(e)

    return result

def fibonacci(n):
    ''' n까지의 피보나치 수열을 표현하는 리스트를 반환한다 '''
    result = []
    a, b = 0, 1
    while (b < n):
        result.append(b)
        a, b = b, a + b
    return result

# geometric() 함수와 fibonacci() 함수가 잘 동작하는지 테스트 해본다.
x = 100
_test = 'test'
print(geometric(x, 2)) # [1, 2, 4, 8, 16, 32, 64]
print(fibonacci(x)) # [1, 1, 2, 3, 5, 8, 13, 21, 34, 55, 89]
```

Python 인터프리터로 series 모듈을 직접 수행시키면 다음과 같은 등비 수열과 Fibonacci 수열의 출력을 볼 수 있다.

```
D:\prj\python>python series.py
[1, 2, 4, 8, 16, 32, 64]
[1, 1, 2, 3, 5, 8, 13, 21, 34, 55, 89]

D:\prj\python>
```

이제 series 모듈을 임포트하여 사용하는 다음과 같은 use_series.py 모듈을 생성하고 Python 인터프리터로 직접 수행하여 보자 .

```python
# use_series.py
import series

# series 모듈의 fibonacci() 함수를 호출한다.
r = series.fibonacci(1000)
print(r)
```

Python 인터프리터로 직접 use_series 모듈을 수행하면 다음과 같이 use_series 모듈에 있는 **print()** 문의 출력뿐 아니라 series 모듈에 있는 **print()** 문의 출력도 나타난다.

series 모듈의 print() 문의 출력
use_series 모듈의 print() 문의 출력

```
D:\prj\python>python use_series.py
[1, 2, 4, 8, 16, 32, 64]
[1, 1, 2, 3, 5, 8, 13, 21, 34, 55, 89]
[1, 1, 2, 3, 5, 8, 13, 21, 34, 55, 89, 144, 233, 377, 610, 987]

D:\prj\python>
```

그런데, series 모듈을 임포트하는 코드를 작성하는 개발자의 입장에서는 series 모듈의 함수 정의들은 필요하지만 **series** 모듈의 문장 26 ~ 27이 내보내는 출력은 원하지 않을 수 있다. 이런 문제를 변수 **__name__**을 이용하여 풀 수 있다. 먼저 series.py의 문장 25 ~ 27을 다음과 같이 **if __name__ == '__main__':** 문으로 블록화 한다.

```
1 # good_series.py
2 def geometric(n, r):
3     ''' 공비가 r인 등비 수열을 담은 리스트를 반환한다.
4     '''
5     e = 1
6     result = [e]
7     while True:
8         e = r * e
9         if (e > n):
10            break
11        result.append(e)
12
13    return result
14
15 def fibonacci(n):
16    ''' n까지의 피보나치 수열을 담은 리스트를 반환한다 '''
17    result = []
18    a, b = 0, 1
19    while (b < n):
20        result.append(b)
21        a, b = b, a + b
22    return result
23
24 # geometric() 함수와 fibonacci() 함수가 잘 동작하는지 테스트 해본다.
25 if __name__ == '__main__':
26    x = 100
27    print(geometric(x, 2)) # [1, 2, 4, 8, 16, 32, 64]
28    print(fibonacci(x)) # [1, 1, 2, 3, 5, 8, 13, 21, 34, 55, 89]
```

이제 다시 모듈 use_series를 수행하면 수정된 series 모듈의 문장 25가 수행될 때 `__name__` 변수의 값은 `'series'`이므로 수정된 series 모듈의 문장 26, 27, 28은 수행되지 않는다. 결과적으로 다음과 같이 use_series 모듈의 출력만을 볼 수 있다.

```
[1, 1, 2, 3, 5, 8, 13, 21, 34, 55, 89, 144, 233, 377, 610, 987]
```

모듈마다 다음과 같이 조건 `if __name__ == '__main__':` 을 사용하는 모듈 테스트 코드를 갖도록 하는 것은 Python 모듈을 작성할 때 널리 쓰는 기법이다.

```
if (__name__ == '__main__'):
    test_statement1
    test_statement2
```

위와 같은 코드를 포함하는 모듈을 Python 인터프리터로 *직접* 수행하면 $test\_statement_1$ 과 $test\_statement_2$ 문장이 수행될 것이다. 하지만 다른 모듈에서 위와 같은 코드를 포함하는 모듈을 임포트하는 경우에는 $test\_statement_1$ 과 $test\_statement_2$ 문장이 수행되지 않을 것이다.

Python 개발자들은 자신이 개발한 모듈이 다른 모듈에서 임포트되어 사용될 때를 고려하여, 자신이 개발하는 모듈의 테스트 코드를 `if __name__ == '__main__':` 조건문 안에 넣는 것이 바람직하다. 그렇게 하면 내가 개발한 모듈을 임포트하여 사용하는 개발자에게는 내 모듈의 테스트 코드의 출력이 나타나지 않는다. 다음은 다른 모듈에서 임포트될 수 있는 모듈의 권장 형태이다.

```
import module₁
import module₂

# 변수들의 정의
...

# 함수들의 정의 또는 class들의 정의
def f():
    ...

def g():
    ...

# 이 모듈에서 정의된 변수, 함수, 클래스 등의 테스트 코드
if (__name__ == '__main__'):
    test_statement₁
    test_statement₂
```

참고 | if __name__ == '__main__': 형태

많은 사람들이 **if** `__name__ == '__main__'`: 과 같은 형태를 사용한다. 하지만 필자는 자신의 코딩 취향에 따라 **if** `(__name__ == '__main__')`: 형태가 더 바람직하다고 생각한다.

7.10 모듈의 재 적재 – importlib.reload() 함수

이미 임포트된 모듈을 다시 임포트하려 하면 임포트되지 않는다. 제 7.2.2절에서 생성한 series.py 모듈을 사용해 확인해보자.

```
Python 3.8.2 (tags/v3.8.2:7b3ab59, Feb 25 2020, 23:03:10) [MSC v.1916 64 bit (AMD64)] on win32
Type "help", "copyright", "credits" or "license()" for more information.
>>> import series
[1, 4, 9, 16, 25, 36, 49, 64, 81, 100]
[1, 1, 2, 3, 5, 8, 13, 21, 34, 55, 89]
>>> import series
>>> |
```

위 Python Shell 화면에서처럼 series 모듈을 임포트한 후 다시 임포트하면 아무런 출력이 나오지 않는다. series 모듈이 이미 임포트되어 있어 다시 임포트되지 않기 때문이다. 파일 모듈뿐 아니라 패키지 모듈의 경우에도 이미 임포트된 모듈을 다시 임포트하면 임포트되지 않는다.

Python 인터프리터가 이미 임포트된 모듈을 다시 임포트하지 않는 이유는 다음과 같다: 커다란 Python 프로그램들은 많은 수의 **import** 문들을 사용하며, **import** 문에 의해 임포트된 모듈이 다시 많은 수의 **import** 문을 사용할 수도 있다. 그런 경우 프로그램을 수행하면 개발자도 모르게 동일한 모듈에 대한 **import** 문들이 여러 번 수행될 수 있다.

하지만 Python 인터프리터가 모듈을 임포트하는 작업은 중앙 처리 장치와 주기억 장치 등의 자원을 많이 사용하기 때문에 이미 임포트된 모듈들이 다시 임포트된다면 Python 인터프리터에게 심한 부담이 될 수 있다. 따라서 Python 인터프리터는 이미 임포트된 모듈은 기본적으로 다시 임포트하지 않는다.

하지만 이미 임포트한 파일 모듈의 코드 수정 등을 반영하기 위하여 모듈의 재적재가 꼭 필요한 경우가 있다. 그런 경우, Python 인터프리터를 다시 시작하거나 **importlib** 모듈의 **reload(*module*)** 함수를 사용해야 한다. 다음은 모듈의 재적재를 보여주기 위한 hello.py 모듈이다.

```
# hello.py
print('hello')
```

다음 코드는 `importlib` 모듈의 `reload(module)` 함수를 사용하여 hello 파일 모듈을 재적재하는 것을 보여준다.

```
>>> import hello
Hello
>>> import hello # 다시 임포트되지 않는다.
>>> import importlib
>>> importlib.reload(hello) # 다시 임포트된다.
Hello
<module 'hello' from 'D:\\prj\\python3\\hello.py'>
>>>
```

참고 | imp.reload() 함수

모듈을 재적재하기 위하여 Python 3.4 이후부터는 **importlib.reload()** 함수를 사용하고 있지만, Python 3.4 미만 버전에서는 **imp.reload()** 함수를 사용했었다.

참고 | Python IDLE에서의 모듈의 자동 재적재

Python IDLE에서 "File" 〉 "Open..." 메뉴를 선택하여 series.py와 같은 파일 모듈을 열면 나타나는 Python 모듈의 편집 창에서 "Run" 〉 "Run Module F5" 메뉴를 선택하여 .py 파일을 반복적으로 수행하면 매번 해당 .py 파일은 자동으로 다시 적재되어 수행된다. 모듈을 개발하는 단계에서는 수시로 모듈에 대한 수정이나 코드 추가가 일어나기 때문에 Python IDLE는 편집 창에서 "Run Module F5" 메뉴로 모듈을 수행할 때마다 내부적으로 **importlib.reload()** 함수를 사용하도록 설계되어 있기 때문이다.

7.11 정규 패키지와 이름 공간 패키지의 비교

이 절에서는 이름 공간 패키지와 정규 패키지의 차이점들을 비교하여 정리한다.

(1) 패키지 초기화 파일 __init__.py

이름 공간 패키지와 정규 패키지의 첫 번째 차이점은 __init__.py 모듈이다. Python 3.3 이후에서는, 패키지를 임포트할 때 패키지에 해당하는 디렉터리에 패키지 초기화 파일 __init__.py가 존재하면 정규 패키지로 취급되고, 그렇지 않으면 이름 공간 패키지로 취급된다.

만일 3.3 미만 버전의 Python, 예를 들어 Python 2.7에서 이름 공간 패키지인 sample 패키지를 임포트하는 `import sample` 문을 수행해보면 sample/ 디렉터리에 __init__.py 파일이 없으므로 다음과 같이 오류가 난다.

```
>>> import sample

Traceback (most recent call last):
  File "<pyshell#1>", line 1, in <module>
    import sample
ImportError: No module named sample
>>>
```

참고 | 이전 버전 Python 인터프리터와의 호환성이 필요하면 __init__.py 파일 생성

Python 3.3 미만 버전의 Python 인터프리터에서도 사용할 패키지라면 호환성을 유지하기 위해 패키지를 구성하는 디렉터리마다 __init__.py 파일들을 만들어 준다. __init__.py 파일은 빈 파일이어도 된다.

패키지를 임포트할 때 그 패키지에 __init__.py 파일이 존재하면 Python 인터프리터가 그 파일을 수행하므로, __init__.py 파일에 패키지가 임포트될 때 수행되어야 할 문장들을 담을 수 있다. 예를 들어, 정규 패키지의 __init__.py 파일에 그 정규 패키지가 담고 있는 서브 패키지나 파일 모듈을 임포트하는 문장들을 넣어두면, 정규 패키지를 임포트할 때 그 정규 패키지에 포함된 서브 패키지나 파일 모듈이 결과적으로 임포트되도록 할 수 있다. 예제 코드를 살펴보자.

제 7.2절에서 생성한 정규 패키지 sample2의 패키지 초기화 파일 sample2/__init__.py에 파란색 import 문장들을 추가하고 저장하자.

```
# 수정된 sample2/__init__.py
import sample2.a
import sample2.b

x = 1
print('sample2/__init__.py executed!')
```

이제 다음과 같이 sample2 패키지를 임포트하면 sample2.a 모듈과 sample2.b 모듈이 임포트되어 있음을 확인할 수 있다.

```
>>> import sample2
sample2/__init__.py executed!
>>> sample2.x
1
>>> sample2.a.bar()
모듈 a의 함수 bar()가 호출됨
>>> sample2.b.foo()
모듈 b의 함수 foo()가 호출됨
>>>
```

(2) 모듈 객체의 `__file__` 속성

이름 공간 패키지와 정규 패키지는 `__file__` 속성의 값이 다르다. 다음 예제 코드를 통해 확인할 수 있다.

```
>>> import sample # 이름 공간 패키지
>>> sample.__file__ # None
>>> import sample2 # 정규 패키지
sample2/__init__.py executed!
>>> sample2.__file__
'C:\\pt\\sample2\\__init__.py'
>>>
```

이름 공간 패키지를 임포트하여 생성된 모듈 객체의 `__file__` 속성의 값은 None이다. 반면에 정규 패키지 모듈 객체의 `__file__` 속성의 값은 패키지 초기화 파일의 경로이다.

(3) 이름 공간 패키지의 모듈들은 분리된 디렉터리들에 존재 가능

하나의 정규 패키지는 그 패키지 이름과 같은 하나의 디렉터리 계층 구조로 표현된다. 반면에 하나의 이름 공간 패키지는 여러 개의 디렉터리 계층 구조들에 분산되어 표현될 수 있다.

이 절에서 예제로 사용되던 sample 패키지는 D:\prj\python3 디렉터리에 존재한다. sample 패키지를 C:\pt 디렉터리에 하나 더 만들어보자.

C:\pt 디렉터리에 서브 디렉터리 sample을 생성하고 다시 그 안에 서브 디렉터리 p를 생성하고 p 안에 다음과 같은 d.py 모듈을 편집해 저장한다.

```
# C:\pt\sample\p\d.py
alpha = 100

def deep():
    print('sample.p.d 모듈의 함수 deep()이 호출됨')
```

이제 sample 패키지와 p 패키지는 D:/prj/python3/ 디렉터리와 C:/pt 디렉터리 아래에 다음 그림과 같이 존재하게 된다.

```
C:\pt\                              D:\prj\python3\
  ├─ sample2\                         ├─ series.py
  │   ├─ __init__.py                  └─ sample\
  │   ├─ a.py                             ├─ a.py
  │   ├─ b.py                             ├─ b.py
  │   └─ p\                               └─ p\
  │       ├─ __init__.py                      └─ c.py
  │       └─ c.py
  └─ sample\
      └─ p\
          └─ d.py
```

이제 D:\prj\python3\sample\p\c.py 파일 모듈과 C:\pt\sample\p\d.py 파일 모듈을 사용해보자. 다음 예제 코드를 보자. 다음 코드는 Python 3.8에서 수행되었다.

```
>>> import sys
>>> sys.path
['', 'C:\\Program Files\\Python38\\Lib\\idlelib', 'C:\\pt', 'D:\\prj\\python3',
'C:\\Program Files\\Python38', 'C:\\Program Files\\Python38\\python38.zip',
'C:\\Program Files\\Python38\\DLLs', 'C:\\Program Files\\Python38\\lib',
'C:\\Program Files\\Python38\\lib\\site-packages']
>>> import sample.p.c
>>> sample.p.c.deep()
sample.p.c 모듈의 함수 deep()이 호출됨
>>> import sample.p.d
>>> sample.p.d.deep()
sample.p.d 모듈의 함수 deep()이 호출됨
>>>
```

위 코드를 보면 C:\pt 디렉터리와 D:\prj\python3 디렉터리가 `sys.path` 변수에 담긴 모듈 검색 경로들로 등록되어 있음을 알 수 있다. 그리고 `import sample.p.c` 문장이 D:\prj\ython3\sample\p\c.py 모듈을 임포트하고, `import sample.p.d` 문장이 C:\pt\sample\p\d.py 모듈을 임포트하는 것을 확인할 수 있다. 즉 이름 공간 패키지인 sample 패키지와 p 서브패키지는 두 개의 디렉터리 계층 구조에 분산되어 존재하고 있음을 확인할 수 있다.

7.12 import 문과 from-import 문의 비교

소프트웨어 공학적인 관점을 가지고 판단한다면, 대개의 경우 import 문을 사용하는 것이 from-import 문을 사용하는 것보다 바람직하다. 왜냐하면 import 문으로 모듈을 임포트한 경우 임포트한 모듈에 들어있는 변수, 함수, 클래스 등의 이름을 사용할 때 모듈의 이름을 함께 사용해야 하므로 그 이름이 어떤 모듈에 정의되어 있는 이름인지를 명확하게 파악할 수 있기 때문이다.

from-import 문을 사용하는 경우 함수, 변수, 클래스 등의 이름을 표현할 때 패키지나 모듈의 이름이 없으므로 개발자에게 혼동을 줄 수 있다. 특히 `from 〈모듈〉 import *` 문을 사용하면, 개발자가 잘 인식하지 못하는 상태에서 사용하지도 않을 함수, 변수, 클래스들이 개발자의 모듈로 임포트될 수 있으며, 또한 임포트된 이름과 같은 이름의 객체가 개발자의 코드에 이미 존재하였다면 개발자가 인식하지 못하는 상태에서 이름에 결합되어 있는 객체가 다른 객체로 바뀔 수 있다. 개발자가 의도하지 않거나 인식하지 못한 일들이 일어나는 것은 버그의 잠재적인 원인이 된다.

모듈내의 몇 개의 이름만이 필요한데 당장 귀찮다고 `from <모듈> import *` 문을 사용하여 그 모듈의 모든 이름들을 임포트하는 것은 나쁜 습관이다. 다만 다른 모듈들과 이름들이 겹치는 일이 잘 일어나지 않도록 주의 깊게 잘 설계된 모듈이나 패키지 또는 패키지 개발자가 from-import 문을 사용하도록 권장하고 있는 모듈이나 패키지의 경우에는 from-import 문을 사용해도 좋다. 예를 들어 Python GUI 패키지인 tkinter 패키지나 그래픽스 패키지인 turtle 패키지는 from-import 문으로 임포트하여 사용해도 좋다.

연습문제

01 다음 용어들의 의미를 설명하라.

① 모듈러 프로그래밍
② 파일 모듈과 패키지 모듈
③ __init__.py
④ 이름 공간 패키지와 정규 패키지

02 Python 인터프리터가 임포트해야 하는 파일 모듈이나 패키지 모듈을 찾기 위하여 검색하는 디렉터리를 4가지 이상 나열하라.

03 `if (__name__ == '__main__'):` 문의 의미와 사용 이유에 대하여 설명하라.

04 Python Shell에서 다음 2개의 파일을 편집하여 저장하고, B.py를 수행한 결과를 적어라. 왼쪽은 A.py, 오른쪽은 B.py 파일이다.

```
def func():
    print('func() in A.py')

print('Hello A!')

if __name__ == '__main__':
    print('A.py 직접 실행')
else:
    print('A.py가 임포트되어 실행')
```

```
import A

print('Hello B!')
A.func()

if __name__ == '__main__':
    print('B.py 직접 실행')
else:
    print('B.py가 임포트되어 실행')
```

05 개발자가 자신이 개발하고 있거나 개발한 모든 Python 모듈들이나 패키지들을 본인이 원하는 어떤 특정 디렉터리, 예를 들어 D:/prj/python 디렉터리에 두고 싶다면 어떻게 해야 하는지 방법을 설명하라. 힌트는 PYTHONPATH 환경 변수이다.

06

math 모듈을 임포트하고, math 모듈이 제공하는 함수들 중 세 종류 이상의 함수들을 호출하는 코드를 작성하라.

07

Python 3.3 이후 버전을 사용한다고 하자. 그리고 다음과 같은 구조의 test99 패키지가 존재한다고 하자.

```
test99/
  ├a.py
  ├b.py
  ├p1/
  │  └ c.py
  └p2/
     └ d.py
```

그리고 a.py, b.py, c.py, d.py 파일의 내용은 각각 다음과 같다고 하자.

```
# test99/a.py
def bar():
    print('test99 패키지의 모듈 a의 함수 bar()가 호출됨')
```

```
# test99/b.py
def foo():
    print('test99 패키지의 모듈 b의 함수 foo()가 호출됨')
```

```
# test99/p1/c.py
z = 3
def deep():
    print('test99.p1.c 모듈의 함수 deep()이 호출됨')
```

```
# test99/p2/d.py
z = 4
def deep():
    print('test99.p2.d 모듈의 함수 deep()이 호출됨')
```

① **import** 〈모듈〉, ..., 〈모듈〉 문을 사용해보자. 다음 문장을 사용하여 test99.a 모듈을 임포트하고 함수 bar()를 호출하는 코드를 작성하라.

```
import test99.a
```

② **from** 〈패키지 모듈〉 **import** 〈모듈〉, ..., 〈모듈〉 문을 사용해보자. 다음 문장을 사용하여 test99.b 모듈을 임포트하고 함수 foo()를 호출하는 코드를 작성하라.

```
from test99 import b
```

③ 다음과 같은 **from** 〈파일 모듈〉 **import** 〈이름〉, ..., 〈이름〉 문을 사용하여 모듈 c의 변수의 값을 출력하고, 모듈 d의 함수 deep()을 호출하는 코드를 작성하라.

```
from test99.p1.c import z
from test99.p2.d import deep
```

④ **from** 〈파일 모듈〉 **import** * 문을 사용해보자. 다음 문장을 사용하여 test99.p2.d 모듈에 들어있는 모든 이름들을 임포트하고 그 이름들을 사용하는 예제 코드를 작성하라.

```
from test99.p2.d import *
```

08 CHAPTER

객체 지향 프로그래밍 I

HTTP://www.python.org

Python 언어에서 객체 지향 프로그래밍에 대한 주제들은 매우 중요하므로 제 8장과 제 9장에서 나누어 다룬다. 제 8장은 독자가 객체 지향 프로그래밍에 익숙하지 않다고 가정하고 객체 지향 프로그래밍의 기본적 개념과 원리들을 소개한다. 제 9장에서는 객체 지향 프로그래밍의 고급 주제들을 다룬다.

참고 | 다중 프로그래밍 패러다임을 지원하는 Python

Python은 다중 프로그래밍 패러다임들을 지원하는 언어이다. Python은 절차적 프로그래밍, 객체 지향 프로그래밍, 그리고 함수적 프로그래밍을 모두 지원한다. Python 언어의 객체 지향적 특징들은 C++와 Modula-3 언어의 영향을 받은 것으로 알려진다.

8.1 기본적인 객체 지향 개념들

객체 지향 프로그래밍(object-oriented programming)은 "세상은 객체들로 구성되어 있으며 객체들은 서로 메시지들을 주고 받으며 상호 작용한다"라는 관점을 사용한다. 즉, 객체 지향 프로그래밍이란 "소프트웨어 객체(object)들을 생성하고 그 객체들이 사용자나 다른 객체들과 메시지들을 주고받는 상호 작용을 통해 사용자가 요구하는 결과를 만들어내도록 코드를 작성하는 것"이라고 할 수 있다.

8.1.1 객체 지향 정원

이 장에서는 객체 지향 프로그래밍에 관련된 기본 개념들을 직관적으로 설명하기 위하여 다음 그림과 같은 간단한 객체 지향 정원을 인용한다.

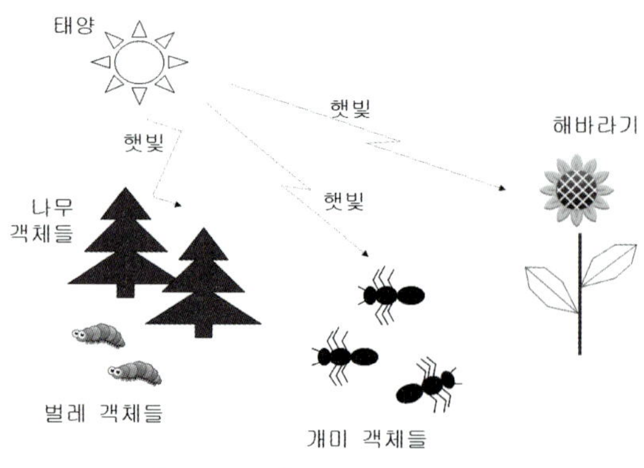

[그림 8-1] 객체 지향 정원

객체 지향 정원에는 하나의 태양 객체, 두 그루의 나무 객체들, 세 마리의 개미 객체들, 두 마리의 벌레 객체들, 그리고 한 그루의 해바라기 객체가 존재한다.

객체 지향 정원의 객체들이 상호 작용하는 시나리오는 다음과 같다: 태양 객체는 동쪽에서 떠서 서쪽으로 지는 동안 각도가 0도에서 180도까지 1도씩 변하며 그 때마다 객체 지향 정원의 다른 모든 객체들에게 햇빛 메시지를 보낸다. 햇빛 메시지를 받을 때마다, 나무들은 광합성을 하여 0.01 cm 씩 성장하며, 개미들은 몸이 따뜻해져서 여기저기 기어 다니고, 벌레들은 나무를 갉아먹어 한 마리당 나무의 성장 속도를 3% 느리게 한다. 개미들은 기어 다니다가 벌레를 만나면 즉시 잡아먹는다. 그리고 해바라기는 햇빛 메시지를 받을 때마다 태양 객체의 각도를 인식하여 꽃 머리를 태양 객체의 방향으로 회전시킨다.

프로그래머들은 현실 세계 속의 객체들을 소프트웨어 객체들로 표현해야 한다. 예를 들어 정원의 개미나 나무를 소프트웨어 객체로 표현해야 한다.

8.1.2 소프트웨어 객체의 상태 변수와 메소드

소프트웨어 객체는 상태 변수들과 메소드들을 가지며, 메시지 전송을 통해 상호 작용한다. 소프트웨어 객체의 **상태 변수**(state variables)는 실세계 객체의 상태(state)를 표현한다. 그리고 소프트웨어 객체의 **메소드**(method)는 실세계 객체의 행위(behaviors)를 표현한다. 다음 그림은 실세계의 객체의 상태와 행위가 소프트웨어 객체에서는 상태 변수와 메소드로 표현된다는 것을 보여준다.

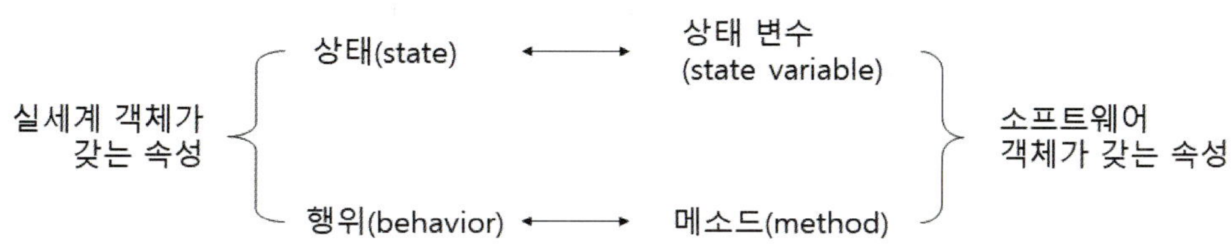

예를 들어, 개미를 표현하는 소프트웨어 객체는 체온을 표현하는 상태 변수 `body_temperature`와 기어 다니는 행위에 해당하는 메소드 `move(x, y)`를 가질 수 있다. 여기서 메소드 `move(x, y)`의 `x`, `y`는 개미의 이동 좌표를 표현하는 매개 변수들이다. 나무를 표현하는 소프트웨어 객체는 나무 높이를 표현하는 상태 변수 `height`와 광합성 행위에 해당하는 메소드 `photosynthesize()`를 가질 수 있다. 또한 해바라기를 표현하는 소프트웨어 객체는 해바라기의 높이를 나타내는 상태 변수 `height`와 태양을 향해 꽃 머리의 각도를 회전시키는 `rotate_ flower_head(angle)` 메소드를 가질 수 있다.

8.1.3 메시지의 송수신

현실 세계 속의 객체들의 상호 작용을 객체 지향 프로그래밍에서는 소프트웨어 객체들이 **메시지들**(messages)을 주고받는 것으로 표현할 수 있다.

예를 들어, 자전거와 자전거를 타는 사람을 생각해 보자. 자전거는 페달을 가지고 있지만 혼자서는 움직이지 못한다. 사람이 페달을 밟아주어야 자전거는 움직일 수 있다. 여기서 사람이 자전거의 페달을 밟아주는 작용을 사람 객체가 자전거 객체에게 페달 밟기 메시지를 보내는 것으로 표현할 수 있다. 마찬가지로 [그림 8-1]의 객체지향 정원에서 태양이 나무와 개미 등에게 햇빛을 보내는 작용은 태양 객체가 나무 객체나 개미 객체 등에게 햇빛 메시지를 보내는 것으로 표현할 수 있다. 다음 [그림 8-2]는 sun 객체가 ant1 객체에게 햇빛 메시지를 보내는 것을 표현한다.

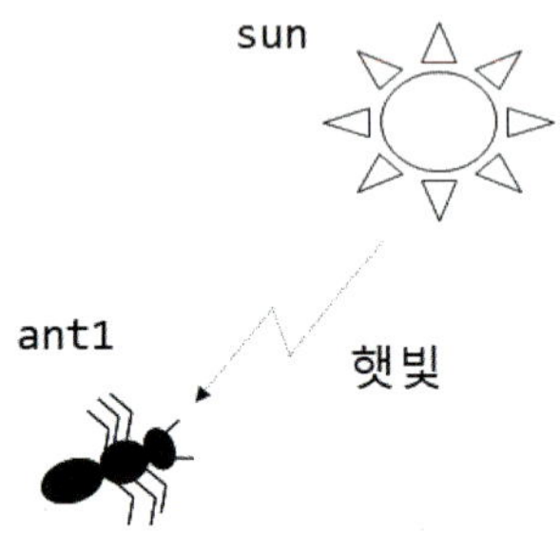

[그림 8-2] sun 객체가 ant1 객체에게 "햇빛" 메시지를 전송

메시지가 객체에 전달될 때 부가적인 정보가 함께 전달될 수 있다. 예를 들어, 태양이 보내는 햇빛 메시지에는 태양의 각도에 대한 정보가 포함되어 있을 수 있다. 예를 들어, 다음 [그림 8-3]은 sun 객체가 ant1 객체에게 각도 정보 30이 포함된 햇빛 메시지를 보내는 것을 표현한다.

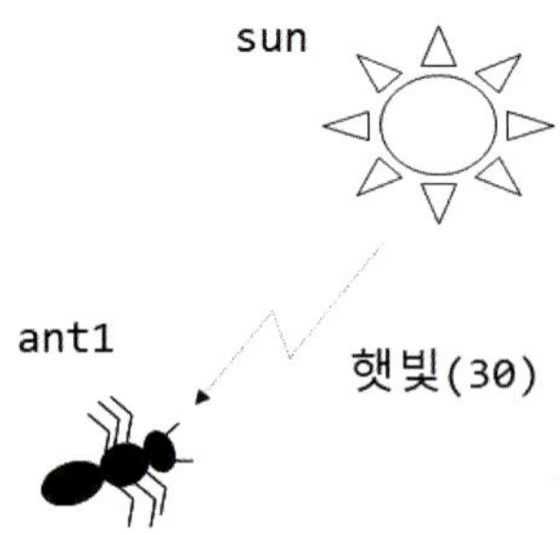

[그림 8-3] sun 객체가 ant1 객체에게 각도 정보 30이 포함된 햇빛 메시지를 전송

"객체에게 메시지를 전송한다"는 표현의 수준은 프로그래밍 언어의 문장들의 수준보다 상당히 추상적이다. "객체 p에게 메시지 m을 전송한다"는 표현은 Python이나 Java와 같은 실제 객체 지향 프로그래밍 언어의 수준에서는 다음과 같이 객체 p의 메소드 m을 호출하는 것으로 표현될 수 있다.

```
p.m() # 객체 p의 메소드 m을 호출함
```

그리고, 메시지 호출에 포함된 부가적인 정보는 메소드 호출의 인자들로 표현될 수 있다. 예를 들어, 햇빛 메시지를 light() 메소드로 표현한다면 ant1 객체에게 햇빛 메시지를 부가 정보 30과 함께 보내는 것은 다음과 같은 메소드 호출로 표현될 수 있다.

```
ant1.light(30)
```

즉, 위 [그림 8-3]는 다음 [그림 8-4]와 같은 의미를 갖는다.

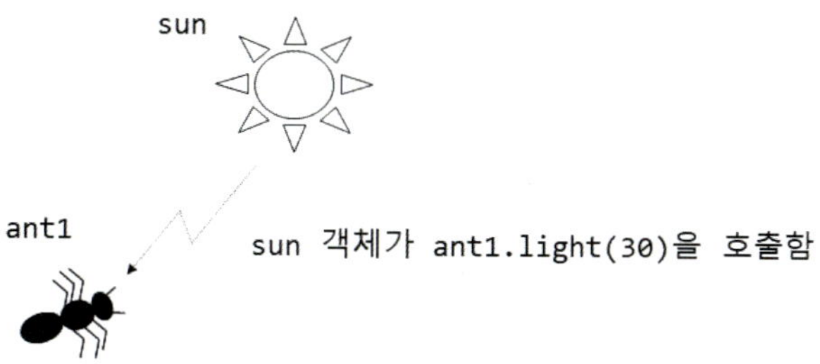

[그림 8-4] sun 객체가 ant1 객체의 메소드 light(30)를 호출

다음 [그림 8-5]는 sun 객체가 tree1 객체, ant2 객체, 그리고 sunFlower 객체에게 light(30) 메시지를 보내는 것을 표현하고 있다.

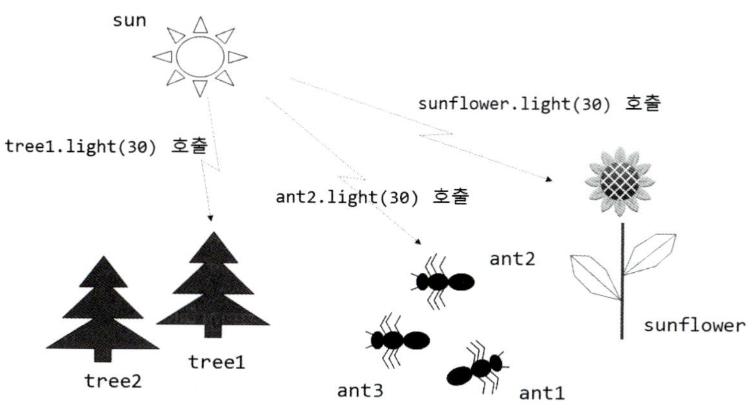

[그림 8-5] 메시지 전송과 메소드 호출

객체가 어떤 메시지를 받을 수 있으려면, 그 객체는 그 메시지에 대응하는 메소드를 가지고 있어야 한다. 예를 들어, sun 객체로부터 각도가 포함된 햇빛 메시지를 받아야 하는 객체 지향 정원의 객체들은 각도 정보가 포함된 햇빛 메시지에 대응하는 **light(angle)**과 같은 메소드를 가지고 있어야 한다.

8.2 클래스의 정의와 클래스 계층 구조

클래스(class)란 객체를 만들기 위한 설계도라고 할 수 있다. 즉, 객체를 만들려면 그 객체의 설계도에 해당하는 클래스를 먼저 정의하여야 한다.

클래스 *X*를 설계도로 사용하여 만들어지는 객체를 클래스 *X*의 인스턴스(instance)라고 표현한다. 예를 들어, 클래스 Ant의 인스턴스라는 표현은 Ant 클래스를 설계도로 사용하여 만들어지는 객체를 의미한다. 클래스 *X*의 인스턴스를 *X* 객체라고 간단히 표현하기도 한다.

8.2.1 클래스 정의의 형태

이제 Python에서 클래스를 정의하는 방법을 살펴보자. Python에서 클래스의 정의는 키워드 class로 시작한다. 다음 코드는 Sun 클래스, Ant 클래스 그리고 Tree 클래스를 정의하고 있다.

```
class Sun:
    pass

class Ant:
    pass

class Tree:
    pass
```

위 클래스 정의들은 문법적으로는 문제가 없지만 아무런 속성들을 정의하고 있지 않다. Sun 클래스, Ant 클래스 그리고 Tree 클래스가 각각 객체 지향 정원에 나오는 태양 객체, 개미 객체 그리고 나무 객체들을 생성하기 위한 제대로 된 설계도 역할을 할 수 있으려면 그 클래스들의 정의에 객체들을 위한 상태 변수들과 메소드들을 정의해주어야 한다.

Python에서 클래스 정의의 문법은 다음 [그림 8-6]과 같다. 클래스 정의는 클래스 헤더(header)와 몸체(body)로 구성된다. 클래스 헤더와 클래스 몸체는 :로 구분된다. 클래스 헤더는 키워드

`class`, 〈클래스 이름〉, 그리고 `()`로 싸인 〈슈퍼 클래스들과 메타 클래스〉로 구성된다. 여기서 〈슈퍼 클래스들과 메타 클래스〉는 선택적 구성 요소이다.

클래스 헤더

```
class <클래스 이름> ( <수퍼 클래스들과 메타 클래스> ) : <클래스 몸체>
```

[그림 8-6] 클래스 정의의 형태

〈클래스 몸체〉는 다음과 같은 속성들로 구성될 수 있다.

- 클래스 주석 문자열(class docstring)
- 생성자(constructor)
- 소멸자(destructor)
- 클래스 변수들(class variables)
- 인스턴스 메소드들(instance methods)
- 클래스 메소드들(class methods)
- 정적 메소드들(static methods)

인스턴스 메소드들, 클래스 메소드들, 그리고 정적 메소드들은 추상 메소드(abstract method) 또는 구상 메소드(concrete method)로 정의될 수 있다. 다음 절부터 클래스 몸체를 구성하는 각 속성들에 대하여 살펴본다.

주의 | Python의 인스턴스 변수

Java 언어나 C++ 언어로 객체 지향 프로그래밍을 했던 경험이 있는 개발자라면 Python에서는 클래스 몸체를 구성하는 속성들 중에 인스턴스 변수 속성이 없음에 주의하라. Python에서 인스턴스 변수들을 정의하는 방식은 Java나 C++ 언어와 다르다. 제 8.5.2절에서 인스턴스 변수들을 정의하는 방법들이 설명된다.

주의 | Python에서의 메소드 중복

Java나 C++ 언어에서와 달리 Python에서는 메소드 중복(method overloading)이 지원되지 않음에 주의하라. Python에서 클래스내의 모든 속성들의 이름은 서로 달라야 한다. 제 8.6.4절에 메소드 중복에 대한 자세한 내용이 나온다.

8.2.2 클래스 계층 구조

객체 지향 언어에서 클래스들이 일반화 관계(generalization relationship)로 서로 연결된 구조를 **클래스 계층 구조**(class hierarchy)라고 한다. 일반화 관계는 IS_A 또는 IS_A_KIND_OF 관계라고 표현되기도 하며 클래스가 그것의 슈퍼 클래스의 한 종류라는 의미를 표현한다.

클래스가 복수 개의 슈퍼 클래스들을 가질 수 없는 언어에서는 클래스들 간의 일반화 관계에 의한 연결 구조는 목(tree) 구조가 된다. 그리고 복수 개의 슈퍼 클래스를 가질 수 있는 언어에서는 클래스들 간의 일반화 관계에 의한 연결 구조는 격자(lattice) 구조가 된다.

프로그래밍 언어에 따라 클래스가 복수 개의 슈퍼 클래스를 갖는 것이 허용되기도 하고 허용되지 않기도 한다. 예를 들어 Java 언어는 클래스가 복수 개의 슈퍼 클래스를 갖는 것을 허용하지 않지만 C++ 언어나 Python 언어는 클래스가 복수개의 슈퍼 클래스들을 갖는 것을 허용한다.

> 참고 |
>
> 클래스들이 목구조를 이룰 때에만 클래스 계층 구조(class hierarchy)란 표현을 사용하는 경우도 있다. 하지만 이 책에서는 클래스 계층 구조라는 용어로 클래스들이 목구조를 이루는 경우와 격자 구조를 이루는 경우를 모두 표현하기로 한다.

격자 구조를 이루는 클래스 계층 구조의 예를 살펴보자.

```
# hierarchy1.py
class Mammal(object):
    pass

class Fish(object):
    pass

class Cat(Mammal):
    pass

class Dog(Mammal):
    pass

class Whale(Mammal, Fish):
    pass
```

[코드 8-4] hierarchy1.py

`object` 클래스는 슈퍼 클래스를 갖지 않는 특별한 클래스이다. 위 코드에 나타난 클래스들의 구조를 UML 클래스 다이어그램으로 표현하면 다음 그림과 같다.

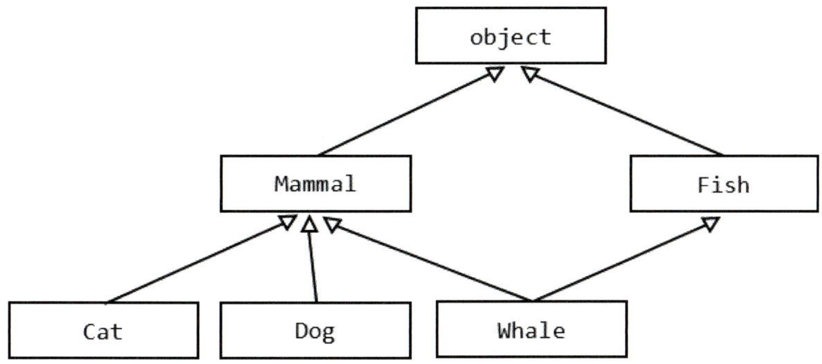

참고 | UML 클래스 다이어그램

UML(Unified Modeling Language)이란 객체 지향 소프트웨어를 개발할 때의 산출물을 명세화, 시각화, 문서화할 때 사용하는 통합 모델링 언어이다. UML은 클래스 다이어그램(class diagram)을 비롯한 여러 가지 시각화 모델링 표준을 제공한다. 국제 표준 단체인 OMG(Object Management Group)에서 UML 표준 규격을 관리한다. www.uml.org 사이트를 방문하면 UML에 관련된 자세한 자료들을 볼 수 있다.

UML 클래스 다이어그램은 클래스들의 특징들, 제약들, 그리고 클래스들 간의 일반화(generalization) 관계들을 도식화한다. UML 클래스 다이어그램에서 삼각형 머리를 갖는 화살표는 클래스와 그것의 슈퍼 클래스와의 일반화 관계(generalization relationship)를 나타낸다.

8.2.3 구식 스타일의 클래스와 새 스타일의 클래스

Python 언어는 비교적 빨리 진화하고 있는 언어이다. 버전이 바뀔 때마다 언어에 새로운 요소들이 추가되기도 하고 기존의 요소들이 더 향상된 버전으로 개정되기도 한다. 이 절에서는 구식 스타일의 클래스와 새 스타일의 클래스에 대해 알아보자.

(1) 구식 스타일의 클래스와 새 스타일의 클래스의 구분

Python 2.2에서 `object` 클래스와 새 스타일의 클래스(new-style class)가 도입되며 클래스 계층 구조의 개념에 많은 변화가 있었다.

새 스타일의 클래스와 구식 스타일의 클래스는 object 클래스를 기준으로 구분된다. 만일 어떤 클래스가 object 클래스의 자손 클래스라면 그 클래스는 새 스타일의 클래스이고, 아니면 그 클래스는 구식 스타일의 클래스이다. 즉, object 클래스는 모든 새 스타일의 클래스들의 조상 클래스가 되는 클래스이다.

다음 표는 Python 버전에 따라 지원되는 클래스 스타일을 보여준다. Python 3.0 이후에는 클래스의 슈퍼 클래스를 명시적으로 지정하지 않으면 자동으로 object 클래스가 그 클래스의 슈퍼 클래스가 된다.

Python 버전	지원
Python 1.0 ~ 2.1	구식 스타일의 클래스만 지원
Python 2.2 ~ 2.x	구식 스타일의 클래스와 새 스타일의 클래스를 모두 지원
Python 3.0 ~	새 스타일의 클래스만 지원

다음 예제 코드를 구식 스타일의 클래스와 새 스타일의 클래스를 모두 지원하는 Python 2.7에서 수행해 보자.

```
class Old_X:
    pass

class Old_Y(Old_X):
    pass

class New_X(object):
    pass

class New_Y(New_X):
    pass
```

위 예제 코드를 Python 2.7에서 수행하면, 생성된 클래스들은 다음 그림과 같은 계층 구조를 갖게 된다. 즉, 새 스타일의 클래스인 New_X 클래스와 New_Y 클래스, 그리고 구식 스타일의 클래스인 Old_X 클래스와 Old_Y 클래스가 함께 존재하게 된다.

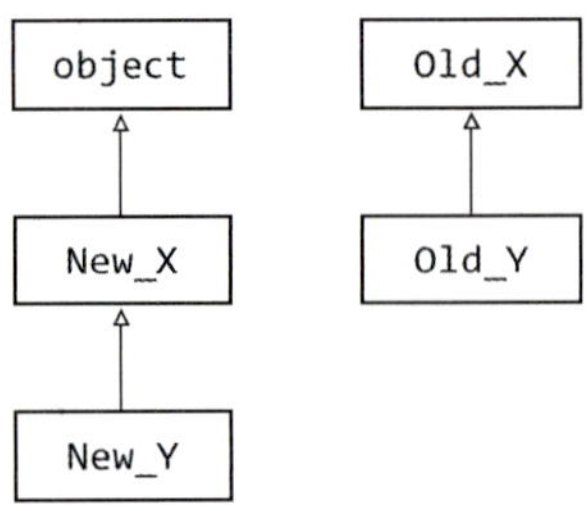

하지만, 동일한 예제 코드를 Python 3에서 수행하면, 슈퍼 클래스를 명시하지 않은 **Old_X** 클래스의 슈퍼 클래스는 **object** 클래스가 되므로 생성된 클래스들은 다음과 같은 상속 구조를 갖게 된다. 즉 모든 클래스가 새 스타일의 클래스가 된다.

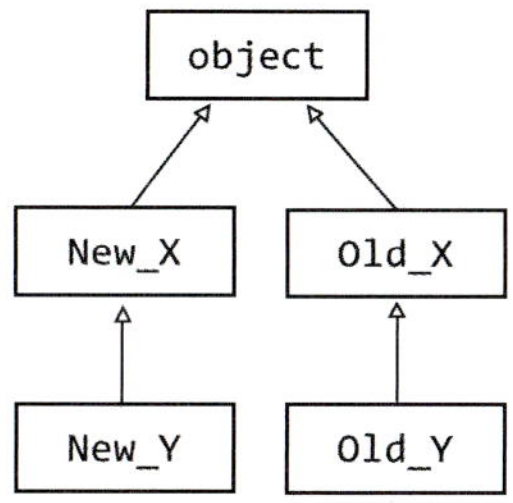

(2) 구식 스타일의 클래스의 문제점

구식 스타일의 클래스는 인스턴스의 소속 클래스와 타입이 일치하지 않는 문제점을 갖고 있었다. 그 문제점을 살펴보자.

다음 코드를 Python 2.7에서 수행하면 클래스 Foo는 구식 스타일의 클래스가 된다. 이때 Foo 클래스의 인스턴스 foo의 소속 클래스는 Foo이지만 타입은 instance이다. 즉 구식 스타일의 클래스 Foo의 인스턴스 foo는 소속 클래스와 타입이 일치하지 않는다.

```
>>> class Foo:
        pass

>>> foo = Foo()
>>> type(foo) # 객체 foo의 타입은 instance
<type 'instance'>
>>> foo.__class__ # 객체 foo의 소속 클래스는 Foo
<class __main__.Foo at 0x00000000038A7408>
>>>
```

다음 코드는 Python 2.7에서 새 스타일의 클래스로 클래스 Foo를 정의한 것이다. 새 스타일의 Foo 클래스에서는 인스턴스 foo의 소속 클래스도 Foo이고 타입도 Foo이다. 즉 소속 클래스와 타입이 일치한다.

```
>>> class Foo (object): # Python 2.7에서 새 스타일 클래스
        pass
```

```
>>> foo = Foo()
>>> type(foo) # 객체 foo의 타입은 Foo
<class '__main__.Foo'>
>>> foo.__class__
<class '__main__.Foo'> # 객체 foo의 소속 클래스도 Foo
>>>
```

8.3 생성자와 인스턴스의 생성

이후의 모든 내용은 Python 3 이후를 가정하고 있다. 즉 이후의 모든 클래스들은 새 스타일의 클래스들이다.

8.3.1 생성자란

생성자(constructor)는 클래스 정의를 구성하는 속성들 중의 하나로 클래스의 인스턴스를 생성하고 초기화하는 역할을 담당한다. Python에서 생성자 정의의 형태는 다음과 같다.

```
def __init__(self, <매개 변수1>, ..., <매개 변수N>):
    <생성자 몸체>
```

생성자 정의는 1개 이상의 매개 변수들을 가져야 하며 생성자의 첫 번째 매개 변수의 이름은 관례적으로 *self*를 사용한다. *self*는 Python 키워드가 아니며, 생성자의 첫 번째 매개 변수의 이름을 *self*가 아닌 다른 이름으로 사용할 수 있지만 *self*로 사용하는 관례를 존중하는 것이 바람직하다.

다음 예제 코드는 생성자가 정의된 클래스 `Ant`와 클래스 `Tree`를 보여준다. 클래스 `Ant`의 생성자는 매개 변수가 1개이고, 클래스 `Tree`의 생성자는 매개 변수가 2개이다. 생성자 내부의 코드에 대한 설명은 이후에 나온다.

```
# ant_tree.py
class Ant:
    def __init__(self):
        self.body_temperature = 10 # 개미 객체의 체온을 표현하는 인스턴스 변수
        self.speed = 5 # 개미 객체의 이동 속도를 표현하는 인스턴스 변수
        print('Ant 객체의 생성자가 호출됨')
```

```
class Tree:
    def __init__(self, height):
        self.height = height # Tree 객체의 높이를 표현하는 인스턴스 변수
        print('높이가 {}인 Tree 객체가 생성됨'.format(height))
```

Python의 모든 클래스는 하나의 생성자를 갖게 된다. 왜냐하면 모든 클래스의 조상 클래스인 **object** 클래스에는 생성자가 정의되어 있고, 생성자가 정의되어 있지 않은 클래스는 속성 상속에 의해 그것의 슈퍼 클래스의 생성자를 상속받게 되기 때문이다. 속성 상속은 제 8.8절과 9.1절에서 자세히 설명된다.

8.3.2 생성자의 호출

다음은 생성자 호출의 형태이다. 생성자 호출은 클래스 이름으로 시작한다.

〈클래스 이름〉 (〈인자$_1$〉, 〈인자$_2$〉, ..., 〈인자$_N$〉)

다음은 Ant 클래스의 생성자를 호출하여 Ant 객체 ant1과 ant2를 생성하고, Tree 클래스의 생성자를 호출하여 Tree 객체 tree1을 생성하는 예제 코드이다.

```
ant1 = Ant() # Ant 클래스의 생성자 __init__(self)가 호출된다.
ant2 = Ant() # Ant 클래스의 생성자 __init__(self)가 호출된다.
tree1 = Tree(500) # Tree 클래스의 생성자 __init__(self, height)가 호출된다.
```

Python 인터프리터는 클래스 X의 생성자 호출 X(〈인자$_1$〉, 〈인자$_2$〉, ..., 〈인자$_N$〉)을 다음과 같은 단계들로 처리한다.

1. 클래스 X의 인스턴스를 생성한다. 아직 생성자 몸체는 수행되지 않았다.
2. 생성자 정의의 첫 번째 매개 변수 *self*에 방금 생성된 인스턴스에 대한 참조를 전달한다. 그리고 나머지 매개 변수들에는 생성자 호출의 인자들 〈인자$_1$〉, 〈인자$_2$〉, ..., 〈인자$_N$〉을 전달한다.
3. 인자들이 전달된 매개 변수들을 사용하여 생성자 몸체를 수행한다.
4. 생성된 인스턴스에 대한 참조를 반환한다.

생성자 호출의 인자들의 개수는 생성자 정의의 매개 변수들의 개수보다 항상 하나가 작다. Python 인터프리터에 의해 생성자 정의의 첫 번째 매개 변수 *self*에는 위에서 기술한 생성자 호출의

단계 1에서 생성된 인스턴스에 대한 참조가 자동으로 전달되기 때문이다.

[그림 8-7] 메소드 호출의 인자들과 매개 변수

예를 들어, 위 [그림 8-7]에서 Ant() 호출의 인자는 0개이지만, Ant 클래스의 생성자의 매개 변수는 1개이다. 또한 Tree(500) 호출의 인자는 1개이지만 Tree 클래스의 생성자의 매개 변수는 2개이다. 첫 번째 인자 500이 Tree 클래스의 생성자의 두 번째 매개 변수 height로 전달된다.

다음 코드는 생성자 정의를 갖는 클래스들 Sun, Ant, Tree를 정의하고, Sun 객체 sun1, Ant 객체들 ant1과 ant2, 그리고 Tree 객체 tree1을 생성한다.

```
# oo_garden1.py
class Sun:
    def __init__(self):
        self.angle = 0  # 태양의 각도(0~180도)를 표현하는 인스턴스 변수
        print('Sun 객체의 생성자가 호출됨')

class Ant:
    def __init__(self):
        self.body_temperature =10 # 개미의 체온을 표현하는 인스턴스 변수
        self.speed = 5 # 개미의 이동 속도를 표현하는 인스턴스 변수
        print('Ant 객체의 생성자가 호출됨')

class Tree:
    def __init__(self, height):
        self.height = height # Tree 객체의 높이를 표현하는 인스턴스 변수
        print('높이가 {}인 Tree 객체가 생성됨'.format(height))

sun1 = Sun() # Sun 클래스의 __init__(self)가 호출된다.
ant1 = Ant() # Ant 클래스의 __init__(self)가 호출된다.
ant2 = Ant() # Ant 클래스의 __init__(self)가 호출된다.
tree1 = Tree(500) # Tree 클래스의 __init__(self, height)가 호출된다.
```

[코드 8-1] oo_garden1.py

위 [코드 8-1]을 수행하면 다음과 같은 출력이 나온다.

```
Sun 객체의 생성자가 호출됨
Ant 객체의 생성자가 호출됨
Ant 객체의 생성자가 호출됨
높이가 500인 Tree 객체가 생성됨
```

8.4 소멸자와 객체의 소멸

프로그램의 수행 중에 객체들은 다음을 포함한 다양한 자원들을 사용할 수 있다.

- 주기억 장치 공간
- 파일
- 소켓(socket)

객체들이 존재하는 주기억 장치는 비싸고 한정된 자원이므로 사용이 완전히 끝난 객체들을 주기억 장치에서 신속히 소멸시켜 그 객체들이 점유하던 주기억 장치 공간이 재활용될 수 있도록 하는 것이 필요하다. 즉 객체의 소멸이란 객체가 점유하던 주기억 장치 공간을 Python 인터프리터나 운영 체계에게 반납하는 것을 의미한다.

객체가 파일이나 소켓과 같은 자원을 사용하였다면 그 객체가 소멸될 때 그 자원들도 Python 인터프리터나 운영 체계에게 반납하여 재활용될 수 있도록 하는 것도 필요하다.

Python은 객체가 사용하던 자원의 반납을 위하여 `del` 키워드, 소멸자(destructor), 그리고 이삭 수거기(garbage collector)를 지원한다.

8.4.1 객체의 참조 카운터와 접근 불가 객체

Python은 객체들이 점유하고 있는 주기억 장치 공간을 관리하기 위하여 내부적으로 참조 카운터(reference counter) 메커니즘을 사용하고 있다. Python 인터프리터는 모든 주기억 장치 공간의 객체들 각각에 대한 참조 카운터를 자동으로 유지하고 관리한다.

객체의 참조 카운터의 값은 그 객체에 대한 참조의 수를 의미한다. 예를 들어 다음과 같은 코드를 살펴보자.

```
1 x = 'cat'
2 y = 'dog'
3 z = x
4 y = x
5
6 m = ['this', 'is a' 'book']
```

위 코드의 1 ~ 2 번 문장이 수행되면 주기억 장치 공간의 객체들의 상태는 다음 도식과 같아진다.

이 때, 객체 'cat'과 'dog'의 참조 카운터의 값은 각각 1이 된다. 이제 3번 문장이 수행되면 객체 'cat'과 'dog'의 참조 카운터의 값은 각각 2와 1이 된다.

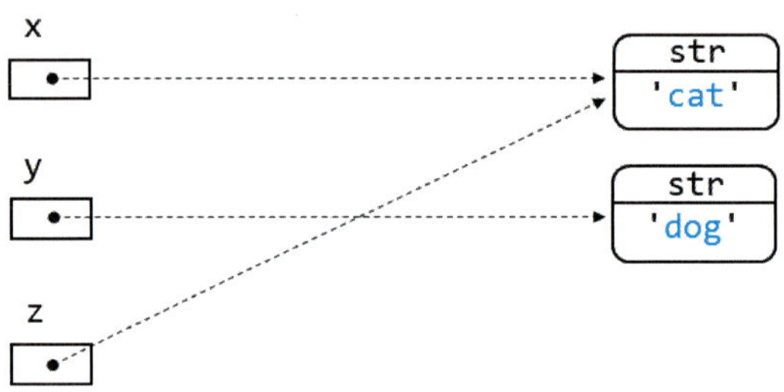

이제 4번 문장이 수행되면 주기억 장치 공간의 객체들의 상태는 다음 도식과 같아진다. 현재 객체 'cat'과 'dog'의 참조 카운터의 값은 각각 3과 0이다.

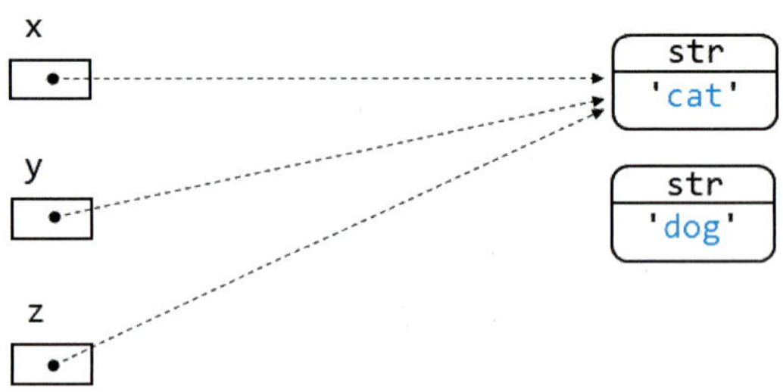

참조 카운터의 값이 0이 된 객체는 더 이상 접근할 방법이 없다. 참조 카운터의 값이 0인 객체를 **접근 불가 객체**(unreachable object)라고 한다. 접근 불가 객체는 주기억 장치 공간을 점유하고 있지만 접근할 수 없으므로 사용할 수 없다.

객체의 참조 카운터는 참조 변수에 의한 직접적인 참조 뿐 아니라 다른 객체들에 의한 참조들도 반영한다. 위 코드의 6번 문장이 수행되면 주기억 장치 공간의 객체들의 상태는 다음 도식과 같아진다. 여기서 문자열 객체 `'this'`, `'is a'`, `'book'`의 참조 카운터 값은 각각 1, 1, 1이다.

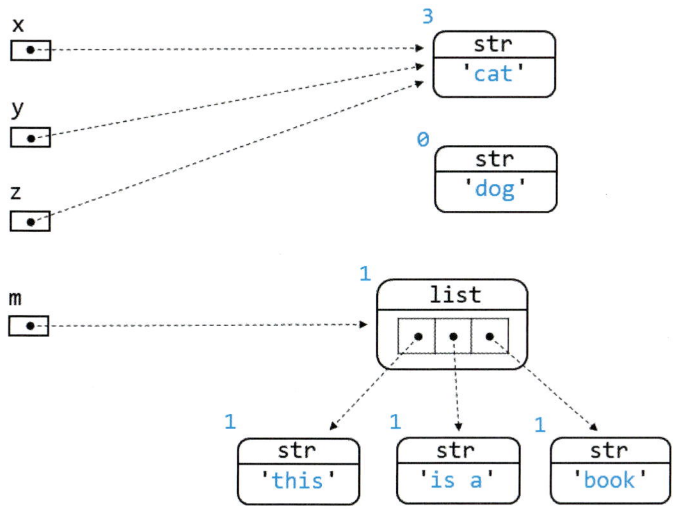

8.4.2 키워드 del

객체를 명시적으로 소멸시키는 데 사용하는 `del` 문장은 다음과 같이 키워드 `del`과 하나 이상의 참조들로 구성된다.

```
del <참조>, ..., <참조>
```

`del` 문장은 주어진 〈참조〉가 참조하고 있는 객체의 참조 카운터를 1만큼 감소시킨다. 그리고 만일 〈참조〉가 참조하고 있는 객체의 참조 카운터가 0이 되었다면 그 객체에 대한 다음과 같은 "객체 소멸 절차"를 수행한다.

[단계 1] 그 객체의 소멸자를 호출한다. 그리고 객체 자체가 점유하던 주기억 장치 공간을 Python 인터프리터나 운영 체계에게 반납한다.

[단계 2] 〈참조〉가 이름이라면 그 이름이 등록된 이름 공간에서 그 이름을 제거한다.

실제 객체 소멸 절차는 위 절차보다 매우 복잡하다. 왜냐하면 소멸되는 객체가 다른 객체들을 참조하고 있었다면 그 객체들의 참조 카운터를 1만큼 줄이고 참조 카운터가 0이 된 객체들에 대하여 재귀적으로 위 "객체 소멸 절차"가 수행되기 때문이다. 객체 소멸 절차에 대한 상세한 내용은 생략한다.

다음 예제 코드는 del x 문장과 del z[0] 문장의 동작을 보여준다.

```
   >>> x = 10001
 2 >>> y = x # 객체 10001의 참조 카운터는 2가 됨
 3 >>> dir()
 4 ['Mammel', '__annotations__', '__builtins__', '__doc__', '__loader__', '__name__',
 5 '__package__', '__spec__', 'builtins', 'x', 'y']
 6 >>> del x # 객체 10001의 참조 카운터는 1이 됨
 7 >>> dir()
 8 ['Mammel', '__annotations__', '__builtins__', '__doc__', '__loader__', '__name__',
 9 '__package__', '__spec__', 'builtins', 'y']
10 >>> x
11 Traceback (most recent call last):
12   File "<pyshell#16>", line 1, in <module>
13     x
14 NameError: name 'x' is not defined
15 >>> y
16 10001
17 >>> z = ['apple', 'banana', 'cherry']
18 >>> del z[0]
19 >>> z
20 ['banana', 'cherry']
21 >>>
```

위 코드의 2번 문장 y = x를 수행한 직후의 주기억 장치 공간의 객체들의 상태는 다음 도식과 같다. 이때 정수 객체 10001의 참조 카운터 값은 2이다.

위 코드의 6번 문장 del x를 수행하면, 변수 x는 메인 모듈의 이름 공간에서 제거되지만 객체 10001 자체는 참조 카운터가 1이므로 소멸되지 않는다. 따라서 15번 문장 y는 10001을 반환한다. 18번 문장 del z[0]은 리스트 z의 첫 번째 원소 z[0]을 소멸시킨다.

이름 공간에서 제거된 변수를 사용하려고 하면 당연히 오류가 난다. 위 코드의 10 ~ 14번 문장들은 del x 문에 의해 이름 공간에서 이미 제거된 변수 x를 사용하려고 했을 때 NameError 오류가 발생함을 보여준다.

8.4.3 접근 불가 객체들과 이삭 수거기

Python 인터프리터는 **이삭 수거기**(garbage collector)를 내장하고 있다. 이삭 수거기는 순환 참조 구조를 이루는 접근 불가 객체들에 대응한다. 순환 참조 구조를 생성하는 다음 코드를 살펴보자.

```
1 x = [1, 2]
2 x.append(x)
3 del x
```

위 코드의 1 ~ 2번 문장이 수행되면 다음과 같은 순환 참조 구조가 생성된다. 변수 x가 참조하는 리스트 객체의 참조 카운터는 현재 2이다.

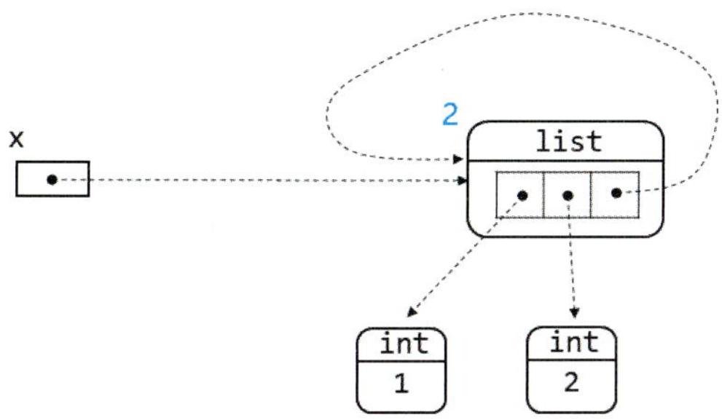

위 코드의 3번 문장이 수행되고 나면, 위 순환 참조 구조의 리스트 객체는 접근 불가의 상태가 되지만 참조 카운터 값은 0이 아닌 1이 되므로 바로 소멸되지 않는다. 접근 불가의 상태이지만 참조 카운터가 1 이상인 객체는 이 후에 이삭 수거기에 의해 회수된다.

Python의 이삭 수거기는 매우 정교한 알고리즘을 사용하여 접근 불가 상태에 있지만 참조 카운터가 0이 아니어서 소멸되지 않은 객체들을 소멸시키고 그 객체들이 점유하고 있는 주기억장치 공간을 자동으로 회수한다.

참고 |

Python 인터프리터의 종류에 따라 이삭 수거기의 세부적 알고리즘과 구현은 다를 수 있다. 이 문서에서는 www.python.org 사이트에서 배포하고 있는 CPython을 기준으로 설명하고 있다. CPython에 대한 다음 문서를 보면, 자신의 코드에서 순환 참조가 발생되지 않는다는 확신이 있다면 개발자가 이삭 수거기를 비활성화해도 좋다는 표현이 나온다.

https://docs.python.org/3/library/gc.html

이삭 수거기는 기본적으로 Python 인터프리터의 판단에 의해 자동으로 동작하지만 개발자에 의해 명시적으로 호출될 수도 있다. 다음 코드는 이삭 수거기를 명시적으로 호출하였을 때 23개의 객체들이 사용하던 주기억장치 공간이 수거되었다는 메시지가 출력되는 것을 보여준다.

```
>>> import gc
>>> gc.collect() # 이삭 수거기를 호출함
23
>>>
```

8.4.4 소멸자

del 문장에 의해 객체의 참조 카운터가 0이 되면 자동으로 그 객체의 소멸자(destructor)가 호출된다. Python에서 소멸자의 정의는 다음과 같은 형태를 갖는다.

```
def__del__(self, <매개 변수1>, ..., <매개 변수N>):
    <소멸자 몸체>
```

소멸자는 생성자와 마찬가지로 1개 이상의 매개 변수를 가지며, 첫 번째 매개 변수의 이름은 관례적으로 *self*를 사용한다. 다음 코드를 보자.

```
# del_animals.py
class Animal:
    def __init__ (self, name):
        self.name = name
        print('객체 %s이 생성되었다.' % self.name)

    def __del__(self):
        print('객체 %s이 소멸된다.' % self.name)

a1 = Animal('a1')
a2 = Animal('a2')
a3 = a2

del a1 # a1이 참조하는 객체 소멸
del a2
del a3 # a3가 참조하는 객체 소멸
```

위 코드의 출력은 다음과 같다.

```
객체 a1이 생성되었다.
객체 a2이 생성되었다.
객체 a1이 소멸된다.
객체 a2이 소멸된다.
```

위 코드의 14번 문장 `del a1`이 수행되면, 변수 `a1`이 참조하는 `Animal` 객체의 참조 카운터는 0이 되므로 자동으로 소멸자 `__del__(`*`self`*`)`가 호출된다. 위 코드의 15번 문장이 수행되면 변수 `a2`가 참조하는 `Animal` 객체의 참조 카운터가 2에서 1로 감소된다. 이 때 소멸자는 호출되지 않는다. 그리고 16번 문장이 수행되면 변수 `a3`가 참조하는 `Animal` 객체의 참조 카운터가 1에서 0이 되므로 소멸자가 호출된다.

소멸자는 객체가 소멸되기 직전에 자동으로 호출되므로 〈소멸자 몸체〉에 객체가 소멸되기 직전에 정리해야 할 작업을 담으면 좋다. 예를 들어, 소멸되는 객체가 파일을 열었거나 소켓을 열었다면 그 객체의 소멸자에 그 파일을 닫거나 그 소켓을 닫는 코드를 넣으면 된다.

8.5 클래스 변수와 인스턴스 변수

이 절에서는 클래스 변수와 인스턴스 변수에 대하여 살펴본다. 클래스 변수(class variable)는 클래스 자체의 상태를 표현하기 위한 변수이고, 인스턴스 변수(instance variable)는 각 인스턴스의 상태를 표현하기 위한 변수이다. 인스턴스 변수의 값은 인스턴스마다 다를 수 있다. 클래스 변수의 값은 그 클래스의 모든 인스턴스들에 의해 공유될 수 있다.

8.5.1 클래스 변수

클래스 변수를 정의하고 사용하는 방법을 살펴보자.

(1) 클래스 변수의 정의

새로운 클래스 변수를 정의하는 기본적인 방법은 클래스 몸체에 다음과 같은 형태의 할당문을 넣는 것이다. 다만, 그 할당문은 메소드, 생성자, 그리고 소멸자 정의의 외부에 존재해야 한다.

```
<변수> = <초깃값>
```

다음 코드는 `Tree` 클래스에 `total_trees`라는 클래스 변수가 정의된 것을 보여준다.

```
class Tree:
    total_trees = 0 # <변수> = <초깃값>
```

클래스 변수를 정의하는 또 하나의 방법은 다음과 같은 형태의 할당문을 사용하는 것이다. 다음 형태의 할당문은 클래스 정의의 외부에서도 사용이 가능하다.

```
<클래스>.<변수> = <초깃값>
```

다음 예제 코드는 Tree 클래스의 클래스 변수 total_trees를 Tree 클래스 정의의 외부에서 정의하는 것을 보여준다.

```
class Tree:
    pass
Tree.total_trees = 0 # <클래스>.<변수> = <초깃값>
```

클래스 변수를 클래스 정의의 외부에서 정의하는 방법보다는 클래스 몸체에서 정의하는 방법을 권장한다. 클래스 변수를 클래스 몸체에서 정의하는 것이 코드의 가독성을 높일 수 있기 때문이다.

참고 |

Python에서 모든 변수는 그 변수에 대한 〈초깃값〉이 할당될 때 정의된다. 이미 정의된 변수에 대한 할당문이 수행될 때에는 그 변수의 값이 바뀔 수 있을 뿐이다. 제 5.1절을 참고하라.

(2) 클래스 변수의 사용

다음과 같은 형태의 수식들로 클래스 변수를 사용할 수 있다.

- 〈클래스〉.〈클래스 변수〉
- 〈인스턴스〉.〈클래스 변수〉

다음 예제는 Tree 클래스에 정의된 클래스 변수 total_trees를 사용하는 것을 보여준다.

```
# class_variable.py
class Tree:
    total_trees = 0 # Tree 인스턴스의 총 수를 표현하기 위한 클래스 변수

    def __init__(self):
        Tree.total_trees = Tree.total_trees + 1  # <클래스>.<클래스 변수>
```

```
tree1 = Tree()
tree2 = Tree()

print('Tree 인스턴스의 총 수:', Tree.total_trees) # <클래스>.<클래스 변수>
print('Tree 인스턴스의 총 수:', tree1.total_trees) # <인스턴스>.<클래스 변수>
print('Tree 인스턴스의 총 수:', tree2.total_trees) # <인스턴스>.<클래스 변수>
```

위 코드의 수식 Tree.total_trees는 〈클래스〉.〈클래스 변수〉의 형태의 수식으로 Tree 클래스의 클래스 변수 total_trees를 사용하고 있다. 그리고 tree1과 tree2 객체는 〈인스턴스〉.〈클래스 변수〉의 형태의 수식들 tree1.total_trees와 수식 tree2.total_trees으로 Tree 클래스에 정의된 클래스 변수 total_trees를 공유하여 사용하고 있다. 위 코드를 수행하면 다음과 같은 출력을 볼 수 있다.

```
Tree 인스턴스의 총 수: 2
Tree 인스턴스의 총 수: 2
Tree 인스턴스의 총 수: 2
```

8.5.2 인스턴스 변수

인스턴스 변수를 정의하고 사용하는 방법을 살펴보자.

(1) 인스턴스 변수의 정의

인스턴스 변수를 정의하는 기본적인 방법은 다음과 같은 형태의 할당문을 사용하는 것이다. 〈인스턴스〉.〈변수〉에 처음으로 값이 할당될 때만 인스턴스 변수가 정의된다.

```
<인스턴스>.<변수> = <초깃값>
```

위와 같은 할당문이 클래스의 생성자의 몸체에서 사용되는 경우 그 클래스의 모든 인스턴스들은 해당 인스턴스 변수를 갖게 된다. 다음 코드의 Tree 클래스의 생성자의 몸체에는 인스턴스 변수 height를 정의하는 할당문 *self*.height = height가 있다.

```
class Tree:
    def __init__(self, height):
        self.height = height # 나무의 높이를 표현하기 위한 인스턴스 변수

t1 = Tree(500) # Tree 객체 t1 생성
t2 = Tree(300) # Tree 객체 t1 생성
print(t1.height, t2.height) # 500 300
```

위 코드가 수행되고 나면 **Tree** 클래스의 인스턴스 **t1**과 **t2**는 모두 인스턴스 변수 **height**를 갖게 된다. 이 때 **t1**의 **height**의 값은 500이고, **t2**의 **height**의 값은 300이 된다.

인스턴스 변수의 정의를 생성자 몸체에서만 할 수 있는 것은 아니다. 코드 상의 어떤 위치에서라도 〈인스턴스〉.〈변수〉 = 〈초깃값〉 형태의 할당 문이 나타나기만 하면 해당 인스턴스 변수가 정의된다. 다음 코드를 보자.

```
class Tree:
    def __init__(self, height):
        self.height = height # 나무의 높이를 표현하기 위한 인스턴스 변수 정의

t1 = Tree(500)
t2 = Tree(300)

t1.age = 200
t2.color = 'GREEN'
```

위 코드는 클래스의 생성자의 몸체가 아닌 위치에서 〈인스턴스〉.〈변수〉 = 〈초깃값〉 형태의 할당문을 사용하여 **t1**의 인스턴스 변수 **age**와 **t2**의 인스턴스 변수 **color**를 정의하고 있다.

생성자의 몸체에서 ***self***.<변수> = <초깃값> 형태의 문장을 사용하여 인스턴스 변수를 정의하면, 그 생성자에 의해 생성된 모든 인스턴스들이 그 인스턴스 변수를 갖게 된다. 하지만 생성자 몸체가 아닌 위치에서 〈인스턴스〉.〈변수〉 = 〈초깃값〉 문을 사용하면 해당 〈인스턴스〉만 그 인스턴스 변수를 갖게 된다.

결과적으로 생성자의 몸체가 아닌 위치에서 인스턴스 변수를 정의하는 방식으로 동일한 클래스의 인스턴스들이 서로 다른 인스턴스 변수들을 갖도록 만들 수 있다. 예를 들어 위 코드의 인스턴스 **t1**과 **t2**는 둘 다 **Tree** 클래스의 인스턴스들이지만 **t1**은 인스턴스 변수 **height**와 **age**를 갖지만 **color**를 갖지 않고, **t2**는 인스턴스 변수 **height**와 **color**는 갖지만 **age**는 갖지 않게 된다.

인스턴스 변수들을 생성자 몸체가 아닌 데서 정의하는 것 보다 생성자의 몸체에서 정의하는 것이 바람직한 코딩 스타일이라 할 수 있다. 왜냐하면 인스턴스 변수를 생성자 몸체가 아닌 데서 정의하는 경우, 같은 클래스의 인스턴스들이 서로 다른 인스턴스 변수들을 갖게 될 수 있어 혼돈을 일으킬 수 있으며, 인스턴스마다 별도로 인스턴스 변수들을 정의해야 하는 것이 번거롭기 때문이다. 또한 인스턴스 변수를 생성자 몸체가 아닌 데서 정의하는 것보다 생성자의 몸체에서 정의하는 것이 코드의 가독성이 높기 때문이기도 하다.

(2) 인스턴스 변수의 사용

인스턴스 변수를 사용하기 위한 수식의 형태는 다음과 같다.

```
<인스턴스>.<변수>
```

다음 코드에서 수식 t1.height, t2.height, t2.color는 각각 인스턴스 t1의 인스턴스 변수 height, t2의 인스턴스 변수 height, 그리고 t2의 인스턴스 변수 color를 의미한다. 위 코드의 마지막 문장 print(t1.height, t2.height)의 출력은 500 300 GREEN이다.

```
# instance_variable.py
class Tree:
    total_trees = 0 # 생성된 Tree 객체들의 총 수를 표현하기 위한 클래스 변수
    def __init__(self, height):
        self.height = height # 나무의 높이를 표현하기 위한 인스턴스 변수
        # Tree 인스턴스를 생성할 때마다 total_trees는 1씩 증가
        Tree.total_trees = Tree.total_trees + 1

t1 = Tree(500) # Tree 객체 t1 생성
t2 = Tree(300)

t2.color = 'GREEN'

print(t1.height, t2.height, t2.color)
```

만일 위 코드의 마지막 문장으로 print(t1.color)를 사용한다면 AttributeError 오류가 날 것이다. 인스턴스 변수 color는 인스턴스 t2에만 정의되어 있기 때문이다.

8.5.3 속성 __dict__

객체의 속성 __dict__는 그 객체의 속성들에 대한 정보를 딕셔너리의 형태로 담고 있다. 객체의 속성 __dict__를 이용하여 그 객체가 가진 속성들을 파악할 수 있다.

수식 〈클래스〉.__dict__는 해당 클래스에 정의되어 있는 속성들에 대한 정보를 보여준다. 그리고 수식 〈인스턴스〉.__dict__는 해당 인스턴스에 정의되어 있는 속성들 즉 인스턴스 변수들에 대한 정보를 보여준다. 다음 예제 코드를 보자.

```
# tree.py
class Tree:
    '''
    생성자와 클래스 변수 total_trees가 정의된 Tree 클래스
    '''
    total_trees = 0 # 생성된 Tree 객체들의 총 수를 표현하기 위한 클래스 변수
    def __init__(self, height):
        self.height = height # 나무의 높이를 표현하기 위한 인스턴스 변수
        # Tree 인스턴스를 생성할 때마다 total_trees는 1씩 증가
        Tree.total_trees = Tree.total_trees + 1

t1 = Tree(500) # Tree 객체 t1 생성
t2 = Tree(300)

t2.color = 'GREEN'

print('Tree 클래스의 속성들:', Tree.__dict__)
print('Tree 클래스의 인스턴스 t1의 인스턴스 변수들:', t1.__dict__)
print('Tree 클래스의 인스턴스 t1의 인스턴스 변수들:', t2.__dict__)
```

위 코드의 출력을 보기 좋게 정리하면 다음과 같다.

```
Tree 클래스의 속성들:
 {'__module__': '__main__',
  '__doc__': '\n    생성자와 클래스변수 total_trees가 정의된 Tree 클래스\n    '
  'total_trees': 2,
  '__init__': <function Tree.__init__ at 0x00000202D58A21E0>,
  '__dict__': <attribute '__dict__' of 'Tree' objects>,
  '__weakref__': <attribute '__weakref__' of 'Tree' objects>
 }
Tree 클래스의 인스턴스 t1의 인스턴스 변수들: {'height': 500}
Tree 클래스의 인스턴스 t1의 인스턴스 변수들: {'height': 300, 'color': 'GREEN'}
```

위 코드의 마지막에서 3번째 줄의 문장의 출력을 보면, Tree 클래스는 클래스 주석, 생성자의 정의, 그리고 클래스 변수를 표현하는 속성들 __doc__, __init__, total_trees 뿐 아니라 여기서 __로 시작되는 __module__, __dict__, __weakref__ 속성들을 가지고 있음을 확인할 수 있다. __로 시작되는 속성들은 Python 인터프리터에 의해 관리되는 기본 속성들이다.

위 코드의 마지막 두 문장의 출력을 보면, Tree 클래스의 인스턴스 t1은 생성자 몸체에서 정의된 인스턴스 변수 height 만을 갖지만, t2는 height 뿐 아니라 생성자 정의의 외부에서 정의된 인스턴스 변수 color를 추가적으로 갖고 있음을 확인할 수 있다.

8.6 메소드

Python이 지원하는 메소드의 종류에는 클래스 메소드(class method), 인스턴스 메소드(instance method) 그리고 정적 메소드(static method)가 있다. 메소드 정의 앞에 붙는 데코레이터(decorator)에 따라 메소드의 종류가 정해진다.

- **클래스 메소드:** 메소드 정의 앞에 데코레이터 **@classmethod**가 붙은 메소드
- **정적 메소드:** 메소드 정의 앞에 데코레이터 **@staticmethod**가 붙은 메소드
- **인스턴스 메소드:** 메소드 정의 앞에 아무런 데코레이터도 붙지 않은 메소드

다음 예제 코드의 11 ~ 13번 문장에서 정의된 **print_total(*cls*)** 메소드는 데코레이터 **@classmethod**가 붙어 있으므로 클래스 메소드이다. 제 15 ~ 19번 문장에서 정의된 **light(*self*, sun_angle)** 메소드는 아무런 데코레이터도 붙어 있지 않으므로 인스턴스 메소드이다. 그리고 문장 22 ~ 23에서 정의된 **show_time(hour, minute)**는 데코레이터 **@staticmethod**가 붙어있으므로 정적 메소드이다.

```
1  # sunflower.py
2  class SunFlower:
3      total_sunflowers = 0 # SunFlower 클래스의 클래스 변수 total_sunflowers
4  
5      def __init__(self, name):
6          self.name = name # SunFlower 객체의 인스턴스 변수 name
7          self.head_angle = 0 # SunFlower 객체의 인스턴스 변수 head_angle
8          SunFlower.total_sunflowers = SunFlower.total_sunflowers + 1
9  
10     @classmethod
11     def print_total(cls):
12         print('cls: {}'.format(cls)) # cls는 항상 클래스를 참조
13         print('Total sunflowers = %d' % cls.total_sunflowers)
14 
15     def light(self, sun_angle): # 인스턴스 메소드
16         '''메시지를 받을 때마다 꽃 머리를 sun_angle로 돌린다'''
17         self.head_angle = sun_angle
18         print('SunFlower 객체 \"{}\"의 light({}) 메소드가 호출됨.'
19             .format(self.name, sun_angle))
20 
21     @staticmethod
22     def show_time(hour, minute):
23         print('{}시 {}분'.format(hour, minute))
```

```python

if (__name__ == '__main__'):
    # 생성자의 호출
    sunflower1 = SunFlower('sunflower1')
    sunflower2 = SunFlower('sunflower2')

    # 클래스 메소드의 호출
    SunFlower.print_total() # <클래스>.<클래스 메소드 이름>()
    sunflower1.print_total() # <인스턴스>.<클래스 메소드 이름>()

    # 인스턴스 메소드의 호출
    sunflower1.light(31) # <인스턴스>.<인스턴스 메소드 이름>(<인자>)
    sunflower2.light(32) # <인스턴스>.<인스턴스 메소드 이름>(<인자>)
    SunFlower.light(sunflower1,33) #<클래스>.<인스턴스 메소드 이름>(<인자들>)

    # 정적 메소드의 호출
    SunFlower.show_time(12, 30) # <클래스>.<정적 메소드>(<인자들>)
    sunflower1.show_time(11, 30) # <인스턴스>.<정적 메소드>(<인자들>)
```

[코드 8-2] sunflower.py

위 코드를 수행한 결과는 다음과 같다.

```
cls: <class '__main__.SunFlower'>
Total sunflowers = 2
cls: <class '__main__.SunFlower'>
Total sunflowers = 2
SunFlower 객체 "sunflower1"의 light(31) 메소드가 호출됨.
SunFlower 객체 "sunflower2"의 light(32) 메소드가 호출됨.
SunFlower 객체 "sunflower1"의 light(33) 메소드가 호출됨.
12시 30분
11시 30분
```

클래스 메소드, 인스턴스 메소드, 그리고 정적 메소드에 대하여 자세히 살펴보자.

8.6.1 클래스 메소드

클래스 메소드의 정의는 1개 이상의 매개 변수를 가져야 하며 첫 번째 매개 변수는 클래스 자신을 참조하는 변수이며 관례상 *cls*라는 이름으로 표현하는 것이 권장된다. *cls*는 Python 키워드가 아니며, 클래스 메소드의 첫 번째 매개 변수의 이름을 *cls*가 아닌 다른 이름으로 사용해도 되지만 관례를 존중하는 것이 바람직하다.

```
@classmethod
def print_total(cls):
  ...
```

클래스 메소드는 클래스 변수의 수정과 같은 클래스 차원의 어떤 작업을 표현할 때 사용한다. 클래스 메소드의 호출 형태는 다음과 같다.

- 〈클래스〉.〈클래스 메소드 이름〉(〈인자들〉)
- 〈인스턴스〉.〈클래스 메소드 이름〉 (〈인자들〉)

클래스 메소드의 호출시 클래스 메소드의 첫 번째 매개 변수 *cls*에는 해당 클래스에 대한 참조가 자동으로 전달된다. 따라서 클래스 메소드의 호출에서 사용되는 인자들의 수는 항상 클래스 메소드의 매개 변수들의 수보다 하나 작다.

호출 형태 〈클래스〉.〈클래스 메소드 이름〉(〈인자들〉)의 예를 살펴보자. 위 [코드 8-2]의 31번 문장 SunFlower.print_total()에 의해 제 11 ~ 13번 문장이 수행될 때 매개 변수 *cls*에는 SunFlower 클래스에 대한 참조가 자동으로 전달되므로 *cls*.total_sunflowers의 값은 SunFlower.total_sunflowers의 값인 2가 된다. 따라서 다음과 같은 결과가 출력되게 된다.

```
cls: <class '__main__.SunFlower'>
Total sunflowers = 2
```

호출 형태 〈인스턴스〉.〈클래스 메소드 이름〉(〈인자들〉)을 살펴보자. 위 [코드 8-2]의 32번 문장 sunflower1.print_total()에 의해 제 11 ~ 13번 문장이 수행될 때에도 매개 변수 *cls*에는 SunFlower 클래스에 대한 참조가 전달되므로 *cls*.total_sunflowers의 값은 SunFlower.total_sunflowers의 값인 2가 된다. 따라서 다음과 같은 결과가 출력되게 된다.

```
cls: <class '__main__.SunFlower'>
Total sunflowers = 2
```

8.6.2 인스턴스 메소드

인스턴스 메소드의 정의도 1개 이상의 매개 변수들을 가져야 한다. 인스턴스 메소드의 첫 번째 매개 변수는 인스턴스 자신을 참조하는 변수이며 관례상 *self*라는 이름으로 표현하는 것이 권장된다. *self*도 *cls*와 마찬가지로 Python 키워드가 아니다.

```
def light(self, sun_angle):
    ...
```

인스턴스 메소드는 인스턴스마다 필요한 어떤 작업을 표현할 때 사용한다. 인스턴스 메소드를 호출하려면 다음 중 하나의 형태를 사용한다.

- <인스턴스>.〈인스턴스 메소드 이름〉(〈인자들〉)
- 〈클래스〉.〈인스턴스 메소드 이름〉(<인스턴스>, 〈인자들〉)

(1) 호출 형태 〈인스턴스〉.〈인스턴스 메소드 이름〉(〈인자들〉)

이 형태의 인스턴스 메소드의 호출시 첫 번째 매개 변수 *self*에 대응하는 인자는 사용하지 않아야 한다. 이 형태의 인스턴스 메소드의 호출시 인스턴스 메소드 정의의 첫 번째 매개 변수에는 해당 인스턴스에 대한 참조가 자동으로 전달되기 때문이다.

예를 들어, 위 [코드 8-2]의 35번 문장 `sunflower1.light(31)`에 의해 문장 15~19에 정의된 인스턴스 메소드 `light(self, sun_angle)`가 수행될 때, 매개 변수 *self*에는 인스턴스 sunflower1에 대한 참조가 자동으로 전달되고 매개 변수 sun_angle에는 31이 전달되므로 다음과 같은 결과가 출력되게 된다.

```
SunFlower 객체 "sunflower1"의 light(31) 메소드가 호출됨.
```

(2) 호출 형태 〈클래스〉.〈인스턴스 메소드 이름〉(〈인스턴스〉, 〈인자들〉)

이 호출 형태에서는 어떤 인스턴스에 대한 인스턴스 메소드 호출인가를 지정하기 위하여 첫 번째 매개 변수에 대응하는 인자 〈인스턴스〉를 명시적으로 사용해야 한다. 이 때 인자 〈인스턴스〉가 인스턴스 메소드의 매개 변수 *self*로 전달된다.

예를 들어, 위 [코드 8-2]의 37번 문장 `SunFlower.light(sunflower1, 33)`가 호출되어 15~19번 문장에 정의된 메소드 `light(self, sun_angle)`가 수행될 때, 매개 변수 *self*에는 인자로 주어진 인스턴스 sunflower1에 대한 참조가 전달되고 매개 변수 sun_angle

에는 33이 전달되며, 결과적으로 다음과 같은 출력이 나온다.

```
SunFlower 객체 "sunflower1"의 light(33) 메소드가 호출됨.
```

8.6.3 정적 메소드

정적 메소드(static method)란 클래스 정의 앞에 `@staticmethod` 데코레이터(decorator)가 붙은 메소드를 의미한다.

```
@staticmethod
def show_time(hour, minute):
  ...
```

정적 메소드는 인스턴스나 클래스를 참조하는 인자를 받기 위한 매개 변수를 가질 필요가 없다. 따라서 정적 메소드는 매개 변수들의 수와 인자들의 수가 같다.

예를 들어, 위 [코드 8-2]의 21 ~ 23번 문장에 정의된 정적 메소드 `show_time(hour, min)`은 인스턴스나 클래스를 참조하는 인자를 받기 위한 매개 변수를 가지고 있지 않다. 정적 메소드는 클래스나 인스턴스와 직접적인 관련이 없지만 클래스에 필요한 어떤 작업을 표현하는 데 사용하면 된다. 정적 메소드의 호출은 다음과 같은 형태들을 갖는다.

- 〈클래스〉.〈정적 메소드 이름〉(〈인자들〉)
- 〈인스턴스〉.〈정적 메소드 이름〉(〈인자들〉)

위 [코드 8-2]의 40번 문장과 41번 문장은 정적 메소드를 호출하는 문장이다. 정적 메소드의 정의 형태는 `@staticmethod` 데코레이터를 사용한다는 것을 빼고는 함수의 정의 형태와 같다. Python에서 정적 메소드가 꼭 필요한 것인가에 대한 논란이 있기도 하다.

8.6.4 메소드의 중복

Java나 C++와 같은 객체 지향 언어들은 메소드 중복을 지원한다. 하지만 Python은 메소드 중복을 지원하지 않는다. **메소드 중복**(method overloading)이란 매개 변수들의 개수와 타입이 다르면 하나의 클래스 내에 이름이 같은 메소드가 여러 개 중복되어 정의될 수 있다는 것을 의미한다. 다음 예제 코드는 Java 언어에서의 메소드 중복을 보여준다.

```java
/* sample.java */
class Sample {
    int sum(int x, int y) {
        return (x + y);
    }

    float sum(float x, float y) {
        return (x + y);
    }

    int sum(int x, int y, int z) {
        return (x + y + z);
    }
}
```

Python은 메소드 중복을 지원하지 않지만, Python의 함수나 메소드들은 가변 길이 인자들을 지원할 뿐 아니라, 기본 값을 갖는 매개 변수들에 해당하는 인자들의 생략을 지원하므로 메소드 중복이 그다지 필요하지 않아 보인다. 다음 예제 코드는 위 Java 클래스의 3개의 메소드들에 대응하는 가변 길이 인자를 사용하는 메소드를 가진 Python 클래스이다.

```python
# no_overloading.py
class Sample:
    def sum(self, *args):
        r = 0
        for i in args:
            r = r + i

        return r

s = Sample()

print(s.sum(1, 2)) # 3
print(s.sum(1.0, 2.0)) # 3.0
print(s.sum(1, 2, 3)) # 6
```

Python은 메소드 중복을 지원하지 않을 뿐 아니라 클래스가 복수 개의 생성자들이나 소멸자들을 갖는 것도 허용하지 않는다.

8.6.5 메소드의 클래스 외부에서의 정의

메소드는 보통 클래스 몸체에서 정의된다. 하지만 메소드를 클래스의 외부에서 정의할 수도 있다. 다음 예제 코드를 보자.

```
# point.py
class Point:
    def __init__(self):
        self.xPos = 0
        self.yPos = 0

def mov(self, x, y):
    self.xPos = x
    self.yPos = y

Point.move = mov # 클래스 외부에서 메소드 정의

p1 = Point()
p1.move(10, 20)
print(p1.xPos, p1.yPos) # 10 20 출력
```

위 코드는 Point 클래스의 메소드 move(*self*, x, y)를 클래스 외부에서 정의하는 것을 보여준다. 위 코드를 수행하면 10 20이 출력된다. 위 예제 코드처럼 메소드를 클래스의 외부에서 정의할 수 있지만 메소드를 클래스 몸체에서 정의하는 것이 코드의 가독성 측면에서 바람직하다.

8.7 캡슐화와 이름 맹글링

캡슐화(encapsulation)란 객체가 가진 변수나 메소드들 중에서 외부에 공개해야 하는 것들만 공개하고 나머지는 외부에서 사용할 수 없게 막는 것을 의미한다. 캡슐화는 객체들 간의 커플링(coupling)을 줄이는 데 도움이 된다.

Java와 C++ 등의 객체 지향 언어들은 언어 차원에서 캡슐화를 지원하지만 Python은 캡슐화를 지원하지 않는다. 다만 Python에는 다음과 같은 관례가 존재한다.

- _로 시작하는 이름의 속성은 그것이 정의된 클래스와 그 클래스의 서브 클래스에서만 사용하는 것을 권장한다.
- __로 시작하는 이름의 속성은 그것이 정의된 클래스 내에서만 사용하는 것을 권장한다. 이 관례는 Python 인터프리터의 **이름 맹글링**(name mangling)에 의해 지원된다.

> **용어 | 매직 메소드, dunder 메소드**
>
> Python에서 사용되는 변수나 메소드 중에 __로 시작하고 __로 끝나는 것들을 dunder **변수** 또는 dunder **메소드**라고 부른다. dunder는 double underscore의 약자이다. dunder 메소드를 **매직 메소드**(magic method)라고 부르기도 한다.

다음 예제 코드를 보자. Cup 클래스의 인스턴스 변수 _color는 _로 시작하므로 관례에 따르면 Cup 클래스 또는 Cup 클래스의 서브 클래스에서만 사용해야 한다. 그리고, 클래스 변수 __price와 인스턴스 변수 __content는 관례에 따르면 Cup 클래스 외부에서는 일절 사용하지 않는 것이 바람직하다.

개발자들의 관례란 꼭 지켜야 하는 것은 아니다. 하지만 관례를 지키는 것이 다른 개발자들을 존중해주는 것이라고 할 수 있다.

```
# cup.py
class Cup:
    __price = 100 # __로 시작하면 name mangling 대상

    def __init__(self, color):
        self._color = color # _로 시작하면 서브 클래스에서만 사용을 권장
        self.__content = None  # __로 시작하면 name mangling 대상
        print(self.__content) # None

    def fill(self, beverage):
        self.__content = beverage

    def empty(self):
        self.__content = None

cup1 = Cup('red')
cup1.fill('black tee')

print(cup1.__content) # 오류
print(cup1._Cup__content) # OK

print(cup1.__price) # 오류
print(cup1._Cup__price) # OK
```

[코드 8-3] cup.py

이제 이름 맹글링에 대하여 살펴보자. Python 인터프리터는 클래스의 정의 안에 __로 시작하는 이름이 나타나면 내부적으로 그 이름에 대한 이름 맹글링(name mangling)을 수행한다. **이름 맹글링**이란 Python 인터프리터가 이름 앞에 *_클래스이름*을 붙여 *__이름*을 *_클래스이름__이름*으로 자동으로 바꾸는 것을 의미한다.

예를 들어, 위 [코드 8-3]의 `Cup` 클래스에 정의된 클래스 변수 `__price`와 인스턴스 변수 `__content`는 이름 맹글링에 의해 각각 `_Cup__price`와 `_Cup__content`로 이름이 바뀐다. 따라서 [코드 8-3]의 19번 문장과 22번 문장은 오류가 난다. 20번 문장과 23번 문장이 올바른 문장이다.

이름 맹글링을 지원한다고 Python이 캡슐화를 지원한다고 할 수 있는 것은 아니다. 이름 맹글링은 진정한 캡슐화라고 할 수 없다. 왜냐하면 이름 맹글링은 클래스 내부의 __로 시작하는 이름을 클래스 외부에서 그대로는 사용하지 못하게 하지만 이름 맹글링의 원리를 이해하면 어디서라도 그 이름을 사용할 수 있기 때문이다.

8.8 속성 상속

Java나 C++와 같은 다른 객체 지향 언어들과 마찬가지로 Python 언어는 속성 상속을 지원한다. 이 절에서는 클래스 계층 구조 상의 클래스들 간의 속성 상속의 개념을 살펴본다. 다중 상속의 문제점과 다중 상속의 구현 메커니즘에 대한 고급 주제들은 제 9장에서 다룬다.

8.8.1 속성 상속의 의미

속성 상속(property inheritance)이란 클래스가 그것의 슈퍼 클래스들이 가진 속성들을 상속받는 것을 의미한다. 클래스와 그것의 슈퍼 클래스 간에 속성 상속이 일어나는 것은 의미적으로 자연스럽다. 예제를 통해 살펴보자.

사람을 의미하는 `Person` 클래스와 학생을 의미하는 `Student` 클래스를 고려해보자. 논리적으로 학생은 사람의 한 종류이다. 따라서 다음 클래스 다이어그램과 같이 `Person` 클래스와 `Student` 클래스를 일반화 관계로 연결할 수 있다.

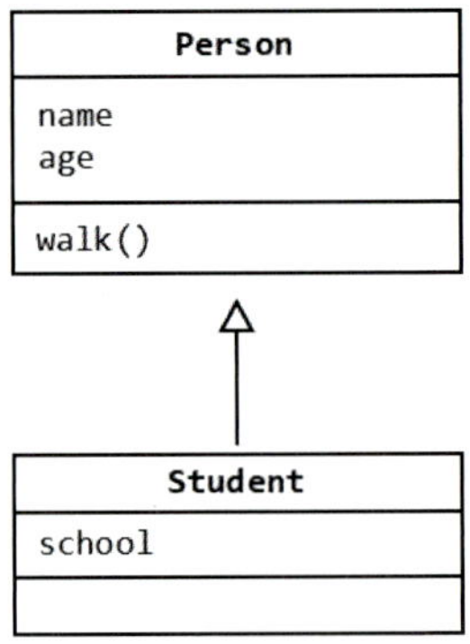

만일 Person 클래스의 인스턴스가 이름과 나이를 표현하는 상태 변수들 name과 age, 그리고 보행 행위를 표현하는 메소드 walk()를 갖는다면 Person 클래스와 일반화 관계로 연결된 Student 클래스의 인스턴스도 name, age, 그리고 walk() 속성들을 갖게 되는 것이 의미상 자연스럽다. 왜냐하면 모든 학생은 사람의 한 종류이므로 의미적으로 학생은 사람이 갖는 속성들을 당연히 가져야하기 때문이다. 이런 일반화 관계의 의미가 객체 지향 언어의 속성 상속 메커니즘의 근거가 된다.

참고 | 클래스 다이어그램의 융통성

클래스 다이어그램을 포함한 모든 UML 다이어그램들은 필요한 만큼만 자세하게 표현할 수 있는 융통성을 제공한다. 클래스 다이어그램에서 클래스 이름만을 표현하고 싶은 경우 클래스는 클래스 이름을 담은 사각형으로 표현된다. 클래스 이름뿐 아니라 클래스 멤버들을 표현하고 싶은 경우에는, 위 클래스 다이어그램처럼 위에서부터 클래스 이름, 멤버 변수들, 그리고 메소드들을 위한 칸으로 구분하여 클래스를 표현할 수 있다.

다음 예제 코드의 Person 클래스의 메소드 walk(*self*)는 Person 클래스의 서브클래스인 Student 클래스로 상속된다.

```
class Person:
    def walk(self):
        print('Person walk()')

class Student (Person):
    pass

s1 = Student()
s1.walk()
```

위 코드를 수행하면 다음과 같은 출력을 볼 수 있다. Student 클래스에는 walk(*self*) 메소드가 정의되어 있지 않다. 하지만 속성 상속에 의해 Student 클래스는 walk(*self*) 메소드를 갖게 된다.

```
Person walk()
```

속성 상속은 단일 상속과 다중 상속으로 분류할 수 있다. **단일 상속**(single inheritance)이란 클래스가 단 하나의 슈퍼 클래스를 가질 수 있을 때의 속성 상속을 의미하고, **다중 상속**(multiple inheritance)이란 클래스가 복수의 슈퍼 클래스들을 갖는 것이 허용될 때의 속성 상속을 의미한다. 단일 속성 상속을 지원하는 대표적인 언어로는 Java 언어가 있다. 그리고 다중 상속을 지원하는 언어로는 Python이나 C++ 언어가 있다.

- 속성 상속
  - 단일 속성 상속
  - 다중 속성 상속

다음 장에서 속성 상속에 대한 더 자세한 논의가 있을 것이다. 속성 상속은 이론적으로 조금 복잡한 문제들을 가지고 있다. 특히 다중 속성 상속은 더 그렇다.

8.8.2 메소드 치환의 의미

메소드 치환(method overriding)이란 클래스와 그것의 슈퍼 클래스에 동일한 이름의 메소드가 정의되어 있을 때, 슈퍼 클래스의 그 메소드가 서브클래스로 계승되지 않는 것을 의미한다. 즉 서브 클래스의 메소드가 슈퍼 클래스에서 상속되는 메소드를 치환한다고 할 수 있다.

서브 클래스와 슈퍼 클래스는 일반화 관계로 연결되어 있으므로 서브 클래스는 슈퍼 클래스보다 세부적인 개념을 표현하게 된다. 따라서 서브 클래스와 슈퍼 클래스에 동일한 이름의 메소드가 정의되어 있다면 서브 클래스는 슈퍼 클래스의 그 메소드를 상속하지 않고 자신의 메소드를 사용하는 것이 의미적으로 자연스럽다.

예를 들어, Person 클래스에 사람의 일반적인 걷기 동작을 표현하는 walk() 메소드를 정의하고, Student 클래스에 책을 보면서 걷는 동작을 표현하는 학생의 walk() 메소드를 구현할 수 있다. 그런 경우 Student 클래스는 Person 클래스로부터 walk() 메소드를 상속받아야 하는가? 아니다. 의미적으로도 그렇지 않은 것이 자연스럽다고 할 수 있다.

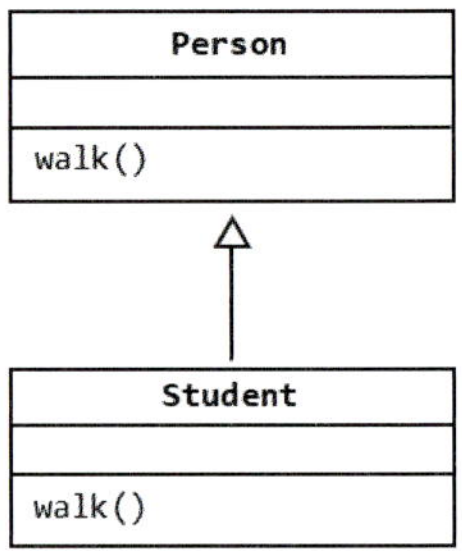

위 UML 클래스 다이어그램을 다음과 같이 Python 코드로 구현해볼 수 있다.

```
class Person:
    def walk(self):
        print('Person walk().')

class Student (Person):
    def walk(self):
        print('Student walk(), reading a book.')

s1 = Student()
s1.walk()
```

위 코드를 수행하면 다음과 같은 출력을 볼 수 있다. Student 클래스에서 정의된 메소드 walk(*self*)가 그것의 슈퍼 클래스에서 정의된 메소드 walk(*self*)를 치환하였음을 확인할 수 있다.

```
Student walk(), reading a book.
```

8.8.3 멤버 변수들의 상속

클래스 변수의 상속에 대하여 먼저 살펴보자. 다음 코드의 클래스 Person은 클래스 변수 p를 정의하고 있고, 그것의 서브클래스 Student는 클래스 메소드 f(*cls*)를 정의하고 있다.

```
class Person:
    p = 1 # class variable p

class Student (Person):
    @classmethod
    def f(cls):
        print('cls.p:', cls.p)
        cls.p = 2 # Student 클래스에 클래스 변수 p 정의

print(Person.p, Student.p)
```

```
11
12 Student.f()
13 print(Person.p, Student.p)
```

위 코드의 출력은 다음과 같다.

```
1 1
cls.p: 1
1 2
```

Student 클래스는 자체적으로 클래스 변수 p를 정의하고 있지 않지만 속성 상속에 의해 그것의 슈퍼 클래스인 Person 클래스의 클래스 변수 p를 자신의 클래스 변수처럼 사용할 수 있다. 따라서 위 코드의 10번 문장은 다음과 같은 출력을 낸다.

```
1 1
```

제 12번 문장이 수행되면 클래스 메소드 f(*cls*)의 호출에 의해 문장 6 ~ 8이 수행된다. 7번 문장이 수행될 때 수식 *cls*.p는 Student 클래스가 Person 클래스로부터 상속받은 Person 클래스의 p의 값을 의미하므로 다음과 같은 내용이 출력된다.

```
cls.p: 1
```

8번 문장 *cls*.p = 2이 수행되면 Student 클래스에 클래스 속성 p가 정의된다. 8번 문장이 수행되기 직전에는 Student 클래스에는 속성 p가 정의되어 있지 않았다. 다만, 속성 상속에 의해 Person 클래스에서 정의된 속성 p를 Student 클래스의 속성인 것처럼 사용할 수 있었을 뿐이다. 하지만 12번 문장의 호출에 의해 8번 문장이 수행된 후에 13번 문장이 수행되면 Person.p의 값 1과 Student.p의 값 2가 출력된다

다음 그림의 왼쪽은 8번 문장이 수행되기 전의 클래스 다이어그램이고, 오른쪽은 8번 문장이 수행된 후의 클래스 다이어그램이다.

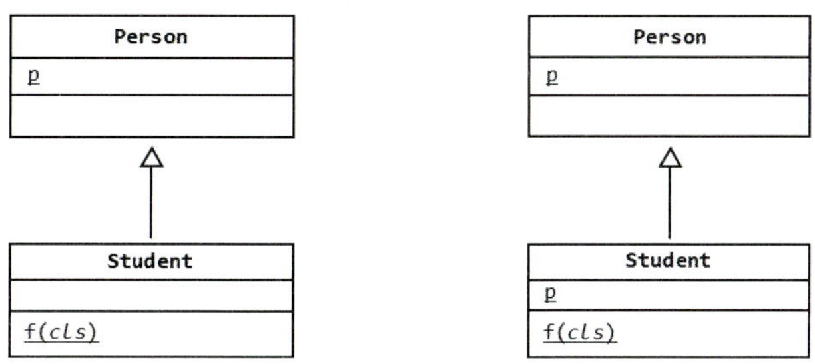

Python의 인스턴스 변수는 자동으로 상속되지 않는다. Python의 인스턴스 변수의 상속은 **super().__init__(*self*)** 문에 의해 지원된다. 인스턴스 변수의 상속과 **super()** 문에 대한 고급 주제는 제 9.1.6절에서 다룬다.

8.9 종합 예제 – 객체 지향 정원 프로그램

다음은 **Sun** 객체가 동쪽(angle: 0)에서 떠서 서쪽(angle: 180)으로 질 때까지 정원의 모든 객체들에게 햇빛 메시지 **light(angle)**를 보내서 정원의 객체들의 상태가 변하는 과정을 보여주는 객체 지향 정원 프로그램이다.

```
# oo_garden2.py
class Sun:
    # 정원의 모든 객체들의 리스트를 표현하는 class 변수
    things_in_garden = []

    @classmethod
    def print_things(cls):
        ''' 정원에 존재하는 모든 객체들의 이름을 출력함 '''
        print('Things in the garden:', end = ' ')
        len_of_things = len(cls.things_in_garden)
        for i in range(0, len_of_things-1):
            print(cls.things_in_garden[i].name, end = ', ')
        print(cls.things_in_garden[len_of_things-1].name)

    def circle(self):
        ''' sun 객체가 동에서 떠서 서쪽으로 질 때까지
            정원의 모든 객체들에게 햇빛 메시지 보냄
        '''
        Sun.print_things()
        for angle in range(0, 181):
            print('\n---------- Sun angle: {} ---------- '.format(angle))
            for t in Sun.things_in_garden:
                t.light(angle)

class Ant:
    def __init__(self, name):
        self.name = name
        self.body_temperature = 10    # 개미 객체의 초기 체온
        Sun.things_in_garden.append(self)
```

```
    # 햇빛을 받는 메소드
    def light(self, angle):
        self.body_temperature = self.body_temperature  + 0.1
        print('Body temperature of \'{0}\': {1:4.2f}'
                .format(self.name, self.body_temperature))

class Sunflower:
    def __init__(self, name):
        self.name = name
        self.face_angle = 0  # 해바라기 꽃 머리의 초기 방향
        Sun.things_in_garden.append(self)

    # 햇빛을 받을 때마다 해 방향으로 꽃 머리를 돌림
    def light(self, angle):
        self.face_angle = angle
        print('Face angle of \'{}\': {}'
            .format(self.name, self.face_angle))

class Tree:
    def __init__(self, name, height):
        self.name = name
        self.height = height # 나무의 초기 높이
        Sun.things_in_garden.append(self)

    # 햇빛을 받을 때마다 0.01 cm씩 키가 자람
    def light(self, angle):
        self.height = self.height + 0.01
        print('Height of \'{0}\': {1:6.2f}'.format(self.name, self.height))

if (__name__ == '__main__'):
    # Sun 객체 생성
    sun = Sun()

    # 정원의 객체들 생성
    ant1 = Ant('ant1')
    ant2 = Ant('ant2')
    tree1 = Tree('tree1', 200)
    tree2 = Tree('tree2', 150)
    sunflower = Sunflower('sunflower1')

    # sun 객체는 동에서 떠서 서쪽으로 질 때까지 정원의 모든 객체들에게 햇빛 보냄
    sun.circle()
```

객체 지향 정원 프로그램을 수행시키면 다음과 같은 출력을 볼 수 있다. 전체 출력은 지면 관계상 생략한다.

```
Things in the garden: ant1, ant2, tree1, tree2, sunflower1

---------- Sun angle: 0 ----------
Body temperature of 'ant1': 10.10
Body temperature of 'ant2': 10.10
Height of 'tree1': 200.01
Height of 'tree2': 150.01
Face angle of 'sunflower1': 0

---------- Sun angle: 1 ----------
Body temperature of 'ant1': 10.20
Body temperature of 'ant2': 10.20
Height of 'tree1': 200.02
Height of 'tree2': 150.02
Face angle of 'sunflower1': 1

---------- Sun angle: 2 ----------
Body temperature of 'ant1': 10.30
Body temperature of 'ant2': 10.30
Height of 'tree1': 200.03
Height of 'tree2': 150.03
Face angle of 'sunflower1': 2

...
```

객체 지향 정원 프로그램은 객체 지향 개념들을 설명하기 위한 간단한 코드이다. 객체 지향 정원 프로그램은 코드가 너무 복잡해지는 것을 피하기 위하여 `light(angle)` 메시지를 이용하여 Sun 객체와 정원 안의 다른 객체들이 상호 작용하는 것만을 표현하고 있다. Sun 객체가 정원의 다른 객체들에게 반복적으로 메시지 `light(angle)` 메시지를 보내는 것에 의해 이 객체 지향 정원은 돌아간다.

하지만 객체 지향 정원 프로그램에 Sun 객체가 아닌 다른 객체들 간의 상호 작용을 추가할 수 있다. 예를 들어 Bug 객체들을 생성하고, Bug 객체가 Tree 객체를 갉아먹어 Tree 객체의 성장을 방해하는 상호 작용을 추가하거나, 정원의 객체들에게 위치 정보를 표현하는 인스턴스 멤버 변수들을 추가하여 Ant 객체와 Bug 객체가 1 cm 이내로 위치가 가까워지면 Ant 객체가 Bug 객체를 잡아먹는 상호 작용을 추가할 수도 있을 것이다.

연습문제

01 다음 용어들의 뜻을 예제 코드를 통해 비교하여 설명하라.

① 상태 변수와 메소드
② 메시지와 메소드
③ 클래스와 인스턴스
④ 생성자와 소멸자
⑤ 클래스 변수와 인스턴스 변수
⑥ 클래스 메소드, 인스턴스 메소드, 정적 메소드
⑦ 캡슐화와 이름 맹글링(name mangling)
⑧ 클래스 계층 구조

02 새 스타일의 클래스와 구식 스타일의 클래스를 비교 설명하라.

03 Python 클래스의 정의 형태를 설명하고 정의될 수 있는 속성들의 종류를 모두 나열하라.

04 Python에서 인스턴스 변수를 정의하는 두 가지 형태를 예제 코드를 사용하여 설명하라.

05 Python에서 클래스 변수를 사용하는 두 가지 형태를 예제 코드를 사용하여 설명하라.

06 다음 코드에서 Cat 인스턴스 blacky가 사용할 수 있는 클래스 변수(들)과 인스턴스 변수(들)을 나열하라. 속성 상속을 고려하라.

```
class Animal:
    # 클래스 변수들
    total = 0; # Animal 객체의 총수

    # 생성자
    def __init__(self, name):
        self.name = name
        self.speed = 0

    # 인스턴스 메소드
    def move(self, speed):
        self.speed = speed
        print('%s moves at the speed of %d.' % (self.name, self.speed))

    # 클래스 메소드
    @classmethod
    def print_total(cls):
        print('total:  %d' % cls.total)

class Cat(Animal):
    def __init__(self, name, color):
        super().__init__(name)
        self.color = color

# 생성자 호출
blacky = Cat('Blacky', 'black')
```

① 클래스 변수(들):
② 인스턴스 변수(들):

07 소멸자를 사용하는 예제 코드를 만들고 설명하라.

09
CHAPTER

객체 지향 프로그래밍 II

HTTP://www.python.org

이 장에서는 객체 지향 프로그래밍에 대한 다음과 같은 고급 주제들을 다룬다. 객체 지향 프로그래밍에 처음이거나 익숙하지 않은 독자들은 일단 이 장을 건너뛰는 것도 좋다.

- 클래스 계층 구조와 다중 속성 상속
- 메타 클래스
- 추상 클래스

9.1 클래스 계층 구조와 다중 속성 상속

이 장에서는 모든 클래스가 새 스타일의 클래스라고 가정한다. 새 스타일의 클래스는 제 8.2.2절에서 소개되었다.

9.1.1 단일 속성 상속 메커니즘의 구현

이 절에서는 클래스들이 복수 개의 슈퍼 클래스를 갖지 않는다고 가정하고 속성 상속의 구현에 대하여 살펴본다. 다중 속성 상속의 경우는 이 후에 살펴본다.

(1) 클래스 변수의 상속의 구현

제 8.8절에서 살펴본 바와 같이 속성 상속의 개념은 클래스가 그것의 슈퍼 클래스들이 가진 멤버 변수들이나 메소드들을 상속받아 자신의 속성으로 갖게 된다는 것이다. 하지만 Python에서 속성 상속의 실제 구현은 슈퍼 클래스의 속성이 서브 클래스로 상속되어 내려가는 방식이 아니라 서브 클래스에서 그것의 조상 클래스들에 정의된 속성을 동적으로 찾아 올라가는 방식을 사용한다. 다음 코드를 보자.

```
class X:
    p = 1
    q = 2

class Y (X):
    q = 3

print(Y.p)
Y.p = 4
print(X.p, X.q, Y.p, Y.q) # 1 2 4 3
```

위 코드의 출력은 다음과 같다.

```
1
1 2 4 3
```

8번 문장이 수행되기 직전에, 클래스 Y에는 클래스 변수 p가 정의되어 있지 않다. 하지만 8번 문장 print(Y.p)는 오류를 내지 않고 1을 출력한다. 왜냐하면, Y에는 클래스 변수 p가 정의되어 있지 않지만 Y의 슈퍼 클래스 X에 p가 정의되어 있기 때문이다. Python 인터프리터는 수식 Y.p를 평가하기 위하여 먼저 클래스 Y에서 클래스 변수 p를 찾는다. 하지만 클래스 Y에는 p가 정의되어 있지 않으므로 Y의 슈퍼 클래스인 X에서 p를 찾아 그 값을 Y.p의 값으로 평가한다.

이제, 위 코드의 문장 9는 Y의 클래스 변수 p를 정의한다. 이제 클래스 X와 Y에는 둘 다 클래스 변수 p가 정의되어 있고 그들의 값은 각각 1과 4이다. 따라서 위 코드의 10번 문장은 1 2 4 3을 출력한다.

(2) 메소드의 상속의 구현

메소드의 속성 상속도 클래스 변수의 상속과 같은 방식으로 구현된다. 즉 서브 클래스가 슈퍼 클래스의 메소드를 상속받아 자신의 메소드로 갖게 되는 방식이 아니라 서브 클래스에서 그것의 조상 클래스들에 정의된 메소드를 동적으로 찾아 올라가는 방식으로 구현된다.

설명의 편의상 object 클래스를 제외한 모든 클래스들은 단 하나의 슈퍼 클래스를 갖는다고 가정할 때, 클래스 X의 인스턴스 x1의 메소드 호출 x1.p()를 Python 인터프리터가 처리하는 절차는 다음과 같다.

1. 만일 인스턴스 x1의 소속 클래스 X에 메소드 p가 정의되어 있다면 그 p를 호출한다.
2. 아니면, 클래스 X의 슈퍼 클래스에 메소드 p가 정의되어 있다면 그 p를 호출한다.
3. 아니면, 클래스 X의 슈퍼 클래스의 슈퍼 클래스에 메소드 p가 정의되어 있다면 그 p를 호출한다. 이런 과정은 object 클래스까지 반복된다.
4. 만일 object 클래스에도 메소드 p가 정의되어 있지 않다면 Python 인터프리터는 AttributeError 예외를 반환한다.

메소드의 상속을 설명하기 위한 다음 [코드 9-1]를 보자.

```
# hierarchy1.py
class Mammal:
    legs = 4
    def move(self):
        print('A mammal moves.')

class Dog (Mammal):
    def cry(self):
        print('Bawwow!')

class Cat (Mammal):
    def cry(self):
        print('Mewmew!')

class Poodle (Dog):
    pass

poodle1 = Poodle()

poodle1.cry()
poodle1.move()
```

[코드 9-1] hierarchy1.py

다음 클래스 다이어그램은 위 [코드 9-1]의 클래스들의 계층 구조를 보여준다. [코드 9-1]에 정의된 모든 클래스는 단 하나의 슈퍼 클래스를 갖는다.

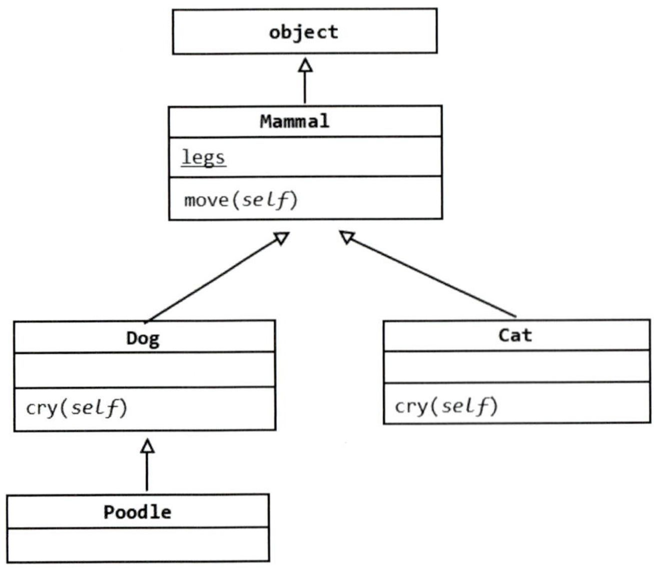

위 코드의 20번 문장 `poodle1.cry()`를 만나면, Python 인터프리터는 다음과 같은 절차에 따라 그 수식을 평가한다.

1. `poodle1`의 소속 클래스인 `Poodle` 클래스가 `cry()` 메소드를 정의하고 있으면 그 메소드를 호출한다. 하지만 `Poodle` 클래스는 `cry()` 메소드를 정의하고 있지 않다.
2. `Poodle` 클래스의 슈퍼 클래스 `Dog`가 `cry()` 메소드를 정의하고 있으므로 그 메소드를 호출한다. 결과로 Bawwow!가 출력된다.

위 코드의 21번 문장 `poodle1.move()`를 만나면, Python 인터프리터는 다음과 같은 절차에 따라 그 수식을 평가한다.

1. `poodle1`의 소속 클래스인 `Poodle` 클래스가 `move()` 메소드를 정의하고 있으면 그 메소드를 호출한다. 하지만 `Poodle` 클래스는 `move()` 메소드를 정의하고 있지 않다.
2. `Poodle` 클래스의 슈퍼 클래스 `Dog`가 `move()` 메소드를 정의하고 있으면 그 메소드를 호출한다. 하지만 `Dog` 클래스는 `move()` 메소드를 정의하고 있지 않다.
3. `Dog` 클래스의 슈퍼 클래스 `Mammal`이 `move()` 메소드를 정의하고 있으므로 그 메소드를 호출한다. 결과로 A mammal moves.가 출력된다.

이처럼 Python은 일반화 관계를 따라 클래스 계층 구조상의 조상 클래스들을 동적으로 찾아 올라가는 방식 즉 동적 속성 상속 메커니즘으로 클래스 변수와 메소드의 상속을 구현하고 있다.

9.1.2 다중 상속의 문제점들

`object` 클래스를 제외한 모든 클래스가 단 하나의 슈퍼 클래스를 갖는다고 가정하면 클래스의 조상 클래스들은 `object` 클래스까지 일렬로 표현된다. 예를 들어, 위 [코드 9-1]에서 `Poodle` 클래스의 모든 조상 클래스들은 일반화 관계에 의해 다음과 같이 일렬로 표현된다.

```
Poodle -> Dog -> Mammal -> object
```

`object` 클래스를 제외한 모든 클래스가 단 하나의 슈퍼 클래스를 갖는다고 가정하면, 속성 상속의 절차가 단순 명확하다. 일렬로 표현되는 클래스들 간의 일반화 관계를 따라 상속이 결정되기 때문이다.

하지만 다중 상속이 지원되는 경우, 클래스가 어떤 속성을 갖는지 아닌지를 판정하는 절차가 모호성을 가질 수 있다. 다음 코드를 보자.

```
# hierarchy2.py
class Animal:
    def move(self):
        print('An animal moves.')

class Mammal(Animal):
    pass

class Fish(Animal):
    def move(self):
        print('A fish swims.')

class Whale (Mammal, Fish):
    pass

whale1 = Whale()
whale1.move()
```

위 코드의 클래스들은 다음과 같은 계층 구조를 형성한다.

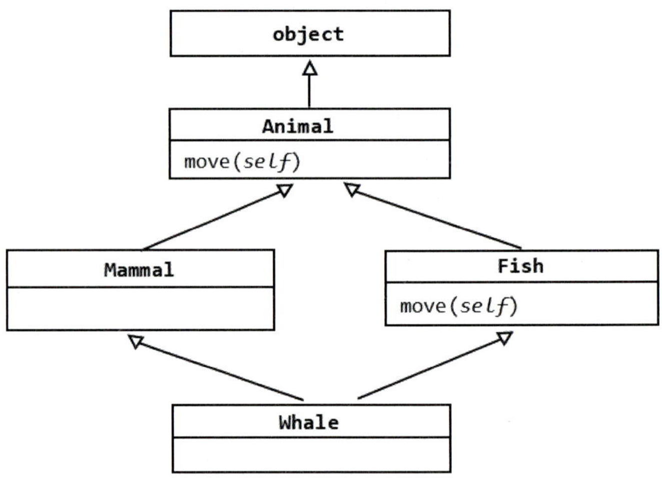

위 코드의 마지막 문장 whale1.move()를 수행하면 Python 인터프리터는 move() 메소드가 정의된 클래스를 찾기 위하여 먼저 whale1 객체의 소속 클래스인 Whale 클래스를 검색할 것이다. 하지만 Whale 클래스는 move() 메소드를 갖고 있지 않으므로 그것의 슈퍼 클래스들 Mammal이나 Fish를 다시 검색해야 한다. 이 때 어떤 슈퍼 클래스를 먼저 검색해야 하는가?

(경우 1) 만일 `Fish` 클래스를 먼저 검색한다면, `Fish`가 `move()` 메소드를 정의하고 있으므로 그 `move()`가 호출되어 A fish swims.가 출력될 것이다.

(경우 2) 만일 `Mammal` 클래스를 먼저 검색한다면, `Mammal`이 `move()` 메소드를 정의하고 있지 않으므로 다시 `Mammal`의 슈퍼 클래스인 `Animal`을 검색하여 결과적으로 `Animal`에 정의된 `move()`가 호출되어 An animal moves.가 출력될 것이다.

다중 상속의 경우, 호출할 메소드 정의의 선택은 그 클래스의 복수 개의 슈퍼 클래스들 중 어떤 슈퍼 클래스를 먼저 검색하는가에 따라 달라질 수 있다. 따라서 이런 모호성을 없애려면 슈퍼 클래스들이 복수 개일 때에 어떤 슈퍼 클래스로부터 먼저 상속받도록 해야 하는가에 대한 명확한 기준이 추가적으로 필요하다.

Python 2.2 이전에는 클래스 정의의 선언부에 표기된 슈퍼 클래스들이 복수 개이면 선언부에 표기된 순서대로 왼쪽에서부터 검색하는 기준을 사용하였다. 즉, Python 2.2 이전에는 위 코드의 마지막 문장 `whale1.move()`은 클래스 `Mammal`에 `move()` 메소드가 정의되어 있지 않으므로 결국 클래스 `Animal`에 정의된 속성 `move()`를 호출하게 된다. 하지만 이런 왼쪽 우선 방식은 여러 문제점들을 남기고 있었으므로 Python 2.3에서 MRO(Method Resolution Order)라는 개념이 도입되었다.

9.1.3 MRO와 __mro__ 속성

Python은 버전 2.3 이후부터 **C3 선형화 알고리즘**(C3 superclass linearization algorithm)을 사용하여 새 스타일의 클래스들의 클래스 계층 구조에서의 클래스들의 속성 상속 우선순위를 명확하게 정한다. 클래스의 MRO란 C3 선형화 알고리즘에 의해 계산된 그 클래스의 조상 클래스들의 속성 상속 우선순위를 의미한다.

Python 인터프리터는 모든 새 스타일의 클래스를 생성할 때마다 그 클래스의 MRO를 계산하여 `__mro__` 속성에 저장한다. 즉, 클래스들의 `__mro__` 속성의 값은 Python 인터프리터에 의해 자동으로 관리된다.

Python 인터프리터가 MRO를 계산하는 C3 선형화 알고리즘에 대한 자세한 내용은 다음 사이트에서 볼 수 있다.

https://www.python.org/download/releases/2.3/mro/

C3 선형화 알고리즘은 복잡한 편이며, 실제 프로그래밍 상황에서 다중 상속이 사용되는 경우는

그리 많지 않으므로, 이 절에서는 __mro__ 속성이 어떻게 사용되는가에 대한 내용만 다룬다. 다음은 Whale 클래스의 __mro__ 속성의 값을 출력하는 예제 코드이다.

```python
# mro_whale.py
class Animal:
    def move(self):
        print('An animal moves.')

class Mammal(Animal):
    pass

class Fish(Animal):
    def move(self):
        print('A fish swims.')

class Whale (Mammal, Fish):
    pass

print('MRO of Whale class:', Whale.__mro__) # Whale 클래스의 MRO 출력

whale1 = Whale()
whale1.move()
```

위 코드를 수행한 결과는 다음과 같다.

```
(MRO of Whale class: (<class '__main__.Whale'>, <class '__main__.Mammal'>,
<class '__main__.Fish'>, <class '__main__.Animal'>, <class 'object'>)
 A fish swims.
```

클래스의 MRO 즉 __mro__ 속성의 값은 튜플이며, 항상 첫 번째 원소는 그 클래스 자신이고 마지막 원소는 object 클래스이다. 예를 들어, 위 코드의 클래스 Whale의 MRO는 길이가 5인 튜플이며 튜플의 첫 번째 원소는 클래스 Whale 자신이고 마지막 원소는 object 클래스이다. 클래스 Whale의 MRO 값을 간결하게 표현하면 다음과 같다.

```
(Whale, Mammal, Fish, Animal, object)
```

MRO는 일렬로 늘어선 클래스들의 목록이므로 MRO는 다중 상속의 모호성의 문제를 해결한다. Python 인터프리터는 클래스가 가진 속성을 찾을 때 그 클래스의 MRO 상의 클래스들을 순서대로 검색한다. 만일 MRO의 마지막 원소인 클래스 object까지 검색하였는데 그 속성이 정의된 클래스를 찾을 수 없다면 Python 인터프리터는 AttributeError 예외를 발생시킨다.

예를 들어, Python 인터프리터는 다음과 같은 절차에 따라 위 코드의 19번 문장 `whale1.move()`를 수행한다.

1. MRO의 첫 번째 원소인 `Whale` 클래스를 검색한다. `Whale` 클래스에는 `move()` 메소드가 정의되어 있지 않다.

2. 이제, MRO의 다음 원소인 `Mammal` 클래스를 검색한다. `Mammal` 클래스에도 `move()` 메소드가 정의되어 있지 않다.

3. 이제, MRO의 다음 원소인 `Fish` 클래스를 검색한다. `Fish` 클래스에는 `move()` 메소드가 정의되어 있으므로 그 `move()`를 호출한다.

따라서 위 코드의 19번 문장 `whale1.move()`를 수행하면 다음과 같은 출력을 볼 수 있다.

```
A fish swims.
```

9.1.4 메소드의 치환

Python은 메소드 치환(method overriding)을 지원한다. **메소드 치환**이란 슈퍼 클래스에 정의된 메소드와 이름이 같은 메소드가 서브 클래스에서 다시 정의되면, 슈퍼 클래스의 메소드가 서브 클래스로 계승되지 않는다는 것을 의미한다. 다음 코드를 보자.

```python
# hierarchy3.py
class Animal:
    totals = 0; # Animal 객체의 총수

    def __init__(self, name):
        self.name = name
        Animal.totals =  Animal.totals + 1

    def move(self, speed):
        print('Animal \'{}\' moves at a speed of {} mpm.'
            .format(self.name, speed))

class Dog (Animal):
    def __init__(self, name):
        super().__init__(name) # Animal 클래스의 생성자 호출
        self.skills = [] # 인스턴스 변수 skills

    def move(self, speed):
```

```
19         print('Dog \'{}\' runs at a speed of {} mpm.'
20             .format(self.name, speed))
21
22 a1 = Animal('a1')
23 fido = Dog('fido')
24
25 print(Animal.totals) # 2
26
27 a1.move(100)
28 fido.move(120)
```

[코드 9-2] hierarchy3.py

위 코드의 Dog 클래스와 그것의 슈퍼 클래스인 Animal 클래스는 둘 다 메소드 move를 정의하고 있다. 위 예제를 수행하면 다음과 같은 출력을 볼 수 있다.

```
Animal 'a1' moves at a speed of 100 mpm.
Dog 'fido' runs at a speed of 120 mpm.
```

왜냐하면 Animal 클래스와 Dog 클래스에 동일한 이름의 메소드 move(*self*, speed)가 정의되었으므로 메소드 치환에 의해 Animal 클래스의 move(*self*, speed)가 Dog 클래스로 상속되지 않기 때문에 27번 문장은 Animal 클래스의 move 메소드를 호출하지만, 28번 문장은 Dog 클래스의 move 메소드를 호출하기 때문이다.

메소드 뿐 아니라 생성자의 경우에도 마찬가지로 치환이 일어난다. 서브 클래스에 생성자가 정의되어 있지 않다면 슈퍼 클래스의 생성자가 상속되지만, 서브 클래스에 생성자가 정의되어 있다면 슈퍼 클래스의 생성자는 서브 클래스로 상속되지 않는다. 위 예제 코드에서 Animal 클래스와 Dog 클래스 양쪽에 생성자가 정의되어 있으므로 Animal 클래스의 생성자 __init__(*self*, name)은 메소드 치환에 의해 Dog 클래스로 상속되지 않는다.

> 참고 |
>
> 사실, Python에서 메소드 치환은 Python의 동적 상속 메커니즘의 결과로 일어나는 현상일 뿐이다.

9.1.5 내장 함수 super()

클래스와 그것의 슈퍼 클래스 양쪽에 동일한 이름의 메소드 *m*이 정의되어 있다면 메소드 치환에 의해 슈퍼 클래스의 *m*은 상속되지 않는다. 하지만 때때로 조상 클래스에서 정의된 메소드를 메소드 치환과 무관하게 명시적으로 호출하는 것이 필요하다. 그런 경우 내장 함수 super()를 사용한다. 내장 함수 super()는 클래스의 MRO 상의 조상 클래스들에서 정의된 속성들을 명시적으로 사용할 수 있게 해준다. super()의 호출은 인자들에 따라 다음과 같은 형태들을 가질 수 있다.

- super(*type*, *instance_or_subtype_of_type*)
- super(*type*)
- super()

참고 |

하나의 인자를 갖는 super(*type*) 문장은 문제점이 있어 거의 사용되고 있지 않으며, 미래 버전의 Python에서 철회될 가능성이 크다고 알려져 있다. 따라서 이 책에서는 super(*type*) 문장을 다루지 않는다.

다음 예제 코드는 super(*type*, *instance_or_subtype_of_type*) 문장을 사용하여 Y 클래스에 정의된 메소드 test(*self*)에서 Y 클래스의 MRO 상의 상위 클래스인 X에 정의된 메소드 g(*self*)를 호출하는 것을 보여준다.

```
# super.py
class X:
    def g(self):
        print('X의 g()가 호출됨')

class Y(X):
    def g(self):
        print('Y의 g()가 호출됨')

    def test(self):
        super(Y, self).g() # Y의 슈퍼 클래스 X의 인스턴스 메소드 g() 호출
        self.g() # 클래스 Y 자신의 메소드 g() 호출

y1 = Y()
y1.test()
```

위 코드에는 메소드 g(*self*)가 클래스 X와 그것의 서브 클래스 Y 양쪽에 정의되어 있다. 위 코드를 수행하면 위 코드의 마지막 15번 문장이 다음과 같은 결과를 출력한다.

```
X의 g()가 호출됨
Y의 g()가 호출됨
```

위 코드의 super(Y, *self*).g()는 클래스 Y의 슈퍼 클래스 X에 정의된 메소드 g()를 호출하고 *self*.g()는 클래스 Y에 정의된 메소드 g()를 호출함을 확인할 수 있다. super() 문들의 동작을 자세히 살펴보자.

(1) 두 개의 인자들을 사용하는 super(*type*, *instance_or_subtype_of_type*)

*m*을 메소드라고 할 때 super(*type*, *instance_or_subtype_of_type*).*m*()의 수행 과정은 다음과 같다.

1 Python 인터프리터는 super(*type*, *instance_or_subtype_of_type*) 문의 *instance_or_subtype_of_type* 인자가 *type* 인자의 인스턴스이거나 자손 클래스인지 확인한다. 그렇지 않으면 TypeError 예외를 발생시킨다.

2 1번 단계에서 예외가 발생되지 않았다면, Python 인터프리터는 인자 *instance_or_subtype_of_type*이 클래스이면 그것의 MRO를 읽고, 인스턴스이면 그것의 소속 클래스의 MRO를 읽는다. 1번 단계에서 오류가 나지 않았으므로 읽어낸 MRO에는 *type* 인자에 해당하는 클래스가 포함되어 있을 것이다.

3 읽어낸 MRO에서 *type* 인자에 해당하는 클래스의 다음 원소(= 클래스)부터 차례로 검색하여 메소드 *m*을 정의하고 있는 클래스를 발견할 때까지 검색한다. 그리고 만일 메소드 *m*을 정의하고 있는 클래스가 발견되면 그 클래스에 정의된 *m*을 호출한다. 이 때 인자 *instance_or_subtype_of_type*가 메소드 *m*의 첫 번째 매개 변수로 자동 전달된다.

4 만일 읽어낸 MRO의 마지막 원소인 object까지 검색했지만 메소드 *m*을 정의하고 있는 클래스를 발견하지 못하면 Python 인터프리터는 AttributeError 예외를 발생시킨다.

위 수행 과정에 따라 위 예제 코드의 11번 문장 super(Y, *self*).g() 문의 호출이 어떻게 동작하였는지 살펴보자.

1 super(Y, *self*).g() 문 호출의 인자 *self*가 클래스 Y의 인스턴스임을 확인한다.

2 Python 인터프리터는 인자 *self*의 소속 클래스 Y의 MRO를 읽는다. 그 값은 다음과 같을 것이다: (Y, X, object)

3 Python 인터프리터는 Y의 MRO 상의 클래스 Y의 다음 클래스인 X에서부터 메소드 g를 정의하고 있는 클래스를 검색한다. 그리고 X에 메소드 g가 정의되어 있으므로 그 g를 호출한다. 이 때 super(Y, *self*)의 두 번째 인자 *self*의 값이 메소드 g의 첫 번째 매개 변수 *self*로 전달된다.

결과적으로, super(Y, *self*).g() 문의 호출은 다음과 같은 출력을 낼 것이다.

```
X의 g()가 호출됨
```

(2) 인자를 갖지 않는 super()

인자를 갖지 않는 super()는 클래스의 생성자, 소멸자 또는 인스턴스 메소드의 정의 내에서만 사용할 수 있다. Python 인터프리터는 클래스 *C*의 생성자, 소멸자, 또는 인스턴스 메소드내에서의 super() 호출을 다음과 같은 호출로 바꾸어 수행하기 때문이다.

```
super(C, self)
```

여기서 생성자, 소멸자, 또는 인스턴스 메소드의 첫 번째 매개 변수가 *self*가 된다. 다음 예제 코드를 보자. 다음 예제 코드의 클래스 X의 메소드 test(*self*)는 super().g() 문을 호출하고 있다.

```
class X:
    def g(self):
        print('X의 g()가 호출됨')

class Y(X):
    def test(self):
        super().g() # 클래스 Y의 슈퍼 클래스 X의 인스턴스 메소드 g() 호출

y1 = Y()
y1.test()
```

위 코드를 수행하면 클래스 Y의 슈퍼 클래스 X의 메소드 g(*self*)가 호출되어 다음과 같은 내용이 출력된다.

```
X의 g()가 호출됨
```

왜냐하면, super().g() 문이 클래스 X의 메소드 내에서 호출되고 있으므로 Python 인터프리터가 super().g() 문을 super(X, *self*).g() 문으로 바꾸어 수행하기 때문이다.

> **참고 |**
>
> 인자를 갖는 super(*type*, *instance_or_subtype_of_type*) 문보다 인자를 갖지 않은 super() 문의 사용을 권장한다. 왜냐하면 개발 중에 클래스의 이름이 바뀌게 되는 상황이 가끔 있을 수 있으며, super(*type*, *instance_or_subtype_of_type*) 문을 사용하면 인자로 사용된 *type* 클래스의 이름이 바뀌면 바뀐 이름으로 코드를 수정해야 하는 커플링(coupling)이 생기기 때문이다.

(3) 생성자에서의 super()의 사용

인자를 갖지 않는 super()는 종종 생성자 내에서 슈퍼 클래스의 생성자를 호출하는 데 사용된다. 다음 예제 코드를 보자.

```
1  class X:
2      def __init__(self):
3          self.v_x = 1 # instance variable v_x 정의
4
5  class Y(X): # MRO: (Y, X, object)
6      def __init__(self):
7          super().__init__() # super(Y, self).__init__()
8          self.v_y = 2 # instance variable v_y 정의
9
10 y1 = Y()
11
12 print(y1.v_x) # X의 생성자에서 정의하는 인스턴스 변수 v_x 사용
13 print(y1.v_y) # Y의 생성자에서 정의하는 인스턴스 변수 v_y 사용
```

위 코드를 수행하면 다음과 같은 결과를 볼 수 있다.

```
1
2
```

위 코드의 문장 10을 수행하면 클래스 Y의 생성자가 다음과 같이 수행된다.

1 Y 클래스의 인스턴스가 생성되어 문장 6의 매개 변수 *self*로 전달된다.

2 7번 문장 super().__init__()은 super(Y, *self*).__init__()과 같다. 따라서 Y 클래스의 슈퍼 클래스 X의 생성자가 호출되어 다음과 같이 문장 2 ~ 3이 수행된다.

- 생성된 Y 클래스의 인스턴스가 문장 2의 매개 변수 *self*로 전달된다.
- 생성된 Y 클래스의 인스턴스에 인스턴스 변수 v_x가 정의된다.

3 8번 문장에서 Y 클래스의 인스턴스에 인스턴스 변수 v_y가 정의된다.

따라서 10번 문장을 수행한 직후 Y 클래스의 인스턴스 y1은 Y 클래스의 생성자에서 정의한 인스턴스 변수 v_y뿐 아니라 X 클래스의 생성자에서 정의된 인스턴스 변수 v_x도 갖게 된다. 결과적으로 12번 문장은 1을 출력하고 13번 문장은 2를 출력하게 된다.

다음 절에서 서브 클래스의 생성자에서 슈퍼 클래스의 생성자를 호출하는 코드 패턴을 살펴본다.

9.1.6 인스턴스 변수와 속성 상속

Python 언어에서 인스턴스 변수는 Python 상속 메커니즘에 의해 자동으로 상속되는 속성이 아니다. 하지만 모든 사용자 정의 클래스의 생성자의 첫 번째 문장으로 다음 문장을 사용하면 모든 조상 클래스들의 인스턴스 변수들이 상속되는 효과가 난다.

```
super().__init__(...)
```

모든 클래스의 생성자의 첫 번째 문장이 super().__init__()인 다음 예제 코드를 보자.

```
# super_in_init.py
class A:
    def __init__(self):
        super().__init__() # object의 생성자 호출. 아무런 출력이 없다.
        print('A의 생성자 호출됨')
        self.a = 1

class B(A):
    def __init__(self):
        super().__init__() # super(B, self).__init__()
        print('B의 생성자 호출됨')
        self.b = 2

```

```
14 class C(A):
15     def __init__(self):
16         super().__init__() # super(C, self).__init__()
17         print('C의 생성자 호출됨');
18         self.c = 3
19 
20 class D(B, C):
21     def __init__(self):
22         super().__init__() # super(D, self).__init__()
23         print('D의 생성자 호출됨');
24         self.d = 4
25 
26 print(D.__mro__) # (D, B, C, A, object)
27 print(C.__mro__) # (C, A, object)
28 print(B.__mro__) # (B, A, object)
29 print(A.__mro__) # (A, object)
30 
31 d1 = D()
```

[코드 9-3] 서브 클래스의 생성자에서 super().__init__() 호출하기

위 코드를 수행하면 다음과 같은 결과를 볼 수 있다.

```
(<class '__main__.D'>, <class '__main__.B'>, <class '__main__.C'>, <class '__main__.A'>,
<class 'object'>)
(<class '__main__.C'>, <class '__main__.A'>, <class 'object'>)
(<class '__main__.B'>, <class '__main__.A'>, <class 'object'>)
(<class '__main__.A'>, <class 'object'>)
A의 생성자 호출됨
C의 생성자 호출됨
B의 생성자 호출됨
D의 생성자 호출됨
```

문장 31을 수행하면 D 클래스의 인스턴스가 생성되고 문장 21 ~ 24에 정의된 D 클래스의 생성자가 호출된다. 그리고 생성된 인스턴스를 *self* 매개 변수의 인자로 사용하여 22번 문장에서 super(D, *self*).__init__()이 호출된다.

22번 문장에서 super(D, *self*).__init__()가 호출되면 인자 *self*의 소속 클래스 D의 MRO는 (D, B, C, A, object)이므로, B 클래스의 생성자가 호출된다.

B 클래스의 생성자가 호출되면 10번 문장에서 super(B, *self*).__init__()이 호출되고 이

때 전달된 인자 *self*의 소속 클래스 D의 MRO가 (D, B, C, A, object)이므로 C 클래스의 생성자가 호출된다.

C 클래스의 생성자가 호출되면 16번 문장에서 super(C, *self*).__init__()이 호출되고 이 때 전달된 인자 *self*의 소속 클래스 D의 MRO가 (D, B, C, A, object)이므로 A 클래스의 생성자가 호출된다.

A 클래스의 생성자가 수행되면 4번 문장에서 super(A, *self*).__init__()이 호출되고 이 때 전달된 인자 *self*의 소속 클래스 D의 MRO가 (D, B, C, A, object)이므로 object 클래스의 생성자가 호출된다. object 클래스의 생성자는 아무런 출력을 만들지 않는다.

이제 A 클래스의 생성자의 나머지 문장 5, 6번이 수행되면 다음 출력이 나오고 생성된 D 클래스의 인스턴스에는 인스턴스 변수 a가 정의된다.

```
A의 생성자 호출됨
```

이제 C 클래스의 생성자의 나머지 문장 17, 18이 수행되면 다음 출력이 나오고 생성된 D 클래스의 인스턴스에는 인스턴스 변수 c가 정의된다.

```
C의 생성자 호출됨
```

이제 B 클래스의 생성자의 나머지 문장 10, 11이 수행되면 다음 출력이 나오고 생성된 D 클래스의 인스턴스에는 인스턴스 변수 b가 정의된다.

```
B의 생성자 호출됨
```

이제 D 클래스의 생성자의 나머지 문장 23, 24가 수행되면 다음 출력이 나오고 생성된 D 클래스의 인스턴스에는 인스턴스 변수 d가 정의된다.

```
D의 생성자 호출됨
```

인스턴스의 __dict__ 속성은 그 객체의 인스턴스 변수들을 보여준다. 위 [코드 9-3]을 수행한 후에 바로 다음 코드를 수행해보면 클래스 A, B, C, D의 인스턴스들 a1, b1, c1, d1 각각이 자신의 소속 클래스의 생성자에서 정의한 인스턴스 변수(들) 뿐 아니라 그것의 MRO 상의 모든 조상 클래스들에서 정의된 인스턴스 변수들을 상속받았음을 확인할 수 있다.

```
>>> d1.__dict__
{'a': 1, 'c': 3, 'b': 2, 'd': 4}
>>> a1 = A()
A의 생성자 호출됨
>>> a1.__dict__
{'a': 1}
>>> b1 = B()
A의 생성자 호출됨
B의 생성자 호출됨
>>> b1.__dict__
{'a': 1, 'b': 2}
>>> c1 = C()
A의 생성자 호출됨
C의 생성자 호출됨
>>> c1.__dict__
{'a': 1, 'c': 3}
>>>
```

모든 클래스의 생성자의 첫 문장으로 super().__init__() 문을 사용하는 패턴은 바람직한 코딩 스타일이라 할 수 있다. 클래스가 MRO 상의 모든 조상 클래스들의 생성자에서 정의한 인스턴스 변수들을 자연스럽게 상속받는 효과를 내주기 때문이다.

9.2 메타 클래스

메타 클래스(meta class)란 **클래스의 클래스**라는 의미를 갖는 용어이다. 메타 클래스는 객체 지향 언어에서 "**모든 것이 객체다**"라는 명제가 만족되어야 할 때, "**클래스도 객체라면 클래스의 클래스는 무엇인가**"라는 질문에 대한 답을 제공하는 개념이다. 메타 클래스는 Python 뿐 아니라 Java나 Smalltalk와 같은 다른 객체 지향 언어들에서도 지원되고 있는 중요한 객체 지향 개념의 하나이다.

Python에서 메타 클래스란 type 클래스 또는 type 클래스의 자손 클래스들을 의미한다. Python에서 모든 클래스는 메타 클래스 type의 인스턴스이다.

개발자가 메타 클래스를 정의하는 것도 가능하다. 예를 들어, Python으로 개발된 유명한 웹 프레임워크인 Django[14]는 사용자 정의 메타 클래스를 활용한다고 한다. 일상적인 프로그래밍에

14) https://www.djangoproject.com/

서 개발자가 사용자 정의 메타 클래스를 정의하여 사용해야 하는 경우는 거의 드물 것이다. 하지만 사용자 정의 메타 클래스를 이용하여 클래스의 인스턴스의 생성에 대한 제약을 강제하는 등의 고급 프로그래밍이 가능하다.

사용자 정의 메타 클래스의 유용성을 보이기 위하여 이 절의 마지막 부분에서 사용자 정의 메타 클래스를 사용하여 클래스의 인스턴스의 생성에 대한 제약을 강제하는 예제 코드를 소개할 것이다.

9.2.1 클래스의 메타 클래스의 지정

클래스의 메타 클래스를 지정하는 방법은 두 가지가 있다. 첫 번째 방법은 제 8.2절의 [그림 8-6]의 클래스 정의의 〈슈퍼 클래스들과 메타 클래스〉 부분에서 다음과 같이 클래스의 메타 클래스를 명시적으로 지정하는 것이다.

```
metaclass=<메타 클래스>
```

클래스의 슈퍼 클래스를 지정하지 않으면 그 클래스의 슈퍼 클래스는 기본으로 object가 되고, 클래스의 메타 클래스를 지정하지 않으면 그 클래스의 메타 클래스는 기본으로 type이 된다. 따라서 Python 3에서 다음 코드들은 동일한 의미를 갖는다.

- **class** Foo: **pass**
- **class** Foo(metaclass=type): **pass**
- **class** Foo(object): **pass**
- **class** Foo(object, metaclass=type): **pass**

(1) 내장 함수 isinstance(*obj*, *classinfo*)

내장 함수 isinstance(*obj*, *classinfo*)는 *obj*가 *classinfo* 클래스 또는 *classinfo*의 자손 클래스의 인스턴스이면 True를 반환한다. 다음 예제 코드는 내장 함수 isinstance(*obj*, *classinfo*)를 사용하여, 클래스 Foo, 클래스 Foo의 인스턴스 foo, 그리고 클래스 Foo의 메타 클래스 type 간의 인스턴스 관계를 보여준다.

```
>>> class Foo:
        pass

>>> foo = Foo()
>>> isinstance(foo, Foo)
```

```
True
>>> isinstance(Foo, type)
True
>>> isinstance(type, type)
True
>>>
```

위 코드에서 foo는 클래스 Foo의 인스턴스이고, 클래스 Foo는 메타 클래스 type의 인스턴스임을 확인할 수 있다. 또한 Python은 메타 클래스 type을 다시 메타 클래스 type의 인스턴스로 규정하고 있음을 확인할 수 있다. 즉 "메타 클래스 type이 객체라면 메타 클래스 type의 소속 클래스는 무엇인가"라는 논리적 질문에 답하기 위해서 type의 소속 클래스를 다시 type으로 규정하고 있는 것이다.

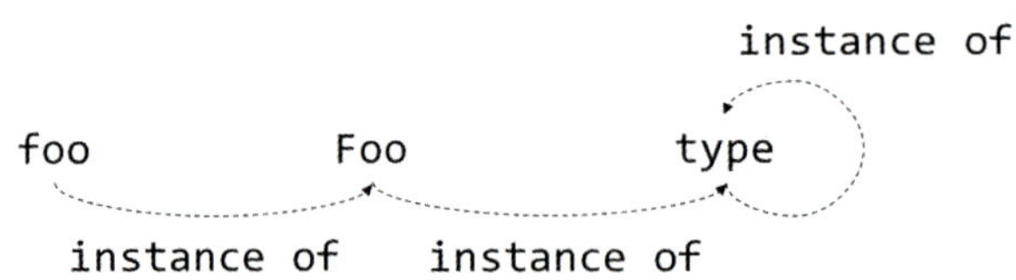

(2) 속성 __class__와 __bases__

속성 __class__는 객체 또는 클래스의 소속 클래스를 표현한다. 그리고 클래스의 속성 __bases__는 클래스의 직속 슈퍼 클래스들을 표현한다. 다음 예제 코드에서 Foo 클래스의 메타 클래스가 type이고 슈퍼 클래스가 object 임을 확인할 수 있다.

```
>>> class Foo:
        pass

>>> foo = Foo()
>>> foo.__class__ # 객체 foo의 소속 클래스
<class '__main__.Foo'>
>>> Foo.__class__ # 클래스 Foo의 소속 클래스
<class 'type'>
>>> Foo.__bases__ # 클래스 Foo의 직속 슈퍼 클래스
(<class 'object'>,)
>>>
```

(3) 메타 클래스의 서브클래스

메타 클래스의 서브 클래스를 정의해보자. 다음 코드는 메타 클래스 type의 서브 클래스 MyMeta를 정의하고, Foo 클래스의 메타 클래스를 MyMeta로 지정하고 있다. 메타 클래스 type의 서브 클래스 MyMeta는 당연히 메타 클래스이다.

```
>>> class MyMeta (type):
        pass

>>> class Foo(metaclass=MyMeta):
        pass

>>> isinstance(Foo, MyMeta)
True
>>> isinstance(MyMeta, type) # 생각 필요
True
>>>
```

위 코드의 메타 클래스 MyMeta는 사용자 정의 메타 클래스이지만 스스로 아무런 속성도 정의하고 있지 않으므로 메타 클래스 type의 속성들을 그대로 상속받는다.

위 코드에서 isinstance(MyMeta, type) 함수의 반환 값은 True이다. 왜냐하면, 모든 클래스는 type의 인스턴스이고, 모든 메타 클래스 역시 type의 인스턴스이기 때문이다.

클래스의 메타 클래스를 지정하는 또 하나의 방법은 원하는 메타 클래스를 가진 클래스를 슈퍼 클래스로 지정하는 것이다. 메타 클래스는 서브 클래스들로 상속되기 때문이다. 다음 코드를 보자.

```
>>> class MyMeta (type):
        pass

>>> class Foo(metaclass=MyMeta):
        pass

>>> class Bar (Foo): # 메타 클래스가 MyMeta인 클래스 Foo의 서브 클래스 Bar
        pass

>>> Foo.__class__
<class '__main__.MyMeta'>
>>> Foo.__bases__
(<class 'object'>,)
>>> Bar.__class__
```

```
<class '__main__.MyMeta'>
>>> Bar.__bases__
(<class '__main__.Foo'>,)
>>>
```

위 코드에서 Bar 클래스의 클래스는 그것의 슈퍼 클래스인 Foo의 메타 클래스와 같음을 확인할 수 있다.

9.2.2 메타 클래스 type의 생성자 type(*name*, *bases*, *dct*)

메타 클래스의 인스턴스는 클래스이므로 메타 클래스의 생성자는 클래스를 생성한다. 메타 클래스 type의 생성자 type(*name*, *bases*, *dct*)를 이용하여 클래스를 생성하는 것을 **클래스의 동적 생성**이라고 한다. 매개 변수 *name*, *bases*, *dct*에는 각각 클래스의 이름, 클래스의 슈퍼 클래스들과 메타 클래스, 그리고 딕셔너리 형태로 표현된 속성들이 전달되어야 한다. 다음 코드는 아무런 속성을 갖지 않는 클래스 Foo를 동적으로 생성한다. 생성된 클래스 Foo의 슈퍼 클래스는 object이고 메타 클래스는 type이 된다.

```
>>> Foo = type('Foo', (), {})
>>> Foo
<class '__main__.Foo'>
>>>
```

클래스의 동적 생성 예제를 하나 더 보자. 다음 코드는 클래스 변수 age와 인스턴스 메소드 f()를 가진 클래스 Bar를 동적으로 생성한다.

```
>>> def f(self):
        print(self.age)

>>> Bar = type('Bar', (), {'age':22, 'f':f})
>>> bar = Bar()
>>> bar.age
22
>>> bar.f()
22
>>>
```

9.2.3 메타 클래스의 매직 메소드들

메타 클래스를 이해하려면 먼저 메타 클래스의 중요 매직 메소드들을 이해하는 것이 필요하다. 메타 클래스 type에는 다음 매직 메소드들이 정의되어 있다.

- __call__(*cls*, **args*, ***kwargs*)
- __new__(*cls*, *name*, *bases*, *dct*)

속성 상속에 의해 type 클래스의 모든 자손 클래스들은 위 매직 메소드들을 갖게 된다.

(1) 메타 클래스의 __call__() 메소드

어떤 클래스 X의 생성자가 호출되면 그 클래스 X의 메타 클래스의 __call__(*cls*, **args*, ***kwargs*) 메소드가 Python 인터프리터에 의해 자동으로 호출된다. 그리고 호출된 __call__(*cls*, **args*, ***kwargs*) 메소드는 내부적으로 다음 메소드와 생성자를 다시 호출한다.

- 클래스 X의 __new__()
- 클래스 X의 __init__()

예를 들어, 클래스 Foo의 생성자가 호출되면 Foo의 메타 클래스의 __call__(*cls*, **args*, ***kwargs*) 메소드가 호출된다. 그리고 그 __call__(*cls*, **args*, ***kwargs*) 메소드 호출에 의해 다시 다음 메소드와 생성자가 호출된다.

- 클래스 Foo의 __new__()
- 클래스 Foo의 __init__()

메타 클래스 type에는 __new__() 메소드가 정의되어 있고, 클래스 object에는 __init__() 메소드가 정의되어 있으므로 속성 상속에 의해 모든 클래스는 __new__() 메소드와 __init__() 메소드를 갖게 된다. 다음 예제 코드의 클래스 Foo도 당연히 __new__() 메소드와 __init__() 메소드를 갖는다.

```
>>> class Foo:
    pass

>>> Foo.__new__
<built-in method __new__ of type object at 0x00007FFCFFFF4D30>
>>> Foo.__init__
```

```
<slot wrapper '__init__' of 'object' objects>
>>> foo = Foo()
>>>
```

위 코드에서 정의된 Foo 클래스의 생성자 Foo()가 호출되면, 아무 것도 출력되지는 않지만, 내부적으로는 type으로부터 상속받은 __new__() 메소드와 object로부터 상속받은 __init__() 생성자가 호출된다.

다음 코드의 Foo 클래스의 메타 클래스는 type이 아니라 MyMeta이다. 따라서 다음 코드의 Foo 클래스의 생성자 Foo()를 호출하면 MyMeta의 __call__() 메소드가 호출되고 이후 다음 메소드와 생성자가 호출된다.

- 클래스 Foo의 __new__()
- 클래스 Foo의 __init__()

```
# custom_meta.py
class MyMeta(type):
    def __call__(cls, *args, **kwargs):
        print('MyMeta __call__()')
        return super().__call__(*args, **kwargs)

class Foo(metaclass=MyMeta):
    def __new__(cls):
        print('Foo __new__()')
        return super().__new__(cls)

    def __init__(self):
        print('Foo __init__()')

print('*****************')
foo = Foo() # 여기서 MyMeta.__call__() 이 호출됨
```

위 코드를 수행하면 다음과 같은 출력을 볼 수 있다.

```
********************
MyMeta __call__()
Foo __new__()
Foo __init__()
```

(2) 메타 클래스의 __new__() 메소드의 치환

생성자와 __call__() 메소드의 관계에 따라, 메타 클래스 type이 제공하는 __new__() 메소드를 치환하면 생성자 호출시 부가적인 작업이 수행되도록 할 수 있다. 즉, 개발자가 원하는 부가적인 작업을 수행하는 __new__() 메소드 정의를 가진 사용자 정의 메타 클래스를 생성하고, 그 사용자 정의 메타 클래스를 클래스의 메타 클래스로 등록하면 그 클래스가 생성될 때 그 사용자 정의 메타 클래스의 __new__()가 호출되어 개발자가 원하는 부가적인 작업이 수행되도록 할 수 있다. 다음 예제 코드를 보자.

```
# mymeta_new.py
class MyMeta(type):
    def __new__(cls, name, bases, dct):
        x = super().__new__(cls, name, bases, dct) # 클래스를 생성하여 x에 할당
        x.classvar = 100
        return x

class Foo(metaclass=MyMeta):
    pass

print(Foo.classvar) # 100
```

위 코드는 메타 클래스 MyMeta와 클래스 Foo를 생성한다. 클래스 Foo가 생성될 때 Foo의 메타 클래스 MyMeta의 __new__() 메소드가 호출된다. 따라서 Foo 클래스 정의는 직접 아무런 클래스 변수도 정의하고 있지 않지만 Foo 클래스의 메타 클래스인 MyMeta의 __new__() 메소드에 의해 Foo 클래스는 클래스 변수 classvar를 자동으로 갖게 된다. 따라서 위 코드는 100을 출력한다.

9.2.4 사용자 정의 메타 클래스의 활용 사례

조금 더 의미가 있는 사용자 정의 메타 클래스의 활용 사례를 살펴보자. 싱글톤 설계 패턴(singleton design pattern)은 클래스의 객체가 단 하나만 생성되도록 강제하는 잘 알려진 설계 패턴이다. 사용자 정의 메타 클래스를 이용하여 싱글톤 패턴을 구현할 수 있다. 다음 예제 코드의 사용자 정의 메타 클래스 Singleton은 싱글톤 패턴을 구현하는 메타 클래스이다.

```
# singleton.py
# singleton 패턴을 구현하는 메타 클래스
class Singleton(type):
```

```
    def __call__(cls, *args, **kwargs):
        if (not hasattr(cls, 'instance')):
            cls.instance = super().__call__(*args, **kwargs)
        return cls.instance

# singleton 패턴을 사용하는 클래스
class MyClass(metaclass=Singleton):
    pass

a = MyClass()
b = MyClass()
c = MyClass()

print(a == b) # True
print(b == c) # True
```

위 코드를 수행하면 다음과 같은 출력을 볼 수 있다. 객체 a, b, c는 모두 동일 객체이기 때문이다.

```
True
True
```

클래스 MyClass의 생성자는 처음 호출되었을 때 반환한 객체를 이후의 모든 생성자 호출에서 계속 반환한다. 즉 MyClass는 싱글톤 설계 패턴을 사용하고 있다. 메타 클래스에 대한 더 자세한 내용이 필요하다면 다음 문서를 참조하라.

https://www.python.org/dev/peps/pep-3115/

9.3 추상 클래스와 추상 메소드

추상 클래스(abstract class)란 한개 이상의 추상 메소드(abstract method)를 갖는 클래스이다. 추상 클래스는 추상 메소드가 아닌 메소드들도 가질 수 있다. 추상 클래스는 그것의 인스턴스를 생성할 수 없는 클래스이다.

9.3.1 추상 클래스의 정의

추상 클래스를 정의하려면 abc 모듈을 임포트 한 후 클래스의 메타 클래스로 abc.ABCMeta를 지정해야 한다. 그리고 그 클래스가 추상 메소드를 하나 이상 갖도록 하면 된다. 다음은 다각형이라는 개념을 표현하기 위한 추상 클래스 Polygon의 정의이다.

```python
# polygon.py
import abc

class Polygon (metaclass=abc.ABCMeta):
    @abc.abstractmethod
    def area(self):
        pass
```

메소드를 추상 메소드로 선언하려면 메소드 앞에 데코레이터 @abc.abstractmethod를 붙이면 된다. 추상 메소드의 몸체는 pass 문을 사용한다.

패키지 abc에 포함된 abc.ABC 클래스는 메타 클래스가 abc.ABCMeta인 클래스이다. 메타 클래스는 서브 클래스로 상속되기 때문에 다음과 같이 Polygon 추상 클래스를 정의할 수도 있다.

```python
import abc

class Polygon (abc.ABC): # abc.ABC로부터 메타 클래스 abc.ABCMeta를 상속받는다
    @abc.abstractmethod
    def area(self):
        pass
```

위 코드를 수행하고 추상 클래스의 인스턴스를 생성하는 다음 코드를 수행하면 다음과 같이 TypeError 예외가 출력된다. 추상 클래스는 인스턴스를 생성할 수 없기 때문이다.

```
>>> p = Polygon() # TypeError
Traceback (most recent call last):
  File "<pyshell#37>", line 1, in <module>
    p = Polygon() # TypeError
TypeError: Can't instantiate abstract class Polygon with abstract methods area
>>>
```

추상 클래스가 인스턴스를 생성할 수 없도록 강제하는 것은 메타 클래스 abc.ABCMeta임을 짐작할 수 있다. 앞 절에서 객체를 생성할 때 메타 클래스가 개발자가 원하는 부가적인 작업을 수행하도록 할 수 있음을 보았다.

9.3.2 추상 메소드의 정의

인스턴스 메소드, 클래스 메소드, 그리고 정적 메소드 모두 추상 메소드가 될 수 있다. 다만 다른 데코레이터들과 함께 사용될 때 데코레이터 @abc.abstractmethod는 다른 데코레이터의

뒤 쪽에 나와야 한다.

다음 예제 코드는 추상 인스턴스 메소드, 추상 클래스 메소드, 그리고 추상 정적 메소드의 정의를 가진 추상 클래스를 보여준다.

```
# abstract_methods.py
import abc

class X (metaclass=abc.ABCMeta):
    # 추상 인스턴스 메소드
    @abc.abstractmethod
    def abstract_instance_method(self):
        pass

    # 추상 클래스 메소드
    @classmethod
    @abc.abstractmethod
    def abstract_class_method(cls):
        pass

    # 추상 정적 메소드
    @staticmethod
    @abc.abstractmethod
    def abstract_static_method():
        pass
```

9.3.3 추상 메소드들의 구현

추상 클래스의 서브 클래스는 구상 클래스(concrete class)일 수도 있고 추상 클래스일 수도 있다. 만일 추상 클래스의 서브 클래스가 추상 클래스의 모든 추상 메소드들을 구상 메소드(concrete method)로 구현하지 않는다면 그 서브 클래스는 추상 클래스가 된다.

```
# implementation_of_abstract_method.py
import abc

# 추상 메소드를 가지고 있으므로 추상 클래스
class Polygon (metaclass=abc.ABCMeta):
    @abc.abstractmethod
    def area(self):
        pass

class Rectangle(Polygon):
```

```
    def __init__(self, width, height):
        self.width = width
        self.height = height

    def area(self):
        return (self.width * self.height)

r = Rectangle(10, 20)
print('area = ', r.area())
```

위 코드의 클래스 Rectangle는 인스턴스를 가질 수 있다. Rectangle 클래스는 추상 클래스 Polygon 클래스로부터 상속되는 추상 메소드 area()를 구현하고 있는 구상 클래스이기 때문이다. 위 코드를 수행하면 다음과 같은 결과를 볼 수 있다.

```
area =  200
```

하지만 다음 코드는 오류가 난다. Triangle 클래스는 Polygon 클래스로부터 상속되는 추상 메소드 area()를 구현하고 있지 않은 추상 클래스이기 때문이다.

```
class Triangle(Polygon):
    def __init__(self, width, height):
        self.width = width
        self.height = height

t = Triangle(10, 20) # 인스턴스 생성 오류
```

위 코드에서 Triangle 객체의 생성자를 호출하는 t = Triangle(10, 20) 문장을 빼면 당장은 오류가 나지 않는다. 하지만 t = Triangle(10, 20) 문장을 넣으면 Triangle 클래스가 그것의 슈퍼 클래스 Polygon의 추상 메소드 area()를 구현하지 않았으므로 TypeError 오류가 난다.

연습문제

01 다음 용어들의 의미를 설명하라.

① 단일 속성 상속
② 다중 속성 상속
③ UML 클래스 다이어그램
④ MRO와 `__mro__` 속성
⑤ 메소드의 치환
⑥ 추상 클래스
⑦ 메타 클래스

02 다중 속성 상속의 문제점을 설명하라.

03 클래스 `C`의 생성자에서 인자를 갖지 않은 `super()`가 호출되었다고 할 때, 그와 동일한 기능을 하는 두 개의 인자를 갖는 `super(`*type*`,` *instance_or_subtype_of_type*`)` 호출은 무엇인가?

04 다음과 같은 코드를작성하라. 내장 함수 `isinstance()`, `abc.ABCMeta` 클래스, 그리고 `type` 클래스를 사용하면 된다.

① 어떤 클래스가 추상 클래스인가 아닌가를 판정하는 코드
② 어떤 클래스가 메타 클래스인가 아닌가를 판정하는 코드

10
CHAPTER

예외의 처리

HTTP://www.python.org

Python 프로그램을 개발하거나 수행하다가 보면 다양한 종류의 예외(exception)들을 만나게 된다. 예를 들어, Python 문장에 대한 문법 오류(syntax error)를 만나거나 길이가 10인 리스트의 11번째 원소를 읽으려고 할 때 `IndexError` 예외를 만날 수 있다.

개발자에게 예외는 아주 성가신 존재이다. 개발자들은 예외의 처리에 많은 노력과 시간을 소모한다. 발생할 수 있는 모든 예외들이 깔끔하게 처리되도록 코드를 작성하는 것은 숙달된 개발자에게도 쉽지 않은 일이다. 따라서 개발자가 효과적으로 예외 처리를 할 수 있도록 Java, C++, 그리고 Python 등의 다양한 언어들이 언어 차원의 예외 처리 메커니즘을 제공하고 있다.

> 주의 |
>
> 이 장의 내용은 https://www.python.org/ 사이트에서 배포하고 있는 CPython을 기준으로 작성되었다.

10.1 문법 오류와 예외

Python 인터프리터가 원시 코드를 수행하는 과정을 요약하면 다음 [그림 10-1]과 같다. Python 원시 코드를 수행시키면, Python 인터프리터는 먼저 원시 코드의 문법을 검사하고 문법에 문제가 없으면 원시 코드를 컴파일하여 바이트코드(bytecode) 파일을 생성한다. 만일 문법 검사 과정에서 문법 오류가 발견되면 Python 인터프리터는 문법 오류(syntax error) 메시지를 출력하고 프로그램의 수행을 중단한다.

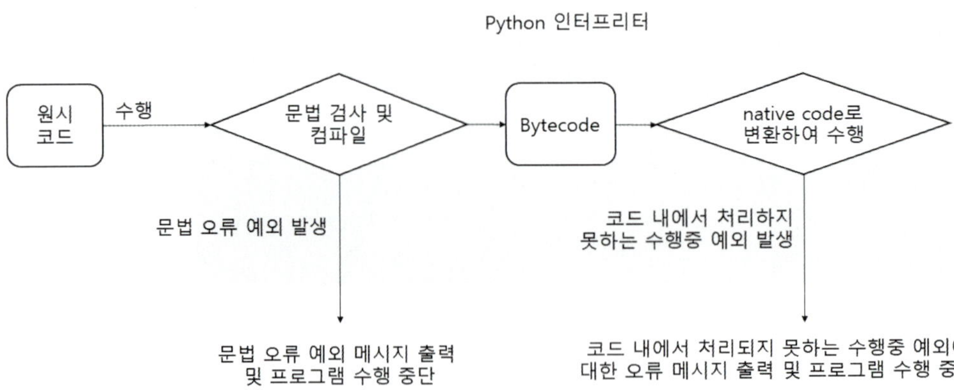

[그림 10-1] Python 인터프리터가 원시 코드를 수행하는 과정

문법 오류가 나지 않았다면 원시 코드로부터 바이트코드 파일이 성공적으로 생성되었을 것이고 Python 인터프리터는 바이트코드 파일에 들어있는 명령들을 네이티브 코드(native code)로 변환하여 수행한다.

만일 바이트코드의 수행 중에 예외가 발생하였는 데 그 수행 중 예외가 프로그램 내부에서 자체적으로 처리되지 못한다면 Python 인터프리터는 발생된 예외에 대한 오류 메시지를 출력하고 프로그램의 수행을 중단한다.

10.1.1 바이트코드와 네이티브 코드

예외들에 대하여 설명하기 전에 바이트코드와 네이티브 코드에 대하여 더 살펴보자. **네이티브 코드**(native code)란 여러분의 PC나 노트북에 장착되어 있는 인텔의 i5나 i7 CPU와 같이 물리적인 하드웨어로 존재하는 CPU의 기계어 코드들을 의미한다. 그리고 **바이트코드**(bytecode)란 소프트웨어로 구현된 가상 기계(virtual machine)의 기계어 코드들을 의미한다. 바이트코드라는 표현의 유래는 가상 기계의 기계어 명령들의 동작 코드(opcode)가 바이트 단위이기 때문이라고 한다. Python뿐 아니라 Java, C# 등의 언어가 바이트코드를 사용한다.

다음은 함수 `hello()`의 정의와 그것으로부터 생성된 바이트코드를 `dis` 모듈이 제공하는 디스어셈블리(disassembly) 기능을 이용하여 사람이 이해하기 쉬운 어셈블리 포맷으로 출력한 것을 보여준다. `hello()` 함수의 정의가 6개의 바이트코드 명령들로 컴파일된 것을 볼 수 있다.

```
>>> def hello():
	print('Hello!')

>>> import dis
>>> dis.dis(hello)
  2           0 LOAD_GLOBAL              0 (print)
              2 LOAD_CONST               1 ('Hello!')
              4 CALL_FUNCTION            1
              6 POP_TOP
              8 LOAD_CONST               0 (None)
             10 RETURN_VALUE
>>>
```

Python 원시 파일로부터 생성된 바이트코드 파일의 확장자는 .pyc이다. Python Shell에서 어떤 .py 파일을 임포트하면 그 .py 파일이 존재하는 디렉터리의 __pycache__ 서브 디렉터리에 해당 .py 파일에 대한 바이트코드 파일인 .pyc 파일이 생성된다.

예제를 통해 .pyc 파일의 생성을 확인해보자. 다음과 같은 내용의 hello.py 파일을 생성하여 저장한다. 그리고 버전 3.8의 Python Shell에서 `import hello` 문을 수행하고 난 후 hello.py 파일이 존재하는 디렉터리의 서브 디렉터리 __pycache__를 살펴보면 hello.cpython-38.pyc 파일이 생성되어 있음을 확인할 수 있다.

```
def hello():
    print('Hello!')
```

Python 바이트코드에 대한 보다 자세한 내용은 Python 공식 사이트의 온라인 문서 https://docs.python.org/3/library/dis.html을 참고하라.

10.1.2 문법 오류의 발생

Python 3에서 REPL 모드로 다음 문장을 수행하면 `SyntaxError` 예외가 발생하는 것을 볼 수 있다. 발생된 예외는 `print` 문에 `()`가 없어서 발생한 것이다. Python 3에서는 `print`가 키워드가 아니고 함수이기 때문에 `()`가 필요하다.

```
>>> print 'Hello!'
SyntaxError: Missing parentheses in call to 'print'. Did you mean print('Hello!')?
>>>
```

다음은 스크립트 모드에서 모듈을 수행할 때 문법 오류가 발생하는 예제 코드이다. 두 번째 줄에 `:`가 빠져있으므로 `for x in [1, 2, 3]:` 으로 수정해야 오류가 없어진다.

```
sum = 0
for x in [1, 2, 3] # :가 빠졌음
    sum = sum + x

print('sum = ', sum)
```

문법 오류가 발생하면 문법에 맞도록 Python 코드를 수정해야 한다. 문법 오류는 Python 문법을 잘 숙지하고 있으면 쉽게 해결할 수 있는 종류의 예외이다.

10.1.3 수행 중 예외의 발생

Python 원시 코드가 문법상으로 문제가 없어 문법 오류가 발생하지 않더라도 코드를 수행하는 중에 다양한 수행중 예외(runtime exception)들이 발생할 수 있다. 만일 수행 중인 코드가 발생된 예외들에 대처하는 예외 처리 코드를 가지고 있지 않다면, Python 인터프리터는 발생된 예외에 대한 오류 메시지를 출력하고 Python 코드의 수행을 중단한다.

수행 중 예외가 발생하는 경우를 몇 가지 살펴보자. 먼저 숫자를 0으로 나누는 경우이다. 정수는 나눗셈의 피연산자들로 사용될 수 있으므로 문장 `1/x`는 문법적으론 문제가 없다. 하지만 `x`가 0이 되어 0으로 나누는 나눗셈 연산이 수행되면 `ZeroDivisionError` 예외가 발생한다.

```
>>> x = 0
>>> 1/x
Traceback (most recent call last):
  File "<stdin>", line 1, in <module>
ZeroDivisionError: division by zero
>>>
```

범위가 넘어가는 색인을 사용하여 리스트의 원소를 구하는 경우에도 예외가 발생한다. 리스트 `x`의 원소의 색인(index) 값이 0 ~ 9인데 문장 6에서 색인 값으로 10이 사용되어 `IndexError` 예외가 발생한다.

```
1 x = [1, 2, 3, 4, 5, 6, 7, 8, 9, 10]
2 sum = 0
3 index = 0
4
5 while (index <= 10):
6     sum = sum + x[index]
7     index = index + 1
8
9 print('sum = ', sum)
```

개발자의 부주의나 실수로 인한 버그 때문에 예외가 발생하는 경우라면, 그 버그를 잡아서 예외가 발생하지 않도록 해야 한다. 예를 들어 위 코드의 경우 5번째 줄을 `while (index < 10):`로 수정하여 `IndexError` 예외가 발생하지 않도록 해야 한다.

개발자의 부주의나 실수만이 예외가 발생되는 이유는 아니다. 개발자가 아무리 꼼꼼하게 프로그램을 작성해도 발생을 완전히 막을 수 없는 예외들도 있다. 예를 들어 다음 `open('x.txt', 'r')`

문장은 문법적으로는 문제가 없다. 하지만 파일 x.txt가 어떤 이유로 존재하지 않거나 열 수 없는 경우 다음과 같이 FileNotFoundError 예외가 발생된다.

```
>>> open('x.txt', 'r')
Traceback (most recent call last):
  File "<stdin>", line 1, in <module>
FileNotFoundError: [Errno 2] No such file or directory: 'x.txt'
>>>
```

FileNotFoundError 예외는 개발자가 노력해도 발생을 완전히 차단할 수 없다. 예를 들어 open() 함수로 열어야 하는 파일이 방금 전까지 존재했었는데 어떤 이유로 지워져서 현재는 그 파일이 존재하지 않는 경우가 있을 수 있고, 열어야 하는 파일이 존재하지만 하드 디스크의 노후로 방금 전 그 파일이 위치한 하드디스크의 섹터의 일부가 파손된 경우도 있을 수 있다. 즉, 개발자가 아무리 프로그램을 꼼꼼하게 작성한다고 해도 open() 함수에서 FileNotFoundError 예외가 발생할 가능성을 완전히 없앨 수는 없다.

어떤 이유이던, 프로그램이 비정상적으로 종료하는 경우가 생긴다면 그 프로그램은 잘 작성된 것이라고 할 수 없다. 개발자는 코드에 존재하는 버그들을 잡아 버그들로 인한 예외가 발생되지 않도록 해야 하며, 개발자의 책임이 아닌 어떤 이유로 발생될 수 있는 예외들에 대해서도 그것들에 대처하는 코드를 작성하여 예외가 발생했을 때 프로그램의 수행이 갑작스럽게 중단되거나 예상하지 못했던 이상 동작이 나타나지 않도록 해야 한다.

10.2 예외 클래스들의 계층 구조와 사용자 정의 예외

다음 [그림 10-2]는 사이트 https://docs.python.org/3/library/exceptions.html에 기술된 Python 예외들의 계층 구조이다. BaseException은 모든 예외의 최상위 클래스이다. BaseException 클래스의 직속 서브 클래스들로는 SystemExit 클래스, KeyboardInterrupt 클래스, GeneratorExit 클래스, 그리고 Exception 클래스가 있다.

```
BaseException
 ├── SystemExit
 ├── KeyboardInterrupt
 ├── GeneratorExit
 └── Exception
      ├── StopIteration
      ├── StopAsyncIteration
      ├── ArithmeticError
      │    ├── FloatingPointError
      │    ├── OverflowError
      │    └── ZeroDivisionError
      ├── AssertionError
      ├── AttributeError
      ├── BufferError
      ├── EOFError
      ├── ImportError
      │    └── ModuleNotFoundError
      ├── LookupError
      │    ├── IndexError
      │    └── KeyError
      ├── MemoryError
      ├── NameError
      │    └── UnboundLocalError
      ├── OSError
      │    ├── BlockingIOError
      │    ├── ChildProcessError
      │    ├── ConnectionError
      │    │    ├── BrokenPipeError
      │    │    ├── ConnectionAbortedError
      │    │    ├── ConnectionRefusedError
      │    │    └── ConnectionResetError
      │    ├── FileExistsError
      │    ├── FileNotFoundError
      │    ├── InterruptedError
      │    ├── IsADirectoryError
      │    ├── NotADirectoryError
      │    ├── PermissionError
      │    ├── ProcessLookupError
      │    └── TimeoutError
      ├── ReferenceError
      ├── RuntimeError
      │    ├── NotImplementedError
      │    └── RecursionError
      ├── SyntaxError
      │    └── IndentationError
      │         └── TabError
      ├── SystemError
      ├── TypeError
      ├── ValueError
      │    └── UnicodeError
      │         ├── UnicodeDecodeError
      │         ├── UnicodeEncodeError
      │         └── UnicodeTranslateError
      └── Warning
           ├── DeprecationWarning
           ├── PendingDeprecationWarning
           ├── RuntimeWarning
           ├── SyntaxWarning
           ├── UserWarning
           ├── FutureWarning
           ├── ImportWarning
           ├── UnicodeWarning
           ├── BytesWarning
           └── ResourceWarning
```

[그림 10-2] Python 예외들의 계층 구조

[그림 10-2]의 예외들의 계층 구조를 살펴보면 앞 절에서 언급되었던 SyntaxError 예외, FileNotFoundError 예외, ZeroDivisionError 예외, 그리고 IndexError 예외가 존재함을 확인할 수 있다.

위의 계층 구조상에 존재하는 예외 클래스들이 표현하지 못하는 어떤 새로운 오류 상황을 표현하기 위해 개발자는 **사용자 정의 예외 클래스**(user-defined exception class)를 정의할 수 있다. 모든 사용자 정의 예외 클래스는 Exception 클래스의 자손 클래스이어야 한다.

다음 코드는 사용자 정의 예외 클래스들인 ValueSizeError 클래스, ValueTooSmallError 클래스, 그리고 ValueTooLargeError 클래스를 정의하고 있다. ValueSizeError 클래스는 Exception 클래스의 서브 클래스이고, ValueTooSmallError 클래스와 ValueTooLargeError 클래스는 ValueSizeError 클래스의 서브 클래스들이다.

```
class ValueSizeError(Exception):
    pass

class ValueTooSmallError(ValueSizeError):
    pass

class ValueTooLargeError(ValueSizeError):
    pass
```

10.3 예외 발생시키기 – raise 문

제 10.1.3절에서 Python이 제공하는 나누기 연산자 /와 내장 함수 open() 등이 예외를 발생시킬 수 있음을 보았다. Python이 제공하는 연산자들과 내장 함수들만이 예외를 발생시킬 수 있는 것은 아니다. 사용자 정의 코드도 예외를 발생시킬 수 있다.

예외를 명시적으로 발생시키려면 raise 키워드를 사용하면 된다. 다음은 raise 문으로 사용자 정의 예외 ValueSizeError와 내장 예외 FileNotFoundError를 명시적으로 발생시키는 코드이다.

```
>>> class ValueSizeError(Exception):
        pass

>>> raise ValueSizeError
```

```
Traceback (most recent call last):
  File "<pyshell#3>", line 1, in <module>
    raise ValueSizeError
ValueSizeError
>>> raise FileNotFoundError
Traceback (most recent call last):
  File "<pyshell#4>", line 1, in <module>
    raise FileNotFoundError
FileNotFoundError
>>>
```

위 코드에는 raise 문이 발생시킨 예외를 처리하는 문장들이 없으므로 raise 문이 발생시킨 예외는 Python 인터프리터로 바로 전달된다. 그리고 예외를 전달받은 Python 인터프리터는 화면에 오류 메시지를 낸다. raise 문의 형태는 다음과 같다.

raise *instance*	예외 *instance*를 발생시킨다.
raise *class*	예외 클래스 *class*의 인스턴스를 발생시킨다.
raise	가장 최근에 발생된 예외를 다시 발생시킨다.

예를 들어 내장 예외인 IndexError 예외를 발생시키는 raise 문은 다음과 같다.

- raise IndexError
- raise IndexError() # IndexError 인스턴스 생성

다음 함수 multiple_of_three(x)는 인자 x가 정수인 경우 3의 배수인가 검사하여 3의 배수이면 True를 반환하고 아니면 False를 반환한다. 인자가 정수가 아니면 raise TypeError() 문을 이용하여 TypeError 예외를 발생시킨다.

```
# mul_of_three.py
def multiple_of_three(x):
    if (isinstance(x, int)): # x가 정수이면
        return ((x % 3) == 0)
    else:
        raise TypeError()

print(multiple_of_three(99)) # True
print(multiple_of_three(100)) # False
print(multiple_of_three('this')) # TypeError 예외 발생
print('end')
```

위 코드의 8번과 9번 문장은 예외를 발생시키지 않는다. 하지만 10번 문장은 `multiple_of_three()` 함수 호출에 사용된 인자 `'this'`가 `int` 타입이 아니므로 `TypeError` 예외를 결과적으로 발생시킨다. 위 코드는 발생된 예외를 처리하는 코드를 갖고 있지 않으므로 Python 인터프리터는 발생된 예외에 대한 오류 메시지를 출력하고 위 코드의 수행을 중단한다. 결과적으로 위 코드의 11번 문장은 수행되지 않는다. 다음은 위 코드의 출력이다.

```
True
False
Traceback (most recent call last):
  File "D:/prj/python3/mul_of_three.py", line 10, in <module>
    print(multiple_of_three('this')) # TypeError 예외 발생
  File "D:/prj/python3/mul_of_three.py", line 6, in multiple_of_three
    raise TypeError()
TypeError
```

10.4 예외의 처리

Python은 예외들의 계층 구조를 제공할 뿐 아니라 예외 처리를 위한 try-finally 문과 try-except-else-finally 문을 지원하여 개발자들이 예외들에 대처하는 코드를 효과적으로 작성할 수 있도록 한다.

10.4.1 try-finally 문

try-finally 문은 다음과 같은 형태를 갖는다. try 블록이란 `try:` 다음부터 `finally:` 사이에 존재하는 문장들의 블록을 의미한다. 어떤 코드가 예외를 발생시킬 가능성이 있다면 그 코드를 try 블록에 넣어야 한다.

```
try:
    statements # try 블록
finally:
    statements # finally 블록
```

finally 블록이란 `finally:` 다음에 나타나는 문장들의 블록을 의미한다. finally 블록은 try 블록에서 예외가 발생하던 아니던 무조건 수행된다. 만일 try 블록에서 아무런 예외가 발생되지 않는다면 try 블록의 수행 후 finally 블록이 수행된다. 만일 try 블록의 어떤 문장에서 어떤

예외 e가 발생된다면 Python 인터프리터는 발생된 예외 e를 잠시 저장해두고 finally 블록을 먼저 수행한 뒤에 e를 처리한다. 다음 예제 코드를 보자.

```
1 # divide.py
2 x = int(input('숫자1: '))
3 y = int(input('숫자2: '))
4
5 result = None
6 try:
7     result = x/y
8 finally:
9     print('finally 블록 수행.')
10
11 print('result:', result)
```

위 코드를 수행하고 숫자 10과 2를 입력하면 try 블록에서 아무런 예외가 발생하지 않으므로 try 블록 수행 후 finally 블록이 바로 수행되어 다음과 같은 수행 결과가 나온다.

```
숫자1: 10
숫자2: 2
finally 블록 수행.
result: 5.0
```

위 코드를 수행하고 10과 0을 입력하면 try 블록에서 `ZeroDivisionError` 예외가 발생하므로 Python 인터프리터는 `ZeroDivisionError` 예외를 잠시 저장해두고 finally 블록을 먼저 수행한 뒤에 `ZeroDivisionError` 예외를 처리한다. 따라서 다음과 같은 수행 결과를 볼 수 있다.

```
숫자1: 10
숫자2: 0
finally 블록 수행.
Traceback (most recent call last):
  File "D:/prj/python3/divide.py", line 22, in <module>
    result = x/y
ZeroDivisionError: division by zero
```

위 코드에는 발생된 `ZeroDivisionError` 예외를 처리하는 코드가 없으므로 Python 인터프리터는 발생된 `ZeroDivisionError` 예외에 대한 오류 메시지를 출력하고 위 코드의 수행을 중단하는 방식으로 예외를 처리한다. 따라서 위 코드를 수행하고 10과 0을 입력하면 11번 문장 `print('result:', result)`는 수행되지 않는다.

finally 블록의 문장들은 어떤 경우에도 수행된다. 만일 try 블록에 try–finally 문을 빠져나가는 `return`, `break`, 또는 `continue` 문이 있다면 그 `return`, `break`, 또는 `continue` 문을 수행하기 전에 먼저 finally 블록이 수행된다. try 블록에 `return` 문이 있는 다음 예제 코드를 보자.

```
1 # divide2.py
2 x = int(input('숫자1: '))
3 y = int(input('숫자2: '))
4
5 def divide(x, y):
6     try:
7         result = x/y
8         return result
9     finally:
10        print('finally 블록 수행.')
11
12 print('divide({}, {}): {}'.format(x, y, divide(x, y)))
```

위 예제 코드를 수행하고 10과 2를 입력하면 8번 `return result` 문장이 수행되기 전에 `finally` 블록의 10번 문장이 먼저 수행된다. 따라서 다음과 같은 수행 결과를 볼 수 있다.

```
숫자1: 10
숫자2: 2
finally 블록 수행.
divide(10, 2): 5.0
```

10.4.2 try–except–else–finally 문

또 하나의 예외 처리 문장인 try–except–else–finally 문의 형태는 다음 그림과 같다. try–except–else–finally 문은 try–finally 문과 달리 1개 이상의 except 절들을 가지며 else 절과 finally 절을 선택적 요소로 갖는다.

try 절	**try**: *statements* # try 블록

1개 이상의 except 절	**except** *name1*:
	    statements
	except (*name2*, *name3*):
	    statements
	except *name4* **as** *v*:
	    statements
	except:
	    statements

선택적 요소 else 절	**else**: *statements*
선택적 요소 finally 절	**finally**: *statements*

try-except-else-finally 문의 try 블록의 수행 중에 예외가 발생되면, Python 인터프리터는 except 절들을 차례대로 분석하여 그 예외를 처리할 수 있는 첫 except 절의 *statements*를 수행하는 방식으로 발생된 예외의 처리를 시도한다.

(1) 예외 e를 처리할 수 있는 except 절의 판정

try 블록에서 예외 *e*가 발생되었을 때 어떤 except 절이 *e*를 처리할 수 있는가에 대한 판정 기준은 다음 표와 같다.

except 절	처리하는 예외 객체 e
except *name*: *statements*	예외 *e*가 *name* 클래스 또는 *name* 클래스의 자손 클래스의 인스턴스이면 *statements*를 수행.
except (*name1*, *name2*): *statements*	예외 *e*가 *name1* 클래스 또는 name2 클래스의 인스턴스이거나, *name1* 클래스 또는 name2 클래스의 자손 클래스의 인스턴스이면 *statements*를 수행.
except *name* **as** *v*: *statements*	예외 *e*가 *name* 클래스 또는 *name* 클래스의 자손 클래스의 인스턴스이면 변수 *v*에 e를 할당하고 *statements*를 수행. 즉 except *name*: 과 같으나 변수 *v*의 값이 *e*가 된다.
except Exception: *statements*	예외 *e*가 Exception 클래스 또는 Exception 클래스의 자손 클래스의 인스턴스이면 *statements*를 수행.
except: *statements*	예외 *e*가 어떤 종류의 예외이던 *statements*를 수행.

위 표의 네 번째 except 절과 다섯 번째의 except 절의 차이는, [그림 10-2]의 Python 예외들의 계층 구조에 나타난 바와 같이 `SystemExit` 예외 클래스, `KeyboardInterrupt` 예외 클래스 그리고 `GeneratorExit` 예외 클래스 또는 그들의 자손 클래스들의 인스턴스들을 처리하지 않는지 처리하는지에 있다.

다음은 `ZeroDivisionError` 예외를 발생시키는 예제 코드이다. 이 코드는 아직 아무런 예외 처리 코드를 갖고 있지 않다.

```
y = [1, 3, 0, 2]

for v in y:
    r = 100/v
    print('r = %f' %r)
```

위 코드를 수행하면 다음과 같은 출력을 볼 수 있다. 100을 `y[2]`로 나누려고 할 때 `ZeroDivisionError`가 발생하고 프로그램의 수행은 중단된다.

```
r = 100.000000
r = 33.333333
Traceback (most recent call last):
  File "<stdin>", line 2, in <module>
ZeroDivisionError: division by zero
```

이제 0으로 나누기를 수행할 때 발생되는 `ZeroDivisionError` 예외를 except 절들을 사용하여 처리하는 몇 개의 코드들을 살펴볼 것이다. 첫 번째 코드를 보자.

```
# 첫 번째 코드
y = [1, 3, 0, 2]
for v in y:
    try:
        r = 100/v
        print('r = %f' %r)
    except ZeroDivisionError as e:
        print('Error: %s' %e)

print('end')
```

첫 번째 코드를 수행하면 다음과 같은 결과를 볼 수 있다.

```
r = 100.000000
r = 33.333333
Error: division by zero
r = 50.000000
end
```

첫 번째 코드의 5번 문장에서 ZeroDivisionError 예외가 발생되더라도 7, 8번 문장의 except 절에서 ZeroDivisionError 예외를 처리하므로 위 코드는 끝까지 수행되고 정상 종료하게 된다. 이제 다음 두 번째 예제 코드를 보자.

```
# 두 번째 코드
y = [1, 3, 0, 2]
for v in y:
    try:
        r = 100/v
        print('r = %f' %r)
    except:
        print('Error!')

print('end')
```

위 두 번째 코드는 모든 종류의 예외를 처리하는 except 절을 가지고 있으므로 두 번째 코드도 끝까지 수행되고 정상 종료하게 된다. 이제 세 번째 코드를 보자.

```
# 세 번째 코드
y = [1, 3, 0, 2]
for v in y:
    try:
        r = 100/v
        print('r = %f' %r)
    except Exception as e:
        print('Error: %s' % e)

print('end')
```

세 번째 코드는 Exception 클래스의 인스턴스 또는 Exception 클래스의 자손 클래스의 인스턴스를 처리하는 except 절을 가지고 있고 ZeroDivisionError 예외 클래스는 Exception 클래스의 자손 클래스이므로 세 번째 코드도 끝까지 수행되고 정상 종료하게 된다. 이제 네 번째 코드를 보자.

```
# 네 번째 코드
y = [1, 3, 0, 2]
for v in y:
    try:
        r = 100/v
        print('r = %f' %r)
    except OverflowError as e:
        print('Error: %s' % e)

print('end')
```

네 번째 코드는 ZeroDivisionError 예외를 처리할 수 있는 except 절을 갖고 있지 않다. 왜냐하면 ZeroDivisionError 예외는 OverflowError 예외 클래스 또는 OverflowError 예외 클래스의 자손 클래스의 인스턴스가 아니기 때문이다. 따라서 네 번째 코드를 수행하면 다음과 같은 결과를 보게 된다.

```
r = 100.000000
r = 33.333333
Traceback (most recent call last):
  File "D:/prj/python3/except3.py", line 4, in <module>
    r = 100/v
ZeroDivisionError: division by zero
```

(2) else 절과 finally 절

else 절과 finally 절이 존재하는 경우, try 블록에서 예외가 발생하고 그 예외가 어떤 except 절에 의해 처리되면 제어는 finally 절로 넘어간다. 하지만 try 블록에서 아무런 예외가 발생하지 않으면 else 절로 제어가 넘어 갔다가 finally 절로 제어가 넘어간다. else 절과 finally 절에 대한 예제 코드를 살펴보자.

```
# divide3.py
def divide(x, y):
    try:
        result = x / y
    except ZeroDivisionError:
        print('division by zero!')
    else:
        print('result is', result)
    finally:
        print('executing finally clause')
```

```
11
12 divide(4, 5)
13 divide(4, 0)
```

위 코드의 12번 문장 **divide(4, 5)**를 수행하면 try 블록이 수행되는 동안 아무런 예외가 발생하지 않으므로 제어는 else 절로 넘어갔다가 finally 절로 넘어가므로 다음과 같은 결과가 출력된다.

```
result is 0.8
executing finally clause
```

13번 문장 **divide(4, 0)**을 수행하면 try 블록에서 ZeroDivisionError 예외가 발생하므로 제어가 except 절로 넘어갔다가 finally 절로 넘어가므로 다음과 같은 결과가 출력된다.

```
division by zero!
executing finally clause
```

이 절의 예제들은 단 하나의 except 절만을 사용하였다. 다음 절에서 여러 개의 except 절을 사용하는 try-except-else-finally 문을 살펴본다.

10.4.3 except 절들의 순서

try-except-else-finally 문에 여러 개의 except 절들이 존재하는 경우 except 절들의 순서가 중요하다. 예를 들어 살펴보자.

예외 클래스들 ExceptionA, ExceptionB, 그리고 ExceptionC가 있다고 하자. 그리고 그들이 다음과 같은 클래스 계층 구조를 이루고 있다고 하자.

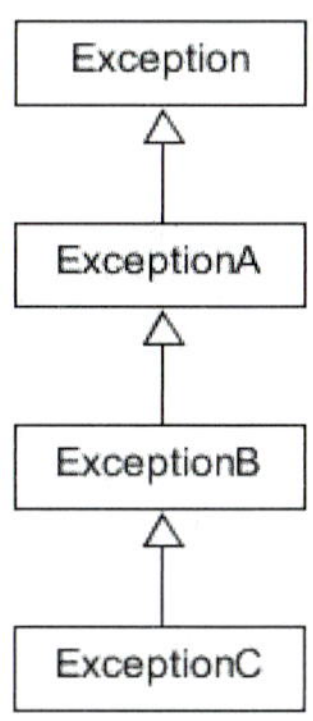

[그림 10-3] 예외 클래스들의 계층 구조

여러 개의 except 절을 사용하는 다음 예제 코드를 보자.

```
1 # multiple_except.py
2 class ExceptionA(Exception):
3     pass
4
5 class ExceptionB (ExceptionA):
6     pass
7
8 class ExceptionC (ExceptionB):
9     pass
10
11 for c in [ExceptionA, ExceptionB, ExceptionC]:
12     try:
13         raise c() # 예외 객체를 발생시킨다.
14     except ExceptionC: # ExceptionC 처리 가능
15         print('ExceptionC!')
16     except ExceptionB: # ExceptionB 처리가능
17         print('ExceptionB!')
18     except ExceptionA: # ExceptionA 처리가능
19         print('ExceptionA!')
```

try-except-else-finally 문에 except 절이 여러 개 있는 경우 try 블록에서 발생한 예외를 처리 할 수 있는 첫 번째 except 절이 선택되어 수행된다. 위 코드를 수행하면 try 블록에서 ExceptionA 예외, ExceptionB 예외, 그리고 ExceptionC 예외가 차례대로 한 번씩 발생된다. 위 코드를 수행한 결과는 다음과 같다.

```
ExceptionA!
ExceptionB!
ExceptionC!
```

왜 위와 같은 결과가 나오는지 살펴보자.

1 13번 문장에서 ExceptionA 예외가 발생한 경우 위 코드의 첫 번째 except 절은 ExceptionA 예외를 처리할 수 없다. ExceptionA 예외는 ExceptionC 또는 ExceptionC의 자손 클래스의 인스턴스가 아니기 때문이다. 또한 두 번째 except 절도 ExceptionA 예외를 처리할 수 없다. 하지만 세 번째 except 절이 ExceptionA를 처리할 수 있으므로 19번 문장이 수행되어 다음이 출력된다.

```
ExceptionA!
```

2 13번 문장에서 ExceptionB 예외가 발생한 경우 위 코드의 첫 번째 except 절은 ExceptionB 예외를 처리할 수 없다. ExceptionB 예외는 ExceptionC 또는 ExceptionC의 자손 클래스의 인스턴스가 아니기 때문이다. 하지만 두 번째 except 절이 ExceptionB 예외를 처리할 수 있으므로 17번 문장이 수행되어 다음이 출력된다.

```
ExceptionB!
```

3 13번 문장에서 ExceptionC 예외가 발생한 경우 위 코드의 첫 번째 except 절에서 ExceptionC 예외를 처리할 수 있으므로 15번 문장이 수행되어 다음이 출력된다.

```
ExceptionC!
```

위 코드는 발생되는 예외들을 잘 처리하고 있다. 이제 위 예제 코드의 except 절의 순서를 바꾼 다음 코드를 살펴보자.

```
# multiple_except2.py
class ExceptionA(Exception):
    pass

class ExceptionB (ExceptionA):
    pass

class ExceptionC (ExceptionB):
    pass

for c in [ExceptionA, ExceptionB, ExceptionC]:
    try:
        raise c() # 예외 객체를 발생시킨다.
    except ExceptionA: # ExceptionA, ExceptionB, ExceptionC 처리 가능
        print('ExceptionA!')
    except ExceptionB:
        print('ExceptionB!')
    except ExceptionC:
        print('ExceptionC!')
```

위 코드를 수행하면 다음 결과와 같이 ExceptionA 예외, ExceptionB 예외, 그리고 ExceptionC 예외가 모두 첫 번째 except 절에서 처리되는 것을 볼 수 있다. 두 번째와 세 번째 except 절은 사용되지 않는다.

```
ExceptionA!
```

```
ExceptionA!
ExceptionA!
```

[그림 10-3]의 계층 구조를 참고하면, 이런 결과는 첫 번째 except 절의 `ExceptionA` 클래스가 `ExceptionB`와 `ExceptionC`의 조상 클래스이기 때문이다. 발생되는 예외를 세분화하여 정확하게 처리하기 위해서는 예외 클래스 계층 구조의 세부적인 예외 클래스들을 처리하는 except 절을 먼저 배치하고 보다 일반적인 예외 클래스들을 처리하는 except 절을 나중에 배치하는 것이 원칙이다.

10.5 호출 스택과 예외의 처리

예외를 처리하는 방법은 호출 스택(call stack)의 개념과 관련이 있다. 이 절에서는 호출 스택의 개념과 호출 스택이 예외 처리를 하는 데 어떻게 사용되는지 살펴본다.

10.5.1 호출 스택이란

호출 스택이란 Python 인터프리터가 내부적으로 관리하는 스택 형태의 동적 자료 구조이다. 호출 스택의 원소를 **활성화 레코드**(activation record)라고 부른다. 함수나 메소드가 호출될 때마다 활성화 레코드가 생성되어 호출 스택에 쌓이며, 호출된 함수나 메소드의 수행이 종료될 때마다 그 함수나 메소드의 활성화 레코드가 호출 스택에서 제거된다. 각 활성화 레코드에는 다음과 같은 정보 등이 담겨있다.

- 호출된 함수나 메소드의 매개 변수들과 지역 변수들의 값들
- 함수나 메소드의 수행이 종료됐을 때 제어가 돌아가야 하는 위치 정보

Python 인터프리터가 대화형 모드로 수행을 시작하거나 스크립트 모드로 어떤 모듈을 수행하기 시작할 때 Python 인터프리터는 메인 모듈에 대한 활성화 레코드를 생성하여 비어 있는 호출 스택에 삽입한다.

참고 | Python의 호출 스택과 메인 모듈

Python 언어만 호출 스택을 사용하는 것은 아니다. C/C++나 Java와 같은 다른 프로그래밍 언어도 호출 스택을 사용한다. 호출 스택은 프로그래밍 언어들에서 널리 쓰이는 개념이다. 하지만 호출 스택의 세부적 구현은 언어마다 다를 수 있다.

예를 들어, Java나 C/C++ 같은 언어들은 항상 거기에서 프로그램의 수행이 시작되는 `main()` 함수나 메소드가 존재하며 호출 스택에 처음으로 삽입되는 활성화 레코드는 그 `main()` 함수나 메소드의 호출에 대한 것이다. 하지만 Python에는 항상 거기에서 프로그램의 수행이 시작되는 `main()` 함수나 메소드가 존재하지 않으며 대신 메인 모듈이라는 개념이 존재한다. Python에서는 호출 스택에 처음으로 삽입되는 활성화 레코드가 메인 모듈에 대한 것이다. 제 7.3.1절에 메인 모듈에 대한 설명이 있다.

이후 어떤 함수나 메소드가 호출될 때마다 그에 대한 활성화 레코드가 생성되어 호출 스택에 추가된다. 그리고 함수나 메소드의 수행이 종료될 때마다 그 함수나 메소드에 대한 활성화 레코드가 호출 스택에서 삭제된다. 그리고 메인 모듈의 수행이 종료되면 메인 모듈에 대한 활성화 레코드가 호출 스택에서 삭제되고 호출 스택은 다시 비어있는 상태가 된다.

다음 예제 프로그램 call_stack_test.py를 통해 호출 스택의 개념을 구체적으로 살펴보자. 프로그램 call_stack_test.py는 함수 `f()`와 `g()`를 사용한다.

```
# call_stack_test.py
def g():
    print('g()가 호출됨')

def f():
    print('f()가 호출됨')
    g()

f()
```

다음 그림은 Python 인터프리터가 위 프로그램의 수행을 시작하여 수행을 마칠 때까지의 호출 스택의 상태 변화를 보여준다. 활성화 레코드는 네모로 표현되었다.

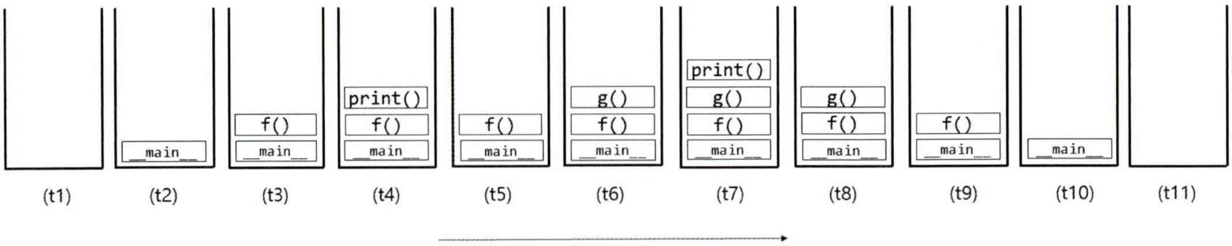

시간에 따른 호출 스택의 상태 변화

위 그림의 호출 스택의 상태 변화를 단계별로 살펴보자. 호출 스택의 상태는 비어있는 상태로 시작하여 비어있는 상태로 끝난다.

(t1) Python 인터프리터가 메인 모듈을 수행하기 직전에 호출 스택은 비어있다.

(t2) 메인 모듈의 수행이 시작된 직후의 호출 스택에는 메인 모듈에 대한 활성화 레코드가 추가되어 있다.

(t3) 메인 모듈에서 함수 `f()`를 호출한 직후의 호출 스택에는 함수 `f()`에 대한 활성화 레코드가 추가되어 있다.

(t4) 함수 `f()`가 `print('f()가 호출됨')` 함수를 호출한 직후의 호출 스택의 상태이다

(t5) 함수 `f()`가 호출한 `print('f()가 호출됨')` 문의 수행이 종료된 직후의 호출 스택의 상태이다.

(t6) 함수 `f()`가 함수 `g()`를 호출한 직후의 호출 스택의 상태이다.

(t7) 함수 `g()`가 `print('g()가 호출됨')` 함수를 호출한 직후의 호출 스택의 상태이다.

(t8) 함수 `g()`가 호출한 `print('g()가 호출됨')` 함수의 수행이 종료된 직후의 상태이다.

(t9) 함수 `f()`가 호출한 함수 `g()`의 수행이 종료된 직후의 상태이다.

(t10) 함수 `f()`의 수행이 종료된 직후 호출 스택에는 메인 모듈에 대한 활성화 레코드만 남아있다.

(t11) 메인 모듈의 수행이 종료되고 호출 스택은 다시 비어있는 상태로 돌아간다.

예제 프로그램을 통해, 호출 스택이 언제 어떤 함수가 어떤 함수나 모듈로부터 호출되었는가에 대한 정보를 표현하는 스택 형태의 자료 구조임을 구체적으로 확인하였다.

10.5.2 호출 스택과 예외의 처리

예외가 발생하면 Python 인터프리터는 예외 발생 당시의 호출 스택의 스택 탑(stack top)의 활성화 레코드에서 시작하여 해당 예외를 처리할 수 있는 except 절을 가진 함수나 메소드를 찾을 때까지 호출 스택의 활성화 레코드들을 위에서 아래로 차례대로 분석한다.

예를 들어, 예외가 발생하였을 때의 호출 스택의 상태가 다음 그림과 같다면 Python 인터프리터는 `h()`, `g()`, `f()`, `__main__`의 순서로 예외를 처리할 수 있는 지 분석한다.

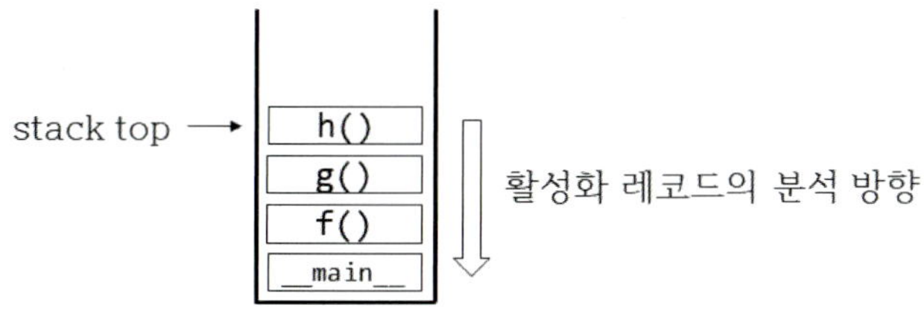

발생된 예외를 처리할 수 있는 except 절을 갖고 있는 함수나 메인 모듈에 대한 활성화 레코드를 찾으면 그 except 절을 수행하여 예외를 처리한다. 만일 호출 스택의 모든 활성화 레코드들을 분석하였지만 발생된 예외를 처리할 수 있는 except 절을 가진 함수나 메인 모듈에 대한 활성화 레코드가 존재하지 않는다면 그 예외는 Python 인터프리터에게 직접 전달되고 Python 인터프리터는 전달된 예외에 대한 오류 메시지를 출력하고 프로그램의 수행을 중단시킨다.

호출 스택을 이용하는 예외의 처리 방법은 개발자가 예외를 처리하는 위치를 융통성 있게 결정할 수 있도록 해준다. 함수나 메소드에서 발생될 수 있는 예외를 처리할 수 있는 위치들은 다음과 같다.

- 예외를 발생시키는 함수나 메소드가 스스로 그 예외를 처리
- 예외를 발생시키는 함수나 메소드를 직접 호출한 함수나 메소드에서 그 예외를 처리
- 예외를 발생시키는 함수나 메소드를 간접으로 호출한 함수나 메소드에서 그 예외를 처리
- 메인 모듈에서 함수나 메소드가 발생시키는 예외를 처리

(1) 예외를 발생시키는 함수나 메소드가 스스로 그 예외를 처리

예외를 처리하는 가장 직접적인 방식은 예외를 발생시키는 함수나 메소드가 스스로 그 예외를 직접 처리하는 것이다. 앞 절에 나온 예제 코드들은 모두 예외를 발생시키는 함수가 스스로 그 예외를 처리할 수 있는 except 절을 갖고 있다.

(2) 예외를 발생시키는 함수나 메소드를 직접 호출한 함수나 메소드에서 그 예외를 처리

예외를 발생시키는 함수나 메소드가 스스로 그 예외를 처리하는 것이 불편할 수도 있고 불가능할 수도 있다. 예를 들어, 파일을 여는 데 사용되는 내장 함수 `open()`은 예외들을 발생시킬 수 있지만 Python 응용 프로그램 개발자가 내장 함수 `open()`의 원시 코드를 수정할 수는 없다.

다음 예제 코드의 함수 `g()`는 자신이 직접 호출한 `open()` 함수가 발생시킬 수 있는 `FileNotFoundError` 예외를 처리할 수 있는 except 절을 가지고 있다.

```
1  # exception_chain1.py
2  # 함수 g() 내부에서 발생된 예외를 g() 내부에서 처리
3  
4  def g(file_name):
5      try:
6          file1 = open(file_name, 'r', encoding='utf-8')
7          content = file1.read()
8          print(content)
9          file1.close()
10     except FileNotFoundError:
11         print('g()가 호출한 open()에서 발생하는 FileNotFoundError 처리')
12 
13 def f(file_name):
14     print('Function f({}) is called!'.format(file_name))
15     g(file_name)
16 
17 f('not_exist.txt') # 존재하지 않는 파일
```

위 코드는 파일 not_exist.txt 파일이 존재하지 않음을 가정하고 있다. 위 모듈을 수행하면 6번 문장에서 `FileNotFoundError` 예외가 발생한다. 6번 문장을 수행할 때의 호출 스택은 다음과 같다.

6번 문장에서 `FileNotFoundError` 예외가 발생했을 때, 호출 스택의 스택 탑 바로 아래의

활성화 레코드에 대응하는 함수 g()가 그 예외를 처리할 수 있는 except 절을 가지고 있으므로 10번 문장이 수행되어 예외가 처리된다. 따라서 위 코드의 수행 결과는 다음과 같다.

```
Function f(not_exist.txt) is called!
g()가 호출한 open()에서 발생하는 FileNotFoundError 처리
```

(3) 예외를 발생시키는 함수나 메소드를 간접적으로 호출한 함수나 메소드에서 그 예외를 처리

다음은 함수 g()가 직접 호출한 open() 함수가 발생시킬 수 있는 FileNotFoundError 예외를 처리할 수 있는 except 절이 g()를 호출하는 함수 f()에 존재하는 예제 코드이다.

```
1  # exception_chain2.py
2  # g()가 호출한 open()에서 발생한 예외를 g()를 호출한 f()에서 처리
3
4  def g(file_name):
5      file1 = open(file_name, 'r', encoding='utf-8')
6      content = file1.read()
7      print(content)
8      file1.close()
9
10 def f(file_name):
11     print('Function f({}) is called!'.format(file_name))
12     try:
13         g(file_name)
14     except FileNotFoundError:
15         print('f()에서 open()이 발생시키는 FileNotFoundError 예외 처리' )
16
17 f('not_exist.txt') # 존재하지 않는 파일
```

위 코드에서 5번 문장이 수행되어 FileNotFoundError 예외가 발생하였을 때의 호출 스택의 상태는 다음 그림과 같다.

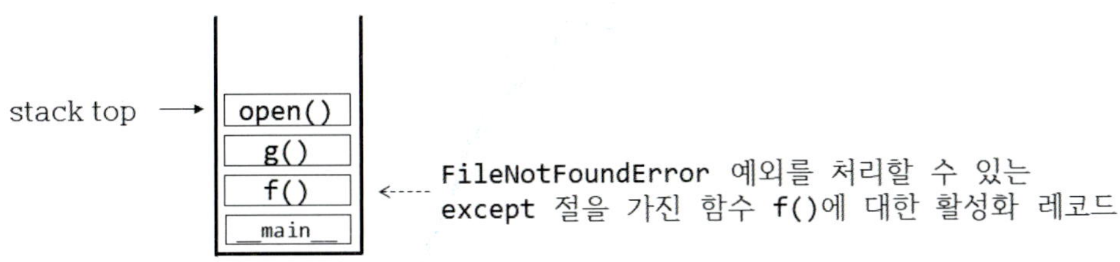

Python 인터프리터는 호출 스택의 활성화 레코드들을 스택 탑에서부터 차례로 분석하여 그 예외를 처리할 수 있는 except 절을 가지고 있는 함수 `f()`를 찾아 그 except 절을 호출한다. 결과적으로 위 코드를 수행하면 다음과 같은 출력을 볼 수 있다.

```
Function f(not_exist.txt) is called!
f()에서 open()이 발생시키는 FileNotFoundError 예외 처리
```

(4) 함수나 메소드가 발생시키는 예외를 메인 모듈에서 처리

다음은 함수 `g()` 내에서 발생한 `FileNotFoundError` 예외를 처리할 수 있는 except 절이 메인 모듈에 존재하는 예제 코드이다.

```
1 # exception_chain3.py
2 # open()에서 예외가 발생하고 __main__ 모듈에서 처리
3
4 def g(file_name):
5     open(file_name, 'r')
6     content = f.read()
7     print(content)
8     f.close()
9
10 def f(file_name):
11     print('Function f({}) is called!'.format(file_name))
12     g(file_name)
13
14 try:
15     f('not_exist.txt')
16 except FileNotFoundError:
17     print('__main__ 모듈 수준에서 g()에서 발생한 FileNotFoundError 처리' )
```

위 코드의 15번 문장의 인자로 지정된 not_exist.txt 파일이 존재하지 않는다면, 위 코드를 수행하면 `open()` 함수 호출에서 `FileNotFoundException` 예외가 발생하고 그 예외는 `__main__` 모듈 수준의 16, 17번 except 절에서 처리된다. 출력 결과는 다음과 같다.

```
Function f(not_exist.txt) is called!
__mian__ 모듈 수준에서 g()에서 발생한 FileNotFoundError 처리
```

함수나 메소드의 수행 중에 발생된 예외를 그 함수나 메소드가 바로 처리하는 것보다는 그 함수나 메소드를 직접 또는 간접으로 호출한 함수나 메소드 또는 메인 모듈에서 처리하는 것이 더 편리한 경우가 많다.

10.6 종합 예제 – 스무 고개 게임

다음은 스무 고개 게임을 사용자 정의 예외들과 그들에 대한 raise 문을 사용하여 구현한 것이다. 스무 고개 게임 프로그램은 1에서 100 사이의 난수를 내부적으로 생성하여 number 변수의 값을 정하고 사용자가 그 값을 몇 번에 맞추는지 기록한다. 프로그램은 사용자가 제시한 추측 값이 생성된 정수보다 큰지 작은지에 대한 정보를 준다. 스무 고개 게임이 사용하는 random 모듈의 randrange(a, b) 함수는 a 이상 b 미만의 정수 난수를 반환한다.

```
# twenty_questions_game.py
import random

class ValueSizeError(Exception):
    ''' Base class for other exceptions'''
    pass

class ValueTooSmallError(ValueSizeError):
    '''Raised when the input value is too small'''
    pass

class ValueTooLargeError(ValueSizeError):
    '''Raised when the input value is too large'''
    pass
# 숫자를 추측하여 맞추기
number = random.randrange(1, 101) # 1에서 101 미만의 정수 난수 발생

print('1에서 100사이에 있는 숫자를 맞추세요.')

count = 0
while True:
    count = count + 1
    try:
        i_num = int(input('숫자를 입력하세요: '))
        if i_num < number:
            raise ValueTooSmallError
        elif i_num > number:
            raise ValueTooLargeError
        else:
            break
    except ValueTooSmallError:
        print('너무 작은 숫자입니다. 더 큰 숫자를 입력하세요.\n')
    except ValueTooLargeError:
        print('너무 큰 숫자입니다. 더 작은 숫자를 입력하세요.\n')
    except ValueError:
        print('숫자가 아닙니다. 숫자를 입력하세요.\n')
print('축하합니다. {}번 만에 숫자를 맞추셨습니다.'.format(count))
```

위 코드를 수행하여 number 변수가 54로 설정되었을 때의 게임의 진행은 다음과 유사하다.

```
1에서 100사이에 있는 숫자를 맞추세요.
숫자를 입력하세요: 50
너무 작은 숫자입니다. 더 큰 숫자를 입력하세요.

숫자를 입력하세요: 75
너무 큰 숫자입니다. 더 작은 숫자를 입력하세요.

숫자를 입력하세요: 62
너무 큰 숫자입니다. 더 작은 숫자를 입력하세요.

숫자를 입력하세요: 55
너무 큰 숫자입니다. 더 작은 숫자를 입력하세요.

숫자를 입력하세요: 52
너무 작은 숫자입니다. 더 큰 숫자를 입력하세요.

숫자를 입력하세요: 54
축하합니다. 6번 만에 숫자를 맞추셨습니다.
```

연습문제

01 다음 용어들의 의미를 설명하라.

a. 문법 오류
b. 네이티브 코드와 바이트코드
c. 사용자 정의 예외
d. 호출 스택과 활성화 레코드

02 발생되는 예외를 처리하는 코드를 만들지 않으면 어떤 일이 일어나는지 예제 코드를 이용하여 설명하라.

03 함수 action()을 수행하면 ExceptionA, ExceptionB, ExceptionC 그리고 ExceptionD 예외가 발생할 수 있다고 하자. ExceptionA, ExceptionB, ExceptionC 그리고 ExceptionD 클래스는 다음과 같은 계층 구조를 갖는다고 하자.

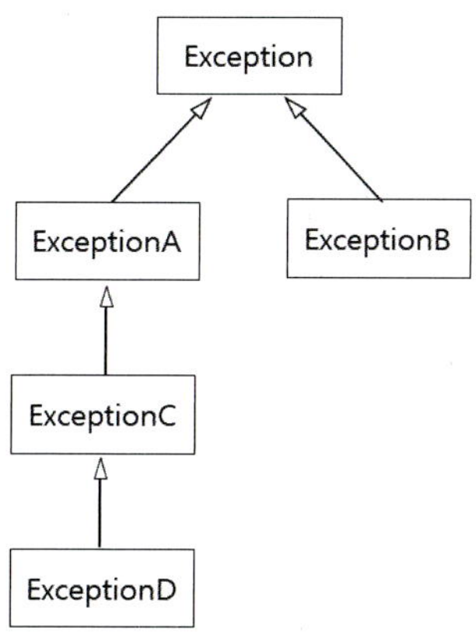

다음 코드에서 ________ 자리에 예외들이 올바르게 처리되도록 예외 클래스들의 이름들 ExceptionA, ExceptionB, ExceptionC 또는 ExceptionD를 넣어라. 다음 코드에서 ...은 생략을 의미한다.

```
try:
    action()
except ________:
```

```
    ...
except ________:
    ...
except ________:
   ...
except ________:
   ...
finally:
  ...
```

04 다음 코드의 수행 결과를 적어라.

```
try:
    raise IndexError()
except:
    print('propagating ...')
    raise
```

05 다음 코드의 수행 결과를 적고, 왜 그런 결과가 나오는지 설명하라.

```
def action2():
    print(1 + []) # TypeError 발생

def action1():
    try:
        action2()
    except TypeError:
        print('action1 except!')

try:
    action1()
except TypeError:
    print('__main__ except!')
```

프로젝트

知之者 不如 好之者 好之者 不如 樂之者

11 CHAPTER PyGame 프로젝트 - Air Fighting

HTTP://www.python.org

이 장에서는 pygame 패키지를 이용하여 간단한 공중전 게임을 만들어보는 프로젝트를 진행한다. 진행하는 프로젝트는 간단하지만 게임이 갖추어야 할 기본적인 기능들은 거의 갖추고 있으며 보다 본격적인 게임을 만드는 출발점이 될 수 있다.

11.1 pygame 패키지의 소개와 설치

pygame은 Python 언어를 이용한 비디오 게임의 개발을 위해 설계된 크로스 플랫폼 패키지이다. pygame은 비디오 게임을 만드는 데 필요한 스프라이트 그래픽 처리, 음향 효과, 게임 패드의 지원 등의 다양한 기능들을 제공한다. 다음은 게임 패드를 물고 있는 파이썬 모양의 pygame 패키지 로고이다.

다음 사이트에 방문하면 pygame 패키지에 관련된 많은 문서들과 프로젝트들을 볼 수 있다. 2020년 10월 Pygame 2.0이 발표되었으며 2022년 1월 기준으로 최신 버전은 2.1.2이다.

https://www.pygame.org/

참고 | SDL(Simple DirectMedia Layer)

pygame 패키지는 C 언어로 작성된 크로스 플랫폼 멀티미디어 라이브러리인 SDL을 Python 언어로 포장한 것이다. SDL 라이브러리는 Linux, MS Windows, 맥 OS X 등 여러 운영 체제에서 실행이 가능하다. 2022년 1월 기준으로 SDL의 최신 안정 버전은 2.0.18이다. SDL의 공식 사이트는 다음과 같다.

https://www.libsdl.org/

SDL 라이브러리는 비디오, 이벤트, 디지털 오디오, CD-ROM, 사운드, 스레드, 공유 객체 불러오기, 네트워킹, 타이머 등을 세부 구현에 독립적인 추상화된 방식으로 관리할 수 있도록 한다.

pygame 패키지를 설치하려면 다음과 같은 pip 명령을 수행한다. 명령 프롬프트 창이나 PowerShell 창을 관리자 모드로 열고 수행한다.

```
C:\Windows\System32> pip install pygame
```

아니면, 다음 사이트에 방문하여 사용하고 있는 Python 버전에 맞는 패키지 설치 파일을 직접 내려 받아 설치한다.

https://www.lfd.uci.edu/~gohlke/pythonlibs/#pygame

예를 들어 Python 버전이 3.9이고 64비트 윈도라면 위 사이트에서 pygame-2.0.14-cp39-cp39-win_amd64.whl 파일을 내려 받아 다음과 같이 설치한다.

```
C:\Windows\System32> pip install pygame-2.0.14-cp39-cp39-win_amd64.whl
```

설치 후 다음 명령을 수행해보면 pygame 패키지가 잘 설치되었는지 확인할 수 있다. 다음 명령은 pygame에 기본으로 들어있는 aliens라는 게임을 시작시킨다.

```
C:\Windows\System32> python -m pygame.examples.aliens
```

다음은 aliens 게임의 화면이다. 이런 화면을 볼 수 있다면 pygame 패키지가 잘 설치된 것이다. 게임을 한판 해보고 다음 절로 넘어가자.

aliens 게임의 진행은 다음과 같다: 외계인의 우주선들이 폭탄을 떨어뜨리며 날아온다. 장갑차를 화살표 키로 좌우로 움직이며 스페이스바를 눌러 포를 쏴서 우주선들을 격추할 수 있다. 장갑차가 우주선들과 부닥치거나 우주선이 떨어뜨린 폭탄에 맞으면 게임은 종료한다. 폭파시킨 우주선의 수가 화면 왼쪽 하단에 스코어로 기록된다.

11.2 pygame 프로그래밍 맛보기

pygame 패키지의 기본적인 사용법을 담고 있는 간단한 예제 코드들을 살펴보자.

11.2.1 화면에 청색 원 그리기

다음 코드를 수행해보자.

```
# blue_circle.py program
import pygame # pygame 임포트

pygame.init() # pygame 초기화

# 가로 세로 500 pixel의 screen 생성
screen = pygame.display.set_mode([500, 500])

radius = 100.0 # 원의 반경
running = True # loop flag

# 사용자가 창닫기 버튼 X를 누르면 while 루프 빠져나감
while running:
    # pygame.QUIT 이벤트가 발생하였으면 종료 준비
    for event in pygame.event.get():
        if event.type == pygame.QUIT:
            running = False

    # 배경 색을 white 즉 RGB (255, 255, 255)로 칠함
    screen.fill((255, 255, 255))

    # 좌표 (250, 250)에 반경이 radius인 청색 (0, 0, 255) 원을 그림.
    pygame.draw.circle(screen, (0, 0, 255), (250, 250), int(radius))

    # 실제로 디스플레이에 화면을 그림
    pygame.display.flip()

# pygame을 종료함
pygame.quit()
```

위 코드를 수행하면 다음 그림과 같이 가로 500, 세로 500 픽셀의 흰 색 바탕의 창이 생기고, 중간에 반경이 100 픽셀인 청색 원이 그려진다.

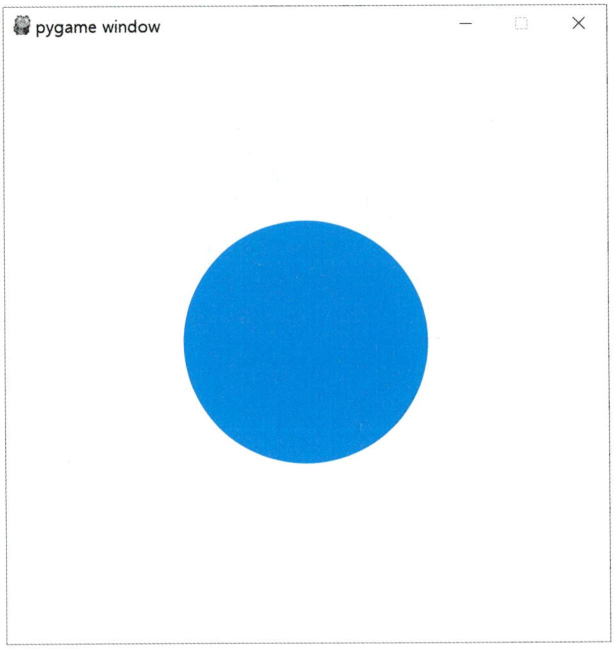

위 코드를 문장별로 살펴보자. 다음 2번 문장은 pygame 패키지를 임포트 하고 있다.

```
import pygame # pygame 임포트
```

다음 4번 문장은 임포트 된 pygame 패키지를 초기화하는 문장이다. pygame 패키지는 사용하기 전에 초기화되어야만 한다.

```
pygame.init() # pygame 초기화
```

다음 7번 문장은 pygame이 사용할 가로 500 픽셀, 세로 500 픽셀 크기의 게임 화면을 표현하는 `pygame.Surface` 객체 `screen`을 생성한다. `pygame.Surface` 객체에 대한 설명은 제 11.3.1 절에 나온다.

```
screen = pygame.display.set_mode([500, 500])
```

생성된 스크린은 다음 그림과 같은 픽셀 단위의 좌표계를 갖게 된다. 이 좌표계는 수학에서 사용하는 좌표계와 달리 스크린의 좌측 상단의 좌표가 (0, 0)이고 y축 좌표의 값이 위에서 아래쪽 방향으로 증가한다.

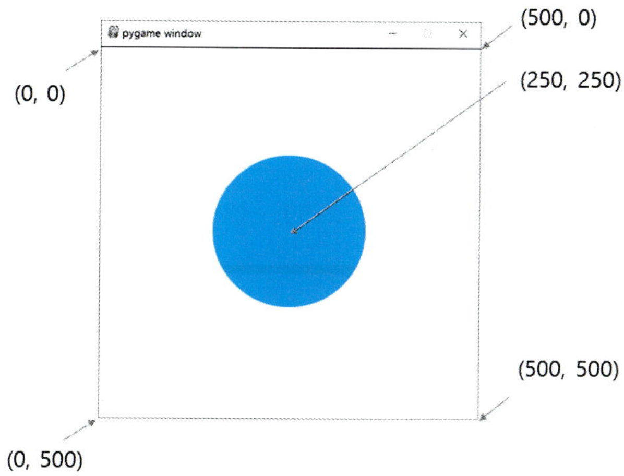

다음 9번 문장은 화면에 그릴 원의 반경을 표현하는 변수 radius의 값을 100.0으로 초기화한다.

```
radius = 100.0 # 원의 반경
```

다음 10번 문장은 while 루프를 반복하는 조건을 표현하는 변수 running의 값을 True로 초기화한다.

```
running = True # loop flag
```

14번부터 26번까지의 문장들은 while 루프 안에서 사용자가 pygame 창 오른쪽 상단의 × 버튼 즉 창닫기 버튼을 누를 때까지 무한 반복되는 문장들이다. pygame 창의 창닫기 버튼을 누르면 pygame.QUIT 타입의 이벤트가 발생된다. 다음 15번 ~ 17번 문장들은 pygame.QUIT 타입의 이벤트가 발생되면 running 변수의 값을 False로 설정한다.

```
# pygame.QUIT 이벤트가 발생하였으면 종료 준비
for event in pygame.event.get():
    if event.type == pygame.QUIT:
        running = False
```

pygame은 이벤트 기반의 시스템(event-driven system)이다. pygame은 사용자가 pygame 창 오른쪽 상단의 × 버튼을 마우스로 클릭하거나 키보드를 누르는 등의 동작을 모두 이벤트로 표현한다.

다음 20번 문장은 pygame이 사용하는 screen의 색을 흰색으로 채운다. RGB 값 (255, 255, 255)는 흰색이다.

```
screen.fill((255, 255, 255))
```

다음 23번 문장은 screen 상의 좌표 (250, 250)에 반경이 radius인 원을 그린다. 원의 색은 RGB (0, 0, 255) 즉 청색이다.

```
pygame.draw.circle(screen, (0, 0, 255), (250, 250), int(radius))
```

일반적으로 컴퓨터 그래픽 시스템들은 그래픽 버퍼(graphic buffer)라고 불리는 메모리 장치 공간을 사용하며, 그래픽 성능을 높이기 위해 그려야 할 객체들을 그래픽 버퍼 상에 모두 그린 후 그래픽 버퍼에 담긴 내용을 실제 디스플레이 장치로 한 번에 출력하는 기법을 사용한다. 다음 26번 문장은 게임 화면에 대응하는 그래픽 버퍼의 내용을 디스플레이의 게임 화면 창에 실제로 그리는 문장이다. 지금까지 그래픽 버퍼에 여러 객체들을 그렸지만 다음 이 문장이 없으면 게임 화면에는 아무 것도 그려지지 않는다.

```
pygame.display.flip()
```

다음 29번 문장은 running 변수의 값이 False가 되어 13번 문장에서 제어가 while 루프를 빠져나오면 수행된다. pygame 패키지의 사용을 시작할 때는 pygame.init()을 호출하여 초기화하고, pygame 패키지의 사용을 마칠 때는 pygame.quit()을 호출하여 패키지가 사용하던 자원들의 반납 등의 작업이 수행되도록 해야 한다.

```
pygame.quit()
```

위 프로그램을 수행하면 청색 원이 보일 뿐이다. 아무런 변화가 없다. 하지만 위 프로그램의 while 루프 안의 문장들은 pygame.QUIT 이벤트가 발생할 때까지 계속 반복 수행되고 있으므로 내부적으로는 흰색 바탕과 청색 원이 반복적으로 그려지고 있다.

11.2.2 시간에 따라 크기가 변하는 청색 원 그리기

앞 절의 코드의 23번 문장의 뒤에 다음 코드를 넣어 시간에 따라 청색 원의 크기가 변화하도록 해보자.

```
# 원의 반경이 100보다 작으면 0.01 만큼 늘리고, 아니면 0으로 리셋
if (radius < 100):
    radius = radius + 0.01
else:
    radius = 0
```

위 코드는 while 루프를 돌 때마다 원의 반경이 100 보다 작으면 반경을 0.01 만큼 늘리고 반경이 100보다 커지려고 하면 0으로 초기화하는 코드이다. 수정된 전체 코드는 다음과 같다.

```
# blue_pulsing_circle.py program
import pygame # pygame 임포트

pygame.init() # pygame 초기화

# 가로 세로 500 pixel의 screen 생성
screen = pygame.display.set_mode([500, 500])

radius = 100.0 # 원의 반경
running = True # loop flag

# 사용자가 종료 버튼을 누르면 while 루프 빠져나감
while running:
    # 사용자가 Window Quit 버튼을 누르면 종료
    for event in pygame.event.get():
        if event.type == pygame.QUIT:
            running = False

    # 배경 색을 white 즉 RGB (255, 255, 255)로 칠함
    screen.fill((255, 255, 255))

    # 좌표 (250, 250)에 반경이 radius인 청색 (0, 0, 255) 원을 그림.
    pygame.draw.circle(screen, (0, 0, 255), (250, 250), int(radius))

    # 원의 반경이 100보다 작으면 0.01 만큼 늘리고, 아니면 0으로 리셋
    if (radius < 100):
        radius = radius + 0.01
    else:
        radius = 0

    # 실제로 디스플레이에 현재 화면을 그림
    pygame.display.flip()

# pygame을 종료함
pygame.quit()
```

위 수정된 코드를 수행하면 작은 청색 원이 나타난다. 그리고 그 원의 반경이 증가하여 100이 되는 과정이 반복적으로 나타난다.

11.3 pygame의 중요 모듈과 객체들

pygame의 다음 모듈과 객체들에 대하여 살펴보자.

- pygame.Surface 객체
- pygame.draw 모듈
- pygame.image 모듈
- pygame.Rect 객체

11.3.1 pygame.Surface 객체와 pygame.draw 모듈

pygame.Surface 객체는 게임 화면 상의 사각형 영역에 대응하는 객체이고, pygame.draw 모듈은 Surface 객체 위에 사각형, 원 등의 도형을 그리는 API를 제공하는 모듈이다.

(1) pygame.Surface 객체

Surface 객체를 생성하려면 pygame.Surface((*width*, *height*)) 문장을 사용한다. 다음 문장은 폭이 100이고 높이가 100인 Surface 객체 surf1을 생성한다.

```
surf1 = pygame.Surface((100, 100)) # Surface 객체의 생성
```

Surface 객체의 영역에 바탕색을 칠하거나 직선, 원, 점 등을 그리거나 이미지를 올릴 수 있다. 다음 문장은 생성된 surf1 객체의 바탕을 빨강색으로 채운 후, surf1의 중심에 반경이 30인 청색 원을 그리는 문장이다.

```
surf1.fill((255, 0, 0)) # 빨강 바탕
pygame.draw.circle(surf1, (0, 0, 255), (50, 50), 30) # surf1 중심에 청색 원
```

Surface 객체들 중에는 특별한 것이 있다. 그것은 게임의 화면 전체를 표현하는 Surface 객체이다. 그 Surface 객체가 표현하는 게임 화면 위에 게임이 사용하는 캐릭터들 등을 담은 다른 Surface 객체들이 올라가게 된다.

용어 | 게임 화면 전체를 표현하는 특별한 Surface 객체

게임의 화면 전체를 표현하는 특별한 Surface 객체의 이름을 보통 screen 객체라고 표현한다. 다른 이름으로 표현해도 문제는 없다.

게임의 화면 전체를 표현하는 특별한 Surface 객체를 생성할 때에는 pygame.Surface((*width*, *height*)) 문장이 아니라 pygame.display.set_mode((*width*, *height*)) 문장을 사용한다. 다음 코드는 폭이 500, 높이가 500인 게임 화면을 표현하는 Surface 객체 screen을 생성한다.

```
screen = pygame.display.set_mode((500, 500)) # 게임 화면 객체의 생성
```

pygame.display.set_mode((*width*, *height*)) 문장을 여러 번 호출해도 여러 개의 screen 객체들을 생성할 수는 없다. 즉 pygame에서 게임의 화면 전체를 표현하는 Surface 객체는 단 하나만 생성할 수 있도록 되어 있다.

다음 코드는 문장 7에서 폭이 500, 높이가 500인 게임 화면을 표현하는 Surface 객체 screen을 생성하고, 문장 11에서 폭이 100 높이가 100인 Surface 객체 surf1을 생성하고, 문장 12와 13에서 그 surf1 객체를 파란색으로 칠한 후 중심에 반경이 30인 흰색 원을 그린다.

```
1  # surface_on_screen.py
2  import pygame
3  
4  pygame.init() # pygame 초기화
5  
6  # 폭 500, 높이 500의 게임 화면을 표현하는 Surface 객체 screen을 생성
7  screen = pygame.display.set_mode((500, 500))
8  
9  # 폭 100, 높이 100인 Surface 객체 surf1을 만들고,
10 # surf1을 파랑으로 칠하고, surf1위에 반경이 30인 노랑 원을 그림
11 surf1 = pygame.Surface((100, 100))
12 surf1.fill((0, 0, 255)) # 파랑
13 pygame.draw.circle(surf1, (255, 255, 255), (50, 50), 30) # 흰색
14 
15 # 게임 화면 객체 screen 위에 surf1을 그림
16 screen.blit(surf1, (50, 50))
17 
18 # 게임 화면의 내용을 디스플레이에 실제로 그림
19 pygame.display.flip()
20 
21 # 2초동안 기다림
22 pygame.time.wait(2000)
23 
24 pygame.quit()
```

위 코드를 수행하면 다음 화면이 나타났다가 2초 후 종료한다. 검정 바탕의 `screen` 객체 위에 `surf1` 객체가 그려진 것을 확인할 수 있다.

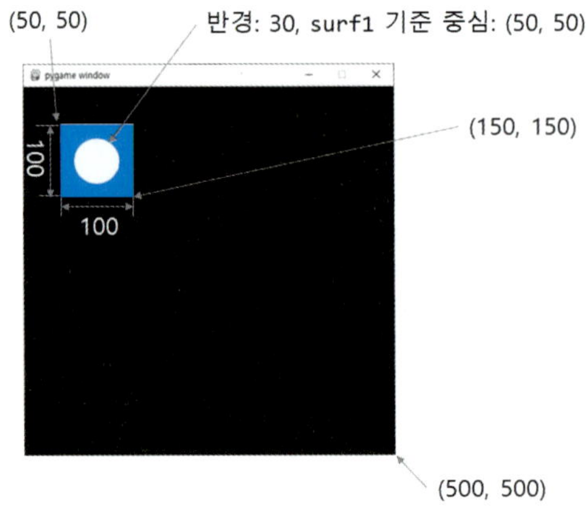

위 코드의 다음 16번 문장은 게임 화면 객체 `screen` 위에 `surf1` 객체를 그린다. 인자로 사용된 좌표 (50, 50)은 `surf1` 객체의 좌측 상단의 좌표를 의미한다.

```
screen.blit(surf1, (50, 50))
```

다음 19번 문장은 게임 화면에 대응하는 그래픽 버퍼의 내용을 디스플레이의 게임 화면 창에 실제로 그리는 문장이다. 19번 문장은 제 11.2.1절에서 이미 소개되었다.

```
pygame.display.flip()
```

제 11.4.2절에 16번 문장에서 사용된 `.blit()`과 19번 문장에서 사용된 `.flip()`에 대한 설명이 다시 나온다.

(2) `pygame.draw` 모듈

위 코드의 13번 문장에서 사용된 `pygame.draw` 모듈은 `Surface` 객체에 원 뿐 아니라 사각형, 타원, 직선 등의 여러 형태들을 그릴 수 있는 다음과 같은 API를 제공한다.

- `pygame.draw.cirlce(Surface, color, center, radius) # 원`
- `pygame.draw.rect(Surface, color, Rect, width=0) # 사각형`
- `pygame.draw.ellipse(Surface, color, Rect, width=0) # 타원`
- `pygame.draw.line(Surface, color, start_pos, end_pos, width=1) # 직선`

사이트 https://www.pygame.org/docs/ref/draw.html에서 `pygame.draw` 모듈이 제공하는 자세한 API에 대한 정보를 볼 수 있다. `pygame.Surface` 객체의 API에 대한 정보는 https://www.pygame.org/docs/ref/surface.html에서 볼 수 있다.

11.3.2 pygame.image 모듈과 pygame.Rect 객체

`pygame.image` 모듈은 이미지를 적재하거나 이미지를 저장하는 것 같은 다양한 이미지 관련 기능들을 제공한다. `pygame.Rect` 객체는 `Surface` 객체가 게임 창에서 차지하는 사각 공간의 위치와 크기를 표현하고 제어하는 데 사용된다. `pygame.Rect` 객체는 직사각형 공간의 좌측 상단의 좌표 (x, y)와 폭과 높이에 대한 정보를 담는다.

(x, y, width, height)

(1) pygame.image 모듈

앞 절에서 살펴 본 것처럼 `Surface` 객체에 원, 선, 네모 등의 그래픽 요소들을 그려서 게임을 만들 수도 있겠지만 jpg 파일, tga 파일, png 파일 그리고 bmp 파일과 같은 다양한 종류의 이미지 파일의 이미지를 `Surface` 객체에 올려서 사용하는 경우가 일반적이다.

제 11.1절에서 소개된 aliens 게임이 사용하는 이미지 파일들은 Python 홈 디렉터리 아래의 Lib/site-packages/pygame/examples/data/ 디렉터리에 존재한다. 다음은 aliens 게임이 사용하는 이미지들 중 하나인 alien1.jpg 파일이다.

이미지 파일 alien1.jpg를 적재하여 화면에 나타나게 하는 간단한 코드를 살펴보자. 이미지 파일을 적재하면 그 이미지를 담은 `pygame.Surface` 객체가 반환된다. 다음 코드는 마지막에 `pygame.quit()` 문을 가져야 정상이지만 그렇게 하면 바로 pygame 창이 사라져버린다.

```
1  # alien_on_screen.py
2  import pygame
3  
4  pygame.init()
5  screen = pygame.display.set_mode([500, 500])
6  
7  alien1 = pygame.image.load('C:/Program Files/Python38' +
8       '/Lib/site-packages/pygame/examples/data/alien1.jpg')
9  print(alien1) # <Surface(80x71x24 SW)>
10 
11 screen.blit(alien1, (50, 50))
12 pygame.display.flip()
```

위 코드의 7 ~ 8번 줄의 문장의 `pygame.image.load()`가 반환하는 `Surface` 객체에는 alien1.jpg 파일의 이미지가 담겨 있다. 9번 문장 `print(aliens1)`의 출력을 보면 `alien1` 객체가 폭이 80이고 높이가 71이고 24bit 컬러를 사용하는 `Surface` 객체임을 확인할 수 있다. 다음은 위 코드를 수행한 화면이다.

수행 화면에는 alien1.jpg 파일이 담은 우주선 이미지가 잘 나타나고 있다. 우주선 이미지를 둘러싼 하얀 네모가 거슬리겠지만 투명색을 사용하여 우주선 이미지의 바깥쪽이 보이지 않도록 하는 방법이 제 11.5.1절에서 소개될 것이다.

`pygame.image` 모듈이 제공하는 API에 대한 보다 자세한 정보는 사이트 https://www.pygame.org/docs/ref/image.html에서 볼 수 있다.

(2) pygame.Rect 객체

Surface 객체들의 이동을 표현하고 제어하려면 Surface 객체에 대한 Rect 객체를 생성하고 그 Rect 객체의 좌표를 이동시키는 방법을 사용한다. 다음 코드를 보자.

```
1 # rect_of_alien_on_screen.py
2 import pygame
3
4 pygame.init()
5 screen = pygame.display.set_mode([500, 500])
6
7 alien1 = pygame.image.load('C:/Program Files/Python38' +
8     '/Lib/site-packages/pygame/examples/data/alien1.jpg')
9
10 # alien1 이미지를 담은 Surface 객체를 덮는 Rect 객체 rect1 반환
11 rect1 = alien1.get_rect()
12 rect1.move_ip(200, 200) # rect1의 좌측 상단의 좌표를 200, 200으로 이동
13 print(rect1) # <rect(200, 200, 80, 71)>
14 screen.blit(alien1, rect1.topleft)
15 pygame.display.flip()
```

위 코드를 수행하면 다음과 같은 pygame 창이 나타난다.

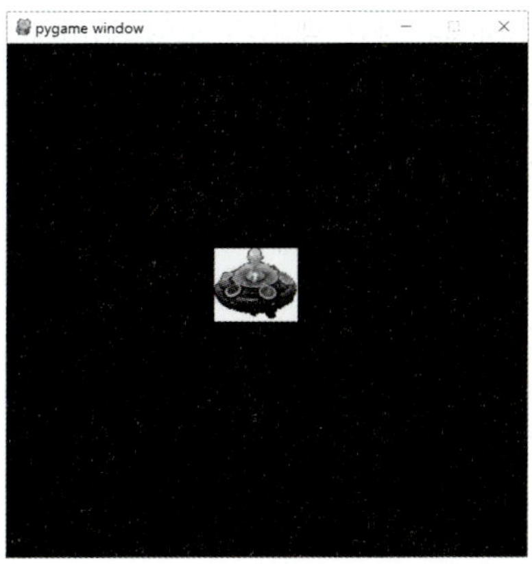

위 코드의 7 ~ 8번 줄의 문장은 alien.jpg 파일의 내용을 담은 Surface 객체 alien1을 반환한다. 그리고 위 코드의 11번 문장에서 사용된 Surface 객체의 get_rect() 메소드는 Surface 객체 alien1을 덮는 Rect 객체를 반환한다. 이 때 반환되는 Rect 객체 rect1의 좌표, 폭, 그리고 너비는 (0, 0, 81, 71)이다. 여기서 81은 Rect 객체 rect1의 폭이고 71은 rect1의 높이이다.

위 코드의 13번 문장 `rect1.move_ip(200, 200)`는 `Rect` 객체 `rect1`을 좌표 (200, 200)으로 이동시킨다. 즉 `Rect` 객체 `rect1`의 좌측 상단의 좌표가 (200, 200)으로 이동된다.

위 코드의 14번 문장은 `rect1` 객체의 정보를 출력한다. 이 때 `rect1` 객체의 좌측 상단의 좌표는 (200, 200)로 변화하였고 폭은 80이고 높이는 71임을 확인할 수 있다.

사이트 https://www.pygame.org/docs/ref/rect.html에서 `pygame.Rect` 객체에 대한 보다 자세한 API 정보를 볼 수 있다.

11.4 게임 루프

게임 루프는 게임 프로그램의 핵심 요소이다. 게임 루프는 게임 종료 조건이 만족될 때까지 다음과 같은 일들을 반복한다.

- 사용자의 입력 등의 이벤트들의 처리

  사용자의 키보드 입력, 마우스 입력, 조이스틱 입력 등을 탐지하고 처리한다.

- 게임을 구성하는 `Sprite` 객체들의 상태의 업데이트와 화면 출력

  `Sprite` 객체들의 좌표, 소멸 여부 등을 업데이트 하고 게임 화면에 출력한다.

- 오디오 출력

  배경 음악이나 음향 효과 등을 출력한다.

- 게임의 속도를 제어

  화면 프레임의 변화 속도(frame rate)를 일정하게 제어한다.

게임 루프를 빠져나오면 게임이 사용하던 자원들을 반납하고 종료하는 코드가 수행되어야 한다. 게임 루프를 빠져 나오는 조건의 예로 다음과 같은 것들을 들 수 있다.

- 사용자가 게임 종료 버튼을 누르거나 게임 창의 창닫기 버튼을 누름.
- 플레이어가 장애물에 충돌하여 수명이 다함.

이 절에서는 이벤트들의 처리와 게임 구성 객체들의 상태의 업데이트와 화면 출력에 대하여 살펴본다. 게임의 진행 속도에 대한 제어와 음향 효과는 각각 제 11.9절과 11.11절에서 기술된다.

11.4.1 이벤트들의 처리

일반적으로 **이벤트**(event)란 프로그램 내에서 발생하는 여러 종류의 사건들을 의미한다. 예를 들어, 사용자가 키보드를 누르던가, 마우스를 클릭하거나, 조이스틱을 움직이는 것과 같은 것들이 이벤트이다. 게임 상의 플레이어가 장애물에 충돌하는 것도 이벤트이다.

pygame은 **이벤트 기반 시스템**(event-driven system)이다. pygame을 이용하여 작성된 게임 프로그램은 사용자의 키보드 입력이나 마우스 클릭과 같은 이벤트들의 발생에 따라 제어의 흐름이 결정되어 수행된다. `pygame.event` 모듈은 pygame에서 제공하는 다양한 종류의 이벤트들을 탐지하고 처리하는 데 필요한 기능들을 제공한다. 개발자가 사용자 정의 이벤트를 정의하여 사용하는 것도 가능하다.

pygame은 발생되는 모든 이벤트들이 담기는 **이벤트 큐**(event queue)를 내부적으로 사용한다. pygame을 이용하는 게임 개발자들은 이벤트 큐에서 이벤트를 꺼내어 처리하는 코드를 작성해야 한다. 이벤트를 처리하는 코드를 **이벤트 처리기**(event handler)라고 부른다.

다음 예제 코드를 보자. 다음 예제 코드는 키보드 입력에 대한 이벤트들과 게임 창의 창닫기 버튼을 마우스로 클릭하는 이벤트를 사용하고 있다.

```
# move_surf1.py program
import pygame

pygame.init() # pygame 초기화

# 폭 500 높이 500의 screen 생성
screen = pygame.display.set_mode([500, 500])

# 폭 100 높이 100인 Surface 객체 surf1 생성
surf1 = pygame.Surface((100, 100))
surf1.fill((0, 0, 255)) # blue로 칠함
surf1_pos = [250-50, 250-50] # surf1의 초기 위치는 screen 중앙

running = True

# 사용자가 게임 창을 닫는 버튼을 클릭하거나 ESC 키를 누를 때까지 반복
while (running):
    # event queue에서 event를 꺼내어 처리
    for event in pygame.event.get():
        # 사용자가 게임 창을 닫는 버튼을 클릭
        if event.type == pygame.QUIT:
```

```python
            running = False

        # 사용자가 키보드를 누름
        elif event.type == pygame.KEYDOWN:
            # 현재 눌려진 키들이 무엇인가 알아냄
            pressed_keys = pygame.key.get_pressed()
            print(surf1_pos)

            # 눌린 방향키 방향으로 surf1을 5 픽셀만큼 움직임
            if pressed_keys[pygame.K_UP]: # 위 방향키
                surf1_pos[1] = surf1_pos[1] - 5
            elif pressed_keys[pygame.K_DOWN]: # 아래 방향키
                surf1_pos[1] = surf1_pos[1] + 5
            elif pressed_keys[pygame.K_LEFT]: # 좌 방향키
                surf1_pos[0] = surf1_pos[0] - 5
            elif pressed_keys[pygame.K_RIGHT]: # 우 방향키
                surf1_pos[0] = surf1_pos[0] + 5
            elif pressed_keys[pygame.K_ESCAPE]: # ESC 키
                running = False

    # screen을 흰색으로 칠함
    screen.fill((255, 255, 255)) # rgb white

    # screen에 surf1을 그림
    screen.blit(surf1, surf1_pos)

    # 이때 screen의 내용이 디스플레이에 실제로 그려짐.
    pygame.display.flip()

# 게임 루프 종료되어 게임을 종료함
pygame.quit()
```

위 코드를 수행하면 창 중간에 파란 사각형이 나타난다. 그리고 방향키들을 누르면 그 사각형이 해당 방향으로 조금씩 이동하는 것을 볼 수 있다. 다음 화면은 위 코드를 수행한 후 위쪽 방향키를 두 번 누른 경우이다.

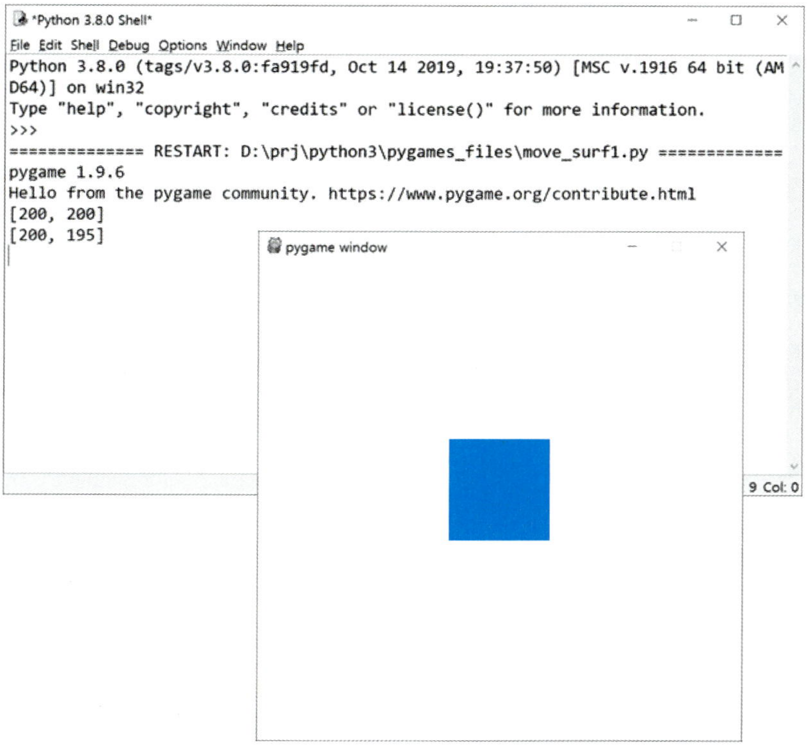

위 코드의 19번 문장의 `pygame.event.get()`은 pygame이 사용하는 이벤트 큐에서 이벤트를 꺼내오는 명령이다.

위 코드의 다음 21 ~ 22번 문장은 이벤트 큐에서 꺼내온 이벤트의 타입이 `pygame.QUIT`이면 `running` 변수를 `False`로 설정하여 게임 루프가 종료되도록 한다.

```
if event.type == pygame.QUIT:
    running = False
```

`pygame.QUIT` 타입의 이벤트는 마우스로 윈도 오른쪽 상단의 × 버튼을 클릭하였을 때 발생되는 이벤트이다.

위 코드의 다음 25번 문장과 27번 문장은 이벤트 큐에서 꺼내온 이벤트의 타입이 `pygame.KEYDOWN`이면 눌려진 키가 어떤 키인가를 확인하는 코드이다. `pygame.KEYDOWN` 타입의 이벤트는 키보드의 키가 눌렸을 때 발생된다.

```
elif event.type == pygame.KEYDOWN:
    # 현재 눌려진 키가 무엇인가 알아냄
    pressed_keys = pygame.key.get_pressed()
```

위 코드의 문장 31 ~ 38은 눌린 방향 키의 종류에 따라 사각형을 위, 아래, 좌, 또는 우로 5 픽셀만큼 이동시키는 코드이다. 문장 39 ~ 40은 ESC 키가 눌렸을 때 **running** 변수를 **False**로 설정하여 프로그램이 종료되도록 한다. 문장 31 ~ 40에서 다음과 같은 4개의 방향키들과 ESC 키가 사용되고 있다.

- pygame.K_UP
- pygame.K_DOWN
- pygame.K_LEFT
- pygame.K_RIGHT
- pygame.K_ESCAPE

11.4.2 게임 구성 Sprite 객체들의 상태의 업데이트와 화면 출력 – .blit()과 .flip()

앞 절의 코드에서 게임 창 전체를 표현하는 screen 객체는 내부적으로 그에 대응하는 주기억 장치 공간상의 그래픽 버퍼 공간을 사용한다. 바로 앞 절의 move_surf1.py의 다음 46번 문장은 Surface 객체 surf1을 screen 객체에 대응하는 그래픽 버퍼 공간에 그린다.

```
screen.blit(surf1, surf1_pos)
```

그리고 앞 절의 코드의 다음 49번 문장은 screen 객체에 대응하는 그래픽 버퍼 공간의 내용을 실제로 디스플레이에 그린다.

```
pygame.display.flip()
```

.blit() 메소드와 .flip() 메소드를 구분하여 사용하는 이유는 게임 화면 처리의 효율 때문이라고 할 수 있다. 게임 화면에 그려야 하는 Surface 객체들 각각을 디스플레이에 바로 바로 그리는 것보다 게임 화면에 대응하는 주기억 장치 공간의 그래픽 버퍼에 그려야 하는 모든 Surface 객체들을 그린 후 그래픽 버퍼의 전체 내용을 한 번에 디스플레이에 그리는 방식이 훨씬 효율적이다.

11.5 스프라이트

pygame은 화면에 나타나고 움직이는 캐릭터들을 표현하는 데 사용할 수 있는 `Sprite` 클래스를 제공한다. 컴퓨터 그래픽스에서 **스프라이트**(sprite)란 화면상의 어떤 것에 대한 2D 표현을 의미한다.

이 절에서는 게임에 필요한 다음 캐릭터들(characters)을 스프라이트 객체로 만들 것이다. 플레이어(player) 캐릭터란 게임의 사용자를 대신하는 캐릭터를 의미하며 적군(enemy) 캐릭터란 플레이어 캐릭터를 방해하는 캐릭터를 의미한다.

- 플레이어 캐릭터
- 적군 캐릭터

`pygame.sprite.Sprite` 클래스에 대한 자세한 API 정보가 필요하다면 다음 사이트를 방문하면 된다.

https://www.pygame.org/docs/ref/sprite.html#pygame.sprite.Group

11.5.1 스프라이트 이미지들

이 절에서는 플레이어, 적군, 그리고 배경의 구름을 표현하기 위한 이미지들에 대하여 살펴본다. 이 절에서 사용되는 이미지 파일들은 다음과 같다.

plane_62_40.png	missile_28_10.png	cloud_62_32.png

이미지 파일들을 게임 프로젝트 디렉터리 아래의 res/ 서브 디렉터리에 위치시킨다. 예를 들어, 게임 프로젝트 디렉터리가 /prj/air_fighter/이라면 이미지 파일들을 /prj/air_fighter/res 디렉터리에 위치시킨다.

```
pygame.image.load(<이미지 파일>).convert()
```

위 문장에서 `pygame.image.load(<이미지 파일>)`은 해당 이미지를 담은 `Surface` 객체를 생성한다. 그리고 `Surface` 객체의 `convert()` 메소드는 생성된 `Surface` 객체의 이미지 포맷을

pygame.display.set_mode() 함수로 생성한 screen 객체 즉 게임 창이 사용하는 이미지 포맷과 같은 포맷으로 만들어준다.

이미지 파일을 생성할 때 하나의 색을 지정하여 투명색으로 사용할 수 있다. 이미지를 담은 Sprite 객체의 투명색은 다음과 같은 문장을 사용하여 지정한다.

```
<Sprite 객체>.image.set_colorkey(<투명색으로 사용할 색>)
```

위 plane_62_40.png 파일과 missile_28_10.png 파일은 투명색으로 RGB 색 (255, 255, 255)를 사용하고, cloud_62_32.png 파일은 RGB 색 (0, 0, 0)을 투명색으로 사용할 예정이다.

11.5.2 Player 스프라이트

플레이어 캐릭터를 표현하기 위한 Player 클래스를 정의해보자. Player 클래스는 pygame.sprite.Sprite 클래스의 서브 클래스로 정의된다.

```
class Player(pygame.sprite.Sprite):
    # 생성자
    def __init__(self):
        super().__init__()
        self.image = pygame.image.load('res/plane_62_40.png').convert()
        self.image.set_colorkey((255, 255, 255)) # 투명색으로 WHITE 지정
        self.rect = self.image.get_rect()
```

Player 클래스의 생성자는 plane_62_40.png 파일의 이미지를 담은 Sprite 객체를 만들고, RGB (255, 255, 255)를 투명색으로 지정하고, 생성된 Sprite 객체에 대한 Rect 객체를 생성하여 인스턴스 변수 rect에 저장한다.

이제, 방향키를 이용한 Player 스프라이트의 움직임 제어를 위해 Player 클래스에 update() 메소드를 추가하자. update() 메소드는 키보드 입력을 인자로 받아 플레이어 캐릭터가 적군 캐릭터와의 충돌을 피하기 위하여 방향키가 눌렸을 때마다 위, 아래, 좌, 또는 우로 5 픽셀씩 이동하도록 한다. 다음은 Player 클래스의 정의이다.

```
1 # 게임 화면의 너비와 높이
2 SCREEN_WIDTH = 800
3 SCREEN_HEIGHT = 600
4
5 # Player 클래스. pygame.sprite.Sprite의 한 종류
6 class Player(pygame.sprite.Sprite):
7     # 생성자
8     def __init__(self):
9         super().__init__()
10        self.image = pygame.image.load('res/plane_62_40.png').convert()
11        self.image.set_colorkey((255, 255, 255)) # 투명색으로 WHITE 지정
12        self.rect = self.image.get_rect()
13
14    # 방향키 입력에 따라 Player sprite의 움직임을 제어하기 위한 함수
15    def update(self, pressed_keys):
16        if pressed_keys[pygame.K_UP]:
17            self.rect.move_ip(0, -5)
18        if pressed_keys[pygame.K_DOWN]:
19            self.rect.move_ip(0, 5)
20        if pressed_keys[pygame.K_LEFT]:
21            self.rect.move_ip(-5, 0)
22        if pressed_keys[pygame.K_RIGHT]:
23            self.rect.move_ip(5, 0)
24
25        # player가 화면을 벗어나지 못하게 제어
26        if self.rect.left < 0:
27            self.rect.left = 0
28        if self.rect.right > SCREEN_WIDTH:
29            self.rect.right = SCREEN_WIDTH
30        if self.rect.top <= 0:
31            self.rect.top = 0
32        if self.rect.bottom >= SCREEN_HEIGHT:
33            self.rect.bottom = SCREEN_HEIGHT
```

위 update() 메소드는 키 입력에 따라 Player 스프라이트를 이동하게 한다. 하지만 한쪽 방향의 키 입력을 반복해서 입력하다 보면 Player 스프라이트가 게임 화면 밖으로 벗어나 안보이게 되는 경우가 생길 수 있다. 따라서 update() 메소드에 Player 스프라이트가 게임 화면 밖으로 벗어나지 못하도록 문장 26 ~ 33이 필요하다.

11.5.3 적군 Sprite

다음 코드의 Enemy 클래스는 적군을 표현하기 위한 클래스이다. Enemy 클래스는 pygame.sprite.Sprite 클래스의 서브 클래스이다. Enemy 객체는 미사일의 형태를 하고 있으며 처음 생성되었을 때 스프라이트의 중심이 게임 화면의 오른쪽 끝에서 20 ~ 100 픽셀 떨어진 곳에 위치하게 된다. 그리고 update() 메소드가 호출될 때마다 난수로 지정되는 속도로 게임 루프가 한 번씩 수행될 때마다 왼쪽으로 진행하게 되며, 미사일이 게임 화면 왼쪽을 완전히 빠져나가게 되면 해당 Enemy 객체는 소멸된다.

```
# Enemy 클래스. pygame.sprite.Sprite의 서브 클래스
class Enemy(pygame.sprite.Sprite):
    def __init__(self):
        super().__init__()
        self.image = pygame.image.load('res/missile_28_10.png').convert()
        self.image.set_colorkey((255, 255, 255)) # WHITE를 투명색으로 지정

        # enemy의 중심을 화면의 오른쪽 밖 20 ~ 100 사이에 임의로 위치시킴
        self.rect = self.image.get_rect(
            center=(
                random.randint(SCREEN_WIDTH + 20, SCREEN_WIDTH + 100),
                 random.randint(0, SCREEN_HEIGHT))
        )
        # enemy의 속도를 난수로 지정
        self.speed = random.randint(5, 20)

    # speed에 따라 enemy 스프라이트를 이동시킴
    # 스크린의 왼쪽 끝을 넘으면 enemy 스프라이트 제거
    def update(self):
        self.rect.move_ip(-self.speed, 0)
        if self.rect.right < 0:
            self.kill()
```

11.5.4 배경 이미지의 추가

게임의 배경으로 하늘에 구름들이 떠있는 이미지를 사용할 것이다. 게임 화면의 바탕을 하늘색으로 칠하는 문장은 다음과 같을 것이다.

```
screen.fill((135, 206, 253)) # 하늘색
```

다음은 하늘에 떠 있는 구름들을 표현하기 위한 `Cloud` 클래스이다. `Cloud` 클래스도 `Player` 클래스나 `Enemy` 클래스와 마찬가지로 `pygame.sprite.Sprite` 클래스의 서브 클래스로 선언되었다.

```
# Cloud 클래스. pygame.sprite.Sprite의 한 종류
class Cloud(pygame.sprite.Sprite):
    def __init__(self):
        super().__init__()
        self.image = pygame.image.load('res/cloud_62_32.png').convert()
        self.image.set_colorkey((0, 0, 0)) # BLACK을 투명색으로 지정

        # cloud의 중심을 화면의 오른쪽 밖 31 ~ 100 사이에 임의로 위치시킴
        self.rect = self.image.get_rect(
            center=(
                random.randint(SCREEN_WIDTH + 31, SCREEN_WIDTH + 100),
                random.randint(0, SCREEN_HEIGHT),
            )
        )

    # 일정 속도로 Cloud 스프라이트 이동시킴
    # 게임 화면의 왼쪽 끝을 넘으면 cloud 스프라이트 제거
    def update(self):
        self.rect.move_ip(-5, 0)
        if self.rect.right < 0:
            self.kill()
```

`Cloud` 스프라이트의 이미지는 가로 62, 세로 32 픽셀의 크기를 가지며 RGB (0, 0, 0)을 투명색으로 사용한다. `Cloud` 스프라이트는 처음에 중심이 게임 화면의 오른쪽 끝에서 31 ~ 100 픽셀 사이에 위치하도록 생성되며, `update()` 메소드가 호출될 때마다 왼쪽으로 5 픽셀씩 이동한다. `Cloud` 스프라이트의 오른쪽 끝이 게임 화면의 왼쪽 끝을 넘어가면 `Cloud` 스프라이트는 소멸된다.

11.6 Player만 나타나는 코드 air_fighter_v1.py

여기서 Player 스프라이트만 나타나긴 하지만 오류 없이 수행되는 코드를 작성해보자. 아직 Player와 적군의 충돌 처리나 음향 효과, 게임 속도 제어 등에 대한 처리 코드가 빠져 있지만 방향키로 게임 화면에 나타난 Player의 움직임을 제어할 수 있으며, ESC 키를 누르거나 윈도우의 종료 버튼을 눌러 수행을 멈출 수 있는 코드이다.

```python
# air_fighter_v1.py

import pygame
import random

# 게임 화면의 너비와 높이
SCREEN_WIDTH = 800
SCREEN_HEIGHT = 600

# Player 클래스. pygame.sprite.Sprite의 서브 클래스
class Player(pygame.sprite.Sprite):
    # 생성자
    def __init__(self):
        super().__init__()
        self.image = pygame.image.load('res/plane_62_40.png').convert()
        self.image.set_colorkey((255, 255, 255)) # 투명색으로 WHITE 지정
        self.rect = self.image.get_rect()
        self.rect.move_ip(20, int(SCREEN_HEIGHT/2)) # 좌측 중간쯤에 위치

    # 방향키 입력에 따라 Player sprite의 움직임을 제어하기 위한 함수
    def update(self, pressed_keys):
        if pressed_keys[pygame.K_UP]:
            self.rect.move_ip(0, -5)
        if pressed_keys[pygame.K_DOWN]:
            self.rect.move_ip(0, 5)
        if pressed_keys[pygame.K_LEFT]:
            self.rect.move_ip(-5, 0)
        if pressed_keys[pygame.K_RIGHT]:
            self.rect.move_ip(5, 0)

        # player가 화면을 벗어나지 못하게 제어
        if self.rect.left < 0:
            self.rect.left = 0
        if self.rect.right > SCREEN_WIDTH:
            self.rect.right = SCREEN_WIDTH
```

```
        if self.rect.top <= 0:
            self.rect.top = 0
        if self.rect.bottom >= SCREEN_HEIGHT:
            self.rect.bottom = SCREEN_HEIGH

# pygame 모듈을 초기화함
pygame.init()

# screen 객체 생성. 너비: SCREEN_WIDTH, 높이: SCREEN_HEIGHT
screen = pygame.display.set_mode((SCREEN_WIDTH, SCREEN_HEIGHT))

# player 스프라이트 생성.
player = Player()

# player의 생명이 0이 되면 게임 종료
player_lives = 1

# 게임 루프
while (player_lives > 0):
    for event in pygame.event.get():
        # KEYDOWN 이벤트가 발생하였으면
        if event.type == pygame.KEYDOWN:
            # ESC 키가 눌려진 것이면 게임 루프를 빠져나감
            if event.key == pygame.K_ESCAPE:
                player_lives = player_lives - 1

        # QUIT 이벤트가 발생하였으면 게임 루프를 빠져나감
        elif event.type == pygame.QUIT:
            player_lives = player_lives - 1

    # screen을 하늘색으로 칠함
    screen.fill((135, 206, 253))

    # player를 screen에 그림
    screen.blit(player.image, player.rect)

    # 현재 눌려진 키들을 알아냄
    pressed_keys = pygame.key.get_pressed()

    # 사용자의 키 입력에 따라 player sprite를 움직인다.
    player.update(pressed_keys)

    # 게임 화면이 실제로 그려짐
    pygame.display.flip()
```

```

# 게임 루프가 종료하여 게임을 종료함
pygame.quit()
```

위 코드를 수행하면 다음과 같은 게임 화면을 볼 수 있다. `player` 스프라이트의 초기 위치는 화면 좌측 중간쯤이다. ESC 키를 누르거나 게임 창의 종료 버튼을 누르면 게임이 종료될 것이다.

방향키들로 `player` 스프라이트를 이동시켜 보면 방향키를 누를 때마다 너무 빠르게 이동하는 문제가 있음을 확인할 수 있다. 게임의 속도를 일정하게 제어하는 방법은 제 11.9절에 나온다.

air_fighter_v1.py 파일과 11.5.1절에서 설명한 리소스 파일들의 디렉터리는 다음과 같다.

```
<게임 프로젝트 디렉터리>/
 ├─ air_fighter_v1.py
 └─ res/
      ├─ plane_62_40.png
      ├─ missile_28_10.png
      └─ cloud_62_32_png
```

11.7 스프라이트 그룹 객체와 충돌 탐지

스프라이트 그룹 객체란 pygame.sprite.Group 클래스의 인스턴스를 의미한다. 스프라이트 그룹 객체는 여러 Sprite 객체들을 담는 객체이다. 스프라이트 그룹 객체를 사용하면 Sprite 객체들의 충돌 탐지, 위치 업데이트, 렌더링(rendering) 등의 작업을 쉽게 처리할 수 있다.

pygame.sprite.Group 클래스에 대한 자세한 API 정보가 필요하다면 다음 사이트를 방문한다.

https://www.pygame.org/docs/ref/sprite.html#pygame.sprite.Group

다음 코드는 3개의 스프라이트 그룹 객체들 enemies, cloudes, 그리고 all_sprites를 생성하고 all_sprites 그룹에 player 스프라이트를 넣는다.

```
enemies = pygame.sprite.Group() # 모든 enemy들이 담길 스프라이트 그룹
clouds = pygame.sprite.Group() # 모든 cloud들이 담길 스프라이트 그룹
all_sprites = pygame.sprite.Group() # player를 포함한 모든 스프라이트들의 그룹
all_sprites.add(player) # Cloud들과 Enemy들은 생성될 때마다 여기에 추가된다
```

위 코드에서, enemies는 충돌 탐지와 Enemy 객체의 위치 갱신에 사용될 스프라이트 그룹이고, clouds는 Cloud 객체들의 위치 갱신에 사용될 스프라이트 그룹이고, all_sprites는 모든 스프라이트 객체들을 게임 화면에 렌더링(rendering)라는 데 사용될 스프라이트 그룹이다. 다음 코드는 all_sprites에 들어 있는 모든 Sprite 객체들을 렌더링 한다.

```
# player를 포함하는 모든 sprite들을 그린다
for entity in all_sprites:
    screen.blit(entity.image, entity.rect)
```

다음 메소드 호출은 Sprite 객체 *sprite*와 스프라이트 그룹 *group*에 속한 임의의 객체간의 충돌을 탐지한다.

pygame.sprite.spritecollideany(*sprite*, *group*, collide=None)

위 메소드 호출은 인자로 주어진 *sprite*와 충돌이 일어난 *group* 내의 객체를 반환한다. 충돌이 없는 경우 None이 반환된다. 다음 코드는 player 객체의 rect가 enemies에 속한 어떤 객체의 rect와 충돌하면 player 객체의 생명을 감소시킨다.

```
# player가 enemies 그룹의 enemy 들과 충돌이 발생하면
if pygame.sprite.spritecollideany(player, enemies):
    player_lives = player_lives - 1 # player의 생명 감소
```

11.8 사용자 정의 이벤트들

이제 일정한 시간 간격으로 Enemy 객체들과 Cloud 객체들이 게임 화면에 나타나게 만들어야 한다. 그렇게 하려면 먼저 다음 두 가지를 해야 한다.

(1) 새로운 Enemy 객체를 생성한다.

(2) 생성된 Enemy 객체를 all_sprites와 enemies 스프라이트 그룹에 추가한다.

pygame에서 이벤트는 내부적으로 정수로 표현되며, 사용자 정의 이벤트는 USEREVENT 보다 큰 정수를 사용하면 된다.

이제 주기적으로 사용자 정의 이벤트들이 발생되도록 하자. 이벤트를 주기적으로 발생시키려면 다음 메소드 호출을 사용한다. 다음 메소드 호출은 인자로 주어진 이벤트 *eventid*를 두 번째 인자 *milliseconds*로 주어진 밀리 초마다 주기적으로 발생시킨다.

```
pygame.time.set_timer(eventid, milliseconds)
```

다음 예제 코드는 사용자 정의 이벤트 ADDENEMY와 ADDCLOUD를 정의하고, 250 밀리 초마다 ADDENEMY 벤트를 발생시키도록 타이머를 설정하고, 1000 밀리 초마다 ADDCLOUD 이벤트를 발생하도록 타이머를 설정하고 있다.

```
# 새 enemy를 추가하기 위한 사용자 정의 이벤트 ADDENEMY를 정의하고
# 250 밀리 초마다 ADDENEMY 이벤트를 발생시키는 타이머 설정
ADDENEMY = pygame.USEREVENT + 1
pygame.time.set_timer(ADDENEMY, 250)

# 새 cloud를 추가하기 위한 사용자 정의 이벤트 ADDCLOUD를 정의하고
# 1초마다 ADDCLOUD 이벤트를 발생시키는 타이머 설정
ADDCLOUD = pygame.USEREVENT + 2
pygame.time.set_timer(ADDCLOUD, 1000)
```

이 후 ADDENEMY 이벤트가 발생될 때마다 Enemy 스프라이트 객체를 생성하고, ADDCLOUD 이벤

트가 발생될 때마다 `Cloud` 스프라이트 객체를 생성할 예정이다.

다음 사이트에서 `pygame.time.set_timer()` 함수에 대한 자세한 API 정보를 볼 수 있을 것이다.

https://www.pygame.org/docs/ref/time.html#pygame.time.set_timer

11.9 게임 진행 속도의 제어

만일 게임 코드가 성능이 높은 컴퓨터에서는 너무 빠르게 수행되고 성능이 낮은 컴퓨터에서는 너무 느리게 수행된다면 문제가 될 것이다. pygame은 게임을 수행하는 컴퓨터의 사양과 무관하게 게임의 속도를 제어할 수 있는 기능을 제공한다. 그것은 `Clock` 객체이다. `Clock` 객체는 다음 문장에서처럼 `pygame.time.Clock()` 함수를 이용하여 생성할 수 있다.

```
clock = pygame.time.Clock() # Clock 객체 clock의 생성
```

그리고, `Clock` 객체의 `tick()` 메소드 호출의 인자값을 조정하면 게임 화면의 초당 프레임레이트를 지정할 수 있다. 다음 문장은 화면의 프레임레이트(framerate)를 30으로 설정한다.

```
clock.tick(30) # FPS(Frame Per Second)를 30으로 설정
```

`tick()` 메소드 호출의 인자 값을 크게 하면 게임 화면의 변화 속도가 빨라질 것이다. 인자 값을 너무 작게 하면 게임 화면의 변화가 원활하지 않을 것이다. 보통 초당 30 프레임레이트를 사용한다.

다음 사이트에서 `pygame.time.Clock()` 함수 및 `Clock` 객체에 관련된 API들에 대한 자세한 정보를 볼 수 있다.

https://www.pygame.org/docs/ref/time.html#pygame.time.Clock

11.10 음향 효과만 없는 코드 air_fighter_v2.py

다음은 음향 효과를 제외한 모든 기능을 갖는 코드이다. 다음 코드는 Cloud 객체와 Enemy 객체를 도입하였으며, Player 객체와 Enemy 객체들의 충돌 탐지 처리와 게임 루프의 속도를 제어하는 코드를 갖고 있다. Player 클래스, Enemy 클래스, Cloud 클래스는 앞 절의 코드와 변경이 없으므로 다음 코드에서 지면 관계상 생략하였다.

```python
# air_fighter_v2.py

import pygame
import random

# 게임 화면의 너비와 높이
SCREEN_WIDTH = 800
SCREEN_HEIGHT = 600

# 여기에 Player 클래스, Enemy 클래스, Cloud 클래스 있어야 함

pygame.init() # pygame 모듈을 초기화함

# framerate를 제어하기 위한 clock 객체 생성
clock = pygame.time.Clock()

# screen 객체 생성. 너비: SCREEN_WIDTH, 높이: SCREEN_HEIGHT
screen = pygame.display.set_mode((SCREEN_WIDTH, SCREEN_HEIGHT))

# 새 enemy를 추가하기 위한 사용자 정의 이벤트 ADDENEMY를 정의하고
# 250 밀리 초마다 ADDENEMY 이벤트를 발생시키는 타이머 설정
ADDENEMY = pygame.USEREVENT + 1
pygame.time.set_timer(ADDENEMY, 250)

# 새 cloud를 추가하기 위한 사용자 정의 이벤트 ADDCLOUD를 정의하고
# 1초마다 ADDCLOUD 이벤트를 발생시키는 타이머 설정
ADDCLOUD = pygame.USEREVENT + 2
pygame.time.set_timer(ADDCLOUD, 1000)

# player 생성.
player = Player()

# 스프라이트 그룹들 생성. enemies는 충돌 탐지와 위치 갱신에 사용됨.
# clouds는 위치 갱신에 사용됨. all_sprites는 rendering에 사용됨.
enemies = pygame.sprite.Group() # 모든 enemy들이 담길 스프라이트 그룹.
```

```
clouds = pygame.sprite.Group() # 모든 cloud들이 담길 스프라이트 그룹.
all_sprites = pygame.sprite.Group() # 모든 스프라이트들의 그룹.

all_sprites.add(player)

# player의 생명이 0이 되면 게임 종료
player_lives = 1

# 게임 루프
while (player_lives > 0):
    for event in pygame.event.get():
        # KEYDOWN 이벤트가 발생하였으면
        if event.type == pygame.KEYDOWN:
            # ESC 키가 눌려진 것이면 게임 루프를 빠져나감
            if event.key == pygame.K_ESCAPE:
                player_lives = player_lives - 1

        # QUIT 이벤트가 발생하였으면 게임 루프를 빠져나감
        elif event.type == pygame.QUIT:
            player_lives = player_lives - 1

        # ADDENEMY 이벤트가 발생하였으면
        elif event.type == ADDENEMY:
            # 새 Enemy를 스프라이트 그룹 enemies와 all_sprites에 추가
            new_enemy = Enemy()
            enemies.add(new_enemy)
            all_sprites.add(new_enemy)

        # ADDCLOUD 이벤트가 발생하였으면
        elif event.type == ADDCLOUD:
            # 새 Cloud를 스프라이트 그룹 clouds와 all_sprites에 추가
            new_cloud = Cloud()
            clouds.add(new_cloud)
            all_sprites.add(new_cloud)

    # 현재 눌려진 키들을 알아냄
    pressed_keys = pygame.key.get_pressed()

    # 사용자의 키 입력에 따라 player sprite를 움직인다.
    player.update(pressed_keys)

    # enemies와 clouds의 위치 업데이트
    enemies.update()
    clouds.update()

```

```
81     # screen을 하늘색으로 칠함
82     screen.fill((135, 206, 253))
83 
84     # player를 포함하는 모든 sprite들을 rendering 한다.
85     for entity in all_sprites:
86         screen.blit(entity.image, entity.rect)
87 
88     # player가 enemies 그룹의 enemy와의 충돌하면
89     if pygame.sprite.spritecollideany(player, enemies):
90         player_lives = player_lives - 1 # player의 생명 감소
91 
92     pygame.display.flip() # 화면을 실제로 업데이트
93 
94     # 초당 30 프레임으로 속도 제어. 숫자를 늘리면 키 반응 빨라짐
95     clock.tick(30)
96 
97 # player_lives가 0이 되어 게임 루프 빠져나왔음
98 all_sprites.empty()
99 pygame.quit() # pygame을 종료
```

위 코드의 문장 58 ~ 62는 ADDENEMY 이벤트가 발생할 때마다 새로운 Enemy 객체를 생성하여 스프라이트 그룹 enemies와 all_sprites에 추가한다.

문장 65 ~ 69는 ADDCLOUD 이벤트가 발생할 때마다 새로운 Cloud 객체를 생성하여 스프라이트 그룹 clouds와 all_sprites에 추가한다.

문장 78, 79는 스프라이트 그룹 enemies에 들어 있는 모든 Enemy 객체들의 위치와 스프라이트 그룹 clouds에 들어 있는 모든 Cloud 객체들의 위치를 업데이트 한다.

문장 85, 86은 player 객체를 포함하는 모든 스프라이트 객체들을 렌더링 한다. 아직 디스플레이 화면에는 렌더링 결과가 나타나지 않는다.

다음은 위 코드에 Player 클래스, Enemy 클래스, 그리고 Cloud 클래스의 정의를 추가하고 수행한 결과이다. Enemy 객체들과 Cloud 객체들이 게임 화면 오른쪽 바깥에서 생성되어 왼쪽으로 진행하는 것을 볼 수 있다. 이제 조금 게임다운 모습이지만 아직 음향 효과가 없다.

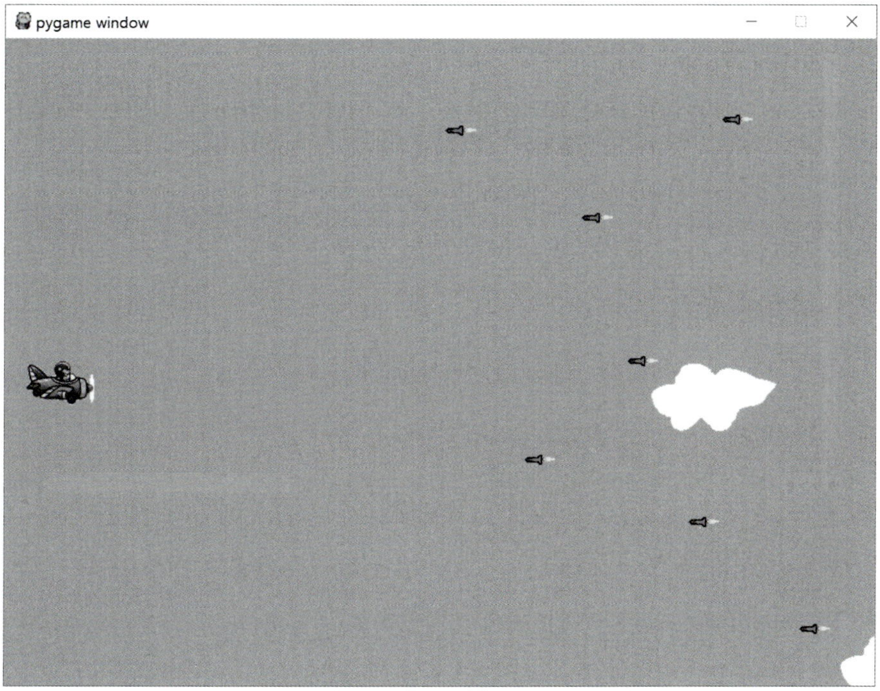

11.11 음향 효과의 추가

게임에 배경 음악과 음향 효과를 추가하려면 pygame.mixer 모듈을 사용한다. 배경 음악의 음원으로 MP3, Ogg, 그리고 Mod 파일을 사용할 수 있으며, 사운드 효과를 위해 Ogg나 압축되지 않은 Wav 파일을 사용할 수 있다.

이 장에서 기술되는 게임은 다음과 같은 다음과 같은 배경 음악 파일과 효과음 파일들을 사용한다. 다음 파일들을 제공하는 사이트들에 대한 설명은 다음 절에 나온다.

파일명	용도
Apoxode_-_Electric_1.mp3	게임 배경 음악
explosion10.wav	충돌 효과음
fm5.wav	player가 내려가거나 올라갈 때의 효과음

음향 효과를 사용하려면 다음과 같은 문장을 이용하여 먼저 pygame.mixer 모듈을 초기화해야 한다.

```
pygame.mixer.init()
```

pygame.mixer 모듈이 초기화되고 나면 다음과 같은 문장으로 배경 음악을 적재하고 플레이할 수 있다.

```
pygame.mixer.music.load('res/Apoxode_-_Electric_1.mp3')
pygame.mixer.music.play(loops=-1) # 무한 반복 플레이
```

사이트 https://www.pygame.org/docs/ref/mixer.html에서 pygame.mixer 모듈의 자세한 API 문서를 볼 수 있다.

이제 다음과 같은 문장으로 효과음 파일들에 해당하는 Sound 객체를 생성하고, Sound 객체의 play() 메소드로 해당 효과음을 플레이할 수 있다.

```
move_up_down_sound = pygame.mixer.Sound('res/fm5.wav')
collision_sound = pygame.mixer.Sound('res/explosion10.wav')
```

위 코드에서 fm5.wav 파일은 player를 위나 아래로 이동할 때 나는 효과음을 위한 파일이고, explosion10.wav 파일은 player와 enemy가 충돌하였을 때를 위한 효과음 파일이다. Sound 객체로 효과음을 내려면 다음과 같은 코드를 사용한다.

```
move_up_down_sound.play()
```

사이트 https://www.pygame.org/docs/ref/mixer.html#pygame.mixer.Sound를 방문하면 pygame.mixer.Sound 클래스에 대한 자세한 API 정보를 볼 수 있다.

11.12 게임에 필요한 리소스들 구하기

다양한 사이트들이 pygame에서 사용할 수 있는 이미지, 배경 음악, 음향 효과, 폰트 등을 위한 리소스들을 제공하고 있다. 일부 리소스들은 무료로 제공되지만 일반적으로 저작권을 잘 살피고 사용해야 한다.

(1) pygame.org 사이트

pygame.org 사이트 내의 다음 사이트에 방문하면 pygame을 위한 텍스처(texture), 배경 음악, 음향 효과, 폰트 등의 리소스들을 구할 수 있다.

https://www.pygame.org/wiki/resources

(2) Open Game Art 사이트

다음 사이트도 게임에 필요한 다양한 리소스들을 제공한다.

https://opengameart.org/

(3) Gamer Art 2D 사이트

다음 사이트에 가면 무료 스프라이트 이미지들을 볼 수 있다. 가만히 서있기, 걷기, 달리기, 점프하기 등의 동작을 보여주는 귀여운 스프라이트 이미지들이 제공된다. 이 절에서 `Player`의 이미지로 사용한 비행기 스프라이트도 이 사이트에서 구한 것이다.

https://www.gameart2d.com/freebies.html

위 사이트가 제공하는 Flat Boy라는 무료 스프라이트 이미지들을 이용한 데모 애니메이션을 다음 사이트에서 볼 수 있다.

https://www.gameart2d.com/the-boy---free-sprites.html

(4) Freesound 사이트

이 사이트는 무료 음향 효과 파일들을 제공한다. 예제 코드에서 사용한 효과음 파일들은 이 사이트에서 구한 것들이다.

https://freesound.org

(5) CC Mixer 사이트

다음 사이트는 배경 음악 등의 리소스들을 제공한다. 예제 코드에서 사용하는 배경 음악 파일은 이 사이트에서 구한 것이다.

http://ccmixter.org/

11.13 음향 효과까지 포함된 코드 air_fighter_v3.py

다음 코드는 음향 효과까지 포함된 코드이다. 아직 배경 음악과 음향 효과의 볼륨을 조절하거나 Player 객체에게 복수 개의 생명을 주는 기능 등이 부족하지만 나름대로 게임의 기본 형태를 갖춘 코드라고 할 수 있다.

```
# air_figher_v3.py

import pygame
import random

# 게임 화면의 너비와 높이
SCREEN_WIDTH = 800
SCREEN_HEIGHT = 600

# Player 클래스. pygame.sprite.Sprite의 서브 클래스
class Player(pygame.sprite.Sprite):
    # 생성자
    def __init__(self):
        super().__init__()
        self.image = pygame.image.load('res/plane_62_40.png').convert()
        self.image.set_colorkey((255, 255, 255)) # 투명색으로 WHITE 지정
        self.rect = self.image.get_rect()
        self.rect.move_ip(20, int(SCREEN_HEIGHT/2)) # 좌측 중간쯤에 위치

    # 방향키 입력에 따라 Player sprite의 움직임을 제어하기 위한 함수
    def update(self, pressed_keys):
        if pressed_keys[pygame.K_UP]:
            self.rect.move_ip(0, -5)
            move_up_down_sound.play()
        if pressed_keys[pygame.K_DOWN]:
            self.rect.move_ip(0, 5)
            move_up_down_sound.play()
        if pressed_keys[pygame.K_LEFT]:
            self.rect.move_ip(-5, 0)
        if pressed_keys[pygame.K_RIGHT]:
            self.rect.move_ip(5, 0)

        # player가 화면을 벗어나지 못하게 제어
        if self.rect.left < 0:
            self.rect.left = 0
        if self.rect.right > SCREEN_WIDTH:
            self.rect.right = SCREEN_WIDTH
        if self.rect.top <= 0:
            self.rect.top = 0
```

```
        if self.rect.bottom >= SCREEN_HEIGHT:
            self.rect.bottom = SCREEN_HEIGHT

# Enemy 클래스. pygame.sprite.Sprite의 서브 클래스
class Enemy(pygame.sprite.Sprite):
    def __init__(self):
        super().__init__()
        self.image = pygame.image.load('res/missile_28_10.png').convert()
        self.image.set_colorkey((255, 255, 255)) # WHITE를 투명색으로 지정

        # enemy의 중심을 화면의 오른쪽 밖 20 ~ 100 사이에 임의로 위치 시킴
        self.rect = self.image.get_rect(
            center=(
                random.randint(SCREEN_WIDTH + 20, SCREEN_WIDTH + 100),
                random.randint(0, SCREEN_HEIGHT))
        )
        # enemy의 속도를 난수로 지정
        self.speed = random.randint(5, 20)

    # speed에 따라 enemy 스프라이트를 이동시킴
    # 스크린의 왼쪽 끝을 넘으면 enemy 스프라이트 제거
    def update(self):
        self.rect.move_ip(-self.speed, 0)
        if self.rect.right < 0:
            self.kill()

# Cloud 클래스. pygame.sprite.Sprite의 한 종류
class Cloud(pygame.sprite.Sprite):
    def __init__(self):
        super().__init__()
        self.image = pygame.image.load('res/cloud_62_32.png').convert()
        self.image.set_colorkey((0, 0, 0)) # BLACK을 투명색으로 지정

        # cloud의 중심을 화면의 오른쪽 밖 31 ~ 100 사이에 임의로 위치시킴
        self.rect = self.image.get_rect(
            center=(
                random.randint(SCREEN_WIDTH + 31, SCREEN_WIDTH + 100),
                random.randint(0, SCREEN_HEIGHT),
            )
        )

    # 일정 속도로 Cloud 스프라이트 이동시킴
    # 게임 화면의 왼쪽 끝을 넘으면 cloud 스프라이트 제거
    def update(self):
        self.rect.move_ip(-5, 0)
        if self.rect.right < 0:
            self.kill()
```

```
# pygame 모듈을 초기화함
pygame.init()

# 배경음과 음향 효과를 위한 mixer 초기화
pygame.mixer.init()

# 배경 음악을 적재하고 플레이 함
# Sound source: http://ccmixter.org/files/Apoxode/59262
# License: https://creativecommons.org/licenses/by/3.0/
pygame.mixer.music.load('res/Apoxode_-_Electric_1.mp3')
pygame.mixer.music.play(loops=-1) # 무한 반복 플레이

# 효과음들을 적재함
# https://freesound.org/ 에서 가져온 효과음 파일들 사용
move_up_down_sound = pygame.mixer.Sound('res/fm5.wav')
collision_sound = pygame.mixer.Sound('res/explosion10.wav')

# framerate를 제어하기 위한 clock 객체 생성
clock = pygame.time.Clock()

# screen 객체 생성. 너비: SCREEN_WIDTH, 높이: SCREEN_HEIGHT
screen = pygame.display.set_mode((SCREEN_WIDTH, SCREEN_HEIGHT))

# 새 enemy를 추가하기 위한 사용자 정의 이벤트 ADDENEMY를 정의하고
# 250 밀리 초마다 ADDENEMY 이벤트를 발생시키는 타이머 설정
ADDENEMY = pygame.USEREVENT + 1
pygame.time.set_timer(ADDENEMY, 250)

# 새 cloud를 추가하기 위한 사용자 정의 이벤트 ADDCLOUD를 정의하고
# 1초마다 ADDCLOUD 이벤트를 발생시키는 타이머 설정
ADDCLOUD = pygame.USEREVENT + 2
pygame.time.set_timer(ADDCLOUD, 1000)

# 모든 enemy들이 담길 스프라이트 그룹. 충돌 탐지와 위치 업데이트에 사용
enemies = pygame.sprite.Group()

# 모든 cloud들이 담길 스프라이트 그룹. 위치 업데이트에 사용
clouds = pygame.sprite.Group()

# player를 포함한 모든 스프라이트들의 그룹. rendering에 사용
all_sprites = pygame.sprite.Group()
player = Player() # player 생성하여 all_sprites에 추가
all_sprites.add(player)

# player의 생명이 0이 되면 게임 종료
player_lives = 1

# 게임 루프
while (player_lives > 0):
    for event in pygame.event.get():
        # KEYDOWN 이벤트가 발생하였으면
```

```
    if event.type == pygame.KEYDOWN:
        # ESC 키가 눌려진 것이면 게임 루프를 빠져나감
        if event.key == pygame.K_ESCAPE:
            player_lives = 0

    # QUIT 이벤트가 발생하였으면 게임 루프를 빠져나감
    elif event.type == pygame.QUIT:
        player_lives = 0

    # ADDENEMY 이벤트가 발생하였으면
    elif event.type == ADDENEMY:
        # 새 enemy를 만들어 스프라이트 그룹 enemies와 all_sprites에 추가
        new_enemy = Enemy()
        enemies.add(new_enemy)
        all_sprites.add(new_enemy)

    # ADDCLOUD 이벤트가 발생하였으면
    elif event.type == ADDCLOUD:
        # 새 Cloud 객체를 만들어 스프라이트 그룹 clouds와 all_sprites에 추가
        new_cloud = Cloud()
        clouds.add(new_cloud)
        all_sprites.add(new_cloud)

# 현재 눌려진 키들을 탐지
pressed_keys = pygame.key.get_pressed()

# 사용자의 키 입력에 따라 player sprite를 움직인다.
player.update(pressed_keys)

# enemies와 clouds의 위치 업데이트
enemies.update()
clouds.update()

# screen을 하늘색으로 칠함
screen.fill((135, 206, 253))

# player를 포함하는 모든 sprite들을 rendering 한다.
for entity in all_sprites:
    screen.blit(entity.image, entity.rect)

# player가 enemies 그룹의 enemy와의 충돌하면
if pygame.sprite.spritecollideany(player, enemies):
    # player의 생명 감소
    player_lives = player_lives - 1

    # 충돌 음을 1초 동안 내고
    collision_sound.play()
    pygame.time.delay(1000)

pygame.display.flip() # 디스플레이 상의 게임 화면을 실제로 업데이트
```

```
    # 초당 30 프레임으로 속도 제어. 숫자를 늘리면 키 반응 빨라짐
    clock.tick(30)

# player_lives가 0이 되어 게임 루프 빠져나왔음
# game을 종료하기 전 마무리 작업을 수행해야 함

# 배경음악을 중단하고
pygame.mixer.music.stop()

# 효과음들을 중단하고
move_up_down_sound.stop()
collision_sound.stop()

# 믹서를 종료하고
pygame.mixer.quit()

# 모든 스프라이트들을 소멸시키고
all_sprites.empty()

# pygame을 종료
pygame.quit()
```

이 장의 내용을 통해 pygame 패키지가 얼마나 효과적으로 게임 프로그래밍을 지원하는 지 체감할 수 있었을 것이다. pygame과 같은 게임 프레임워크 없이 게임을 개발한다면 개발자는 정말 많은 시간과 노력을 들여야만 할 것이다.

연습문제

01 이 장의 마지막 절에 나오는 게임 코드에 대한 다음 개정 안들 중 하나를 프로그래밍 하라.

① Player 객체가 3번 죽어야 게임이 종료되도록 게임 코드를 개정하라.

② Enemy 객체인 미사일이 왼쪽 방향으로 단순하게 직선으로 날아가는 것이 아니라 Player의 현재 방향으로 날아가도록 게임 코드를 개정하라.

③ 이 장에서 소개된 게임의 Player 객체에 기관총을 추가하는 코드를 작성하라. 기관총의 총알이 Enemy 객체와 충돌하면 Enemy 객체가 소멸되도록 하라.

02 다음 사이트의 공개 이미지들을 사용하여 좌/우 방향키를 누르면 해당 방향으로 걷고, 위 방향키를 누르면 점프하는 동작을 보여주는 프로그램을 작성하라.

https://www.gameart2d.com/freebies.html

부록

A1 pip 명령 요약

A1.1 pip란

pip는 Python 외부 라이브러리의 설치를 도와주는 프로그램이다. Python을 설치하면 Python 표준 라이브러리가 기본으로 설치된다. Python을 처음 배울 때에는 표준 라이브러리만으로 충분할 수 있다. 하지만 Python 프로그래밍을 하다보면 표준 라이브러리에 없는 기능들이 종종 필요하게 된다. Python의 강점의 하나는 품질이 좋은 Python 외부 라이브러리 패키지들이 인터넷에 풍부하게 공개되어 있다는 것이다.

pip 명령은 외부 라이브러리 패키지를 설치할 때 라이브러리들 간의 의존성을 자동으로 파악하여 설치를 해준다. 예를 들어 라이브러리 A를 설치하라고 하면 A가 사용하는 B 라이브러리 패키지도 설치해주고, B 라이브러리가 C 라이브러리를 사용한다면 알아서 C 라이브러리 패키지도 설치해주는 식이다. 예를 들어, Python에서 그래프를 그리는 데 필요한 `matplotlib` 라는 라이브러리는 내부에서 라이브러리 `six`, `numpy`, `setuptools` 등을 사용하고 있는 데 사용자가 그런 라이브러리들간의 의존성을 파악하여 설치하는 것은 너무 번거로운 일이다. 하지만 다음과 같이 `pip` 명령을 사용하면 `matplotlib` 라이브러리와 그것이 사용하는 모든 라이브러리들이 자동으로 한 번에 설치된다.

```
pip install matplotlib
```

`pip` 명령을 수행하는 pip.exe 프로그램은 Python이 설치된 디렉터리의 Scripts 디렉터리에 설치된다. 예를 들어, Python을 C:\Program Files\Python38에 설치하였다면 C:\Program Files\Python38\Scripts 디렉터리에 pip.exe가 있을 것이다.

A1.2 환경 변수 Path에의 등록

pip.exe 명령을 임의의 디렉터리에서 수행할 수 있도록 하려면 pip.exe 파일이 존재하는 Scripts 디렉터리를 환경 변수 Path에 등록해야 한다. Windows 10의 경우 제어판 > 시스템 > 고급 시스템 설정 > 환경 변수(N)...을 선택한 후 시스템 변수 Path에 pip.exe 파일이 존재하는 위치를 등록하면 된다.

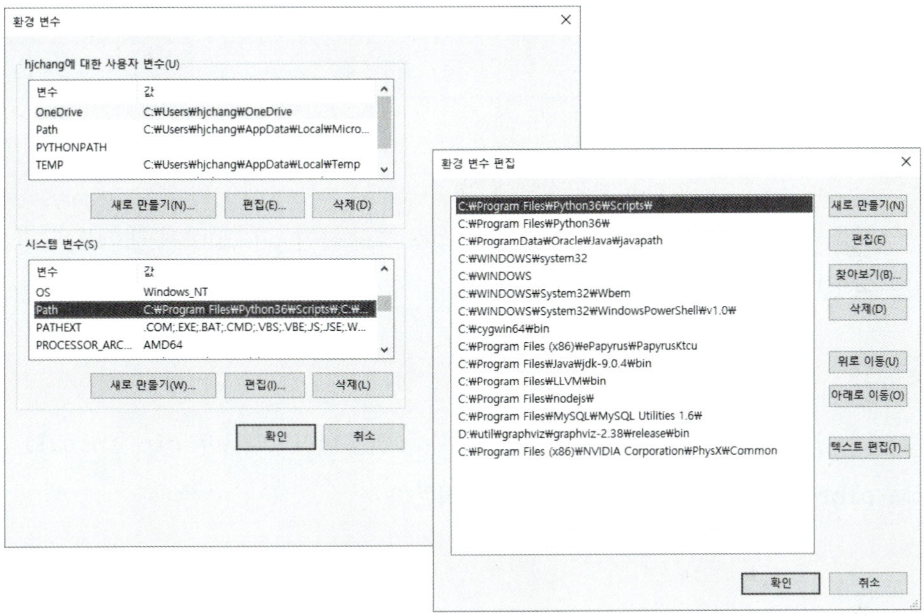

pip 수행 파일의 위치가 환경 변수 Path에 등록이 되면 명령 프롬프트 창을 열고 어느 디렉터리에서나 편하게 pip 명령을 수행할 수 있게 된다.

A1.3 pip 명령 사용하기

pip 명령의 일반적인 형태는 다음과 같다.

```
pip <command> [options]
```

주의 |

pip 명령을 사용하기 위하여 명령 프롬프트 창을 열 때 **관리자 권한으로 실행**을 하는 것이 필요할 수도 있다.

(1) `-help`

pip 명령을 인자 없이 호출하거나 `pip -help`로 호출하면 pip 명령에 대한 간단한 도움말을 볼 수 있다.

(2) `install`

패키지의 설치에는 `install` 명령(command)을 사용한다. 다음은 `pip install` 명령으로 `matplotlib` 패키지를 설치하는 것을 보여준다.

```
선택 관리자: 명령 프롬프트
C:₩WINDOWS₩system32>pip install matplotlib
Collecting matplotlib
  Using cached matplotlib-2.2.0-cp36-cp36m-win_amd64.whl
Collecting python-dateutil>=2.1 (from matplotlib)
  Using cached python_dateutil-2.7.0-py2.py3-none-any.whl
Collecting pytz (from matplotlib)
  Using cached pytz-2018.3-py2.py3-none-any.whl
Collecting kiwisolver>=1.0.1 (from matplotlib)
  Using cached kiwisolver-1.0.1-cp36-none-win_amd64.whl
Collecting numpy>=1.7.1 (from matplotlib)
  Using cached numpy-1.14.2-cp36-none-win_amd64.whl
Collecting cycler>=0.10 (from matplotlib)
  Using cached cycler-0.10.0-py2.py3-none-any.whl
Collecting pyparsing!=2.0.4,!=2.1.2,!=2.1.6,>=2.0.1 (from matplotlib)
  Using cached pyparsing-2.2.0-py2.py3-none-any.whl
Collecting six>=1.10 (from matplotlib)
  Using cached six-1.11.0-py2.py3-none-any.whl
Requirement already satisfied: setuptools in c:₩program files₩python36₩lib₩site-packag
es (from kiwisolver>=1.0.1->matplotlib)
Installing collected packages: six, python-dateutil, pytz, kiwisolver, numpy, cycler,
pyparsing, matplotlib
Successfully installed cycler-0.10.0 kiwisolver-1.0.1 matplotlib-2.2.0 numpy-1.14.2 py
parsing-2.2.0 python-dateutil-2.7.0 pytz-2018.3 six-1.11.0

C:₩WINDOWS₩system32>
```

(3) uninstall

설치된 패키지를 지우고 싶을 때에는 uninstall 명령을 사용한다. 다음은 설치된 matplotlib 패키지를 지우는 명령이다.

```
pip uninstall matplotlib
```

(4) list

설치되어 있는 패키지들의 목록을 보고 싶으면 list 명령을 사용한다. 다음은 list 명령을 사용한 화면이다. matplotlib 패키지를 비롯한 여러 외부 패키지들이 설치되어 있음을 알 수 있다.

(5) --user

pip는 기본적으로 Python 설치 디렉터리의 lib 서브디렉터리 즉 C:\Program Files\Python38\Lib와 같은 디렉터리에 패키지들을 설치한다. 만일 당신의 홈 디렉터리에 패키지들을 설치하고 싶으면 --user 옵션을 사용하면 된다.

찾아보기

ㅇ

ㅈ

ㅊ

ㅋ